I0881129

DIODORE DE SICILE

BIBLIOTHÈQUE HISTORIQUE

LIVRE XIX

COLLECTION DES UNIVERSITÉS DE FRANCE
publiée sous le patronage de l'ASSOCIATION GUILLAUME BUDÉ

DIODORE DE SICILE

BIBLIOTHÈQUE HISTORIQUE

TOME XIV

LIVRE XIX

TEXTE ÉTABLI ET TRADUIT
PAR
FRANÇOISE BIZIÈRE
Maître-Assistant à l'Université de Haute-Bretagne

Deuxième tirage

PARIS
LES BELLES LETTRES
2002

Conformément aux statuts de l'Association Guillaume Budé, ce volume a été soumis à l'approbation de la commission technique, qui a chargé M. François Chamoux d'en assurer la publication et d'en surveiller la correction en collaboration avec Mlle Françoise Bizière.

Tous droits de traduction, de reproduction et d'adaptation réservés pour tous les pays.

© 2002. Société d'édition Les Belles Lettres
95 boulevard Raspail, 75006 Paris
www.lesbelleslettres.com

Première édition 1975

ISBN : 2-251-00102-6
ISSN : 0184-7155

LIVRE XIX

NOTICE

On ne saurait étudier un livre de Diodore comme on le ferait pour Hérodote ou Thucydide, auteurs d'une œuvre véritablement personnelle et originale. Le but de Diodore était de fournir une histoire universelle [1], allant des temps mythiques jusqu'au commencement de la suprématie de César [2], qui dépasserait ainsi par son ampleur les histoires universelles antérieures. Pour ce faire il a résumé et, parfois, démarqué de près d'autres ouvrages, sans imprimer à l'ensemble la marque d'une réflexion personnelle [3]. C'est en

[Toute référence ne comportant pas de nom d'auteur se rapporte à un livre de Diodore. Pour plus de clarté, les chiffres arabes ont été utilisés le plus souvent possible.]

1. Cf. l'introduction que Diodore a donnée à son ouvrage en 1,1-4. L'éloge du rôle de l'historien ne fait que reprendre une série de lieux communs, cf., par ex., Polybe, 1,1. On ne doit pas en particulier attacher trop d'importance au passage d'inspiration stoïcienne, que ce soit pour louer Diodore, cf. R. Laqueur, « Diodorea », *Hermes*, 86, 1958, p. 257-290, ou le critiquer, cf. C. Wachsmuth, *Einleitung in das Studium der alten Geschichte*, Leipzig, 1895, p. 93. — Pour le livre 19, comme pour les autres, il est impossible de préciser la date de rédaction ou de publication, cf. édit. Loeb, Intr. aux tomes 1 (E. Capps) et 9 (R. M. Geer).

2. Diodore semble avoir hésité entre deux dates terminales, 60/59 et 46/45, cf. G. Perl, *Kritische Untersuchungen zu Diodors römischer Jahrzählung*, Berlin, 1957, p. 6-7.

3. Cf. l'étude de C. Wachsmuth, *op. cit.* n. 1, qui montre en particulier que Diodore en 29, n° 32 (*apud Exc. Constantini*, II, 1) démarque presque mot pour mot Polybe, 26,10,6 (*apud* Athénée, 5,193b), et celle de E. Schwartz, *RE* V, 1905, *s.v. Diodoros*, n° 38, repris et revu dans *Griechische Geschichtschrei-*

tenant compte de ces données que nous traiterons des problèmes que pose le livre XIX, qui recouvre la période de 317/316 à 311/310 [1].

I

DIODORE ET SES SOURCES

Le cadre chronologique

Pour mener à bien son œuvre, Diodore devait établir un cadre chronologique lui permettant de coordonner des œuvres qui utilisaient des calendriers divers et d'établir des synchronismes entre des événements pour lesquels le point d'origine du décompte des années n'était pas le même.

La solution adoptée par Diodore semble avoir été la suivante [2]. Il a utilisé pour l'ensemble de son ouvrage deux listes chronologiques. En ce qui concerne Rome,

ber, 2e éd., Leipzig, 1959. — Dans le livre 19 même, Diodore nous dit à deux reprises à propos des Syracusains Héracleidès et Sosistratos, en 3,3 et 10,3, qu'il en a parlé dans le livre précédent. Or, depuis le livre 17, Diodore n'a plus parlé des affaires de Sicile et de Rome. Cette indication n'a donc pu être que recopiée. La faute est d'ailleurs si grossière qu'on peut se demander si Diodore n'avait pas envisagé de reprendre le livre 18 et si la publication hâtive de son œuvre (cf. 40, n° 8), n'a pas empêché à la fois ce remaniement et une relecture du livre 19.

1. Donc moins de dix ans, comme le livre 18, de 323 à 317, et le livre 20, de 310 à 302, dans lesquels Hiéronymos de Cardia, cf. *infra*, est la source principale de Diodore. Les autres livres, sauf le 13, de 415 à 405, et le 17, de 334 à 323, recouvrent une vingtaine ou même une trentaine d'années : le 11, de 480 à 451, et le 12, de 450 à 416. Diodore n'a pas su équilibrer l'ensemble de son récit, ce qui rejoint les remarques de la note précédente.

2. Cf. Perl, *op. cit.* [p. IX n. 2].

il s'agirait d'une liste de fastes consulaires rédigée en latin, ne donnant que le nom des consuls et des dictateurs [1] et n'ajoutant pas les quatre années dictatoriales [2]. La liste grecque utilisait le système d'Ératosthène-Apollodore et comportait, outre les archontes et les olympiades, quelques notices, en particulier littéraires [3], et probablement quelques synchronismes avec l'histoire romaine. Diodore a associé l'année romaine avec l'année olympique en cours, soit 317/316 = 316 rom., mais, puisque nous utilisons couramment le système varronien avec les quatre années dictatoriales (332 ; 324 ; 309 ; 301), nous avons indiqué, pour plus de commodité, dans notre livre les équivalences suivantes : 317/316 = (316) vulg. 318 [4]. Diodore n'a pas toujours réussi à intégrer correctement dans ce cadre ses sources littéraires, dans ce livre comme dans les autres [5].

Ainsi, il a eu visiblement beaucoup de mal à faire coïncider sa liste chronologique grecque, avec changement de l'année en juillet, et sa source littéraire pour les affaires de Grèce et d'Asie [6], qui utili-

1. Cf. Perl, *op. cit.* [p. IX, n. 2] p. 157-8.

2. Sur les années dictatoriales, cf. A. Piganiol, *La conquête romaine*, 5e éd., Paris, 1967, p. 621. W. Soltau, *Römische Chronologie*, Freiburg, 1889, a démontré, p. 324, que la source littéraire de Diodore comportait au contraire ces quatre années.

3. Cf. R. K. Sinclair, « Diodorus Siculus and the writing of history », *Proc. Afr. cl. ass.*, 6, 1963, p. 36-45.

4. Pour les noms d'archontes, je n'indiquerai que les divergences et renverrai autrement à W. B. Dinsmoor, *The archons of Athens in the Hellenistic Age*, Camb. Mass., 1931. Pour les consuls, je donnerai les formes latines, transmises par Tite-Live et les Fastes Capitolins, cf. A. Degrassi, *Fasti Capitolini*, Corpus script. lat. paravianum, Turin, 1954. Pour les vainqueurs olympiques, cf. L. Moretti, *Olympionikai* ; *I vincitori negli antichi agoni olimpici*, Memorie Accad. Lincei Sc. Mor., serie 8, vol. 8, fasc. 2, 1957, p. 53-198.

5. Cf. M. Sordi, *Timoleonte*, Sikelika, 2, 1961, p. 118 et Perl, *op. cit.* [p. IX, n. 2] p. 152.

6. J'ai utilisé L. C. Smith, « The chronology of books XVIII-XX of Diodorus Siculus », *AJPh*, 83, 1961, p. 283-290, le com-

sait soit l'année macédonienne, commençant en octobre, soit l'année saisonnière. C'est ce que montre le tableau suivant, où nous avons rassemblé toutes les indications chronologiques fournies par le texte [1].

(2,1 : début 317/316).

Printemps 317 : Eumène quitte ses quartiers d'hiver (12,1). Les chapitres 12 et 13 reprennent les événements relatés en XVIII, 73, 2-4 [2]. Antigone quitte ses quartiers d'hiver (15,6).

(17,1 : début 316/315) [3].

Été 317 : Antigone quitte Babylone au début de la canicule (18,2).

Automne 317 : Mort de Philippe Arrhidée après six ans et quatre mois de règne (11,5).

Hiver 317/316 : Bataille décisive d'Antigone contre Eumène (37,4).

Printemps 316 : Inondation à Rhodes (45).
Antigone quitte ses quartiers d'hiver en Médie (46,5). Il met vingt jours de marche pour se rendre à Persépolis, où il redistribue les satrapies, et repart pour Suse [4]. Olympias ne peut plus soutenir le siège de Cassandre à Pydna (50,1).

(55,1 : début 315/314).

mentaire de F. Jacoby sur le *Marmor Parium*, *F.Gr.H.* n° 239 et E. Manni, *Fasti ellenistici e romani*, suppl. à *Kokalos*, Palerme, 1961, tout en ne suivant aucune de ces études dans sa totalité.

1. Les références sont faites au livre 19, sauf indication contraire. Les indications entre parenthèses indiquent à quel moment du texte Diodore place son changement d'année, c'est-à-dire, théoriquement, en juillet.

2. Cf. p. xvii, n. 2.

3. La répartition chronologique des faits en 316/315 est complètement aberrante, ce que montrerait à elle seule la longueur exceptionnelle du récit, 38 chapitres.

4. Diodore doit arrêter son récit en juillet cette année-là, puisque c'est après avoir mené ses troupes de Suse en Cilicie qu'Antigone prend ses quartiers d'hiver, 19,56,5.

Automne 316 : Antigone met ses troupes en quartiers d'hiver vers le coucher d'Orion (56,5).

Été 315 : Cassandre célèbre les Jeux Néméens (64,1) [1].

(66,1 : début 314-313).

Automne 314 : Antigone met ses troupes en quartiers d'hiver (69,2). (Cf. également Polémaios en 68,5).

(73,1 : début 313/312).

(77,1 : début 312/311).

Été 312 : Révolte à Cyrène (79,1).

Automne 312 : Prise des quartiers d'hiver par Antigone (77,7) [2].

Prise des quartiers d'hiver par Démétrios (80,5), troublée par l'attaque de Ptolémée [3].

Prise des quartiers d'hiver par Cassandre (89,2).

(101,1 : début 311/310) [4].

En ce qui concerne le récit des affaires de Rome et de Sicile, beaucoup moins détaillé et moins riche en indications chronologiques, on peut seulement remarquer que Diodore regroupe parfois sur une seule année

1. Nous sommes donc en juillet et Diodore devrait changer d'année. Or, il va d'abord nous présenter toute une série d'événements : Cassandre rallie Alexandre, fils de Polyperchon, à son parti. Polycleitos, qui devait affronter Alexandre dans le Péloponnèse, se rend alors en Cilicie. Il y remporte une victoire qui pousse Antigone à venir négocier, sans succès, avec Ptolémée. C'est alors seulement que Diodore place sa coupure, donc sans doute en automne.

2. Diodore présente les unes après les autres, sans les imbriquer chronologiquement, les opérations militaires entreprises par les différents chefs.

3. Je considère que Démétrios retire ses troupes des quartiers d'hiver pour affronter l'ennemi, comme Polémaios l'avait fait en 19,68,6.

4. Comme Diodore place encore cette année-là, après la bataille de Gaza, deux expéditions contre les Nabatéens et l'attaque de Démétrios sur Babylone, il y a des chances pour qu'il ait, dans ce secteur, largement débordé sur l'année 311/310. Cela expliquerait le peu de place qu'il consacre alors aux affaires de Grèce et d'Asie, 19,105,1-4.

les événements de deux, peut-être pour donner plus de continuité au récit des affaires de Grèce et d'Asie auquel il attache une plus grande importance. C'est ainsi que nous n'avons aucune information sur la Sicile et sur Rome en 316/315 et sur la Sicile en 313/312.

Nous étudierons au fur et à mesure du texte les cas où la datation de Diodore diffère du reste de la tradition.

Les sources littéraires.

Il nous est apparu qu'il existait des différences certaines entre les diverses parties du livre XIX. Le récit consacré aux affaires de Sicile est d'un style aisé, coloré, avec de véritables morceaux de bravoure [1]. On y trouve, d'autre part, le reflet d'une piété moralisante [2]. Les affaires de Grèce et d'Asie sont narrées de façon plus plate, embarrassée même parfois [3]. Le point de vue y est réaliste [4], quelquefois même cynique [5], et quand apparaît une réflexion morale, c'est seulement l'expression de la sagesse humaine [6]. Dans les affaires romaines, ce qui frappe c'est la brièveté et le ton neutre du récit.

Il faut donc envisager des sources différentes pour chacune des parties [7], le problème étant alors de savoir

1. Le récit des massacres de Syracuse, 19,7-8.
2. 19,7,3-4 ; 19,103,5.
3. 19,22,2 ; 19,33,2.
4. En 19,87,2, le pillage du temple d'Olympie n'est accompagné d'aucun commentaire critique.
5. 19,48,4.
6. 19,97,3-6.
7. *Contra* C. Bottin, « Les sources de Diodore de Sicile », *Rev. belge de philol. et d'hist.*, 7, 1928, p. 1307-27, qui pense que tout le livre 19, à part les affaires romaines, a été écrit à partir d'Agatharchidès de Cnide. — Le fait que chaque partie présente une unité va contre la thèse de Laqueur, *op. cit.* [p. IX, n. 1], selon laquelle Diodore aurait systématiquement utilisé deux sources, même à l'intérieur d'une phrase.

si Diodore a utilisé une ou plusieurs sources anciennes, c'est-à-dire à peu près contemporaines des événements, ou bien une source intermédiaire, reprenant elle-même des sources anciennes, ou encore des sources des deux sortes [1].

Pour les affaires de Grèce et d'Asie, tout le monde est d'accord pour considérer que Hiéronymos de Cardia est à l'origine des livres XVIII-XX [2], mais pour certains, ce serait seulement à travers une source intermédiaire. Voici l'essentiel de leurs arguments. Le récit de Diodore présente des différences avec celui de Plutarque, de Pausanias ou de Justin : Diodore aurait donc suivi un texte modifié [3]. D'autre part, on trouve dans Diodore des passages « proptolémaïques », ce qui serait en contradiction avec le jugement de Pausanias : « Hiéronymos passe d'ailleurs pour avoir attaqué tous les rois dans son ouvrage à l'exception d'Antigone et pour avoir voulu plaire à ce dernier aux dépens de la vérité » [4]. Mais, dans le premier cas, rien n'autorise à voir en Plutarque, Pausanias ou Justin des témoins plus fidèles de l'œuvre de Hiéronymos, au contraire [5]. Dans le deuxième, l'argumentation n'est

1. Comme nous ne possédons, au mieux, que quelques fragments des sources possibles, les conclusions ne peuvent être définitives.

2. Cf., par ex., G. de Sanctis, *Ricerce sulla storiografia siceliota*, Sikelika, 1, 1957, p. 78-102, cf. p. 95-97, T. S. Brown, « Hieronymus of Cardia », *Am. hist. rev.*, 52, 1947, p. 684-696 et M. J. Fontana, « Le lotte per la successione di Alessandro Magno, dal 323 al 315 », *Atti della Acc. di scienze lettere e arti di Palermo*, ser. quarta, vol. 18, 1957-58 (publ. 1960), p. 103-337. Nous nous en tiendrons ici au livre 19.

3. Cf. Bottin, *op. cit.* [p. XIV, n. 7].

4. 1, 9, 8. Cf. J. Seibert, *Untersuchungen zur Geschichte Ptolemaios' I*, München, 1969.

5. Justin n'est pas très détaillé. Pausanias n'aime pas Hiéronymos, qu'il traite de courtisan en 1,13,9, et, d'ailleurs, il ne parle qu'épisodiquement des Diadoques. Plutarque utilise à coup sûr au moins une autre source, Douris, cf. *Eum.* 1. L'accord des trois auteurs peut donc remonter à une autre source que Hiéronymos. Diodore, lui, ne parle que de Hiéro-

pas non plus convaincante, que l'on identifie l'Antigone du texte de Pausanias soit avec Monophtalmos, soit avec Gonatas. S'il s'agit du compagnon d'Alexandre, non seulement Hiéronymos ne serait pas la source de nombreux passages favorables aux autres Diadoques, mais il deviendrait difficile de lui en attribuer puisqu'Antigone n'est pas plus loué que les autres pour ses qualités diplomatiques ou militaires et qu'il est critiqué pour certains aspects de son caractère [1]. Si donc Pausanias parlait d'Antigone Monophtalmos, il a dû fortement exagérer la partialité de Hiéronymos. Si, plus vraisemblablement, il parlait d'Antigone Gonatas, à la cour duquel Hiéronymos a probablement mis en forme son histoire [2], on peut très bien comprendre que l'historien se soit attaqué à ceux qui avaient menacé l'héritage du fils de Démétrios, Lysimaque et Pyrrhos [3], peut-être à d'autres souverains contemporains, tout en louant chez les Diadoques défunts les qualités, en particulier la générosité et la maîtrise de soi, qui brillaient maintenant en son royal patron. Dans ce cas, la phrase de Pausanias ne peut s'appliquer aux livres XVIII-XX [4].

L'hypothèse la plus satisfaisante, à notre avis, est que Diodore a utilisé directement Hiéronymos, de très près jusqu'à la mort d'Eumène [5], en résumant

nymos, en 18.42.1, 18.50.4, 19.44.3, 19.100.1, uniquement comme d'un participant aux événements et non comme d'une source il est vrai, mais c'est aussi le cas pour Plutarque, *Eum.* 12. Cf. sur ce problème Fontana, *op. cit.* [p. xv n. 2] p. 262-3.

1. Éloge de Séleucos en 19,90-92 et condamnation de l'ambition d'Antigone Monophtalmos en 21, nº 1.

2. Cf. Brown, *op. cit.* [p. xv, n. 2].

3. Pausanias parle de Pyrrhos en 1,13,9 et de Lysimaque en 1,9,8. Hiéronymos en aurait voulu particulièrement à ce dernier d'avoir fait disparaître sa ville natale, Cardia.

4. Nous n'avons que quelques fragments des livres suivants.

5. Certains passages très techniques et très détaillés comme les énumérations de troupes, 19,14,5-8 ; 19,27-29 ; 19,40 et aussi 19,82-83,1-2 doivent être pour ainsi dire recopiés. Il faut

davantage ensuite [1], ce qui ne l'a pas empêché d'ajouter quelques passages, qu'il est d'ailleurs difficile de déterminer avec certitude [2].

Il est beaucoup plus difficile de se prononcer sur les sources des affaires de Sicile [3]. L'argument le plus fort de ceux qui croient à l'utilisation d'une source intermédiaire [4] repose sur l'existence en XXI, n° 17, 1-4, de deux critiques, l'une contre Timée pour sa malveillance envers Agathocle, l'autre contre Callias pour sa trop grande bienveillance. Or, nous ne trou-

noter d'autre part l'extraordinaire longueur du récit, 34 chapitres pour une année à peu près, soit environ le tiers du livre.

1. Cf. R. H. Simpson, « Abreviation of Hieronymus in Diodorus », *AJPh*, 80, 1959, p. 370-9. Même alors on continue à observer certains faits de vocabulaire qui ne se trouvent que dans les passages des livres 18-20 consacrés aux affaires de Grèce et d'Asie, cf. les remarques de K. Rosen, « Political documents in Hieronymus of Cardia (323-302 B.C.) », *Acta classica* (South. Afr.), 10, 1967, p. 41-94, en particulier à propos de l'emploi de κοινοπραγία/κοινοπραγεῖν. J'ai fait personnellement deux constatations. D'abord, alors que dans les livres 11, 15 ou 17 les peuples de l'Empire Perse sont couramment appelés « barbares », on ne trouve dans ces passages que le terme οἱ ἐγχώριοι, οἱ βάρβαροι étant réservé aux peuplades non soumises, Cosséens, 19,19,5, et Nabatéens, 19,98,2. Il faut d'ailleurs remarquer que Plutarque a un autre usage, cf. *Eum.* 16,3. Ensuite, c'est là seulement que j'ai observé l'emploi de l'expression πολιτεύεσθαι πρός τινα,, au sens de « se conduire comme il faut, accomplir son devoir à l'égard de quelqu'un », cf. 18.61.3 ; 19.23.1 ; 19.46.2 ; 19.79.7 ; 19.90.5.

2. Cf. les notes compl. aux p. 29, 60, 64, 129. Il est vraisemblable que Diodore a ajouté la description du lac Asphaltite, cf. n. compl. p. 133, et l'histoire de la ville de Thèbes, cf. 19,53. — Le fait que Diodore ait raconté brièvement à la fin du livre 18, en 73,2-4, et plus longuement en 19,12-13 les mêmes événements ne signifie pas que Diodore a utilisé Hiéronymos et un ouvrage moins détaillé, mais plutôt qu'il a voulu faire le lien entre les deux livres, cf. 19, 110 et 20,3.

3. Bibliographie dans K. Meister, *Die sizilische Geschichte bei Diodor, von den Anfängen bis zum Tod des Agathokles. Quellenuntersuchungen zum Buch IV-XXI*, Inaugural Dissertation, München, 1967.

4. C'est l'hypothèse de C. Dolce, « Diodoro e la storia di Agatocle », *Kokalos*, 6, 1960, p. 124-167. Cette source utiliserait Douris, Timée et, pour l'expédition d'Afrique, Callias.

vons pas de pareilles critiques dans le reste de l'œuvre de Diodore. Celui-ci les a donc empruntées à sa source, celle-ci ne pouvant être Douris, troisième source ancienne, dont le goût, déplacé en l'occurrence, pour les effets pathétiques serait critiqué en XIX, 8, 4. Mais Douris n'est pas mentionné [1] et Diodore peut très bien avoir lui-même abrégé un passage trop réaliste. L'argument des contradictions internes invoqué par les partisans de l'utilisation de plusieurs sources anciennes [2] n'est pas plus convaincant, car ces contradictions peuvent n'être qu'apparentes. En XIX, 71, 6 Messine participe à la paix avec Agathocle, en 101,2 on dit qu'elle en était exclue ; mais cette indication est donnée en 312/311 et nous n'avons aucun récit pour 313/312, année pendant laquelle Messine a pu rompre le traité. En XIX, 3, 3 Sosistratos est présenté comme un aventurier criminel, en 71,4 c'est le plus en vue des exilés ; mais il n'est alors question que de ses qualités militaires. Enfin Agathocle serait présenté de façon tantôt sympathique, tantôt antipathique [3], mais cela s'explique aisément si l'historien n'était pas aussi partial que Callias ou Timée.

Il nous paraît donc impossible de décider si Diodore a utilisé une source ancienne, qui serait Douris, plusieurs sources anciennes ou une source intermédiaire.

Quant aux sources de l'histoire romaine, c'est un cas désespéré [4]. Nous ne connaissons rien, ou autant dire, des sources possibles. Le passage où Diodore parle de son utilisation de textes latins joue évidem-

1. Des expressions similaires ont pu être appliquées à toute sorte d'auteurs, cf. Xén., *Econ.*, éd. Budé, p. 90, n.l.

2. C'est la position de Meister, cf. p. XVII, n. 3, qui pense que Diodore a surtout utilisé Timée.

3. Cf. 19,9,6 où un tableau flatteur de la conduite d'Agathocle succède aux massacres de Syracuse.

4. Cf. dans Perl, *op. cit.* [p. IX n. 2], la longue liste des hypothèses.

ment en faveur d'une source latine [1], mais s'agirait-il alors d'un annaliste ancien ou d'un annaliste de la période des Gracques [2] ? Certains faits de langue ont amené F. Altheim [3], entre autres, à penser à un écrivain latin rédigeant en grec. Comme en XXI, n° 6 Diodore cite Douris, on a également pensé à lui ou à un autre historien grec [4].

Intérêt et valeur du livre XIX.

Le livre XIX apparaît donc comme un assemblage de textes d'origines et de tendances diverses, que Diodore n'a pas vraiment réélaborés et intégrés les uns aux autres.

Si nous avions conservé les modèles, il est probable que Diodore serait laissé de côté comme un tâcheron médiocre. Mais comme ils sont perdus, Diodore nous devient indispensable et cela met en lumière son principal mérite, au moins pour ce livre, avoir su choisir de bonnes sources. Hiéronymos était le plus qualifié pour parler de l'époque des Diadoques. Son récit devait être net, précis, souvent prenant et, en tout cas pour notre livre, à peu près impartial [5].

1. 1,4,4.
2. Cf. E. T. Salmon, *Samnium and the Samnites*, Cambridge, 1967, p. 10-13.
3. Dans « Diodors römische Annalen », *RhM*, 93, 1950, p. 267-286.
4. En plus de la graphie grecque Σαυνῖται (cf. n. compl. p. 19) on pourrait peut-être utiliser, à l'appui de cette thèse, le fait que, pour parler d'un dictateur, seule la traduction en grec de ce terme est utilisée ὁ στρατηγὸς αὐτοκράτωρ et non le mot latin hellénisé ὁ δικτάτωρ, cf. 19,76,3. Cette remarque est valable pour le livre 19, mais non pour tous les autres : 14,17,4 ὁ αὐτοκράτωρ, 12,80,7 δικτάτωρα, 26, n° 3 τοῦ δικτάτωρος. Dans Polybe on trouve concurremment traduction et forme latine hellénisée, cette dernière étant plus fréquente, cf., par ex., 3,86-87.
5. D'une façon plus générale, il faut remarquer que les exemples choisis par Pausanias, cf. p. xv n. 4,5, p. xvi n. 3, ne sont

L'histoire d'Agathocle n'est présentée ni de façon trop favorable, ni de façon trop défavorable et les péripéties en sont bien mises en valeur par le style. Le récit des affaires romaines permet enfin de contrebalancer l'histoire trop partisane de Tite Live.

Le livre reste cependant un peu décevant : pas de grand problème posé comme dans Polybe, pas d'analyse aiguë des causes et des effets comme dans Thucydide. C'est de la bonne histoire événementielle, mais de cela Diodore n'est pas responsable. Les auteurs de la période hellénistique n'avaient rien de mieux à lui offrir et l'œuvre de Diodore est la meilleure source historique que nous possédions sur cette période, sauf pour les affaires de Rome [1].

II

LE TEXTE

La tradition manuscrite.

Notre connaissance du livre XIX repose sur deux

guère convaincants. Il reproche à Hiéronymos d'avoir dit que Lysimaque avait laissé violer les tombes royales d'Épire et que Pyrrhos avait été tué par une femme et non par une divinité. Dans le premier cas, il faut rappeler que Pyrrhos n'a pas agi autrement avec les tombes royales de Macédoine, cf. 22, n° 11-12 et Plut., *Pyrr.* 26. Dans le deuxième, toute réfutation est évidemment inutile. Quant à l'accusation de partialité portée contre Hiéronymos, ce ne serait pas la première fois que Pausanias aurait transmis, en les exagérant éventuellement ou en les dénaturant, des jugements partisans, cf. T. W. Africa, *Phylarchus and the Spartan revolution*, Berkeley, 1961, p. 27.

1. Les principales autres sources sont : pour Rome, Tite Live, pour la Sicile, Justin, *Histoires philippiques* (*Epitomè*), pour les affaires de Grèce et d'Asie, Plutarque, *Eumène* et *Démétrios*, dans *Les vies parallèles*, et Justin. *La vie d'Eumène* de C. Nepos ne présente pas grand intérêt.

manuscrits, le *Parisinus gr.* 1665 (R), du XIe s., et le *Laurentianus* 70.12 (F), du XVe s. Les autres manuscrits ne sont que des apographes, plus ou moins fidèles, de R [1] ou de F [2].

R donne un texte le plus souvent correct. Il présente cependant un certain nombre de passages corrompus que le copiste n'a manifestement pas voulu corriger. Ainsi en 14, 1 Πίθων... στρατηγὸς δὲ τῶν ἄνω σατραπειῶν ἁπασῶν γενόμενος, παρθυαῖος ὃς Φιλώταν μὲν τὸν προϋπάρχοντα στρατηγὸν ἀπέκτεινε... Παρθυαῖος ὅς n'est acceptable ni pour le sens ni pour la syntaxe.

F présente un texte presque toujours lisible, qui atteste le souci de correction du copiste, fréquent dans les manuscrits de cette époque. Ce texte présente souvent des différences sensibles avec celui de R, la leçon de R figurant souvent en marge à titre de correction ou de variante.

L'examen de la tradition indirecte montre que les *Excerpta Constantiniana* (*Exc.*) [3] sont le plus souvent en accord avec R, mais aussi dans quelques cas avec

1. Il s'agit des *Parisini gr.* 1664 et 1666, *Marcianus gr.* 376, *Vaticanus gr.* 132, *Vindobonensis supp. gr.* 30 du XVe s. et des *Bruxellensis* 11.374, *Genavenses* 39d et 40 du XVIe s. — Fischer avait retenu le *Marcianus gr.* 376 dans son apparat critique sous le sigle X, mais il semble bien n'être qu'un apographe de R, dont les divergences sont dues à des fautes d'attention. X ne se trouve qu'une dizaine de fois en accord avec F contre R et jamais de façon bien significative : en 3, 2 πολύσεμνος XF, πολὺ σεμνός R ; en 3,3 τά R, τῷ XF ; en 13,1 Μακεδόνας XF, Μακεδόνων R ; en 24,5 προεκαλέσατο R, προσ— XF ; en 59,5 Φίλας R, φιλίας XF Exc.; (mais en 59,9 Φίλᾳ RX Fγρ, φιλίᾳ F et en 59,6 Φίλαν RF φιλίαν X) ; en 92,3 ηὕρισκε R, εὕρισκε XF ; en 94,6 ἀσφάλειαν R, τὴν ἀσφάλειαν XF1, τῆς ἀσφαλείας F ; en 105,4 εἶχεν XF, εἶχον R. Nous n'avons retenu dans notre édition qu'une seule leçon de X en 58,3 Βυϐλίαν (Βιϐλίαν R, Κιλικίαν F), pour unifier l'orthographe, tout en sachant que l'alternance ι/υ rend la leçon de R parfaitement acceptable.

2. Le *Marcianus app. gr.* VII,8 (XVe s.) et le *Parisinus gr.* 1660 (XVIe s.).

3. *Excerpta historica jussu imperatoris Constantini Porphyrogeniti confecta* : II 1, *De Virtutibus et Vitiis*, ed. Büttner-Wobst et Roos, 1906 ; IV, *De Sententiis*, ed. Boissevain, 1906.

F. Cela nous amène à penser que la division entre les deux familles, du moins pour les livres XVII-XX, a des chances d'être assez ancienne. Le texte de F est donc susceptible d'apporter des leçons authentiques.

Les principes de notre édition.

Comme les exemples fournis par le livre XIX ne sont pas suffisamment significatifs pour qu'on puisse établir de façon précise les rapports entre R, F et les *Exc.*, la solution la plus satisfaisante nous paraît être d'admettre qu'il existe une parenté particulière entre F et les *Exc.*. Dans les deux cas, en 11,4 et 40,2, où nous avons adopté une leçon de F contre une leçon commune de R et des *Exc.*, nous avons considéré que l'archétype inconnu était corrompu et qu'il s'agissait d'une heureuse correction de F. Quand il n'existe pas de témoignage indirect, R et F peuvent être édités l'un ou l'autre. Nous avons choisi d'éditer le plus souvent R qui nous paraît moins remanié que F.

Nous avons éliminé de l'apparat critique, sauf pour les noms propres, certaines variantes purement orthographiques, -ει-/-υ-/-η-/-ι-, -σσ-/-ττ-, -εια/-ια, γίγνομαι/γίνομαι, la présence ou l'absence du ν éphelcystique, d'un ς adverbial et d'une élision. Nous avons toujours édité le pronom réfléchi αὑτός quand la syntaxe l'exigeait, en ne mentionnant que les corrections d'éditeur dans l'apparat critique.

Pour les noms propres, nous avons conservé l'orthographe de R, ou, en cas de faute de R, celle de F, chaque fois qu'il existait un parallèle ou qu'il n'y avait que très peu d'exemples de l'existence d'une forme différente. Nous avons ainsi gardé en 26,1 Γαβηνήν (R) puisque nous trouvons οἱ Γαβηνοί dans Plutarque, *Eum.* 15, mais corrigé en 109,1 Βαλαρίδων (R), Βαλλιαρίδων (F) en Βαλιαρίδων.

Nous avons édité Πολέμαιος d'après *IG* II², 469 et non Πτολέμαιος, de même que Ἄσανδρος d'après *IG* II², 450 et non Κάσανδρος, quand il s'agissait du neveu d'Antigone et du satrape de Carie, pour rendre le récit plus clair.

Nous nous sommes efforcée de conserver au maximum le texte transmis par les manuscrits et, par là-même, refusée à corriger certains traits de langue propres à la *koinè* [1]. Nous n'avons pas mentionné toutes les corrections ou les conjectures dans notre apparat critique [2] et seules les corrections faisant problème ont été discutées dans les notes.

La traduction.

Dans notre traduction nous avons fait passer le souci de la fidélité au texte avant celui de l'élégance. Ainsi en 13,6 et en 94,4, nous avons reproduit la

1. Sur la *koinè* on consultera E. Mayser, *Grammatik der griechischen Papyri*, Berlin-Leipzig, 1923-1934 (pour l'équivalence αὑτός/αὐτός cf. II,2, p. 71 ; pour l'usage indifférent des divers temps de l'infinitif cf. II, 1 p. 216-220 ; pour les confusions entre οὔτε et οὐδέ cf. II, 3 p. 173 ; sur l'emploi du comparatif pour rendre un superlatif absolu cf. II, 1 p. 49) et J. de Foucault, *Recherches sur la langue et le style de Polybe*, Paris, 1972 (sur l'expression οἱ περί τινα qui souvent ne désigne plus l'entourage d'une personne, mais cette personne elle-même, cf. p. 113). Ces deux ouvrages sont finalement plus utiles que J. Palm, *Über Sprache und Stil des Diodoros von Sizilien. Ein Beitrag zur Beleuchtung der hellenistischen Prosa*, Lund, 1955.

2. On pourra se reporter à l'apparat critique de l'édition Fischer, beaucoup plus détaillé que le nôtre dans ce domaine. — Outre les éditions mentionnées à la page des sigles, nous avons utilisé celles de L. Dindorf, I. Bekker, C. Th. Fischer et R. M. Geer (dans laquelle certaines corrections sont de E. Capps et L. A. Post), ainsi que des ouvrages de critique des textes comme J. J. Reiske, *Animadversiones ad graecos auctores*, Lipsiae, 1757-1766, F. K. Hertlein, *Beiträge zur Kritik des Diodoros*, Progr. Werth., I-IV, 1864-1873, J. N. Madvig, *Adversaria critica ad scriptores graecos et latinos*, Hauniae, I, 1871, et H. Kallenberg, *Textkritik und Sprachgebrauch Diodori*, Progr. Berol., I-II, 1901-2.

monotonie du style propre à une grande partie du récit des affaires de Grèce et d'Asie. Nous avons gardé un certain nombre de termes grecs techniques [1], intraduisibles en français, mais nous avons adopté pour les noms propres une orthographe qui ne soit pas trop étrangère aux habitudes françaises.

*
* *

Il me reste pour terminer à exprimer ma reconnaissance à MM. F. Chamoux, J. Irigoin, Y. Garlan, P. Bertrac, P. Briant et A. Clavaud, à l'aide précieuse desquels cette édition doit beaucoup.

1. Cf. L. Robert, *Bull. épig.* 1958, n° 130.

INDEX SIGLORVM

R = Parisinus gr. 1665, saec. XI.
F = Laurentianus 70, 12, saec. XV.

Exc. Const. = Excerpta historica iussu imperatoris Constantini Porphyrogeniti confecta. (II 1 *De Virtutibus et Vitiis*, ed. Th. Büttner-Wobst et A. G. Roos, 1906 ; IV *De Sententiis*, ed. U. Ph. Boissevain, 1906).

Numerus 1 siglo additus scripturam scribae ipsius corrigentis, numerus 2 siglo additus correctoris posterioris indicat.

Obsop. = Obsopoeus.
Steph. = H. Estienne.
Rhod. = Rhodoman.
Wess. = Wesseling.

Sommaire du livre XIX de Diodore.

Par quels moyens Agathocle devint tyran de Syracuse (ch. 1-9) [ch. 2 : début 317/316].

Comment les exilés de Crotone furent tous tués en faisant campagne contre leur patrie (ch. 10 [1]).

Retour d'Olympias et de son petit-fils dans le royaume (ch. 11).

Capture et mort d'Eurydice et de Philippe (ch. 11).

Comment Eumène, à la tête des Argyraspides, remonta vers les satrapies supérieures et fit sa jonction en Perse avec les satrapes et leurs troupes (ch. 12-15).

Comment Attale et Polémon, et ceux qui avaient participé à l'attaque de la garnison, furent pris et exécutés (ch. 16).

Comment Antigone, à la poursuite d'Eumène, subit une défaite près de la rivière Copratès (ch. 17-18) [ch. 17 : début 316/315].

Comment, en route pour la Médie, il perdit beaucoup de soldats dans les défilés (ch. 19-20).

Antigone livre bataille à Eumène et aux satrapes en Parétacène (ch. 21-31).

Antigone se retire en Médie avec son armée pour y prendre ses quartiers d'hiver (ch. 32-34).

Cassandre envahit la Macédoine et assiège Olympias dans Pydna (ch. 35-36).

1. Ce chapitre traite également des affaires romaines.

Τάδε ἔνεστιν ἐν τῇ ἐννεακαιδεκάτῃ τῶν Διοδώρου βίϐλων.

Περὶ τῶν ἀφορμῶν αἷς χρησάμενος Ἀγαθοκλῆς τύραννος ἐγένετο τῶν Συρακουσίων.

Ὡς οἱ Κροτωνιατῶν φυγάδες ἐπιστρατεύσαντες ἐπὶ τὴν πατρίδα πάντες ἀνῃρέθησαν.

Ὀλυμπιάδος μετὰ τοῦ παιδὸς κάθοδος ἐπὶ τὴν βασιλείαν.

Εὐρυδίκης καὶ Φιλίππου τοῦ βασιλέως ἅλωσις καὶ θάνατος.

Ὡς Εὐμενὴς ἔχων τοὺς ἀργυράσπιδας ἀνέϐη μὲν εἰς τὰς ἄνω σατραπείας, συνήγαγε δὲ τούς τε σατράπας καὶ τὰς δυνάμεις εἰς τὴν Περσίδα.

Ὡς Ἄτταλος καὶ Πολέμων μετὰ τῶν συνεπιθεμένων τῇ φυλακῇ ληφθέντες ἀνῃρέθησαν.

Ὡς Ἀντίγονος διώξας Εὐμενῆ περὶ τὸν Κοπράτην ποταμὸν ἠλαττώθη.

Ὡς εἰς Μηδίαν ἀναζεύξας ἐν ταῖς παρόδοις πολλοὺς ἀπέϐαλε τῶν στρατιωτῶν.

Παράταξις Ἀντιγόνου πρὸς Εὐμενῆ καὶ τοὺς σατράπας ἐν Παραιτάκοις.

Ἀποχώρησις Ἀντιγόνου μετὰ τῆς δυνάμεως εἰς Μηδίαν πρὸς χειμασίαν.

Κασάνδρου στρατεία εἰς Μακεδονίαν καὶ πολιορκία Ὀλυμπιάδος ἐν Πύδνῃ.

5 μετὰ τοῦ παιδὸς om. F || **19** ἐν Παραιτάκοις Wess. : ἐν Παρατάκοις R Παρατάκης F.

Ὡς κατεστρατήγησεν Εὐμενὴς τοὺς περὶ Ἀντίγονον διὰ τῆς ἐρήμου πορευομένους.

Ἀντιγόνου πορεία διὰ τῆς ἐρήμου ἐπὶ τοὺς πολεμίους καὶ ἐπίθεσις τοῖς ἐν τῇ παραχειμασίᾳ θηρίοις.

Ὡς παρατάξεως γενομένης Ἀντίγονος ἐκυρίευσε πάσης τῆς τῶν ἀντιταχθέντων δυνάμεως.

Ὡς Εὐμενῆ καὶ τῶν ἄλλων ἡγεμόνων τοὺς ἀλλοτρίως πρὸς αὐτὸν διατεθέντας ἀνεῖλεν.

Ὁ γενόμενος ἐν Ῥόδῳ κατακλυσμὸς καὶ τὰ συμβάντα περὶ τὴν πόλιν ἀτυχήματα.

Πείθωνος ὑπ' Ἀντιγόνου θάνατος καὶ τῶν δι' αὐτὸν ἀποστάντων εἰς τὴν Μηδίαν ἀναίρεσις.

Ὀλυμπιάδος ἅλωσις ὑπὸ Κασάνδρου καὶ θάνατος.

Ὡς Κάσανδρος Θεσσαλονίκην ἔγημε τὴν Φιλίππου τοῦ Ἀμύντου, ἐπώνυμον δ' ἑαυτοῦ πόλιν ἔκτισεν ἐπὶ τῆς Παλλήνης.

Ὡς Πολυπέρχων ἀπογνοὺς τὰ πρὸς τοὺς βασιλεῖς ἔφυγεν εἰς τὴν Αἰτωλίαν.

Ὡς Κάσανδρος τὴν τῶν Θηβαίων πόλιν ὑπ' Ἀλεξάνδρου κατεσκαμμένην ἀποκατέστησε.

Περὶ τῶν ἐν τοῖς ἀρχαίοις χρόνοις συμβάντων τῇ πόλει τῶν Θηβαίων καὶ ποσάκις ἀνάστατος ἐγένετο.

Περὶ τῶν πραχθέντων Κασάνδρῳ κατὰ Πελοπόννησον.

Ἀντιγόνου μετὰ τῆς δυνάμεως κατάβασις ἐπὶ θάλατταν καὶ φυγὴ Σελεύκου πρὸς Πτολεμαῖον εἰς Αἴγυπτον.

Σύνθεσις Πτολεμαίου καὶ Σελεύκου καὶ Κασάνδρου, πρὸς δὲ τούτοις καὶ Λυσιμάχου πρὸς τὸν κατ' Ἀντιγόνου πόλεμον.

Ὡς Ἀντίγονος ναῦς τε πολλὰς ἐναυπηγήσατο καὶ στρατηγοὺς ἀπέστειλεν εἴς τε τὴν Ἑλλάδα καὶ τὸν Πόντον.

1-4 Ἀντιγόνου-θηρίοις post Ὡς κατεστρατήγησεν-πορευομένους transp. Dindorf || **1** post περὶ add. τὸν F || **15** δ' ἑαυτοῦ R : δὲ αὐτοῦ F || **16** Παλλήνης F : Πελλήνης R || **17** πρὸς R : περὶ F || **27** καὶ om. R || **28** πόλεμον F : θάνατον R.

Comment il établit des relations d'amitié avec Alexandre, fils de Polyperchon, et prit Tyr après un siège ; comment Alexandre rejoignit le parti de Cassandre (ch. 61-64).

Comment Polycleitos, le navarque de Ptolémée, vainquit les stratèges d'Antigone sur terre et sur mer (ch. 64).

Sur l'expédition d'Agathocle contre Messine et la paix conclue grâce à la médiation des Carthaginois (ch. 65).

La révolte de Nuceria contre les Romains (ch. 65).

Les opérations en Grèce des stratèges d'Antigone et de Cassandre (ch. 66) [début 314/313].

Expédition de Cassandre en Étolie et dans la région de l'Adriatique (ch. 67-68).

Capture en Carie de l'armée envoyée par Cassandre (ch. 68) [1].

Comment les exilés syracusains, après avoir persuadé les Agrigentins de faire la guerre à Agathocle, envoyèrent chercher à Sparte un stratège, Acrotatos (ch. 70).

Comment celui-ci, après avoir reçu le commandement, exerça un pouvoir tyrannique et comment les Agrigentins firent la paix avec le dynaste (ch. 71).

Les opérations des Romains en Iapygie (ch. 72).

Révolte des habitants de Callatis [2] contre Lysimaque et ce qui arriva aux secours envoyés par Antigone (ch. 73) [début 313/312].

Comment Philippos, envoyé comme stratège en Étolie par Cassandre, vainquit et les Étoliens et les Épirotes (ch. 74) [3].

Comment les Romains vainquirent les Samnites et ramenèrent peu après dans leur parti les Campaniens révoltés (ch. 76).

1. Ch. 69 : préparatifs d'Antigone contre Ptolémée.
2. Cf. 19, 73, 4-5 pour l'orthographe.
3. Ch. 75 : opérations d'Antigone en Asie Mineure et de Cassandre en Grèce.

Ὡς πρὸς Ἀλέξανδρον τὸν Πολυπέρχοντος φιλίαν συνέθετο καὶ Τύρον ἐξεπολιόρκησε καὶ ὡς Ἀλέξανδρος μετέθετο πρὸς Κάσανδρον.

Ὡς Πολύκλειτος ὁ Πτολεμαίου ναύαρχος ἐνίκησε τοὺς Ἀντιγόνου στρατηγοὺς καὶ κατὰ γῆν καὶ κατὰ θάλατταν.

Περὶ τῆς Ἀγαθοκλέους στρατείας ἐπὶ Μεσσηνίους καὶ τῆς μεσιτευθείσης εἰρήνης ὑπὸ Καρχηδονίων.

Νουκερίας ἀπόστασις ἀπὸ Ῥωμαίων.

Τὰ πραχθέντα τοῖς Ἀντιγόνου καὶ Κασάνδρου στρατηγοῖς περὶ τὴν Ἑλλάδα.

Κασάνδρου στρατεία εἰς τὴν Αἰτωλίαν καὶ τοὺς κατὰ τὸν Ἀδρίαν τόπους.

Ἅλωσις περὶ Καρίαν τῆς ἀποσταλείσης ὑπὸ Κασάνδρου δυνάμεως.

Ὡς οἱ φυγάδες τῶν Συρακουσίων Ἀκραγαντίνους πείσαντες πολεμεῖν Ἀγαθοκλεῖ στρατηγὸν ἐκ Λακεδαίμονος Ἀκρότατον μετεπέμψαντο.

Ὡς οὗτος μὲν παραλαβὼν τὴν ἡγεμονίαν τυραννικῶς ἄρχων διεγένετο, οἱ δ' Ἀκραγαντῖνοι τὴν εἰρήνην ἐποιήσαντο πρὸς τὸν δυνάστην.

Τὰ πραχθέντα Ῥωμαίοις περὶ τὴν Ἰαπυγίαν.

Καλλαντιανῶν ἀπόστασις ἀπὸ Λυσιμάχου καὶ τὰ συμβάντα τοῖς ἐπὶ τὴν βοήθειαν ἀποσταλεῖσιν ὑπ' Ἀντιγόνου.

Ὡς Φίλιππος ἀποσταλεὶς ὑπὸ Κασάνδρου στρατηγὸς εἰς τὴν Αἰτωλίαν ἐνίκησεν Αἰτωλοὺς ἅμα καὶ τοὺς Ἠπειρώτας.

Ὡς Ῥωμαῖοι μάχῃ νικήσαντες Σαμνίτας μετ' ὀλίγον Καμπανοὺς ἀποστάντας προσηγάγοντο.

4-5 Ἀντιγόνου om. F ‖ **9** Νουκερίας F[1] : Νουκαιρίας R Λουκερίας F ‖ **11** τὴν om. F ‖ **14** ὑπὸ om. F ‖ **19** τυραννικῶς Rhod. : καὶ εἰρηνικῶς R F ‖ **23** Καλλαντιανῶν Rhod. : Κολλατίνων R Καλαντίνων F ‖ **29** Σαμνίτας R : Σαυνιώτας F.

Comment Antigone envoya Polémaios [1] comme stratège avec une armée pour libérer les Grecs et les opérations de celui-ci en Grèce (ch. 77-78) [ch. 77 : début 312/311].

Révolte et prise de Cyrène ; autre expédition de Ptolémée à Chypre et en Syrie (ch. 79).

Bataille de Démétrios contre Ptolémée et victoire de Ptolémée (ch. 80-86).

Défection de Télesphoros, stratège d'Antigone (ch. 87).

Les opérations de Cassandre en Épire et dans la région de l'Adriatique (ch. 88-89).

Comment Séleucos, après avoir reçu de Ptolémée une petite troupe, s'empara de Babylone et recouvra son ancienne satrapie (ch. 90-92).

Comment Antigone, après être entré en possession sans combattre de la Coelè-Syrie, envoya une armée en Arabie (ch. 93-100).

Sur les coutumes des tribus arabes (ch. 94).

Sur le lac qu'on appelle Asphaltite (ch. 98-99).

Comment Antigone envoya son fils Démétrios avec une armée en Babylonie (ch. 100).

Opérations des Romains et des Samnites (ch. 101).

Comment Agathocle trompa les Messiniens et s'empara de leur cité (ch. 102).

Comment il fit massacrer les opposants à Messine, Tauroménion et Centoripes [2] (ch. 102-103).

Comment Agathocle vainquit Deinocratès et les exilés à Galeria [3] (ch. 104).

Mort de Roxane et du roi Alexandre (ch. 105) [début 311/310].

Opérations des Romains en Italie (ch. 105).

1. Cf. introduction, p. XXIII, pour cette orthographe. Il n'est pas question d'un Polémon en 19, 77-78.
2. Cf. pour l'orthographe 19, 103, 3.
3. Cf. pour l'orthographe 19, 104, 1.

Ὡς Ἀντίγονος Πολεμαῖον στρατηγὸν ἐξαπέστειλε μετὰ δυνάμεως ἐλευθερώσοντα τοὺς Ἕλληνας καὶ τὰ πραχθέντα περὶ τὴν Ἑλλάδα.

Ἀπόστασις Κυρηναίων καὶ ἅλωσις, ἔτι δὲ Πτολεμαίου στρατεία εἰς Κύπρον καὶ Συρίαν.

Μάχη Δημητρίου πρὸς Πτολεμαῖον καὶ νίκη Πτολεμαίου.

Ἀπόστασις Τελεσφόρου τοῦ στρατηγοῦ ἀπὸ Ἀντιγόνου.

Τὰ περὶ τὴν Ἤπειρον καὶ τὸν Ἀδρίαν πραχθέντα Κασάνδρῳ.

Ὡς Σέλευκος παρὰ Πτολεμαίου λαβὼν δύναμιν ὀλίγην ἐκράτησε Βαβυλῶνος καὶ τὴν προϋπάρχουσαν αὐτῷ σατραπείαν ἀνεσώσατο.

Ὡς Ἀντίγονος ἀκινδύνως παραλαβὼν Κοίλην Συρίαν δύναμιν ἐξέπεμψεν εἰς τὴν Ἀραβίαν.

Περὶ τῶν νομίμων οἷς χρῆται τὰ ἔθνη τῶν Ἀράβων.

Περὶ τῆς καλουμένης Ἀσφαλτίτιδος λίμνης.

Ὡς Ἀντίγονος τὸν υἱὸν Δημήτριον ἐξαπέστειλε μετὰ δυνάμεως εἰς τὴν Βαβυλωνίαν.

Περὶ τῶν πραχθέντων Ῥωμαίοις καὶ Σαμνίταις.

Ὡς Ἀγαθοκλῆς Μεσσηνίους παρακρουσάμενος τῆς πόλεως ἐκυρίευσεν.

Ὡς τοὺς ἀντιταξαμένους Μεσσηνίων καὶ Ταυρομενιτῶν, ἔτι δὲ Κεντοριπίνων ἀπέσφαξεν.

Ὡς Ἀγαθοκλῆς Δεινοκράτη καὶ τοὺς φυγάδας περὶ Γαλερίαν ἐνίκησεν.

Ῥωξάνης καὶ Ἀλεξάνδρου τοῦ βασιλέως θάνατος.

Τὰ πραχθέντα Ῥωμαίοις κατὰ τὴν Ἰταλίαν.

1 Πολεμαῖον ego ex *IG* II², 469 : Πτολεμαῖον Wess. Πολέμωνα R F || **6-7** post Πτολεμαίου add. καὶ F || **14** ἀνεσώσατο Steph. : ἀνενεώσατο R ἐπεκτήσατο F || **17** χρῆται F : χρᾶται R || post ἔθνη add. τὰ R || **21** Σαμνίταις R : Σαυνίταις F || **25** Κεντοριπίνων F : Κεντοριππίνων R || **27** Γαλερίαν ego : Γαλαρίαν R F Καλαρία F¹.

LIVRE XIX

I. 1 Selon un vieux dicton parvenu jusqu'à nous, ce ne sont pas les hommes du commun qui détruisent les démocraties, mais ceux qui occupent une position supérieure. C'est pourquoi certaines cités, se défiant des plus influents de leurs hommes politiques *, leur retirent cette prééminence, 2 car le pas qu'ont à franchir les hommes longtemps au pouvoir pour asservir leur patrie est, semble-t-il, bien petit et il est difficile de ne pas gouverner seul quand la supériorité de votre état vous a donné l'espoir de prendre le pouvoir. 3 Il est naturel, en effet, pour les ambitieux de vouloir jouer un plus grand rôle et de ne mettre aucun terme à leurs désirs. C'est précisément pour cette raison que les Athéniens exilèrent les premiers de leurs citoyens, en établissant par une loi ce qu'on appelle l'ostracisme. Leur but était, non de châtier des fautes déjà commises, mais de ne pas donner à ceux qui étaient en mesure de violer la loi la possibilité de commettre des crimes contre leur patrie *. 4 Ils citaient comme un oracle * la maxime de Solon, lorsque, prédisant la tyrannie de Pisistrate, celui-ci composa ce distique élégiaque :

« La cité périt par les grands hommes ; par manque de réflexion le peuple devient l'esclave d'un tyran[1]. »

[Pour les notes appelées par un astérisque se reporter aux notes complémentaires.]

1. Sur les variantes de ce distique, cf. I. M. Linforth, *Solon the Athenian*, Berkeley, 1919, p. 144.

ΒΙΒΛΙΟΘΗΚΗΣ ΙΣΤΟΡΙΚΗΣ
ΒΙΒΛΟΣ ΙΘ′

I. 1 Παλαιός τις παραδέδοται λόγος ὅτι τὰς δημοκρατίας οὐχ οἱ τυχόντες τῶν ἀνθρώπων, ἀλλ' οἱ ταῖς ὑπεροχαῖς προέχοντες καταλύουσι. Διὸ καὶ τῶν πόλεων ἔνιαι τοὺς ἰσχύοντας μάλιστα τῶν πολιτευομένων ὑποπτεύουσαι καθαιροῦσιν αὐτῶν τὰς ἐπιφανείας. 2 Σύνεγγυς γὰρ ἡ μετάβασις εἶναι δοκεῖ τοῖς ἐν ἐξουσίᾳ μένουσιν ἐπὶ τὴν τῆς πατρίδος καταδούλωσιν καὶ δυσχερὲς ἀποσχέσθαι μοναρχίας τοῖς δι' ὑπεροχὴν τὰς τοῦ κρατήσειν ἐλπίδας περιπεποιημένοις· 3 ἔμφυτον γὰρ εἶναι τὸ πλεονεκτεῖν τοῖς μειζόνων ὀρεγομένοις καὶ τὰς ἐπιθυμίας ἔχειν ἀτερματίστους. Τοιγαροῦν Ἀθηναῖοι μὲν διὰ ταύτας τὰς αἰτίας τοὺς πρωτεύοντας τῶν πολιτῶν ἐφυγάδευσαν, τὸν λεγόμενον παρ' αὐτοῖς ἐξοστρακισμὸν νομοθετήσαντες. Καὶ τοῦτ' ἔπραττον οὐχ ἵνα τῶν προγεγενημένων ἀδικημάτων λάβωσι τιμωρίαν, ἀλλ' ὅπως τοῖς δυναμένοις παρανομεῖν ἐξουσία μὴ γένηται κατὰ τῆς πατρίδος ἐξαμαρτεῖν. 4 Τῆς γὰρ Σόλωνος φωνῆς ὥσπερ χρησμοῦ τινος ἐμνημόνευον, ἐν οἷς περὶ τῆς Πεισιστράτου τυραννίδος προλέγων ἔθηκε τόδε τὸ ἐλεγεῖον·

ἀνδρῶν ἐκ μεγάλων πόλις ὄλλυται, εἰς δὲ τυράννου
δῆμος ἀϊδρίῃ δουλοσύνην ἔπεσεν.

I, 1-3 : Exc. Const. IV, 212.
I, 4 : Exc. Const. IV, 213.

8 ὑπεροχὴν R F[1] Exc. : ὑπερβολὴν F || **9** περιπεποιημένοις R Exc. : πεποιημένοις F || **10** ἔχειν F Exc. : ἔχουσιν R || **11** ταύτας R : τοιαύτας F || **21** ἀϊδρίῃ R F : ἀϊδρείῃ R[2] Exc. || δουλοσύνην R Exc. : δουλωσύνην F || ἔπεσεν R Exc. : ἔπεσαν F.

5 Cette tendance à la monarchie prévalut en Sicile, avant la conquête de cette île par les Romains. Les cités, en effet, dupées par les manœuvres démagogiques, donnèrent tant de pouvoirs aux hommes d'humble condition que ceux-ci devinrent les maîtres de leurs dupes [1]. **6** Le meilleur exemple en est la tyrannie d'Agathocle [2] sur les Syracusains : lui qui n'avait que d'infimes moyens au départ [3] plongea dans les plus grands maux non seulement Syracuse, mais toute la Sicile et la Libye [4]. **7** Alors que son manque de ressources et l'humilité de sa condition lui avaient fait exercer le métier de potier, il parvint à un tel degré de puissance et de cruauté qu'il asservit la plus grande et la plus belle de toutes les îles, qu'il occupa, pendant un temps, presque toute la Libye et une partie de l'Italie et qu'il emplit de violences et de meurtres les cités siciliennes. **8** Aucun tyran avant lui n'avait, en effet, accompli rien de tel, ni fait montre de tant de cruauté envers ses sujets : il punissait les particuliers en exécutant toute la famille, châtiait les cités en massacrant tous les hommes adultes et, en obligeant, pour quelques accusés, la masse de la population, même parfaitement innocente, à subir les mêmes malheurs, il condamnait à mort les cités tout entières.

9 Mais, puisque ce livre traite entre autres de la tyrannie d'Agathocle, nous laisserons là les remarques préliminaires à ce sujet pour donner la suite de notre

1. Mêmes réflexions en 13, 91, 4 ; 13, 93, 3, au moment de la prise du pouvoir par Denys l'Ancien.
2. Pour la bibliographie, cf. p. 8, n. 3.
3. Expressions analogues à propos de Denys en 13, 96, 4 et chez Isocrate, *Philippe*, 65 : « Denys, à qui sa naissance, sa réputation et ses autres qualités donnaient un rang infime à Syracuse, fut pris d'un désir insensé et fou du pouvoir absolu et osa faire tout ce qui pouvait le porter à ce degré de puissance. »
4. Ce terme désigne la région de Carthage.

5 Μάλιστα δὲ πάντων ἐπεπόλασεν ἡ πρὸς τὰς μοναρχίας ὁρμὴ περὶ Σικελίαν πρὸ τοῦ Ῥωμαίους κυριεῦσαι ταύτης τῆς νήσου· αἱ γὰρ πόλεις ταῖς δημαγωγίαις ἐξαπατώμεναι μέχρι τούτου τοὺς ἀσθενεῖς ἰσχυροὺς κατεσκεύαζον, ἕως δεσπόται γένωνται τῶν ἐξαπατηθέντων. 6 Ἰδιώτατα δὲ πάντων Ἀγαθοκλῆς ἐτυράννησε τῶν Συρακοσίων, ἀφορμαῖς μὲν ἐλαχίσταις χρησάμενος, ἀτυχήμασι δὲ μεγίστοις περιβαλὼν οὐ τὰς Συρακούσσας μόνον, ἀλλὰ καὶ πᾶσαν Σικελίαν τε καὶ Λιβύην. 7 Δι' ἀπορίαν γὰρ βίου καὶ πραγμάτων ἀσθένειαν τὴν κεραμευτικὴν τέχνην μεταχειρισάμενος εἰς τοῦτο προῆλθε δυνάμεως ἅμα καὶ μιαιφονίας ὥστε καταδουλώσασθαι μὲν τὴν μεγίστην καὶ καλλίστην τῶν πασῶν νήσων, κατακτήσασθαι δὲ χρόνον τινὰ τῆς τε Λιβύης τὴν πλείστην καὶ μέρη τῆς Ἰταλίας, ὕβρεως δὲ καὶ σφαγῆς ἐμπλῆσαι τὰς κατὰ Σικελίαν πόλεις. 8 Οὐδεὶς γὰρ τῶν πρὸ τούτου τυράννων ἐπετελέσατό τι τοιοῦτον οὔτε τοιαύτην ὠμότητα κατὰ τῶν ὑποτεταγμένων ἔσχε. Τοὺς μὲν γὰρ ἰδιώτας ἐκόλαζε πᾶσαν τὴν συγγένειαν ἀποσφάττων, παρὰ δὲ τῶν πόλεων τὰς εὐθύνας ἐλάμβανεν ἡβηδὸν μιαιφονῶν καὶ δι' ὀλίγους τῶν ἐγκαλουμένων τοὺς πολλοὺς καὶ μηδ' ὁτιοῦν ἀδικήσαντας ἀναγκάζων τὴν αὐτὴν ἀναδέχεσθαι συμφορὰν πανδημεὶ τῶν πόλεων θάνατον κατεγίνωσκεν.

9 Ἀλλὰ γὰρ τῆς βίβλου ταύτης σὺν τοῖς ἄλλοις περιεχούσης καὶ τὴν τυραννίδα τὴν Ἀγαθοκλέους ἀφιέμενοι τὸ περὶ αὐτῆς προλέγειν τὰ συνεχῆ τοῖς προειρη-

I, **6-8** : Exc. Const. II 1, 166.

2 post περί add. τὴν F ‖ **3** ταύτης om. F ‖ **6** ἰδιώτατα R Exc. : ἰδιαίτατα F ‖ **7** Συρακοσίων R : Συρρακουσίων F ut semper Συρακουσίων Exc. ‖ **8** τὰς Συρακούσσας [-κούσας Exc.] R Exc. : ταῖς Συρρακούσαις F ‖ **9** τε om. F ‖ **11** μεταχειρισάμενος R Exc. : μεταχειριζόμενος F ‖ **17** οὔτε R F : οὐδὲ prop. Dindorf ‖ **26-27** ἀφιέμενοι R : ἀφέμενοι F.

récit, après avoir indiqué d'abord quelle période couvre notre ouvrage. **10** Dans les dix-huit livres précédents, nous avons relaté, dans la mesure de nos possibilités, les événements qui se sont déroulés depuis la plus haute antiquité dans les régions connues du monde habité jusqu'à l'année qui a précédé la tyrannie d'Agathocle, soit un laps de temps de huit cent soixante-six ans depuis la prise de Troie [1]. Son règne * marquera le début de ce livre que nous terminerons par la bataille de l'Himéras qui opposa Agathocle aux Carthaginois, couvrant ainsi une période de sept ans.

a. 317-316 II. **1** L'année où Démogénès fut archonte à Athènes et où les Romains portèrent au consulat Lucius Plautius et Manius Fulvius [2], Agathocle de Syracuse devint le tyran de cette cité [3]. Pour que le détail des événements soit plus clair nous allons remonter brièvement dans la vie de ce dynaste. **2** Carcinos de Rhégion, exilé de sa patrie, s'établit à Thermes [4] en Sicile, cité soumise aux Carthaginois. Il avait pris pour maîtresse une femme du pays et, alors que celle-ci allait avoir un enfant, il était sans cesse troublé durant son sommeil. **3** Inquiet au sujet de cette naissance, il chargea des Carthaginois qui partaient par mer comme théores à Delphes d'interroger le dieu sur l'enfant à naître. Ils s'acquittèrent consciencieusement de leur mission et l'oracle répondit que cet enfant serait la cause de grands malheurs pour les Carthaginois et toute la Sicile. **4** Pris de peur à cette nouvelle, il exposa l'enfant publiquement

1. 1184 av. J.-C., c.-à-d. la date d'Eratosthène.
2. 317/316 = (316) vulg. 318. Fastes Capitolins : L. Plautius Venno et M. Foslius Flaccinator. Tite-Live, 9, 20, 1 : M. Folius Flaccina et L. Plautius Venox.
3. Bibliographie sur Agathocle dans H. Berve, *Die Tyrannis bei den Griechen*, München, 1967, II, p. 728-729.
4. A l'ouest d'Himère.

μένοις προσθήσομεν, παραθέντες πρότερον τοὺς οἰκείους τῇ γραφῇ χρόνους. 10 Ἐν μὲν οὖν ταῖς προειρημέναις ὀκτωκαίδεκα βίβλοις ἀνεγράψαμεν τὰς ἀπὸ τῶν ἀρχαιοτάτων χρόνων πράξεις τὰς γεγενημένας ἐν τοῖς γνωριζομένοις μέρεσι τῆς οἰκουμένης, ἐφ᾽ ὅσον ἡμῖν δύναμις, ἄχρι πρὸς τὸν ἐνιαυτὸν τὸν πρὸ τῆς Ἀγαθοκλέους τυραννίδος, εἰς ὃν ἀπὸ Τροίας ἁλώσεως ἔτη συνάγεται ὀκτακόσια ἑξήκοντα ἕξ· ἐν δὲ ταύτῃ τὴν ἀρχὴν ἀπὸ τῆς δυναστείας ταύτης ποιησάμενοι καταλήξομεν εἰς τὴν ἐφ᾽ Ἱμέρᾳ μάχην Ἀγαθοκλεῖ πρὸς Καρχηδονίους, περιλαβόντες ἔτη ἑπτά.

II. 1 Ἐπ᾽ ἄρχοντος γὰρ Ἀθήνησι Δημογένους Ῥωμαῖοι μὲν κατέστησαν ὑπάτους Λεύκιον Πλώτιον καὶ Μάνιον Φούλβιον, Ἀγαθοκλῆς δ᾽ ὁ Συρακόσιος τύραννος ἐγένετο τῆς πόλεως. Ἕνεκα δὲ τοῦ σαφεστέρας γενέσθαι τὰς κατὰ μέρος πράξεις βραχέα προαναληψόμεθα περὶ τοῦ προειρημένου δυνάστου. 2 Καρκῖνος ὁ Ῥηγῖνος φυγὰς γενόμενος ἐκ τῆς πατρίδος κατῴκησεν ἐν Θέρμοις τῆς Σικελίας, τεταγμένης τῆς πόλεως ταύτης ὑπὸ Καρχηδονίους. Ἐμπλακεὶς δὲ τῶν ἐγχωρίων τινὶ γυναικὶ καὶ ποιήσας αὐτὴν ἔγκυον συνεχῶς κατὰ τοὺς ὕπνους ἐταράττετο. 3 Διόπερ ἀγωνιῶν ὑπὲρ τῆς παιδοποιίας ἔδωκεν ἐντολὰς Καρχηδονίοις τισὶ θεωροῖς ἀναγομένοις εἰς Δελφοὺς ἐπερωτῆσαι τὸν θεὸν περὶ τοῦ γεννησομένου βρέφους. Ὧν ἐπιμελῶς τὸ παρακληθὲν πραξάντων ἐξέπεσε χρησμὸς ὅτι μεγάλων ἀτυχημάτων ὁ γεννηθεὶς αἴτιος ἔσται Καρχηδονίοις καὶ πάσῃ Σικελίᾳ. 4 Ἃ δὴ πυθόμενος καὶ φοβηθεὶς ἐξέθηκε τὸ παιδίον δημοσίᾳ καὶ τοὺς τηρήσον-

II, 2-4 : Exc. Const. IV, 214.

2 οὖν R F^1 : om. F || 13 Πλώτιον R F^{mg} : Πούπλιον F || 16 προαναληψόμεθα Dindorf : προσαναληψόμεθα R F || 18 Θέρμοις R Exc. : Θερμοῖς F || 19 τῆς R Exc. : τοῖς F || 21 ἔγκυον R Exc. : ἔγγυον F || 24 γεννησομένου F : γενησομένου R || 25 ἐπιμελῶς R : ἐπιμελὲς F || 27 ἃ R : ὃ F.

et plaça des hommes auprès de lui pour veiller à ce qu'il mourût. Quelques jours passèrent ; l'enfant n'était pas mort et les préposés à la surveillance relâchaient leur attention. **5** La mère vint alors de nuit en cachette et emporta l'enfant *. Elle ne le porta pas chez elle, par peur de son amant, mais le déposa chez son frère Héracleidès et lui donna le nom d'Agathocle, qui était celui de son propre père. **6** Élevé chez son oncle, l'enfant devint séduisant de traits et robuste de corps, bien plus qu'il n'était normal à son âge. Quand il eut sept ans, Carcinos fut invité par Héracleidès à l'occasion d'un sacrifice. Quand il vit Agathocle en train de jouer avec quelques enfants de son âge, il fut pris d'admiration devant sa beauté et sa force *. Sa compagne lui dit que l'enfant exposé aurait été aussi grand si on l'avait élevé ; il affirma alors regretter son acte et ne cessait de pleurer. **7** Alors, voyant que le désir de son amant s'accordait avec ce qui s'était passé, elle lui exposa toute la vérité. Il accueillit ce récit avec joie et reprit son fils. Mais, par crainte des Carthaginois, il se transporta à Syracuse avec toute sa famille. Comme il était pauvre, il enseigna à Agathocle, encore tout jeune, le métier de potier *.

8 A cette époque Timoléon de Corinthe, après avoir remporté la victoire du Crimissos sur les Carthaginois, donna à tous ceux qui le voulaient le droit de cité à Syracuse [1]. Carcinos se fit inscrire comme citoyen avec Agathocle et mourut peu après. **9** La mère consacra une statue en pierre de son fils dans un sanctuaire ; un essaim d'abeilles s'y posa et bâtit

1. En 341. D'après Plutarque, *Timoléon*, 34, 2, le traité obligeait les Carthaginois à laisser les Grecs qui le souhaiteraient quitter les territoires placés sous leur autorité. Diodore n'en parle pas, mais il fait mention en 16, 82, 5, donc bien plus tard, d'un appel de Timoléon à de nouveaux colons.

τας ἵνα τελευτήσῃ παρακατέστησεν. Διελθουσῶν δέ τινων ἡμερῶν τὸ μὲν οὐκ ἀπέθνησκεν, οἱ τεταγμένοι δ' ἐπὶ τῆς φυλακῆς ὠλιγώρουν. 5 Καθ' ὃν δὴ χρόνον ἡ μήτηρ νυκτὸς παρελθοῦσα λάθρᾳ τὸ παιδίον ἀνείλετο καὶ πρὸς αὐτὴν μὲν οὐκ ἀπήνεγκε, φοβουμένη τὸν ἄνδρα, πρὸς δὲ τὸν ἀδελφὸν Ἡρακλείδην καταθεμένη προσηγόρευσεν Ἀγαθοκλέα, τὴν ὁμωνυμίαν εἰς τὸν ἑαυτῆς ἀνενέγκασα πατέρα. 6 Παρ' ᾧ τρεφόμενος ὁ παῖς ἐξέβη τήν τε ὄψιν εὐπρεπὴς καὶ τὸ σῶμα εὔρωστος πολὺ μᾶλλον ἢ κατὰ τὴν ἡλικίαν. Ἑπταετοῦς δ' ὄντος αὐτοῦ παρακληθεὶς ὁ Καρκῖνος ὑφ' Ἡρακλείδου πρός τινα θυσίαν καὶ θεασάμενος τὸν Ἀγαθοκλέα παίζοντα μετά τινων ἡλικιωτῶν ἐθαύμαζε τό τε κάλλος καὶ τὴν ῥώμην, τῆς τε γυναικὸς εἰπούσης ὅτι τηλικοῦτος ἂν ἦν ὁ ἐκτεθείς, εἴπερ ἐτράφη, μεταμέλεσθαί τε ἔφη τοῖς πραχθεῖσι καὶ συνεχῶς ἐδάκρυεν. 7 Εἶθ' ἡ μὲν γνοῦσα τὴν ὁρμὴν τἀνδρὸς συμφωνοῦσαν τοῖς πεπραγμένοις ἐξέθηκε πᾶσαν τὴν ἀλήθειαν. Ὁ δ' ἀσμένως προσδεξάμενος τοὺς λόγους τὸν μὲν υἱὸν ἀπέλαβε, τοὺς δὲ Καρχηδονίους φοβούμενος μετῴκησεν εἰς Συρακούσσας πανοίκιος· πένης δ' ὢν ἐδίδαξε τὸν Ἀγαθοκλέα τὴν κεραμευτικὴν τέχνην ἔτι παῖδα τὴν ἡλικίαν ὄντα.

8 Καθ' ὃν δὴ χρόνον Τιμολέων μὲν ὁ Κορίνθιος νικήσας τὴν ἐπὶ τῷ Κρημισσῷ μάχην τοὺς Καρχηδονίους μετέδωκε τῆς ἐν Συρακούσσαις πολιτείας πᾶσι τοῖς βουλομένοις. Ὁ δὲ Καρκῖνος μετ' Ἀγαθοκλέους πολιτογραφηθεὶς καὶ μετὰ ταῦτα ὀλίγον βιώσας χρόνον ἐτελεύτησεν. 9 Ἡ δὲ μήτηρ ἀνέθηκεν λιθίνην εἰκόνα τοῦ παιδὸς ἔν τινι τεμένει, πρὸς ἣν μελιττῶν ἑσμὸς προσκαθίσας ἐκηροπλάστησεν

1 παρακατέστησεν R F[1] : παρεκατέστησεν F || **7** ἀνενέγκασα R : ἀνενεγκοῦσα F || **9** ἢ om. F || **15** ἐδάκρυεν R : ἐδάκρυσεν F || **19** μετῴκησεν Rhod. : μετῴκισεν R F || **20** δ' [δὲ F[1]] ὢν R F[1] : ὢν δὲ F || **24** Κρημισσῷ R : Κριμισσῷ F || **28** post τινι add. τόπῳ F.

sa ruche sur les hanches. On rapporta ce présage aux experts en la matière, qui tous furent d'avis qu'à la fleur de l'âge Agathocle deviendrait très illustre, ce qui se réalisa *.

III. **1** Un certain Damas, qui comptait parmi les notables de Syracuse, tomba amoureux d'Agathocle *. Tout d'abord, en pourvoyant avec largesse à tous ses besoins, il lui permit d'amasser une certaine fortune. Ensuite, comme il avait été élu stratège pour combattre Agrigente et qu'un des chiliarques était mort, il donna la place de ce dernier à Agathocle. **2** Celui-ci, avant même l'expédition, en imposait beaucoup par la taille de ses armes, car, dans les revues, il avait coutume de porter un équipement d'une taille telle que personne ne pouvait aisément manier des armes de ce poids. Devenu chiliarque, il augmenta beaucoup son prestige par sa bravoure et son intrépidité dans les batailles, ainsi que par son éloquence hardie et incisive dans les harangues publiques. Quand Damas mourut de maladie, en laissant sa fortune à sa femme, il épousa cette dernière et compta parmi les citoyens les plus riches.

3 Par la suite les Syracusains envoyèrent aux Crotoniates, assiégés par les Bruttiens, une armée importante *. Antandros, le frère d'Agathocle, en était l'un des chefs, sous le commandement suprême d'Héracleidès et de Sosistratos [1], des hommes qui avaient passé presque toute leur existence dans des complots, des meurtres et de graves sacrilèges. Le livre précédent en parle en son temps [2]. **4** Participait également à cette campagne Agathocle, qu'appréciait le peuple et qui avait été désigné comme chi-

1. La forme Sosistratos, seule orthographe que l'on trouve représentée à la fois dans R et F (par ex. en 19, 4, 3), a été adoptée systématiquement ici.

2. Les livres 17 et 18 ne contiennent aucune indication ni sur la Sicile ni sur Rome, cf. introduction p. IX, n. 3.

ἐπὶ τῶν ἰσχίων. Τοῦ δὲ σημείου προσενεχθέντος τοῖς περὶ ταῦτ᾽ ἀσχολουμένοις ἀπεφήναντο πάντες κατὰ τὴν ἀκμὴν ἥξειν αὐτὸν εἰς μεγάλην ἐπιφάνειαν, ὅπερ καὶ συνετελέσθη.

III. 1 Δάμας γάρ τις τῶν ἐνδόξων ἀριθμούμενος ἐν Συρακούσσαις ἐρωτικῶς διετέθη πρὸς τὸν Ἀγαθοκλέα καὶ τὸ μὲν πρῶτον δαψιλῶς ἅπαντα χορηγῶν αἴτιος ἐγένετο σύμμετρον αὐτὸν οὐσίαν συλλέξασθαι, μετὰ δὲ ταῦτα αἱρεθεὶς ἐπ᾽ Ἀκράγαντα στρατηγός, ἐπειδὴ τῶν χιλιάρχων τις ἀπέθανεν, τοῦτον εἰς τὸν ἐκείνου τόπον κατέστησεν. 2 Ὁ δὲ καὶ πρὸ τῆς στρατείας μὲν ἦν πολύσεμνος διὰ τὸ μέγεθος τῶν ὅπλων· ἐπετήδευσε γὰρ ἐν ταῖς ἐξοπλασίαις φέρειν πανοπλίαν τηλικαύτην τὸ μέγεθος ὥστε μηδένα τῶν ἄλλων δύνασθαι ῥᾳδίως χρῆσθαι τῷ βάρει τῶν ὅπλων· πολὺ δ᾽ ἔτι μᾶλλον γενόμενος χιλίαρχος περιεποιήσατο δόξαν, φιλοκίνδυνος μὲν ὢν καὶ παράβολος ἐν ταῖς μάχαις, ἰταμὸς δὲ καὶ πρόχειρος ἐν ταῖς δημηγορίαις. Τοῦ δὲ Δάμαντος νόσῳ τελευτήσαντος καὶ τὴν οὐσίαν καταλιπόντος τῇ γυναικὶ ταύτην ἔγημε καὶ τῶν πλουσιωτάτων εἷς ἠριθμεῖτο.

3 Μετὰ δὲ ταῦτα Κροτωνιάταις πολιορκουμένοις ὑπὸ Βρεττίων οἱ Συρακόσιοι δύναμιν ἁδρὰν ἔπεμψαν, ἧς ἐστρατήγει μὲν μεθ᾽ ἑτέρων Ἄντανδρος ὁ Ἀγαθοκλέους ἀδελφός, τῶν δ᾽ ὅλων εἶχε τὴν ἡγεμονίαν Ἡρακλείδης καὶ Σωσίστρατος, ἄνδρες ἐν ἐπιβουλαῖς καὶ φόνοις καὶ μεγάλοις ἀσεβήμασι γεγονότες τὰ πλείω τοῦ βίου· περὶ ὧν τὰ κατὰ μέρος ἡ πρὸ ταύτης περιέχει βίβλος. 4 Συνεστρατεύετο δ᾽ αὐτοῖς καὶ Ἀγαθοκλῆς, ἐγνωσμένος ὑπὸ τοῦ δήμου καὶ τεταγμένος ἐπὶ χιλιαρχικῆς ἡγεμονίας,

III, 2 : Exc. Const. II 1, 167.

8 οὐσίαν post σύμμετρον transp. F || **12** πολύσεμνος F : πολὺ σεμνὸς R || **13** ἐξοπλασίαις R F[1] : ἐξοπλισίαις F || φέρειν R : φορεῖν F || **14** χρῆσθαι R : χρήσασθαι F || **23** ὁ om. F || **24** εἶχε R : εἶχον F || **26** τὰ R : τῷ F.

liarque. Au début il se montra le meilleur combattant dans les batailles contre les Barbares, mais la jalousie de Sosistratos et de ses amis le priva de l'honneur des récompenses suprêmes. **5** Dans son ressentiment il les accusa devant l'assemblée d'avoir décidé d'aspirer à la tyrannie [1]. Les Syracusains n'écoutèrent pas ses accusations et Sosistratos et ses amis, à leur retour de Crotone, établirent un régime autoritaire dans leur patrie.

IV. **1** Agathocle, qui leur était hostile, resta tout d'abord en Italie avec ses partisans. Il échoua dans une tentative pour prendre la cité de Crotone et se sauva avec quelques hommes à Tarente. Après avoir été engagé par les Tarentins dans le corps des mercenaires et avoir pris part à de nombreuses entreprises hardies, il fut soupçonné de vouloir mener une action révolutionnaire. **2** C'est pourquoi, exclu également de cette armée, il rassembla les exilés qui se trouvaient en Italie [2] et porta secours aux habitants de Rhégion en guerre contre Héracleidès et Sosistratos. **3** Après la chute du régime autoritaire à Syracuse et l'exil de Sosistratos et des siens, il revint dans sa patrie. Comme on avait condamné à l'exil, en même temps que les chefs du régime autoritaire, de nombreux notables sous prétexte qu'ils auraient pris part à l'oligarchie des Six-Cents, membres des meilleures familles *, une guerre éclata entre les exilés et les tenants de la démocratie ; les Carthaginois combattaient avec les exilés du parti de Sosistratos : ce fut une succession d'accrochages ou de batailles rangées, mettant aux prises des combattants isolés [3] ou des armées, opérations au cours desquelles Agathocle, tantôt comme simple

1. 'Ως n'est pas indispensable après κατηγορεῖν, cf. Mayser, *op. cit.* [p. XXIII, n. 1, II 2] p. 349-350.
2. C.-à-d. le sud de l'Italie, cf. p. 107, n. 1.
3. Cette opposition permet de garder le texte des manuscrits.

ὃς τὸ μὲν πρῶτον ἐν ταῖς πρὸς τοὺς βαρβάρους μάχαις γενόμενος κράτιστος ὑπὸ τῶν περὶ Σωσίστρατον ἀφῃρέθη τὴν τῶν ἀριστείων τιμὴν διὰ τὸν φθόνον. **5** Ἐφ' οἷς περιαλγὴς γενόμενος αὐτοὺς διεγνωκότας ἐπιθέσθαι τυραννίδι κατηγόρησεν ἐν τῷ δήμῳ. Οὐ προσεχόντων δὲ τῶν Συρακοσίων ταῖς διαβολαῖς οἱ μὲν περὶ Σωσίστρατον ἐδυνάστευσαν τῆς πατρίδος μετὰ τὴν ἐκ Κρότωνος ἐπάνοδον.

IV. **1** Ὁ δ' Ἀγαθοκλῆς ἀλλοτρίως ἔχων τὰ πρὸς αὐτοὺς τὸ μὲν πρῶτον κατέμενεν ἐν Ἰταλίᾳ μετὰ τῶν κοινοπραγούντων καὶ καταλαμβάνεσθαι τὴν τῶν Κροτωνιατῶν πόλιν ἐπιχειρήσας ἐξέπεσε καὶ μετ' ὀλίγων εἰς Τάραντα διεσώθη. Ταχθεὶς δὲ παρὰ τοῖς Ταραντίνοις ἐν τῇ τῶν μισθοφόρων τάξει καὶ πολλαῖς καὶ παραβόλοις ἐγχειρῶν πράξεσιν εἰς ὑποψίαν ἦλθε καινοτομεῖν. **2** Διόπερ ἀπολυθεὶς καὶ ταύτης τῆς στρατείας συνήθροισε τοὺς κατὰ τὴν Ἰταλίαν φυγάδας καὶ Ῥηγίνοις πολεμουμένοις ὑπὸ τῶν περὶ τὸν Ἡρακλείδην καὶ Σωσίστρατον ἐβοήθησεν. **3** Ἔπειτα τῆς ἐν Συρακούσσαις δυναστείας καταλυθείσης καὶ τῶν περὶ τὸν Σωσίστρατον φυγόντων κατῆλθεν εἰς τὴν πατρίδα. Συνεκπεσόντων δὲ τοῖς δυνάσταις πολλῶν ἐνδόξων ἀνδρῶν, ὡς ἂν τῆς ὀλιγαρχίας κεκοινωνηκότων τῆς τῶν ἑξακοσίων τῶν ἐπιφανεστάτων, ἐνέστη πόλεμος τοῖς φυγάσι πρὸς τοὺς ἀντεχομένους τῆς δημοκρατίας. Συμμαχούντων δὲ τῶν Καρχηδονίων τοῖς περὶ τὸν Σωσίστρατον φυγάσιν ἐγίνοντο κίνδυνοι συνεχεῖς καὶ παρατάξεις ἀνδρῶν καὶ δυνάμεων, ἐν αἷς

IV, **3** : Exc. Const. II 1, 167.

2 post γενόμενος add. καὶ F ‖ Σωσίστρατον ego : Σώστρατον R Σωσίπατρον F ‖ **3** ἀριστείων R : ἀριστέων F ‖ **4** post αὐτοὺς add. δὴ F ‖ **5** ante τῶν add. τούτων F ‖ **6** Σωσίστρατον F : Σώστρατον R ‖ **8** post τὰ add. πρὸς ἐπάνοδον F ‖ **10** τῶν om. F ‖ **11** ὀλίγων R : ὄλιγον F ‖ **12** ταχθεὶς R : καταταχθεὶς F ‖ **19** τὸν om. F ‖ Σωσίστρατον F : Σώστρατον R ‖ **20-21** τοῖς δυνάσταις R : ταῖς δυναστείαις F ‖ **22** τῆς τῶν om. R ‖ **26** ἀνδρῶν καὶ R F : ἁδρῶν prop. Dindorf.

soldat [1], tantôt comme officier, se fit une réputation d'efficacité et d'habileté, car, en toute circonstance, il savait trouver quelque stratagème habile. Parmi ceux dont il se servit, en voici un, tout à fait digne d'être mentionné. **4** Comme les Syracusains avaient établi leur camp près de Géla [2], lui-même fit irruption de nuit dans la ville avec mille soldats, mais Sosistratos apparut avec une troupe nombreuse et en bon ordre et mit en déroute ceux qui avaient fait irruption dans la ville, en tuant trois cents environ. **5** Les autres, qui s'étaient jetés dans la fuite à travers un étroit passage et qui désespéraient du salut, furent tirés d'affaire contre toute attente par Agathocle. **6** Celui-ci, en effet, après s'être montré le meilleur au combat et avoir reçu sept blessures, se trouvait affaibli par le flot de sang qui en coulait. Comme les ennemis les serraient de près, il ordonna aux trompettes de se rendre de chaque côté sur la muraille et d'y sonner le signal du combat. **7** L'ordre fut promptement exécuté et les hommes de Géla, venus à la rescousse, ne pouvant discerner ce qu'il en était réellement à cause de l'obscurité, supposèrent que le reste de l'armée syracusaine avait fait irruption dans la ville sur ces deux points. Ils cessèrent la poursuite, divisèrent en deux leurs troupes et coururent vite à la rescousse vers les endroits où sonnaient les trompettes. Agathocle et les siens connurent ainsi un répit et se sauvèrent en toute sécurité jusqu'au retranchement. En cette occasion, donc, pour avoir ainsi dupé les ennemis, Agathocle sauva non seulement ceux qui l'accompagnaient, mais aussi sept cents alliés [3].

1. Sur cette traduction, cf. M. Holleaux, *Études d'épigraphie et d'histoire grecques*, éd. L. Robert, 1938-1968, III, p. 309, n. 2 (art. paru en 1906).

2. Pour tous les épisodes se rapportant à Géla, cf. P. Orlandini, « Storia e topografia di Gela dal 405 al 282 a. c. alla luce delle nuove scoperte archeologiche », *Kokalos*, 2, 1956, p. 158-176.

3. La leçon de F est sans doute une correction destinée à rendre les chiffres cohérents.

Ἀγαθοκλῆς, ποτὲ μὲν ἰδιώτης ὤν, ποτὲ δὲ ἐφ' ἡγεμονίας τεταγμένος, ὑπελήφθη δραστικὸς εἶναι καὶ φιλότεχνος ἐκ τοῦ πρὸς ἕκαστον τῶν καιρῶν ἐπινοεῖσθαί τι τῶν χρησίμων · ὧν ἓν ἔπραξε καὶ μάλα μνήμης ἄξιον. **4** Στρατοπεδευόντων γάρ ποτε τῶν Συρακοσίων πλησίον τῆς Γέλας αὐτὸς μὲν νυκτὸς παρεισέπεσεν εἰς τὴν πόλιν μετὰ χιλίων στρατιωτῶν, οἱ δὲ περὶ τὸν Σωσίστρατον ἐπιφανέντες μετὰ μεγάλης καὶ τεταγμένης δυνάμεως ἐτρέψαντο τοὺς παρεισπεπτωκότας καὶ κατέβαλον εἰς τριακοσίους. **5** Τῶν δ' ἄλλων ἐπιβαλομένων μὲν φεύγειν διά τινος στενοῦ τόπου καὶ τὴν σωτηρίαν ἀπεγνωκότων παραδόξως αὐτοὺς Ἀγαθοκλῆς ἐκ τῶν κινδύνων ἐρρύσατο. **6** Αὐτὸς μὲν γὰρ λαμπρότατα πάντων ἀγωνισάμενος ἑπτὰ τραύμασι περιέπεσε καὶ διὰ τὸ πλῆθος τοῦ ῥυέντος αἵματος τὸ σῶμα παρελύετο · τῶν δὲ πολεμίων ἐπικειμένων παρήγγειλε τοῖς σαλπιγκταῖς ἐπ' ἀμφότερα τὰ μέρη τοῦ τείχους παρελθόντας σημαίνειν τὸ πολεμικόν. **7** Ὧν ταχέως τὸ ῥηθὲν πραξάντων οἱ προσβοηθήσαντες ἐκ τῆς Γέλας τὸ μὲν ἀληθὲς διὰ τὸ σκότος οὐκ ἠδύναντο συνιδεῖν, ὑπολαβόντες δὲ τὴν ἄλλην δύναμιν τῶν Συρακοσίων κατ' ἀμφότερα τὰ μέρη παρεισπεπτωκέναι τοῦ μὲν ἔτι διώκειν ἀπέστησαν, διελόμενοι δὲ τὰς τάξεις διχῇ ταχέως ἐβοήθουν, συντρέχοντες πρὸς τὸν ἦχον τῶν σαλπιγκτῶν. Ἐν τοσούτῳ δὲ τυχόντες ἀνοχῆς οἱ περὶ τὸν Ἀγαθοκλέα μετὰ πάσης ἀσφαλείας διεσώθησαν εἰς τὸν χάρακα. Ἐνταῦθα μὲν οὖν τοῦτον τὸν τρόπον καταστρατηγήσας τοὺς πολεμίους οὐ μόνον τοὺς σὺν αὐτῷ παραδόξως ἔσωσεν, ἀλλὰ καὶ τῶν συμμάχων ἑπτακοσίους ἄνδρας.

IV, **3** : Exc. Const. II 1, 167.

1 ἡγεμονίας R F Exc. : ἡγεμονίαις F[1] ‖ **3** ἐκ τοῦ R : ἐν τῷ F Exc. ‖ **10** ἐπιβαλομένων R : ἐπιβαλλομένων F ‖ **10-11** φεύγειν R : φυγεῖν F ‖ **11** καὶ om. F ‖ **16** post παρήγγειλε add. καὶ R ‖ σαλπιγκταῖς R : σαλπισταῖς F ‖ **28** τοὺς σὺν αὐτῷ R F γρ = ἑαυτὸν F.

V. 1 Ensuite, quand Acestoridès de Corinthe eut été choisi comme stratège par les Syracusains [1], Agathocle parut aspirer à la tyrannie * et se tira d'affaire grâce à son intelligence. Acestoridès, en effet, qui redoutait les troubles internes et ne voulait pas, pour cette raison, le faire exécuter ouvertement, lui ordonna de quitter la ville et envoya des hommes pour le tuer la nuit sur la route. 2 Mais Agathocle, qui avait su deviner la ruse du stratège, choisit celui de ses esclaves qui lui ressemblait le plus par la taille et par les traits. Comme il lui avait donné ses propres armes, son cheval et ses vêtements, il dupa ceux qui avaient été envoyés pour le tuer. 3 Lui-même, vêtu de haillons, voyagea à travers champs ; eux supposèrent de leur côté, d'après les armes et les autres indices, qu'il s'agissait d'Agathocle : trompés par l'obscurité, ils tuèrent bien quelqu'un, mais échouèrent dans leur mission *.

4 Par la suite, les Syracusains rappelèrent les exilés du parti de Sosistratos et conclurent la paix avec les Carthaginois : Agathocle, toujours exilé, leva sa propre armée dans l'intérieur du pays. Devenu redoutable, non seulement pour ses concitoyens, mais aussi pour les Carthaginois, il se laissa persuader de rentrer dans sa patrie *. Conduit dans le temple de Déméter [2] par ses concitoyens, il jura de ne rien faire contre la démocratie. 5 Après s'être donné l'air d'être le chef du parti démocratique et avoir habilement gagné les masses populaires par ses pratiques démagogiques, il fut nommé stratège et protecteur de la paix * jusqu'à

1. Cf. Plutarque, *Timol.* 38, 4. Les Syracusains, pour honorer Timoléon, décidèrent de prendre toujours un stratège corinthien en cas de guerre extérieure.

2. M. P. Drögemüller, *Syrakus. Zur Topographie und Geschichte einer griechischen Stadt*, Heidelberg, 1969, parle seulement d'un temple de Déméter et Corè, détruit par Himilcar, dans la région de la Néapolis, p. 111.

V. 1 Μετὰ δὲ ταῦτα ἐν ταῖς Συρακούσσαις αἱρεθέντος Ἀκεστορίδου τοῦ Κορινθίου στρατηγοῦ δόξας ἐπιθέσθαι τυραννίδι διὰ τὴν σύνεσιν ἐξέφυγε τὸν κίνδυνον. Ὁ μὲν γὰρ Ἀκεστορίδης εὐλαβηθεὶς τὴν στάσιν καὶ διὰ τοῦτο οὐ βουλόμενος αὐτὸν φανερῶς ἀνελεῖν ἐκέλευεν ἐκ τῆς πόλεως μεταστῆναι καὶ τοὺς νυκτὸς κατὰ τὴν ὁδὸν ἀποκτενοῦντας ἐξαπέστειλεν. 2 Ἀγαθοκλῆς δὲ καταστοχασάμενος πιθανῶς τὴν ἐπίνοιαν τοῦ στρατηγοῦ τῶν παίδων ἐξελέξατο τὸν ἑαυτῷ μάλιστα ἐοικότα καὶ κατὰ τὸ μέγεθος τοῦ σώματος καὶ κατὰ τὴν ὄψιν· τούτῳ δὲ δοὺς τὴν ἑαυτοῦ πανοπλίαν καὶ τὸν ἵππον, ἔτι δὲ τὴν ἐσθῆτα παρεκρούσατο τοὺς ἐπὶ τὴν ἀναίρεσιν ἀποσταλέντας. 3 Αὐτὸς δὲ ῥάκη περιβαλόμενος ἀνοδίᾳ τὴν ὁδοιπορίαν ἐποιήσατο. Ἐκεῖνοι δὲ ἀπὸ τῶν ὅπλων καὶ τῶν ἄλλων συσσήμων ὑπολαβόντες εἶναι τὸν Ἀγαθοκλέα καὶ τἀκριβὲς διὰ τὸ σκότος οὐ συνιδόντες τὸν μὲν φόνον ἐπετέλεσαν, τῆς δὲ προκεχειρισμένης πράξεως διήμαρτον.

4 Μετὰ δὲ ταῦτα τῶν Συρακοσίων καταδεξαμένων τοὺς μετὰ Σωσιστράτου φυγάδας καὶ πρὸς Καρχηδονίους εἰρήνην συνθεμένων Ἀγαθοκλῆς φυγὰς ὢν ἰδίαν δύναμιν ἐν τῇ μεσογείῳ συνεστήσατο. Γενόμενος δὲ φοβερὸς οὐ μόνον τοῖς πολίταις, ἀλλὰ καὶ τοῖς Καρχηδονίοις ἐπείσθη κατελθεῖν εἰς τὴν πατρίδα καὶ παραχθεὶς εἰς τὸ τῆς Δήμητρος ἱερὸν ὑπὸ τῶν πολιτῶν ὤμοσε μηδὲν ἐναντιωθήσεσθαι τῇ δημοκρατίᾳ. 5 Προσποιηθεὶς δὲ τῆς δημοκρατίας προΐστασθαι καὶ δημαγωγήσας ποικίλως τὰ πλήθη στρατηγὸς κατεστάθη καὶ φύλαξ

5 ἐκέλευεν R : ἐκέλευσεν F ‖ **13** περιβαλόμενος R : περιβαλλόμενος F ‖ ἀνοδίᾳ R : ἀνωδίᾳ τοῦ ἑτέρου μέρους F ‖ **22** τῇ R : τῷ F ‖ **23** alt. τοῖς om. F ‖ **26** τῇ—προσποιηθεὶς R Fγρ : om. F ‖ **27** δὲ τῆς R : τῆς δὲ F.

ce que l'accord régnât vraiment entre ceux qui étaient de retour dans la cité. **6** Ceux qui formaient des hétairies * s'étaient, en effet, subdivisés en une multitude de groupes, en grand désaccord les uns avec les autres ; l'opposition la plus forte était celle qui régnait entre les partisans d'Agathocle et le conseil des Six-Cents qui avait dirigé la ville dutran l'oligarchie [1] et dans lequel les premiers des Syracusains pour la réputation et la richesse avaient été inscrits.

VI. **1** Or donc Agathocle, qui aspirait au pouvoir, avait beaucoup de moyens à sa disposition pour réaliser son dessein. Non seulement, comme stratège, il disposait de l'armée, mais en plus, quand on apprit que certains rebelles rassemblaient une armée dans l'intérieur, aux environs d'Erbita, il put enrôler, sans éveiller de soupçons, les soldats de son choix. **2** C'est pourquoi il prit prétexte d'une expédition contre Erbita pour incorporer ceux de Morgantina et des autres cités de l'intérieur qui avaient marché auparavant avec lui contre les Carthaginois. **3** Ces hommes étaient entièrement dévoués à Agathocle pour les nombreux avantages dont ils lui avaient été redevables lors de leurs campagnes, alors qu'ils avaient toujours été hostiles aux Six-Cents qui avaient pris part à l'oligarchie à Syracuse et qu'ils détestaient en bloc le peuple, auquel ils obéissaient contraints et forcés. A ces trois mille hommes environ, que leurs désirs et leurs résolutions rendaient tout à fait propres à renverser la démocratie, Agathocle ajouta ceux des citoyens qui, par pauvreté et par envie, étaient contre la prééminence des puissants. **4** Comme tout allait comme il le voulait, il ordonna aux soldats

1. Cf. n. compl. p. 11. La correction de Wesseling paraît indispensable dans la mesure où nous n'avons pas d'exemples dans Diodore de μετά au sens de « pendant ».

τῆς εἰρήνης, μέχρι ἂν γνησίως ὁμονοήσωσιν οἱ συνεληλυθότες εἰς τὴν πόλιν. 6 Εἰς πολλὰ γὰρ μέρη συνέβαινε διαιρεῖσθαι τὰς ἑταιρίας τῶν συνιόντων καὶ πρὸς ἀλλήλους ἑκάστοις εἶναι μεγάλας διαφοράς, μέγιστον δ' ἦν ἀντίταγμα τοῖς περὶ τὸν Ἀγαθοκλέα τὸ τῶν ἑξακοσίων συνέδριον, κατὰ τὴν ὀλιγαρχίαν ὑφηγημένον τῆς πόλεως· οἱ προέχοντες γὰρ τῶν Συρακοσίων ταῖς δόξαις καὶ ταῖς οὐσίαις ἐν τούτοις ὑπῆρχον καταλελεγμένοι.

VI. 1 Ὁ δ' οὖν Ἀγαθοκλῆς ἐπιθυμητὴς ὢν δυναστείας πολλὰς ἀφορμὰς ἔσχεν εἰς τὸ συντελέσαι τὸ βουλευθέν. Οὐ μόνον γὰρ στρατηγὸς ὢν κύριος τῆς δυνάμεως ἦν, ἀλλὰ καὶ προσαγγελθέντος ὅτι τινὲς τῶν ἀποστατῶν ἐν τῇ μεσογείῳ πρὸς Ἐρβίτῃ συνάγουσι δύναμιν, ἐξουσίαν ἔλαβεν ἀνυπόπτως καταγράφειν οὓς προαιροῖτο στρατιώτας. 2 Διὸ καὶ προσποιηθεὶς στρατεύειν ἐπὶ τὴν Ἐρβίταν κατέλεξεν εἰς τάξεις τούς τ' ἐκ Μοργαντίνης καὶ τῶν ἄλλων τῶν ἐν τῇ μεσογείῳ πόλεων τοὺς αὐτῷ πρότερον συμπορευθέντας πρὸς Καρχηδονίους. 3 Οὗτοι γὰρ πάντες πρὸς Ἀγαθοκλέα μὲν εὐνούστατα διέκειντο, πολλὰ προευεργετημένοι κατὰ τὰς στρατείας, πρὸς δὲ τοὺς ἐν Συρακούσσαις ὀλιγαρχίας κεκοινωνηκότας ἑξακοσίους ἀεὶ πολεμικῶς εἶχον καὶ καθόλου τὸν δῆμον ἐμίσουν, ἀναγκαζόμενοι ποιεῖν τὸ προστατтόμενον. Τούτων δ' ὄντων μὲν τὸν ἀριθμὸν εἰς τρισχιλίους, ταῖς δ' ὁρμαῖς καὶ ταῖς προαιρέσεσιν εὐθετωτάτων πρὸς τὴν κατάλυσιν τῆς δημοκρατίας, προσεπελέξατο καὶ τῶν πολιτῶν τοὺς διὰ πενίαν καὶ φθόνον ἐναντιουμένους ταῖς τῶν ἰσχυόντων ἐπιφανείαις. 4 Ὡς δ' αὐτῷ πάντ' ἦν εὐτρεπῆ, τοῖς μὲν

1 ὁμονοήσωσιν F : ὁμονοήσουσιν R ‖ **4** ἑκάστοις R : ἑκάστους F ‖ **6** κατὰ Wesseling : μετὰ R F ‖ ὑφηγημένον R : ἐφηγημένον F ‖ **7** ante. ταῖς add. καὶ F ‖ **11** βουλευθέν R : βουληθέν F ‖ **12** ἦν om. F ‖ **14** προαιροῖτο R : προαιρεῖται F ‖ **16** Ἐρβίταν R : Ἐρβέταν F ‖ τάξεις R : τάξιν F ‖ **17** post πόλεων add. καὶ R ‖ **19** εὐνούστατα R : εὐμενέστατα F ‖ **20** προευεργετημένοι R : προευηργετημένοι F ‖ **22** ἀεὶ R : αἰεὶ F.

de se rassembler au point du jour au Timoléontion *. De son côté, il fit venir Peisarchos et Dioclès [1], qui passaient pour les chefs de l'hétairie des Six-Cents, comme pour discuter avec eux des affaires de l'État. Quand ils arrivèrent en compagnie d'une quarantaine d'amis, il se prétendit victime d'un complot, les fit tous arrêter et les accusa devant les soldats, en affirmant que les Six-Cents cherchaient à se saisir de lui à cause de son dévouement envers le peuple [2] ; et de se lamenter sur son sort. **5** Comme, enflammée de colère, la foule lui criait de ne plus tarder, mais d'appliquer une justice sommaire [3] aux coupables, il ordonna aux trompettes de sonner le signal du combat et aux soldats d'exécuter les coupables et de piller les biens des Six-Cents et de leurs partisans. **6** Tous se ruèrent au pillage et la cité fut remplie de troubles et de terribles malheurs : les plus distingués des citoyens, ignorant l'arrêt de mort pris contre eux et désirant connaître la raison de ce tumulte, sortaient de leurs maisons dans la rue et les soldats, rendus enragés par l'avidité ou la colère, tuaient ces hommes, qui, dans leur ignorance, se présentaient à eux sans aucune arme pour se protéger.

VII. **1** Les ruelles étaient bloquées les unes après les autres par les soldats et les uns étaient abattus dans la rue, les autres dans les maisons et beaucoup même, contre lesquels il n'y avait aucune charge, mouraient sans connaître la raison de leur mort. Une populace armée, à laquelle, en plus, on avait donné tout pouvoir, ne faisait pas de distinction entre amis

1. Cf. Justin, 22, 2, 10 et Polyen, 5, 3, 8, sur le témoignage de qui Wesseling fonde sa correction.

2. La fausse tentative d'assassinat a été très souvent utilisée pour faire un coup d'État, cf. Denys l'Ancien, Diod., 13, 95, 4-6 et Pisistrate, Plut., *Solon*, 30.

3. Même expression en 13, 91, 3. Cf. l'étude de A. Wilhelm, *Glotta*, 24, 1936, p. 133-144.

στρατιώταις παρήγγειλεν ἀπαντᾶν ἅμ' ἡμέρᾳ εἰς τὸ Τιμολεόντιον, αὐτὸς δὲ μεταπεμπόμενος τοὺς περὶ Πείσαρχον καὶ Διοκλέα, τοὺς δοκοῦντας προεστάναι τῆς τῶν ἑξακοσίων ἑταιρίας, ὡς περὶ τῶν κοινῇ συμφερόντων διαλεξόμενος, ἐπειδὴ παρεγένοντο παραλαβόντες τῶν φίλων εἰς τετταράκοντα, προσποιηθεὶς ἑαυτὸν ἐπιβουλεύεσθαι συνελάμβανεν ἅπαντας καὶ κατηγόρησε μὲν αὐτῶν ἐν τοῖς στρατιώταις, φήσας ὑπὸ τῶν ἑξακοσίων ἁρπάζεσθαι διὰ τὴν πρὸς τὸν δῆμον εὔνοιαν, καὶ κατωδύρετο τὴν περὶ αὐτὸν τύχην. 5 Παροξυνομένου δὲ τοῦ πλήθους καὶ βοῶντος μηκέτι μέλλειν, ἀλλ' ἐκ χειρὸς ἐπιθεῖναι τοῖς ἀδικήσασι τὴν δίκην, τοῖς μὲν σαλπιγκταῖς παρήγγειλε σημαίνειν τὸ πολεμικόν, τοῖς δὲ στρατιώταις ἀναιρεῖν τοὺς αἰτίους καὶ διαρπάζειν τὰς κτήσεις τῶν ἑξακοσίων καὶ τῶν τούτοις κοινοπραγούντων. 6 Ὁρμησάντων δὲ πάντων ἐπὶ τὴν ἁρπαγὴν ἡ πόλις ἐπληρώθη ταραχῆς καὶ μεγάλων ἀτυχημάτων· οἱ μὲν γὰρ χαριέστατοι τῶν πολιτῶν, ἀγνοοῦντες τὸν καθ' αὐτῶν κεκυρωμένον ὄλεθρον, ἐξεπήδων ἐκ τῶν οἰκιῶν εἰς τὰς ὁδούς, μαθεῖν σπεύδοντες τὸν θόρυβον, οἱ δὲ στρατιῶται τὰ μὲν διὰ τὴν πλεονεξίαν, τὰ δὲ διὰ τὸν θυμὸν ἠγριωμένοι τὰς ψυχὰς ἀνῄρουν τοὺς διὰ τὴν ἄγνοιαν γυμνὰ τὰ σώματα τῶν ἀμυνομένων ὅπλων παρεχομένους.

VII. 1 Διαληφθέντων δὲ τῶν στενωπῶν κατὰ μέρος ὑπὸ τῶν στρατιωτῶν οἱ μὲν κατὰ τὰς ὁδούς, οἱ δ' ἐν ταῖς οἰκίαις ἐφονεύοντο. Πολλοὶ δὲ καὶ τῶν μηδ' ὁτιοῦν διαβεβλημένων ἀνῃροῦντο, δεόμενοι μαθεῖν τὴν αἰτίαν τῆς ἀπωλείας. Καθωπλισμένον γὰρ πλῆθος ἐξουσίαν

VII, 1 : Exc. Const. IV, 215.

1 παρήγγειλεν R : προήγγειλεν F || 2 Τιμολεόντιον R : Τιμολεόντειον F || 2-3 Πείσαρχον F : Πίσαρχον R || Διόκλεα Wess. : Δέκλεα R F || 4 alt. τῶν R : τινων F || 5 παραλαβόντες R : παραλαβών τε F || 17 μὲν om. R || 21 post τούς add. τε F || 26 post δὲ add. οὖν R.

et ennemis ; mais celui par qui elle pensait pouvoir s'enrichir, celui-là, elle le tenait pour ennemi [1]. **2** C'est pourquoi on pouvait voir toute la cité remplie de violences, de meurtres et de toutes sortes d'actes criminels : les uns, qui avaient de vieux motifs de haine, n'épargnaient aucun outrage à ceux qu'ils détestaient, maintenant qu'ils pouvaient laisser libre cours à leur ressentiment, et les autres, qui croyaient par le meurtre des riches remédier à leur propre pauvreté, mettaient tout en œuvre pour les massacrer. **3** Les uns brisaient les portes des demeures, d'autres montaient avec des échelles sur le haut des maisons et d'autres luttaient contre ceux qui se défendaient depuis les toits. Et même pour ceux qui se réfugiaient dans les sanctuaires, pas de salut dans les prières adressées aux dieux, au contraire, des humains passaient outre au respect dû aux dieux. **4** Et voilà les crimes qu'osaient commettre, en pleine paix et dans leur patrie, des Grecs contre des Grecs, des parents contre leur famille, sans égard pour les sentiments naturels, les engagements solennels, les dieux, crimes qui auraient provoqué, je ne dis pas chez un ami, mais même chez un ennemi mortel doté de quelque mesure, de la pitié pour les victimes.

VIII. **1** Toutes les portes de la ville furent fermées et plus de quatre mille personnes [2] moururent en ce jour, auxquelles on avait seulement à reprocher une condition supérieure à celle des autres. Parmi ceux qui prirent la fuite, les uns se ruèrent vers les portes et furent faits prisonniers ; d'autres se laissèrent tomber des murs et se sauvèrent dans les cités voisines, certains enfin, qui, par peur, avaient sauté sans précaution, se fracassèrent le crâne. **2** Il y eut plus de six mille hommes chassés de leur patrie, parmi les-

1. Sur le thème des fureurs de la foule, cf. Quinte-Curce, 10, 7, 11.
2. Polyen, 5, 3, 7, ne parle que de huit cents morts.

προσλαβὸν οὐ διέκρινε φίλον ἢ πολέμιον, ἀλλὰ παρ' οὗ πλέον ὠφεληθήσεσθαι διειλήφει, τοῦτον ἐχθρὸν ἡγεῖτο. 2 Διὸ καὶ παρῆν ὁρᾶν πᾶσαν τὴν πόλιν πεπληρωμένην ὕβρεως καὶ φόνων καὶ παντοίων ἀνομημάτων. Οἱ μὲν γὰρ διὰ τὰς προϋπαρχούσας ἔχθρας οὐδεμιᾶς ἐπηρείας ἀπείχοντο κατὰ τῶν μισουμένων, ἔχοντες ἐξουσίαν διατιθέναι πᾶν τὸ κεχαρισμένον τῷ θυμῷ · οἱ δὲ ταῖς τῶν εὐπόρων σφαγαῖς οἰόμενοι τὰς ἰδίας ἀπορίας ἐπανορθώσασθαι πᾶν ἐμηχανῶντο πρὸς τὸν κατ' αὐτῶν ὄλεθρον. 3 Οἱ μὲν γὰρ τὰς αὐλείους θύρας ἐξέκοπτον, οἱ δὲ διὰ κλιμάκων ἐπὶ τὰς ὀροφὰς προσανέβαινον, ἄλλοι δὲ διηγωνίζοντο πρὸς τοὺς ἀπὸ τῶν στεγῶν ἀμυνομένους. Οὐ μὴν οὐδὲ τοῖς εἰς τὰ τεμένη καταφυγοῦσιν ἡ τῶν θεῶν ἱκετεία παρείχετο τὴν ἀσφάλειαν, ἀλλ' ἡ πρὸς θεοὺς εὐσέβεια ἐνικᾶτο πρὸς ἀνθρώπων. 4 Καὶ ταῦτ' ἐτόλμων ἐν εἰρήνῃ καὶ πατρίδι παρανομεῖν Ἕλληνες καθ' Ἑλλήνων, οἰκεῖοι κατὰ συγγενῶν, οὐ φύσιν, οὐ σπονδάς, οὐ θεοὺς ἐντρεπόμενοι, ἐφ' οἷς οὐχ ὅτι φίλος, ἀλλὰ καὶ παντελῶς ἐχθρός, μέτριός γε τὴν ψυχήν, οὐκ ἔστιν ὅστις οὐκ ἂν τὴν τῶν πασχόντων τύχην ἐλεήσειεν.

VIII. 1 Πᾶσαι μὲν γὰρ αἱ πύλαι τῆς πόλεως ἐκλείσθησαν, πλείους δὲ τῶν τετρακισχιλίων ἀνῃρέθησαν αὐθημερόν, τοῦτο μόνον ἐγκληθέντες ὅτι χαριέστεροι τῶν ἄλλων ἦσαν. Τῶν δὲ φυγόντων οἱ μὲν ἐπὶ τὰς πύλας ὁρμήσαντες συνελήφθησαν, οἱ δὲ κατὰ τῶν τειχῶν ῥίπτοντες αὑτοὺς εἰς τὰς ἀστυγείτονας πόλεις διεσώθησαν, τινὲς δὲ διὰ τὸν φόβον ἀπρονοήτως ἁλόμενοι κατεκρημνίσθησαν. 2 Τὸ δὲ πλῆθος ἦν τῶν ἐκπεσόντων ἐκ τῆς

VII, 1 : Exc. Const. IV, 215.

1 προσλαβὸν F Exc. : λαβὸν R ‖ **7** κεχαρισμένον F : κεχειρισμένον R ‖ **8** ἀπορίας R[2] : εὐπορίας R F ‖ **10** αὐλείους R[2] F : αὐλίους R ‖ **16** ἐν R F[1] : om. F ‖ **23** χαριέστεροι R : χαριέστατοι F ‖ **24** φυγόντων R : φευγόντων F ‖ τὰς πύλας R : ταῖς πύλαις F ‖ **26** αὑτοὺς R : ἑαυτοὺς F ‖ **27** ἁλόμενοι R : ἁλλώμενοι F.

quels la plupart se réfugièrent à Agrigente, où on leur accorda les soins qui convenaient. **3** Après avoir passé la journée à massacrer leurs concitoyens, les partisans d'Agathocle n'épargnèrent pas non plus aux femmes violences et infamies : bien au contraire ils pensaient qu'outrager leur famille était un bon châtiment à infliger à ceux qui avaient échappé à la mort. Selon toute vraisemblance, en effet, des époux et des pères souffriraient pis que la mort à l'idée des violences faites aux femmes et du déshonneur des jeunes filles. **4** Nous devons supprimer ici les effets tragiques affectés habituels aux historiens [1], avant tout par pitié pour les victimes et aussi parce qu'aucun lecteur ne souhaite entendre détailler ce qu'il imagine sans peine : **5** si ces hommes avaient osé, en plein jour, dans les rues et sur l'agora, égorger de parfaits innocents, il n'est pas besoin d'indiquer ce qu'ils firent, livrés à eux-mêmes, la nuit, dans les maisons, ni comment ils se comportèrent vis à vis de jeunes filles sans père et de femmes sans défenseur, tombées sous le pouvoir discrétionnaire de leurs pires ennemis. **6** Deux jours plus tard Agathocle, rassasié du meurtre de ses concitoyens, réunit les prisonniers : il relâcha Deinocratès dont il avait été l'ami, fit exécuter ses principaux adversaires et exila tous les autres.

IX. **1** Il réunit ensuite une assemblée où il mit en accusation les Six-Cents et le régime oligarchique qu'ils avaient instauré dans le passé. Il affirma avoir fait place nette dans la cité de ceux qui tentaient d'occuper le pouvoir, puis il déclara redonner au peu-

1. Cf. Seibert, *op. cit.* [p. xv, n. 4] p. 58, n. 10, sur ceux qui, comme Douris, ont prôné une conception « tragique » de l'histoire et que Polybe, 3, 56, critique sévèrement. On ne peut cependant se servir de ce passage pour prouver que Diodore n'a pas utilisé directement l'œuvre de Douris, cf. introd. p. xviii.

πατρίδος ὑπὲρ τοὺς ἑξακισχιλίους, ὧν οἱ πλεῖστοι κατέφυγον πρὸς τοὺς Ἀκραγαντίνους κἀκεῖ τῆς καθηκούσης ἐπιμελείας ἠξιώθησαν. 3 Οἱ δὲ περὶ τὸν Ἀγαθοκλέα διημερεύσαντες ἐν τοῖς τῶν πολιτῶν φόνοις οὐδὲ τῆς εἰς γυναῖκας ὕβρεως καὶ παρανομίας ἀπέσχοντο, ἀλλὰ παρὰ τῶν ἐκπεφευγότων τὸν θάνατον ἱκανὴν ὑπελάμβανον λήψεσθαι τιμωρίαν τὴν εἰς τοὺς συγγενεῖς ἐπήρειαν· δεινότερα γὰρ θανάτου τοὺς μὲν ἄνδρας καὶ πατέρας εἰκὸς ἦν πείσεσθαι γυναικῶν ὕβρεις καὶ παρθένων αἰσχύνας ἀναλογιζομένους. 4 Ἀφ' ὧν ἡμῖν περιαιρετέον ἐστὶ τὴν ἐπίθετον καὶ συνήθη τοῖς συγγραφεῦσι τραγῳδίαν, μάλιστα μὲν διὰ τὸν τῶν παθόντων ἔλεον, ἔπειτα καὶ διὰ τὸ μηθένα τῶν ἀναγινωσκόντων ἐπιζητεῖν ἀκοῦσαι τὰ κατὰ μέρος, ἐν ἑτοίμῳ τῆς γνώσεως οὔσης. 5 Οἱ γὰρ μεθ' ἡμέραν ἐν ταῖς ὁδοῖς καὶ κατὰ τὴν ἀγορὰν σφάττειν τολμῶντες τοὺς μηδὲν ἀδικοῦντας οὐ προσδέονται τοῦ δηλώσοντος τί νύκτωρ ἔπραττον καθ' αὑτοὺς ἐν ταῖς οἰκίαις καὶ πῶς προσεφέροντο παρθένοις ὀρφαναῖς καὶ γυναιξὶν ἐρήμοις μὲν οὔσαις τῶν βοηθησόντων, πεπτωκυίαις δ' ὑπ' ἐξουσίαν αὐτοκράτορα τῶν ἐχθίστων. 6 Ὁ δ' Ἀγαθοκλῆς δυεῖν ἡμερῶν διελθουσῶν ἐπειδή ποτ' ἐπληρώθη τοῦ κατὰ τῶν πολιτῶν φόνου, τοὺς ζωγρηθέντας ἀθροίσας Δεινοκράτην μὲν ἀφῆκε διὰ τὴν προγεγενημένην φιλίαν, τῶν ἄλλων δὲ τοὺς μὲν ἀλλοτριώτατα διακειμένους ἀνεῖλε, τοὺς δὲ λοιποὺς ἐφυγάδευσε.

IX. 1 Μετὰ δὲ ταῦτα συναγαγὼν ἐκκλησίαν κατηγόρησε μὲν τῶν ἑξακοσίων καὶ τῆς ὑπ' αὐτῶν προγεγενημένης ὀλιγαρχίας, καθαρὰν δὲ φήσας τὴν πόλιν πεποιηκέναι τῶν δυναστεύειν ἐπιχειρούντων ἀπεφαίνετο

VIII, 3-5 : Exc. Const. IV, 216.

4 οὐδὲ Dindorf : οὔτε R F ‖ 9 πείσεσθαι R Exc. : πυθέσθαι F ‖ 13 ἀναγινωσκόντων R Fγρ Exc. : ἀναγινωσκομένων F ‖ 19 βοηθησόντων R Exc. : βοηθούντων F ‖ 21 δυεῖν R : δυοῖν F ‖ 29 ἀπεφαίνετο R : ἀπέφαινε F.

ple son entière liberté politique et vouloir désormais, déchargé de son fardeau, vivre en simple particulier et être l'égal de tous [1]. **2** Tout en parlant il retira sa chlamyde, la remplaça par un himation [2] et il esquissait un mouvement de départ, après avoir fait la démonstration qu'il était un citoyen comme les autres. Il agissait ainsi pour jouer au démocrate, tout en sachant fort bien que la majorité de l'assemblée avait pris part à ces actes impies et ne voudrait jamais, pour cette raison, charger quelqu'un d'autre de la stratégie. **3** En tout cas, sur le champ, ceux qui avaient pillé les biens des victimes lui crièrent de ne pas les abandonner et d'accepter au contraire la direction suprême des affaires. Lui, tout d'abord, de garder le silence [3], puis, comme la foule le pressait davantage, il déclara accepter la stratégie, mais à condition de l'exercer seul. **4** Il n'acceptait pas, en effet, pour des fautes commises par d'autres, d'avoir à rendre des comptes en tant que collègue, comme le voulait la loi. Comme la foule lui avait accordé de commander seul, il fut élu stratège avec pleins pouvoirs et désormais il était clair qu'il détenait le pouvoir et qu'il dirigeait la cité *. **5** Quant aux Syracusains non compromis, la peur contraignit les uns à la résignation et les autres, qui ne pouvaient l'emporter sur la masse, n'osèrent faire une vaine démonstration d'hostilité. Il y avait également beaucoup de pauvres et d'endettés qui accueillirent avec plaisir le changement de régime, car Agathocle promit, lors de l'assemblée, l'abolition des dettes et la distribution de terres aux pauvres [4]. **6** Cela fait il arrêta les meurtres et les châtiments et, changeant du tout au tout, il montra beaucoup de bienveillance envers le peuple :

1. Même offre de démission faite par Denys en 13, 94, 3.
2. Il quitte le manteau militaire pour le manteau civil.
3. Cf. Denys en 13, 92, 2.
4. Cf. le portrait du tyran dans Platon, *Rép.* 8, 566 d-e.

τῷ δήμῳ τὴν αὐτονομίαν εἰλικρινῆ παραδιδόναι καὶ βούλεσθαί ποτε τῶν πόνων ἀπολυθεὶς ἰδιωτεύειν ἴσος ὢν πᾶσι. 2 Καὶ ταῦτα λέγων τὸ μὲν χλαμύδιον ἑαυτοῦ περιέσπασε, τὸ δ' ἱμάτιον μεταλαβὼν ἀπήει, τῶν πολλῶν ἑαυτὸν ἀποδείξας ἕνα. Ταῦτα δ' ἔπραττε τὸν δημοτικὸν ὑποκρινόμενος καὶ σαφῶς εἰδὼς τοὺς πλείους τῶν ἐκκλησιαζόντων μετεσχηκότας τῶν ἀσεβημάτων καὶ διὰ τοῦτο μηδέποτ' ἂν βουληθέντας ἄλλῳ τὴν στρατηγίαν ἐγχειρίσαι. 3 Εὐθὺ γοῦν οἱ διαπεφορηκότες τὰ τῶν ἠτυχηκότων ἐβόων μὴ καταλιπεῖν ἑαυτούς, ἀλλὰ προσδέξασθαι τὴν τῶν ὅλων ἐπιμέλειαν. Ὁ δὲ τὸ μὲν πρῶτον ἡσυχίαν εἶχεν, εἶτα τοῦ πλήθους βιαιότερον ἐγκειμένου προσδέξασθαι μὲν ἔφησε τὴν στρατηγίαν, μὴ μέντοι γε μετ' ἄλλων ἄρξειν· 4 οὐ γὰρ ὑπομένειν, ὧν ἂν ἕτεροι παρανομήσωσι, τούτων αὐτὸν συνάρχοντα λόγον ἀποδιδόναι κατὰ τοὺς νόμους. Συγχωρήσαντος δὲ τοῦ πλήθους μοναρχεῖν οὗτος μὲν ἐχειροτονήθη στρατηγὸς αὐτοκράτωρ καὶ τὸ λοιπὸν φανερῶς ἐδυνάστευε καὶ τῆς πόλεως ἐπιμέλειαν ἐποιεῖτο. 5 Τῶν δ' ἀκεραίων Συρακοσίων οἱ μὲν διὰ τὸν φόβον ἠναγκάζοντο καρτερεῖν, οἱ δ' ὑπὸ τοῦ πλήθους κατισχυόμενοι τὴν ἔχθραν εἰς κενὸν οὐκ ἐτόλμων ἐνδείκνυσθαι. Πολλοὶ δὲ καὶ τῶν ἀπόρων καὶ κατάχρεων ἄσμενοι τὴν μεταβολὴν προσεδέξαντο· ἐπηγγέλλετο γὰρ Ἀγαθοκλῆς κατὰ τὴν ἐκκλησίαν καὶ χρεῶν ἀποκοπὰς ποιήσεσθαι καὶ τοῖς πένησι χώραν δωρήσεσθαι. 6 Ἀπὸ δὲ τούτων γενόμενος τοῦ μὲν ἔτι φονεύειν ἢ κολάζειν τινὰς ἀπέστη, μεταβαλόμενος δ' εἰς τοὐναντίον εὐγνωμόνως τοῖς πλήθεσι προσεφέρετο καὶ

1 παραδιδόναι R : παραδοῦναι F ‖ **3** ἑαυτοῦ F : αὐτοῦ R ‖ **4** μεταλαβὼν R F : μετα βαλὼν F[1] ‖ **5** ἑαυτὸν R : αὑτὸν F ‖ **14** ὑπομένειν R F : ὑπομενεῖν prop. Dindorf ‖ ἂν R F[1] : om. F ‖ **14-15** παρανομήσωσι R : παρανομήσουσι F ‖ **15** τούτων R : τοῦτον F ‖ **18** ἐδυνάστευε R : ἐδυνάστευσε F ‖ **25** ποιήσεσθαι F : ποιήσασθαι R F[1] ‖ **26** δωρήσεσθαι R F[1] : δωρήσασθαι F ‖ **28** προσεφέρετο post εὐγνωμόνως transp. F.

il rendit service à beaucoup, encouragea bien des personnes par des promesses et gagna la sympathie de tous par des paroles aimables, ce qui lui valut une grande considération. **7** Malgré l'étendue de son pouvoir, il ne porta jamais de diadème *, n'eut pas de garde armée et ne chercha pas à rendre son abord difficile, comme ont coutume de le faire presque tous les tyrans *. Il s'occupa des revenus publics et de la préparation d'armes défensives et offensives et fit construire de nouveaux bateaux de guerre en plus de ceux qui existaient déjà. Il fit également passer sous son autorité la plupart des places et des cités de l'intérieur.

Tels étaient les événements de Sicile.

X. **1** En Italie les Romains étaient, depuis huit ans, en guerre avec les Samnites *. Au cours des années antérieures ils avaient mené les opérations avec des forces importantes [1] ; présentement, ils faisaient des incursions dans le territoire ennemi sans rien accomplir d'important ni même de digne d'être mentionné [2] et sans relâche ils attaquaient les places fortes et pillaient le plat pays. **2** Ils ravagèrent également toute la Daunie en Apulie et, après s'être ralliés les gens de Canusium [3], ils en reçurent des otages. Ils ajoutèrent, d'autre part, deux tribus à celles qui existaient déjà, la Falerna et l'Ufentina [4]. **3** Pendant ce temps les Crotoniates mirent un terme aux hostilités avec les Bruttiens. Pour la guerre que depuis un an ils menaient contre leurs concitoyens, exilés par le régime démocratique pour avoir fait cause commune avec Héracleidès et Sosistratos, et dont nous avons parlé à sa place dans le livre précé-

1. Allusion à la bataille des Fourches Caudines, en (vulg.) 321, cf. Tite-Live, 9, 1-10.
2. Ceci rend encore plus douteuses les opérations d'envergure menées par les Romains après leur défaite selon Tite-Live, 9, 13-14.
3. Cf. Tite-Live, 9, 20 en (vulg.) 318. Canusium est en Apulie.
4. Cf. Piganiol, *op. cit.* [p. xi, n. 2] p. 188.

πολλοὺς μὲν εὐεργετῶν, οὐκ ὀλίγους δ' ἐπαγγελίαις μετεωρίζων, πάντας δὲ λόγοις φιλανθρώποις δημαγωγῶν οὐ μετρίας ἀποδοχῆς ἐτύγχανεν. **7** Ἔχων δὲ τηλικαύτην δυναστείαν οὔτε διάδημα ἀνέλαβεν οὔτε δορυφόρους εἶχεν οὔτε δυσεντευξίαν ἐζήλωσεν, ἅπερ εἰώθασι ποιεῖν σχεδὸν ἅπαντες οἱ τύραννοι. Ἐπεμελήθη δὲ καὶ τῶν προσόδων καὶ τῆς τῶν ὅπλων καὶ βελῶν παρασκευῆς, ἔτι δὲ πρὸς ταῖς ὑπαρχούσαις μακραῖς ναυσὶν ἑτέρας ἐναυπηγήσατο. Προσελάβετο δὲ καὶ τῶν ἐν τῇ μεσογείῳ χωρίων καὶ πόλεων τὰς πλείστας.

Καὶ τὰ μὲν κατὰ Σικελίαν ἐν τούτοις ἦν.

X. **1** Κατὰ δὲ τὴν Ἰταλίαν Ῥωμαῖοι μὲν ἔνατον ἔτος ἤδη διεπολέμουν πρὸς Σαμνίτας καὶ κατὰ μὲν τοὺς ἔμπροσθεν χρόνους μεγάλαις δυνάμεσιν ἦσαν διηγωνισμένοι, τότε δὲ εἰς τὴν πολεμίαν εἰσβολὰς ποιούμενοι μέγα μὲν οὐδὲν οὐδὲ μνήμης ἄξιον διεπράξαντο, διετέλουν δὲ τοῖς τε φρουρίοις προσβολὰς ποιούμενοι καὶ τὴν χώραν λεηλατοῦντες. **2** Ἐπόρθησαν δὲ καὶ τῆς Ἀπουλίας τὴν Δαυνίαν πᾶσαν καὶ προσαγαγόμενοι Κανυσίους ὁμήρους παρ' αὐτῶν ἔλαβον. Προσέθηκαν δὲ καὶ δύο φυλὰς ταῖς προϋπαρχούσαις, τήν τε Φαλέρναν καὶ τὴν Ὠφεντῖναν. **3** Ἅμα δὲ τούτοις πραττομένοις Κροτωνιᾶται πρὸς μὲν Βρεττίους διελύσαντο, πρὸς δὲ τοὺς ἐκπεπτωκότας τῶν πολιτῶν ὑπὸ τῆς δημοκρατίας διὰ τὴν πρὸς Ἡρακλείδην καὶ Σωσίστρατον κοινωνίαν, περὶ ἧς ἐν τῇ προτέρᾳ βίβλῳ τὰ κατὰ μέρος διήλθομεν, δεύτερον ἔτος ἤδη πολεμοῦντες Πάρωνα καὶ Μενέδημον, ἄνδρας ἐπιφανεῖς, στρατηγοὺς

3 μετρίας R F[1] : μετρίως F || **5-6** ποιεῖν σχεδὸν ἅπαντες οἱ τύραννοι R : οἱ τ. σχ. ἅπ. ποιεῖν F || **9** προσελάβετο R : προσεπελάβετο F || μεσογείῳ R : μεσογείᾳ F || **12** ἔνατον R : ἔννατον F || **13** Σαμνίτας ego : Σαυνίτας R F || **15** τὴν πολεμίαν Fischer : τὰς πολεμίας R F || post ποιούμενοι add. χώρας F || **16** οὐδὲν om. R || **19** Κανυσίους R : Κανουσίους F || **21** Ὠφεντῖναν Dindorf : Ὠφελτίναν R Ὠφεντίναν F || **27** Πάρωνα R : Πάρωναν F Τάρωναν F[1].

dent [1], ils élurent comme stratèges Paron et Ménédèmos [2], deux hommes remarquables. **4** Les exilés quittèrent Thourioi et, après s'être adjoint trois cents mercenaires, ils tentèrent de s'introduire de nuit dans leur patrie. Repoussés par les Crotoniates, ils établirent leur camp sur les confins du territoire du Bruttium. Peu de temps après, la milice nationale, bien supérieure en nombre, les attaqua et ils furent tous tués en combattant.

Voilà terminé notre exposé des affaires siciliennes et italiennes ; nous allons transporter notre récit dans les autres parties de l'Europe.

XI. **1** En Macédoine *, donc, Eurydice, qui se trouvait à la tête du royaume, apprit les préparatifs de retour d'Olympias. Elle envoya un courrier à Cassandre dans le Péloponnèse, en lui demandant de venir la secourir au plus vite. En même temps, elle cherchait à s'attacher personnellement le dévouement des plus actifs des Macédoniens, en les y encourageant par des dons et de grandes promesses. **2** Polyperchon, qui s'était acquis l'appui d'Éacide [3] d'Épire, rassembla une armée et ramena vers le royaume Olympias et le fils d'Alexandre. Aussi, quand il entendit dire qu'Eurydice se trouvait à Évia [4] en Macédoine avec son armée, il se porta rapidement contre elle, avec l'intention de régler la situation par une seule bataille. Quand les deux armées furent rangées face à face, les Macédoniens, impressionnés par le prestige d'Olympias et se rappelant les bienfaits d'Alexandre, changèrent de camp. **3** Aussi le roi Philippe fut-il fait prisonnier sur le champ avec sa maison [5], tandis qu'Eurydice fut prise avec Poly-

1. Cf. p. 10, n. 2.
2. Il devint plus tard tyran de Crotone, cf. 21, n° 4.
3. Cf. P. Lévêque, *Pyrrhos*, Paris, 1957, p. 93-94.
4. Emplacement inconnu. D'après Ptolémée, 3, 13, 32, ce serait une bourgade illyrienne aux confins de la Macédoine.
5. Sur ce terme, cf. E. Bickerman, *Les institutions des Séleucides*, Paris, 1938, p. 36.

ἐχειροτόνησαν. 4 Οἱ δὲ φυγάδες ἐκ Θουρίων ὁρμήσαντες καὶ προσλαβόντες μισθοφόρους τριακοσίους ἐπεχείρησαν μὲν νυκτὸς παρεισπίπτειν εἰς τὴν πατρίδα, ἀποκρουσθέντες δ' ὑπὸ τῶν Κροτωνιατῶν κατεστρατοπέδευσαν ἐπὶ τῶν μεθορίων τῆς Βρεττίων χώρας, μετ' ὀλίγον δὲ τῆς πολιτικῆς δυνάμεως ἐπελθούσης πολλαπλασίου πάντες μαχόμενοι κατεσφάγησαν.

Ἡμεῖς δ' ἐπεὶ τὰ περὶ Σικελίαν καὶ τὴν Ἰταλίαν διεληλύθαμεν, διαβιβάσομεν τὸν λόγον ἐπὶ τὰ λοιπὰ μέρη τῆς Εὐρώπης.

XI. 1 Κατὰ γὰρ τὴν Μακεδονίαν Εὐρυδίκη, τῆς βασιλείας προεστηκυῖα καὶ πυνθανομένη τὴν Ὀλυμπιάδα παρασκευάζεσθαι πρὸς τὴν κάθοδον, πρὸς μὲν Κάσανδρον εἰς Πελοπόννησον ἀπέστειλε βιβλιαφόρον, ἀξιοῦσα βοηθεῖν τὴν ταχίστην, τῶν δὲ Μακεδόνων τοὺς πρακτικωτάτους ἀνακαλουμένη δωρεαῖς καὶ μεγάλαις ἐπαγγελίαις ἰδίους ταῖς εὐνοίαις κατεσκεύαζε. 2 Πολυπέρχων δὲ δύναμιν ἤθροισε προσλαβόμενος Αἰακίδην τὸν Ἠπειρώτην καὶ κατήγαγεν Ὀλυμπιάδα μετὰ τοῦ Ἀλεξάνδρου παιδὸς ἐπὶ τὴν βασιλείαν. Ἀκούων οὖν Εὐρυδίκην ἐν Εὐίοις τῆς Μακεδονίας οὖσαν μετὰ τῆς δυνάμεως ὥρμησεν ἐπ' αὐτήν, σπεύδων μιᾷ μάχῃ κρῖναι τὰ πράγματα. Ἀντιταχθέντων δὲ ἀλλήλοις τῶν στρατοπέδων οἱ Μακεδόνες ἐντραπέντες τὸ τῆς Ὀλυμπιάδος ἀξίωμα καὶ τῶν εὐεργεσιῶν ἀναμιμνησκόμενοι τῶν Ἀλεξάνδρου μετεβάλοντο. 3 Φίλιππος μὲν οὖν ὁ βασιλεὺς εὐθὺς ἥλω μετὰ τῆς θεραπείας, ἡ δ' Εὐρυδίκη μετὰ Πολυκλέους, ἑνὸς

5 ὀλίγον R : ὀλίγων F || 6 πολλαπλασίου R : πολλαπλασίας F || 8-9 διεληλύθαμεν R : διήλθομεν F || 9 διαβιβάσομεν R : διαβιβάσωμεν F || 12-13 τὴν Ὀλυμπιάδα post παρασκευάζεσθαι transp. F || 14 ἀπέστειλε R : ἐπέστειλε F || βιβλιαφόρον R F : βιβλιοφόρον F^1 || 16 πρακτικωτάτους F : πατρικωτάτους R || 19 κατήγαγεν R : κατῆγεν F || 25-26 μετεβάλοντο R : μετεβάλλοντο F || 26 εὐθὺς om. F.

clès, l'un des conseillers, pendant qu'elle se retirait vers Amphipolis. **4** Après s'être rendue ainsi maîtresse des personnes royales et s'être emparé du royaume sans coup férir, Olympias ne sut pas se comporter dans le succès comme doit le faire un être humain [1]. Au contraire, elle fit tout d'abord emprisonner Eurydice et son mari Philippe et entreprit de les maltraiter : après les avoir enfermés dans une pièce exiguë, elle leur faisait passer les vivres à travers une étroite et unique ouverture. **5** Après avoir traité criminellement les malheureux pendant plusieurs jours, comme elle était mal jugée par les Macédoniens qui plaignaient ses victimes, elle ordonna à des Thraces d'abattre Philippe, qui avait été roi six ans et quatre mois [2]. Quant à Eurydice, qui parlait avec la plus extrême liberté et proclamait qu'à elle, bien plutôt qu'à Olympias, revenait la royauté, Olympias la jugea digne d'un plus grand châtiment. **6** Elle lui envoya donc une épée, un lacet et de la ciguë et lui ordonna d'user du moyen de son choix pour se donner la mort, sans être le moins du monde impressionnée par la dignité passée de sa victime, ni éprouver de compassion pour le sort commun à tous. **7** C'est pourquoi, quand le même revers de fortune fut son lot, elle eut la fin que méritait sa cruauté. Eurydice, donc, après avoir exprimé le vœu, devant celui qui les avait apportés, que les mêmes présents fussent le lot d'Olympias, fit la toilette funèbre de son mari, après avoir nettoyé ses plaies autant qu'elle le pouvait, puis elle se pendit avec sa ceinture. Elle quitta la vie sans une larme sur son sort et nullement abattue par l'étendue de ses malheurs [3]. **8** Débarrassée d'eux, Olympias fit exécuter Nicanor, le frère de Cas-

1. Sur la nécessité de ne pas se laisser emporter par le succès et de bien traiter les prisonniers, cf. 9, n° 13 ; 13, 24.
2. Nous sommes donc en novembre 317.
3. Cf. Justin, 14, 5, Elien, *Hist. var.* 13, 36 et Pausanias, 8, 7, 7 et 1, 11, 3.

τῶν συμβούλων, εἰς Ἀμφίπολιν ἀποχωροῦσα συνελήφθη. **4** Τοῦτον δὲ τὸν τρόπον Ὀλυμπιὰς τῶν βασιλικῶν σωμάτων κυριεύσασα καὶ χωρὶς κινδύνων τὴν βασιλείαν παραλαβοῦσα τὴν εὐτυχίαν οὐκ ἤνεγκεν ἀνθρωπίνως, ἀλλὰ τήν τ' Εὐρυδίκην καὶ τὸν ἄνδρα Φίλιππον τὸ μὲν πρῶτον εἰς φυλακὴν καταθεμένη κακουχεῖν ἐπεχείρησε· περιοικοδομήσασα γὰρ αὐτῶν ἐν βραχεῖ τόπῳ τὰ σώματα διὰ μιᾶς στενῆς ὑποδοχῆς ἐχορήγει τὰ ἀναγκαῖα. **5** Ἐπὶ πολλὰς δ' ἡμέρας παρανομήσασα τοὺς ἠτυχηκότας, ἐπειδὴ παρὰ τοῖς Μακεδόσιν ἠδόξει διὰ τὸν πρὸς τοὺς πάσχοντας ἔλεον, τὸν μὲν Φίλιππον προσέταξε Θρᾳξί τισιν ἐκκεντῆσαι, βασιλέα γεγενημένον ἓξ ἔτη καὶ μῆνας τέτταρας, τὴν δ' Εὐρυδίκην παρρησιαζομένην καὶ βοῶσαν αὑτῇ μᾶλλον προσήκειν ἤπερ Ὀλυμπιάδι τὴν βασιλείαν ἔκρινε μείζονος ἀξιῶσαι τιμωρίας. **6** Εἰσέπεμψεν οὖν αὐτῇ ξίφος καὶ βρόχον καὶ κώνειον καὶ συνέταξε τούτων ᾧ βούλοιτο καταχρήσασθαι πρὸς τὸν θάνατον, οὔτε τὸ προγεγενημένον ἀξίωμα τῆς παρανομουμένης ἐντραπεῖσα τὸ παράπαν οὔτε τῆς κοινῆς τύχης εἰς οἶκτον ἐλθοῦσα· **7** Τοιγαροῦν τῆς ὁμοίας μεταβολῆς τυχοῦσα τῆς ὠμότητος ἀξίαν ἔσχε τὴν τοῦ βίου καταστροφήν. Εὐρυδίκη μὲν γὰρ κατευξαμένη παρόντος τοῦ κομίσαντος τῶν ὁμοίων δωρεῶν Ὀλυμπιάδα τυχεῖν τὸν μὲν ἄνδρα περιέστειλεν, ἐπιμεληθεῖσα τῶν τραυμάτων ὥς ποθ' ὁ καιρὸς συνεχώρει, ἑαυτὴν δ' ἀνακρεμάσασα τῇ ζώνῃ κατέστρεψε τὸν βίον, οὔτε δακρύσασα τὴν αὑτῆς τύχην οὔτε τῷ μεγέθει τῶν συμπτωμάτων ταπεινωθεῖσα. **8** Ὀλυμπιὰς δὲ τούτων διαφθαρέντων ἀνεῖλε μὲν τὸν Νικάνορα τὸν ἀδελφὸν τοῦ

XI, **4** : Exc. Const. II 1, 168.
XI, **8** : Exc. Const. II 1, 169.

3 κινδύνων R : κινδύνου F Exc. ‖ **5** τ' om. F ‖ **7** περιοικοδομήσασα R Exc. : οἰκοδομήσασα F ‖ **8** ἀναγκαῖα F : δίκαια R Exc. ‖ **16** κώνειον R^{sl} F : κώνιον R Exc. ‖ **18** προγεγενημένον R : προγεγονὸς F Exc. ‖ **28** τοῦ F : τὸν R.

sandre, et détruire le tombeau de Iollas [1], poursuivant, à ce qu'elle affirma, la vengeance du meurtre d'Alexandre. Elle choisit également, parmi les amis de Cassandre, les cent Macédoniens les plus illustres et les fit tous égorger. **9** Mais en assouvissant sa colère par de si grands crimes, elle rendit bien vite sa cruauté odieuse à bien des Macédoniens. Tous se souvenaient, en effet, des paroles d'Antipater qui, à la façon d'un oracle, les avait engagés, en mourant, à ne jamais laisser une femme à la tête du royaume *.

Vu la façon dont les affaires étaient menées en Macédoine, il était évident qu'une révolution devait éclater.

XII. **1** En Asie *, Eumène, qui avait avec lui les Argyraspides [2] macédoniens et leur chef Antigénès, avait passé l'hiver [3] dans les villages appelés Cariens [4] en Babylonie. Il envoya des ambassadeurs à Séleucos et à Pithon pour leur demander de venir en aide aux rois [5] et de combattre avec lui contre Antigone. **2** L'un d'eux, Pithon, avait été désigné comme satrape de la Médie, et l'autre de la Babylonie, à l'occasion du second partage des satrapies à Triparadisos [6]. Séleucos affirma qu'il voulait bien servir les rois, mais pour ce qui était d'Eumène, un homme que les Macédoniens assemblés avaient condamné à mort *, jamais il n'accepterait d'exécuter ses ordres. Après avoir longuement discuté avant de prendre leur décision, ils envoyèrent un ambassadeur à Antigénès et aux Argyraspides pour leur demander d'écarter Eumène du commandement. **3** Comme les

1. Un autre frère de Cassandre. Sur les rumeurs d'empoisonnement, cf., par ex., Plut., *Alex.* 77, 1.

2. Une troupe d'infanterie d'élite, composée de vétérans, cf. J. N. Kalleris, *Les anciens Macédoniens*, Athènes, 1954, p. 108-109.

3. L'hiver 318/317, cf. intr. p. XII.

4. Sans doute les mêmes villages que ceux qu'a traversés Alexandre, quand il se rendait de Suse à Ecbatane, cf. 17, 110,3.

5. Philippe Arrhidée et le jeune Alexandre IV.

6. Cf. Will, *op. cit.* [n. compl. p. 20] p. 35-38.

Κασάνδρου, κατέστρεψε δὲ τὸν Ἰόλλου τάφον, μετερχομένη, καθάπερ ἔφησε, τὸν Ἀλεξάνδρου θάνατον, ἐπέλεξε δὲ καὶ τῶν Κασάνδρου φίλων τοὺς ἐπιφανεστάτους ἑκατὸν Μακεδόνας, οὓς ἅπαντας ἀπέσφαξεν. 9 Ἐν τοιούτοις δὲ παρανομήμασι πληροῦσα τὸν ἑαυτῆς θυμὸν ταχὺ πολλοὺς τῶν Μακεδόνων ἐποίησε μισῆσαι τὴν ὠμότητα· πάντες γὰρ ἀνεμιμνήσκοντο τῶν Ἀντιπάτρου λόγων, ὃς καθάπερ χρησμῳδῶν ἐπὶ τῆς τελευτῆς παρεκελεύσατο μηδέποτε συγχωρῆσαι γυναικὶ τῆς βασιλείας προστατῆσαι.

Τὰ μὲν οὖν κατὰ Μακεδονίαν τοῦτον τὸν τρόπον διοικηθέντα πρόδηλον εἶχε τὴν ἐσομένην μεταβολήν.

XII. 1 Κατὰ δὲ τὴν Ἀσίαν Εὐμενὴς μὲν ἔχων τοὺς ἀργυράσπιδας Μακεδόνας καὶ τὸν ἀφηγούμενον αὐτῶν Ἀντιγένην παρεχείμασε μὲν τῆς Βαβυλωνίας ἐν ταῖς ὀνομαζομέναις Καρῶν κώμαις, πρὸς δὲ Σέλευκον καὶ Πίθωνα πρέσβεις ἀπέστειλεν, ἀξιῶν βοηθεῖν τοῖς βασιλεῦσι καὶ μετ' αὐτοῦ συναγωνίσασθαι πρὸς Ἀντίγονον. 2 Τούτων δ' ὁ μὲν Πίθων τῆς Μηδίας, ὁ δ' ἕτερος τῆς Βαβυλωνίας σατράπης ἀπεδέδεικτο, καθ' ὃν καιρὸν ἡ δευτέρα διαίρεσις ἐγενήθη τῶν σατραπειῶν ἐν Τριπαραδείσῳ. Οἱ δὲ περὶ Σέλευκον τοῖς μὲν βασιλεῦσιν ἔφασαν βούλεσθαι παρέχεσθαι χρείας, Εὐμενεῖ μέντοι γε μηδέποθ' ὑπομενεῖν ποιοῦντας τὸ προσταττόμενον, οὗ Μακεδόνες συνελθόντες κατέγνωσαν θάνατον. Πολλὰ δὲ πρὸς ταύτην τὴν προαίρεσιν διαλεχθέντες συνεξέπεμψαν παρ' αὐτῶν πρεσβευτὴν πρὸς Ἀντιγένην καὶ τοὺς ἀργυράσπιδας, ἀξιοῦντες ἀφιστάναι τῆς ἡγεμονίας Εὐμενῆ. 3 Τῶν δὲ Μακεδόνων

XI, **8** : Exc. Const. II, 1, 169.
XI, **9** : Exc. Const. IV, 218.

4 ἅπαντας om. F Exc. || **8** ὃς R : ὡς F || **9-10** προστατῆσαι R : προστάττειν F Exc. || **12** εἶχε R : ἔσχε F || **15** Ἀντιγένην R : Ἀντιγένη F jam non notatum || **17** Πίθωνα R : Πείθωνα F jam non notatum || **18** αὐτοῦ F : αὐτῶν R || **20** ἀπεδέδεικτο R : ἀποδέδεικτο F || **23** ὑπομενεῖν R : ὑπομένειν F.

Macédoniens ne l'écoutaient pas, Eumène les félicita pour leur zèle à son égard et leva le camp avec l'armée. Arrivé près du Tigre, il établit son camp à trois cents stades [1] de Babylone. Il projetait d'aller jusqu'à Suse, dans l'idée d'y faire venir les forces des satrapies supérieures [2] et d'y utiliser les trésors royaux pour les besoins du moment. **4** Il était forcé de traverser le fleuve, car les ressources du pays qui était derrière eux avaient déjà été utilisées, tandis que de l'autre côté, la région était intacte et pouvait fournir aux troupes de la nourriture en abondance. **5** Eumène avait donc réuni des embarcations de toute provenance pour la traversée, quand Séleucos et Pithon arrivèrent en descendant le courant, avec deux trières et de nombreux bachots. C'était là, en effet, le reste des bâtiments qu'Alexandre avait fait construire dans la région de Babylone [3].

XIII. **1** Après les avoir dirigés vers le lieu de débarquement, ils entreprirent de nouveau de persuader les Macédoniens d'écarter Eumène du commandement de l'armée et de ne pas donner une promotion [4], à leur propre désavantage, à un étranger qui avait tué un très grand nombre de Macédoniens. **2** Comme Antigénès [5] et ses hommes ne se laissaient nullement convaincre, Séleucos et les siens dirigèrent les embarcations jusqu'à un ancien canal et en dégagèrent l'entrée que le temps avait obstruée. Le camp des Macédoniens fut submergé ; tous les alentours furent inondés et les troupes risquèrent d'être anéanties par la montée des eaux *. **3** Aussi cette journée se passa-t-elle dans l'inaction, car on ne savait quoi faire.

1. 54 km environ.
2. Les satrapies situées à l'est du Tigre.
3. Cf. Arrien, *Anab.* 7, 19, 4.
4. Normalement cette promotion est donnée par le roi ou son représentant, cf. 19, 14, 4.
5. Tous les manuscrits donnent ici cette orthographe, de même qu'en 19, 17, 4.

οὐ προσεχόντων τοῖς λόγοις Εὐμενὴς ἐπαινέσας αὐτῶν τὴν προθυμίαν ἀνέζευξε μετὰ τῆς δυνάμεως καὶ παραγενηθεὶς ἐπὶ τὸν Τίγριν ποταμὸν κατεστρατοπέδευσε, τῆς Βαβυλῶνος ἀπέχων σταδίους τριακοσίους. Καὶ πρόθεσιν μὲν εἶχεν εἰς Σοῦσα ποιεῖσθαι τὴν πορείαν, διανοούμενος τὰς ἐκ τῶν ἄνω σατραπειῶν δυνάμεις μεταπέμπεσθαι καὶ τοῖς βασιλικοῖς θησαυροῖς χρήσασθαι πρὸς τὰς κατεπειγούσας χρείας. **4** Ἠναγκάζετο δὲ τὸν ποταμὸν διαβαίνειν διὰ τὸ τὴν μὲν κατόπιν χώραν προνενομεῦσθαι, τὴν δὲ πέραν ἀκέραιον εἶναι καὶ δαψιλεῖς δύνασθαι παρέχεσθαι τροφὰς τῷ στρατοπέδῳ. **5** Συναγαγόντος οὖν αὐτοῦ πλοῖα πανταχόθεν πρὸς τὴν διάβασιν οἱ περὶ Σέλευκον καὶ Πίθωνα κατέπλευσαν δυσὶ μὲν τριήρεσι, κοντωτοῖς δὲ πλείοσιν· ἔτι γὰρ τὰ σκάφη ταῦτα περιῆν ἐκ τῶν ὑπ' Ἀλεξάνδρου ναυπηγηθέντων περὶ Βαβυλῶνα.

XIII. **1** Ταῦτα δὲ προσαγαγόντες πρὸς τὴν ἔκβασιν πάλιν ἐπεχείρουν τοὺς Μακεδόνας πείθειν ἀποστῆσαι τὸν Εὐμενῆ τῆς στρατηγίας καὶ μὴ προάγειν καθ' αὑτῶν ἄνδρα ξένον καὶ πλείστους Μακεδόνας ἀνῃρηκότα. **2** Οὐδενὶ δὲ τρόπῳ τῶν περὶ τὸν Ἀντιγένη πειθομένων οἱ περὶ Σέλευκον προσπλεύσαντες πρός τινα διώρυγα παλαιὰν ἀνέρρηξαν τὴν ἀρχὴν αὐτῆς, ὑπὸ τοῦ χρόνου συγκεχωσμένην. Περικλυσθείσης δὲ τῆς τῶν Μακεδόνων στρατοπεδείας καὶ πάντῃ τοῦ συνεχοῦς τόπου λιμνάσαντος ἐκινδύνευσεν ἅπαν ἀπολέσθαι τὸ στρατόπεδον ὑπὸ τῆς πλήμης. **3** Ἐκείνην μὲν οὖν τὴν ἡμέραν ἔμειναν ἐφ' ἡσυχίας, ἀπορούμενοι πῶς χρηστέον τοῖς πράγμασι ·

10 δὲ πέραν R : δ' ἑτέραν F ‖ **13** μὲν R F[1] : μὲν om. F ‖ **14** ἔτι γὰρ R : ἦσαν δὲ F ‖ **15** περιῆν Steph. : περὶ γῆν ἦν R om. F ‖ ὑπ' R : παρ' F ‖ **20** Μακεδόνας F : Μακεδόνων R ‖ **22** διώρυγα R : διώρυχα F ‖ **26** post ἐκινδύνευσεν add. μὲν F ‖ **26-27** ὑπὸ τῆς πλήμης R : οὐ μὴν ἀλλ' ὑπὸ τῆς πλύμμης ὑστέρουν ὑπάρχοντες ἐκπεπληγμένοι τὸ παράδοξον F.

Mais le lendemain, au moyen d'environ trois cents bachots, on fit traverser le fleuve au gros de l'armée, qui débarqua sans obstacle. Séleucos n'avait, en effet, avec lui que des cavaliers, et ceux-ci bien inférieurs en nombre aux ennemis. **4** La nuit tombait déjà quand Eumène, qui s'inquiétait pour le bagage, fit retraverser les Macédoniens et, sous la conduite d'un indigène, entreprit de dégager une portion de terrain où il serait facile de détourner le canal et de rendre praticables les alentours. **5** Séleucos s'en rendit compte et, comme il voulait les éloigner au plus vite de sa propre satrapie, il leur envoya des ambassadeurs pour une trêve et accepta de les laisser traverser. Mais, sur le champ, il envoya également des courriers à Antigone en Mésopotamie, en lui demandant de venir au plus vite avec son armée, avant que les satrapes ne fussent descendus avec leurs forces. **6** Eumène, après avoir traversé le Tigre et être arrivé en Susiane, divisa ses forces en trois colonnes, car le grain manquait ; tandis que les colonnes avançaient dans le pays, le grain manquait totalement, mais Eumène distribua aux soldats du riz, du sésame et des dattes, que la région produisait en abondance. **7** Déjà, auparavant, il avait envoyé aux commandants * des satrapies supérieures les lettres des rois [1], qui disaient d'obéir en tout à Eumène. Il leur envoya alors de nouveaux courriers pour leur demander de venir tous le rejoindre en Susiane avec leurs propres troupes [2]. Or, il se trouvait qu'en ce moment même, ceux-ci, de leur côté, avaient rassemblé leurs troupes et avaient opéré leur jonction pour d'autres raisons, dont il nous faut d'abord parler.

1. Les lettres où Polyperchon, au nom des rois, lui avait donné les fonctions de stratège d'Asie.

2. C.-à-d. les troupes levées dans leurs satrapies respectives.

τῇ δ' ὑστεραίᾳ παραστησάμενοι τὰ κοντωτὰ πλοῖα, περὶ τριακόσια τὸν ἀριθμὸν ὄντα, διεβίβασαν τὸ κράτιστον τῆς δυνάμεως οὐδενὸς παρενοχλοῦντος κατὰ τὴν ἔκβασιν · οἱ γὰρ περὶ Σέλευκον ἱππεῖς μόνον εἶχον καὶ τούτους πολὺ τοῖς ἀριθμοῖς λειπομένους τῶν ἐναντίων. 4 Νυκτὸς δὲ ἤδη καταλαμβανούσης Εὐμενὴς μὲν ἀγωνιῶν ὑπὲρ τῆς ἀποσκευῆς πάλιν εἰς τοὐπίσω διεβίβασε τοὺς Μακεδόνας, εἰσηγησαμένου δέ τινος τῶν ἐγχωρίων ἐπεβάλετό τινα τόπον ἀνακαθαίρειν, δι' οὗ ῥᾴδιον ἦν ἀποστρέψαι τὴν διώρυγα καὶ βάσιμον κατασκευάσαι τὴν πλησίον χώραν. 5 Ἃ δὴ συνιδόντες οἱ περὶ Σέλευκον καὶ βουλόμενοι τὴν ταχίστην αὐτοὺς ἐκ τῆς ἰδίας σατραπείας ἀπαλλάξαι πρέσβεις ἀπέστειλαν ὑπὲρ ἀνοχῶν, συγχωρήσαντες τὴν διάβασιν. Εὐθὺ δὲ καὶ βιβλιαφόρους ἀπέστειλαν πρὸς Ἀντίγονον εἰς Μεσοποταμίαν, ἀξιοῦντες ἥκειν τὴν ταχίστην μετὰ τῆς δυνάμεως, πρὶν ἢ καταβῆναι τοὺς σατράπας μετὰ τῶν δυνάμεων. 6 Εὐμενὴς δὲ διαβὰς τὸν Τίγριν καὶ παραγενόμενος εἰς τὴν Σουσιανὴν εἰς τρία μέρη διεῖλε τὴν δύναμιν διὰ τὴν τοῦ σίτου σπάνιν. Ἐπιπορευόμενος δὲ τὴν χώραν κατὰ μέρος σίτου μὲν παντελῶς ἐσπάνιζεν, ὄρυζαν δὲ καὶ σήσαμον καὶ φοίνικα διέδωκε τοῖς στρατιώταις, δαψιλῶς ἐχούσης τῆς χώρας τοὺς τοιούτους καρπούς. 7 Πρὸς δὲ τοὺς ἐν ταῖς ἄνω σατραπείαις ἡγεμόνας ἦν μὲν καὶ πρότερον ἀπεσταλκὼς τὰς παρὰ τῶν βασιλέων ἐπιστολάς, ἐν αἷς ἦν γεγραμμένον πάντα πειθαρχεῖν Εὐμενεῖ, καὶ τότε δὲ βιβλιαφόρους ἀπέστειλεν, ἀξιῶν ἀπαντᾶν εἰς τὴν Σουσιανὴν ἅπαντας μετὰ τῶν ἰδίων δυνάμεων, καθ' ὃν δὴ χρόνον συνέβη κἀκείνους ἠθροικέναι τὰ στρατόπεδα καὶ συνδεδραμηκέναι πρὸς ἀλλήλους δι' ἑτέρας αἰτίας, ὑπὲρ ὧν ἀναγκαῖον προειπεῖν.

8-9 ἐπεβάλετο R F : ἐπεβάλλετο F¹ || **21** φοίνικα R : φοίνικας F.

XIV. **1** Pithon, désigné comme satrape de Médie, était devenu stratège de toutes les satrapies supérieures [1]. En Parthie, il fit tuer Philôtas [2], qui en était auparavant le stratège et le remplaça par son propre frère Eudamos. **2** A la suite de quoi, tous les autres satrapes se liguèrent contre lui par crainte d'un sort identique, car Pithon était un être remuant, aux vastes ambitions [3]. Quand ils l'eurent vaincu et eurent tué beaucoup de ses hommes, ils le chassèrent de Parthie. **3** Tout d'abord il se retira en Médie, puis il se rendit peu après en Babylonie et invita Séleucos à le secourir et à mettre leurs chances en commun. **4** Voilà les raisons qui avaient conduit les satrapes des régions supérieures à regrouper leurs troupes en un même lieu et qui firent que les courriers d'Eumène trouvèrent des armées toutes prêtes. Il y avait parmi les commandants un homme très illustre, auquel, d'un vote unanime *, ils avaient confié le commandement de l'armée, Peucestès, ancien garde du corps d'Alexandre, qui avait été promu par le roi pour sa valeur *. **5** Il était satrape de la Perse depuis un bon nombre d'années * et il avait acquis une grande considération auprès des indigènes *. C'est pour cela, dit-on même, que, seul des Macédoniens [4], il fut autorisé à porter le vêtement perse par Alexandre, qui voulait plaire aux Perses et pensait obtenir ainsi la complète soumission de ce peuple. Peucestès avait présentement avec lui dix mille archers et frondeurs perses, trois mille hommes d'ori-

1. On ne sait comment il a obtenu ce titre, cf. Bengtson, *op. cit.* [n. compl. p. 20], p. 179, n. 2.

2. En 18, 39, 6 et dans Arrien, *Succ.*, fr. 9, 28 (*F. Gr. Hist.* nº 156), le satrape est Philippos. Mais un changement a pu intervenir depuis.

3. Cf. 18, 7.

4. Même indication dans Arrien, *An.* 6, 30, 1-3. Ceci est en contradiction avec Quinte-Curce, 6, 6 et Justin, 12, 3 et ne concorde pas très bien avec Plut., *Alex.* 45 et Diod. 17, 77.

XIV. 1 Πίθων σατράπης μὲν ἀπεδέδεικτο Μηδίας, στρατηγὸς δὲ τῶν ἄνω σατραπειῶν ἁπασῶν γενόμενος, Παρθυαίας Φιλώταν μὲν τὸν προϋπάρχοντα στρατηγὸν ἀπέκτεινε, τὸν δὲ αὑτοῦ ἀδελφὸν Εὔδαμον ἀντὶ τούτου κατέστησεν. 2 Οὗ γενομένου συνέδραμον οἱ λοιποὶ σατράπαι πάντες, φοβηθέντες μὴ τὸ παραπλήσιον πάθωσιν, ὄντος τοῦ Πίθωνος κινητικοῦ καὶ μεγάλα ταῖς ἐπιβολαῖς περιβαλομένου. Περιγενόμενοι δ' αὐτοῦ μάχῃ καὶ πολλοὺς τῶν συναγωνισαμένων ἀνελόντες ἐξήλασαν ἐκ τῆς Παρθυαίας. 3 Κἀκεῖνος τὸ μὲν πρῶτον ἀνεχώρησεν εἰς Μηδίαν, μετ' ὀλίγον δ' εἰς τὴν Βαβυλῶνα παραγενόμενος παρεκάλει τὸν Σέλευκον βοηθεῖν αὐτῷ καὶ κοινωνεῖν τῶν αὐτῶν ἐλπίδων. 4 Διὰ δὴ ταύτας τὰς αἰτίας τῶν ἄνω σατραπῶν συνηθροικότων εἰς τὸ αὐτὸ τὰ στρατόπεδα παρῆσαν οἱ παρ' Εὐμενοῦς βιβλιαφόροι πρὸς ἑτοίμας τὰς δυνάμεις. Ἦν δὲ τῶν ἡγεμόνων ἐπιφανέστατος μὲν καὶ κοινῷ δόγματι πάντων τὴν στρατηγίαν παραλαβὼν Πευκέστης, γεγενημένος Ἀλεξάνδρου σωματοφύλαξ καὶ προηγμένος ὑπὸ τοῦ βασιλέως δι' ἀνδρείαν. 5 Σατραπείαν δ' εἶχεν ἔτη πλείονα τῆς Περσίδος καὶ μεγάλης ἀποδοχῆς ἐτύγχανε παρὰ τοῖς ἐγχωρίοις. Δι' ἃς αἰτίας φασὶ καὶ τὸν Ἀλέξανδρον αὐτῷ μόνῳ Μακεδόνων συγχωρῆσαι Περσικὴν φορεῖν στολήν, χαρίζεσθαι βουλόμενον τοῖς Πέρσαις καὶ διὰ τούτου νομίζοντα κατὰ πάνθ' ἕξειν τὸ ἔθνος ὑπήκοον. Εἶχε δὲ τότε Πέρσας τοξότας μὲν καὶ σφενδονήτας μυρίους, τοὺς δὲ εἰς τὴν Μακεδονικὴν τάξιν

1 ἀπεδέδεικτο R : ἀποδέδεικται F || **3** Παρθυαίας F : Παρθυαῖος ὃς R || **4** τὸν δὲ αὑτοῦ R : τὸν ἑαυτοῦ δὲ F || **7** μέγαλα ταῖς Reiske : μεγάλαις R μεγάλου ταῖς F || **8** περιγενόμενοι om. F || **9** ἀνελόντες ἐξήλασαν R : ἀνελόντος ἐξήλασεν F || **10-11** ἀνεχώρησεν εἰς Μηδίαν R : εἰς Μηδείαν ἀπεχώρησε F || **11** Βαβυλῶνα R : Βαβυλωνίαν F || **14** σατραπῶν F : σατραπειῶν R || τὸ αὐτὸ R : ταὐτὸ F || τὰ om. R || **15** ἑτοίμας R : ἑτοίμους F || **17** παραλαβὼν R : παρειληφὼς F || **20** εἶχεν ἔτη R : εἶχε τὴν F || μεγάλης R : μεγίστης F || **23** Περσικὴν post φορεῖν transp. F.

gines diverses équipés à la macédonienne [1] et, comme cavaliers, six cents Grecs et Thraces [2], sans compter plus de quatre cents Perses. **6** Le Macédonien Tlépolémos [3], le satrape désigné pour la Carmanie, disposait de quinze cents fantassins et sept cents cavaliers. Sibyrtios, le chef de l'Arachosie, fournissait un effectif de mille fantassins et de six cent-dix cavaliers [4]. Oxyartès, le maître de la satrapie des Paropanisades *, avait envoyé Androbazos, avec douze cents fantassins et quatre cents cavaliers. **7** Stasandros, le satrape de l'Arie et de la Drangiane, qui avait pris également avec lui les soldats de la Bactriane, disposait de mille cinq cents fantassins et de mille cavaliers. **8** Eudamos était arrivé de l'Inde avec cinq cents cavaliers, trois cents fantassins et cent vingt éléphants. Ces bêtes étaient devenues sa propriété, quand, après la mort d'Alexandre, il eut assassiné le roi Poros. Il y avait en tout, rassemblés auprès des satrapes, plus de dix huit mille sept cents fantassins et quatre mille six cents cavaliers *.

XV. **1** Quand ils eurent rejoint Eumène en Susiane, ils réunirent une assemblée générale *, au cours de laquelle se produisit une âpre contestation à propos du commandement. Peucestès, en effet, à cause du grand nombre de ses hommes et de la promotion que lui avait accordée Alexandre, pensait que le commandement suprême lui revenait. **2** Mais Antigénès, le chef des Argyraspides macédoniens, déclarait que le droit de choisir devait être donné aux Macédoniens qui étaient avec lui : n'avaient-ils pas aidé Alexandre à soumettre l'Asie et n'ignoraient-ils

1. C.-à-d. de l'infanterie lourde.
2. Sans doute des colons installés par Alexandre.
3. Les manuscrits donnent tous ici Polémon, mais Tlépolémos en 18, 39, 6 et 19, 28, 3. Il ne peut donc pas y avoir eu de changement de satrape.
4. Correction de H. Reuss, *Hieronymos von Kardia*, Berlin, 1876, p. 82, d'après 19, 27, 4.

καθωπλισμένους παντοδαποὺς τρισχιλίους, ἱππεῖς δ' Ἕλληνας μὲν καὶ Θρᾷκας ἑξακοσίους, Πέρσας δὲ πλείους τῶν τετρακοσίων. **6** Τληπόλεμος δ' ὁ Μακεδών, Καρμανίας σατράπης ἀποδεδειγμένος, εἶχε πεζοὺς μὲν χιλίους πεντακοσίους, ἱππεῖς δ' ἑπτακοσίους. Καὶ Σιβύρτιος μὲν τῆς Ἀραχωσίας ἡγούμενος παρείχετο πεζοὺς μὲν χιλίους, ἱππεῖς δὲ δέκα πρὸς τοῖς ἑξακοσίοις, Ἀνδρόβαζος δ' ἐκ Παροπανισαδῶν, τοῦ Ὀξυάρτου κυριεύοντος τῆς σατραπείας, ἀπέσταλτο μετὰ πεζῶν μὲν χιλίων καὶ διακοσίων, ἱππέων δὲ τετρακοσίων. **7** Στάσανδρος δ' ὁ τῆς Ἀρίας καὶ Δραγγινῆς σατράπης, προσειληφὼς καὶ τοὺς ἐκ τῆς Βακτριανῆς, εἶχε πεζοὺς μὲν χιλίους πεντακοσίους, ἱππεῖς δὲ χιλίους. **8** Ἐκ δὲ τῆς Ἰνδικῆς Εὔδαμος παρεγένετο μεθ' ἱππέων μὲν πεντακοσίων, πεζῶν δὲ τριακοσίων, ἐλεφάντων δὲ ἑκατὸν εἴκοσι· τὰ δὲ θηρία ταῦτα παρέλαβε μετὰ τὴν Ἀλεξάνδρου τελευτὴν δολοφονήσας Πῶρον τὸν βασιλέα. Οἱ δὲ πάντες μετὰ τῶν σατραπῶν ἠθροίσθησαν πεζοὶ μὲν πλείους τῶν μυρίων ὀκτακισχιλίων ἑπτακοσίων, ἱππεῖς δὲ τετρακισχίλιοι ἑξακόσιοι.

XV. **1** Ἐπεὶ δὲ παρεγενήθησαν εἰς τὴν Σουσιανὴν πρὸς τοὺς περὶ τὸν Εὐμενῆ, συνήγαγον ἐκκλησίαν κοινήν, ἐν ᾗ πολλὴν συνέβη γενέσθαι φιλοτιμίαν ὑπὲρ τῆς ἡγεμονίας. Πευκέστης μὲν γὰρ διά τε τὸ πλῆθος τῶν συναγωνιζομένων καὶ τὴν παρ' Ἀλεξάνδρου προαγωγὴν ἑαυτὸν ᾤετο δεῖν ἔχειν τὴν τῶν πάντων ἡγεμονίαν, **2** Ἀντιγένης δὲ τῶν ἀργυρασπίδων Μακεδόνων στρατηγῶν ἔφη δεῖν δοθῆναι τὴν ἐξουσίαν τῆς αἱρέσεως τοῖς μετ' αὐτοῦ Μακεδόσιν, συγκαταπεπολεμηκόσιν Ἀλεξάνδρῳ τὴν

3 Τληπόλεμος Wess. : Πολέμων R F ‖ **7** δέκα πρὸς τοῖς ἑξακοσίοις Reuss : δέκα πρὸς τοῖς ἑκατὸν ἕξ R πρὸς τοῖς ἑκατὸν ἕξ F ‖ Ἀνδρόβαζος F : Ἀνδροβάζῳ R ‖ **9** μὲν om. R ‖ **10** Ἀρίας R : Ἀρείας F ‖ **11** Δραγγινῆς Wess. : Δρογγινῆς R F ‖ τῆς om. F ‖ **12** εἶχε R : ἦγε F ‖ **14** πεντακοσίων R : τριακοσίων F ‖ **24** post καὶ add. διὰ F.

pas encore la défaite du fait de leur valeur ? **3** Eumène, craignant que leur désaccord n'en fît des adversaires faciles à vaincre pour Antigone, émit le conseil suivant : on ne désignerait pas un chef unique, mais tous les satrapes et les stratèges, désignés par la masse des soldats, se réuniraient chaque jour dans la tente royale pour y délibérer en commun sur les mesures à prendre. **4** Il y avait là, en effet, une tente destinée au défunt Alexandre, avec un trône devant lequel ils avaient coutume de sacrifier et de siéger en conseil pour régler les problèmes du moment. Comme tous approuvaient l'utilité de cet avis, il réunit chaque jour un conseil semblable à celui d'une cité de régime démocratique *. **5** Après cela, ils arrivèrent à Suse et Eumène reçut des gardiens du trésor autant d'argent qu'il lui fallait. C'est à lui seul, en effet, d'après les lettres royales [1], qu'on devait donner tout l'argent qu'il demanderait. Après avoir versé aux Macédoniens leur solde pour six mois, il donna deux cents talents à Eudamos, qui avait convoyé les éléphants depuis l'Inde, en principe pour payer l'entretien des bêtes, en réalité pour se gagner l'homme par ce cadeau. En cas de conflit, en effet, il ferait nettement pencher la balance en faveur de celui auquel il se rallierait, car le fait d'utiliser des éléphants provoque la terreur. Quant aux autres satrapes, chacun avait à entretenir les hommes qu'il avait amenés des territoires soumis à son autorité.

6 Tandis, donc, qu'Eumène séjournait en Susiane et laissait ses troupes se refaire, Antigone, après avoir passé l'hiver [2] en Mésopotamie, eut d'abord dans l'idée de talonner Eumène, avant qu'il n'eût reçu des renforts, mais quand il eut appris que les satrapes et leurs troupes avaient fait leur jonction avec les Macé-

1. Cf. 18, 57, 3 ; 58, 1.
2. Il s'agit toujours de l'hiver 318/317, cf. intr. p. XII.

Ἀσίαν καὶ γεγονόσι διὰ τὰς ἀρετὰς ἀνικήτοις. 3 Εὐμενὴς δὲ φοβούμενος μὴ διὰ τὴν πρὸς ἀλλήλους στάσιν εὐχείρωτοι κατασταθῶσιν Ἀντιγόνῳ, συνεβούλευεν ἕνα μὲν μὴ καθιστᾶν ἡγεμόνα, πάντας δὲ τοὺς προκεκριμένους ὑπὸ τοῦ πλήθους σατράπας καὶ στρατηγοὺς εἰς τὴν βασιλικὴν αὐλὴν συνιόντας καθ' ἡμέραν βουλεύεσθαι κοινῇ περὶ τῶν συμφερόντων· 4 ἵστατο γὰρ Ἀλεξάνδρῳ τετελευτηκότι σκηνὴ καὶ κατὰ ταύτην θρόνος, πρὸς ᾧ θύοντες εἰώθεισαν συνεδρεύειν περὶ τῶν κατεπειγόντων. Πάντων δὲ διασημαινομένων τὸ ῥηθὲν ὡς συμφερὸν εἰρημένον συνῆγε καθ' ἡμέραν συνέδριον οἷόν τινος δημοκρατουμένης πόλεως. 5 Μετὰ δὲ ταῦτα παρελθόντων αὐτῶν εἰς Σοῦσα παρὰ τῶν θησαυροφυλακούντων Εὐμενὴς ἔλαβε χρημάτων πλῆθος ὅσον ἦν ἱκανὸν εἰς τὰς χρείας : μόνῳ γὰρ τούτῳ διὰ τῶν ἐπιστολῶν οἱ βασιλεῖς συνετετάχεισαν διδόναι καθ' ὅ τι ἂν αὐτὸς προαιρῆται. Μισθοδοτήσας δὲ τοὺς Μακεδόνας εἰς ἓξ μῆνας Εὐδάμῳ τῷ τοὺς ἐλέφαντας καταγαγόντι τοὺς ἐκ τῆς Ἰνδικῆς ἔδωκε διακόσια τάλαντα, τῷ μὲν λόγῳ πρὸς τὰς τῶν θηρίων δαπάνας, τῷ δ' ἔργῳ διὰ τῆς δωρεᾶς ταύτης θεραπεύων τὸν ἄνδρα· ᾧ γὰρ ἂν τῶν στασιαζόντων οὗτος προσθοῖτο, μεγίστην ἐποιεῖτο ῥοπήν, καταπληκτικῆς οὔσης τῆς τῶν θηρίων χρείας. Τῶν δ' ἄλλων σατραπῶν ἕκαστος ἔτρεφε τοὺς ἐκ τῆς ὑφ' ἑαυτὸν χώρας συνηκολουθηκότας.

6 Εὐμενὴς μὲν οὖν ἐν τῇ Σουσιανῇ διατρίβων ἀνελάμβανε τὴν δύναμιν, Ἀντίγονος δὲ παραχειμάσας ἐν τῇ Μεσοποταμίᾳ τὸ μὲν πρῶτον διενοήθη τοὺς περὶ τὸν Εὐμενῆ διώκειν ἐκ ποδὸς πρὶν αὐξηθῆναι, ὡς δ' ἤκουσε τοὺς σατράπας καὶ τὰς μετ' αὐτῶν δυνάμεις συνεληλυ-

2 post φοβούμενος add. ἵνα F ‖ 7 ἵστατο R F : ἕστατο prop. Dindorf ‖ 15 συνετετάχεισαν R : συνέστησαν F ‖ 18 καταγαγόντι F : κατάγοντι R ‖ 20 ἂν om. F.

doniens, il contint sa hâte, permit à ses troupes de se refaire et enrôla de nouveaux soldats. Il voyait, en effet, que la guerre exigeait de gros effectifs et des préparatifs sortant de l'ordinaire.

XVI. **1** Pendant ce temps, Attalos, Polémon, Docimos, ainsi qu'Antipatros et Philotas, les commandants faits prisonniers avec les troupes d'Alcétas, étaient gardés dans un fort excellemment retranché [1] ; comme ils avaient appris qu'Antigone faisait route vers les satrapies supérieures, pensant que c'était l'occasion favorable, ils persuadèrent certains de leurs gardiens de les délivrer, puis, une fois munis d'armes, ils attaquèrent la garnison au milieu de la nuit : ils n'étaient que huit sous la garde de quatre cents soldats, mais ils l'emportaient en audace et en dextérité pour avoir fait campagne avec Alexandre [2] ; ils se saisirent donc de Xénopeithès, le chef du fort, et le jetèrent par dessus la muraille, la paroi rocheuse atteignant un stade [3] de hauteur. Après avoir égorgé ou expulsé les autres, ils mirent le feu aux bâtiments. **2** Ils s'adjoignirent cinquante hommes environ parmi ceux qui attendaient l'issue du combat au dehors. Comme il y avait abondance de grain et des autres vivres dans le fort, ils délibéraient pour savoir s'il fallait rester et tirer parti des défenses offertes par la place en attendant le secours d'Eumène ou prendre la fuite au plus vite, puis errer dans le pays, en guettant les changements dans la situation. **3** La discussion devenait plus vive : Docimos conseillait de gagner la campagne, tandis qu'Attalos et ses partisans affirmaient que les mauvais traitements, endurés

1. Après la mort de Perdiccas, son frère Alcétas et ses partisans furent vaincus par Antigone en Pisidie, cf. 18, 45, 3-4. Alcétas réfugié à Termessos dut se suicider pour échapper à la capture. — Ce fort doit ressembler à celui de Nora, cf. 18, 81, 1-2.

2. La supériorité des vétérans des guerres d'Alexandre est toujours soulignée, cf., par ex., 19, 81, 5.

3. 177 m environ.

θυίας τοῖς Μακεδόσιν, ἐπέσχε τὴν σπουδὴν καὶ τήν τε δύναμιν ἀνελάμβανε καὶ προσκατέγραφε στρατιώτας · ἑώρα γὰρ τὸν πόλεμον μεγάλων στρατοπέδων καὶ παρασκευῆς οὐ τῆς τυχούσης προσδεόμενον.

XVI. 1 Ἅμα δὲ τούτοις πραττομένοις Ἄτταλος καὶ Πολέμων καὶ Δόκιμος, ἔτι δὲ Ἀντίπατρος καὶ Φιλώτας, οἱ μετὰ τῆς Ἀλκέτου δυνάμεως ἁλόντες ἡγεμόνες, ἐφυλάττοντο μὲν ἔν τινι φρουρίῳ καθ' ὑπερβολὴν ὀχυρῷ, ἀκούσαντες δὲ τοὺς περὶ τὸν Ἀντίγονον εἰς τὰς ἄνω σατραπείας ποιεῖσθαι τὴν πορείαν, νομίζοντες εὔθετον ἔχειν καιρόν, ἔπεισάν τινας τῶν τηρούντων αὐτοὺς λῦσαι, κυριεύσαντες δὲ ὅπλων ἐπέθεντο τῇ φυλακῇ περὶ μέσας νύκτας. Αὐτοὶ μὲν οὖν ὀκτὼ τὸν ἀριθμὸν ὄντες, τηρούμενοι δὲ ὑπὸ στρατιωτῶν τετρακοσίων, διαφέροντες δὲ ταῖς τόλμαις καὶ ταῖς εὐχειρίαις διὰ τὴν μετ' Ἀλεξάνδρου στρατείαν, Ξενοπείθη μὲν τὸν φρούραρχον συναρπάσαντες ὑπὲρ τὸ τεῖχος ἔρριψαν, σταδιαῖον ἐχούσης τῆς πέτρας ὕψος, τῶν δ' ἄλλων τοὺς μὲν κατασφάξαντες, τοὺς δὲ ἐκβαλόντες ἐνεπύρισαν τὰς οἰκίας. 2 Τῶν δ' ἔξωθεν καραδοκούντων προσελάβοντο τὸν ἀριθμὸν εἰς πεντήκοντα. Τοῦ δὲ φρουρίου σίτου τε πλῆθος καὶ τῶν ἄλλων ἐπιτηδείων ἔχοντος ἐβουλεύοντο πότερον χρὴ μένειν καὶ χρῆσθαι τῇ τῶν τόπων ὀχυρότητι καραδοκοῦντας τὴν παρ' Εὐμενοῦς βοήθειαν ἢ φυγόντας τὴν ταχίστην ἀλᾶσθαι κατὰ τὴν χώραν καιροτηροῦντας τὰς μεταβολάς. 3 Γινομένης δὲ πλείονος ἀντιλογίας Δόκιμος μὲν ἐκχωρεῖν συνεβούλευεν, οἱ δὲ περὶ τὸν Ἄτταλον οὐκ ἔφασαν δυνήσεσθαι κακοπαθεῖν διὰ τὴν ἐν τοῖς δεσμοῖς

7 ἁλόντες ἡγεμόνες R : ἡγ. ἁλ. F ‖ **8** ὀχυρῷ R : ἐχυρῷ F ‖ **10** νομίζοντες R : νομίσαντες F ‖ **11** αὐτούς om. F ‖ **13** οὖν om. R ‖ **14** διαφέροντες R : διαφελόντες F ‖ **16** Ξενοπείθη R : Ξενοπείθην F ‖ **17** ὑπὲρ τὸ τεῖχος R : ἀπὸ τοῦ τείχους F ‖ σταδιαῖον R : στάδιον F ‖ **22** ἐβουλεύοντο R: ἐβουλεύσαντο F ‖ **24** φυγόντας R : φεύγοντας F ‖ **24-25** ἀλᾶσθαι R F : ἀλλᾶσθαι F[1] ‖ **26** γινομένης R : γενομένης F ‖ **28** τοῖς om. F.

en captivité, les rendaient incapables de vivre à la dure. Mais tandis qu'ils s'opposaient les uns aux autres, ils furent pris de vitesse, car des soldats venus des forts du voisinage étaient accourus, soit plus de cinq cents fantassins et quatre cents cavaliers, sans compter toutes sortes d'indigènes, dont le nombre dépassait trois mille, qui donnèrent le commandement à l'un des leurs et investirent la place. **4** Après qu'ils se furent ainsi, inopinément, laissé de nouveau bloquer, Docimos remarqua un passage qui n'était pas gardé et par où il était possible de descendre. Il se mit en rapport avec Stratonice, la femme d'Antigone * qui séjournait à proximité, et sortit par ce passage * avec un compagnon. Mais sa confiance fut trahie et il fut emprisonné : celui qui était descendu avec lui se fit le guide des ennemis et permit à un grand nombre de monter dans la place et d'occuper l'un des pitons rocheux. **5** Attalos et ses amis, malgré leur grande infériorité numérique, résistaient grâce à leur valeur et, jour après jour, poursuivaient le combat. Le siège dura un an et quatre mois, avant qu'on ne les prît de vive force.

a. 316-315 XVII. **1** Sous l'archontat de Démocleidès à Athènes, les Romains portèrent au consulat Caius Junius et Quintus Aemilius et on célébra la cent-seizième Olympiade, où le Lacédémonien Deinoménès remporta la course du stade[1]. **2** Vers cette époque-là, Antigone, après avoir quitté la Mésopotamie, était parvenu en Babylonie, et, là, il s'engagea avec Séleucos et Pithon à agir de concert *. Quand il eut obtenu d'eux des renforts, il fit faire un pont de bateaux sur le Tigre, y fit passer ses troupes, puis se porta rapidement contre les ennemis. **3** Informé de

1. 316/315 = (315) vulg. 317. Fastes Capitolins et Tite-Live, 9, 20, 7 : C. Junius Bulbucus et Q. Aemilius Barbula. Selon Moretti, *op. cit.* [p. XI, n. 4] n° 478, le nom du vainqueur olympique doit être Δεινοσθένης, cf. Paus. 6, 16, 8 et une stèle d'Olympie.

γενομένην κακουχίαν. Τούτων δὲ πρὸς ἀλλήλους διισταμένων ἔφθασαν ἐκ τῶν σύνεγγυς φρουρίων συνδραμόντες στρατιῶται πεζοὶ μὲν πλείους τῶν πεντακοσίων, ἱππεῖς δὲ τετρακόσιοι, χωρὶς δὲ τούτων ἐκ τῶν ἐγχωρίων ἄλλοι παντοδαποὶ πλείους τῶν τρισχιλίων, οἳ στρατηγὸν ἐξ ἑαυτῶν καταστήσαντες περιεστρατοπέδευσαν τὸ χωρίον. 4 Παραδόξως δὲ πάλιν αὐτῶν κατακλεισθέντων Δόκιμος μὲν κατάβασίν τινα κατανοήσας ἀφύλακτον διεπρεσβεύσατο πρὸς τὴν Ἀντιγόνου γυναῖκα Στρατονίκην, οὖσαν πλησίον τῶν τόπων, καὶ δεύτερος διὰ ταύτης ἐκπηδήσας αὐτὸς μὲν οὐκ ἔτυχε πίστεως, ἀλλ' εἰς φυλακὴν παρεδόθη, ὁ δὲ συγκαταβὰς αὐτῷ καθηγησάμενος τοῖς πολεμίοις ἀνήγαγεν εἰς τὸ χωρίον οὐκ ὀλίγους καὶ κατελάβετο μίαν τῶν ὀρθίων πετρῶν. 5 Οἱ δὲ περὶ τὸν Ἄτταλον πολὺ λειπόμενοι τοῖς πλήθεσι διὰ τὰς ἀρετὰς ἀντείχοντο καὶ καθ' ἡμέραν ἀγωνιζόμενοι διεκαρτέρουν · πολιορκηθέντες δὲ ἐνιαυτὸν καὶ μῆνας τέτταρας ἥλωσαν κατὰ κράτος.

XVII. 1 Ἐπ' ἄρχοντος δ' Ἀθήνησι Δημοκλείδου Ῥωμαῖοι μὲν ὑπάτους κατέστησαν Γάϊον Ἰούνιον καὶ Κόϊντον Αἰμίλιον, Ὀλυμπιὰς δ' ὑπῆρχεν ἕκτη πρὸς ταῖς ἑκατὸν καὶ δέκα, καθ' ἣν ἐνίκα στάδιον Δεινομένης Λάκων. 2 Περὶ δὲ τούτους τοὺς καιροὺς Ἀντίγονος μὲν ἐκ τῆς Μεσοποταμίας ἀναζεύξας ἧκεν εἰς τὴν Βαβυλωνίαν κἀκεῖ συνέθετο κοινοπραγίαν Σελεύκῳ καὶ Πίθωνι · προσλαβόμενος δὲ καὶ παρὰ τούτων στρατιώτας ἔζευξε πλοίοις τὸν Τίγριν ποταμὸν καὶ περαιώσας τὰς δυνάμεις ὥρμησεν ἐπὶ τοὺς πολεμίους. 3 Οἱ δὲ περὶ τὸν Εὐμενῆ πυθό-

1 γενομένην R : γεγενημένην F ‖ **6** ἑαυτῶν R : αὐτῶν F ‖ **8** κατάβασιν post τινα transp. F ‖ **13-14** κατελάβετο R F : κατελάβοντο R[2] ‖ **21** Αἰμίλιον R : Αἰμύλιον F.

ces faits, Eumène donna pour instruction à Xénophilos, qui avait la garde de la citadelle de Suse, de ne pas donner d'argent à Antigone et de ne pas entrer en pourparlers avec lui. Lui-même, emmenant ses troupes, se porta rapidement jusqu'au Tigre *, distant de Suse d'une journée de marche [1], là où il touche à la région montagneuse occupée par les indigènes indépendants qu'on appelle les Ouxiens : il est large de trois stades dans plusieurs endroits, parfois même de quatre [2], et, au milieu du courant, sa profondeur équivaut à la taille d'un éléphant. Depuis cette montagne, il suit son cours pendant sept cents stades [3] pour se déverser dans la mer Érythrée [4]. On y trouve beaucoup de poissons de mer et aussi de monstres marins [5], qui apparaissent surtout à l'époque du lever de Sirius [6]. **4** Couverts par ce fleuve, ils échelonnèrent des postes de garde tout le long de la rive depuis les sources jusqu'à la mer et attendirent l'attaque ennemie. Comme cette garde, établie sur un si long parcours, exigeait un grand nombre de soldats, Eumène et Antigénès demandèrent à Peucestès de faire venir de Perse dix mille archers. **5** Celui-ci, tout d'abord, faisait la sourde oreille, car il se plaignait de ne pas avoir obtenu le commandement en chef, mais à la réflexion il finit par admettre que, si Antigone devenait le maître, il perdrait sa satrapie et sa personne serait menacée. **6** C'est pourquoi, par inquiétude sur son propre sort, mais aussi dans l'idée que, avec un nombre très élevé de soldats, il obtiendrait plus facilement le commandement en chef, il fit venir les dix mille archers demandés. Bien que certains des Perses fussent à trente jours de marche,

1. Quatre jours en 17, 67, 2, ce qui paraît plus exact.
2. 530 et 710 m environ.
3. 124 km. En 17, 67, 2 Diodore parle de 600 stades.
4. Le Golfe Persique.
5. Sans doute des requins.
6. La canicule intervenait fin juin dans l'Antiquité.

μενοι τὰ πεπραγμένα Ξενοφίλῳ μὲν τῷ τὴν ἐν Σούσοις ἄκραν φυλάττοντι ἐκέλευσαν μήτε τῶν χρημάτων Ἀντιγόνῳ δοῦναί τι μήτ' εἰς λόγους ἔρχεσθαι, αὐτοὶ δὲ τὰς δυνάμεις ἀναλαβόντες ὥρμησαν ἐπὶ τὸν Τίγριν ποταμόν, ἀπέχοντα Σούσων ὁδὸν ἡμέρας, ᾗ τῆς ὀρεινῆς ἔχεται τῆς ὑπὸ τῶν αὐτονόμων κατεχομένης, οὓς Οὐξίους προσαγορεύουσι, πλάτος μὲν κατὰ πολλοὺς μὲν τόπους τριῶν σταδίων, ἔστι δὲ ὅτε καὶ τεττάρων, βάθος δὲ κατὰ μέσον τὸ ῥεῦμα πρὸς τὰ μεγέθη τῶν ἐλεφάντων, καὶ φερόμενος μὲν ἀπὸ τῆς ὀρεινῆς ἐπὶ σταδίους ἑπτακοσίους εἰς τὴν Ἐρυθρὰν ἐξερεύγεται θάλατταν, ἔχει δὲ καὶ θαλάσσιον ἰχθὺν πολὺν καὶ θηρία τῶν πελαγίων, ἃ φαίνεται μάλιστα περὶ κυνὸς ἀνατολάς. **4** Τοῦτον δὲ τὸν ποταμὸν προβαλόμενοι καὶ πᾶσαν τὴν παραποταμίαν ἀπὸ τῶν πηγῶν ἕως τῆς θαλάττης φυλακαῖς διαλαβόντες ἀνέμενον τὴν τῶν πολεμίων ἔφοδον. Προσδεομένης δὲ τῆς φυλακῆς διὰ τὸ μῆκος στρατιωτῶν οὐκ ὀλίγων οἱ περὶ τὸν Εὐμενῆ καὶ Ἀντιγένη ἠξίωσαν τὸν Πευκέστην ἐκ τῆς Περσίδος μεταπέμψασθαι τοξότας μυρίους. **5** Ὁ δὲ τὸ μὲν πρῶτον οὐ προσεῖχεν αὐτοῖς, μεμψιμοιρῶν ἐπὶ τῷ μὴ τετευχέναι τῆς στρατηγίας, ὕστερον δὲ δοὺς αὑτῷ λόγον συνεχώρησεν ὅτι κρατήσαντος Ἀντιγόνου συμβήσεται καὶ τὴν σατραπείαν αὐτὸν ἀποβαλεῖν καὶ περὶ τοῦ σώματος κινδυνεῦσαι. **6** Ἀγωνιῶν οὖν ὑπὲρ αὑτοῦ καὶ τῆς στρατηγίας μᾶλλον τεύξεσθαι νομίζων ὡς πλείστους ἔχων στρατιώτας προσήγαγεν, καθάπερ ἠξίουν, τοξότας μυρίους. Ἀπέχοντες δ' ἔνιοι τῶν Περσῶν ὁδὸν ἡμερῶν τριάκοντα τὸ παραγγελθὲν αὐθημερὸν ἤκουον διὰ τὸ φιλο-

2 ἐκέλευσαν R : διεκέλευσαν F || **5** ᾗ R : ἧ F || ἔχεται F : ἔχει R || **7** pr. μὲν R : δὲ F || **13** ἀνατολάς R : ἐπιτολάς F || **13-14** προβαλόμενοι R : προσλαβόμενοι F || **18** Περσίδος R¹ F : πατρίδος R || **20** τετευχέναι R : τετυχηκέναι F.

le jour même ils entendirent l'ordre, grâce à l'ingénieuse disposition des postes de garde, ce dont il serait dommage de ne pas parler. **7** Comme la Perse est un pays vallonné, avec des postes de guet haut-perchés à peu de distance les uns des autres, on y avait fait monter les indigènes à la voix la plus forte ; on avait échelonné les emplacements à portée de la voix les uns des autres, si bien que ceux qui recevaient l'ordre le transmettaient à d'autres de la même façon et ceux-ci, de nouveau, à d'autres, jusqu'à ce que le message eût été transmis jusqu'à l'extrémité de la satrapie.

XVIII. **1** Tandis qu'Eumène et Peucestès prenaient ces mesures, Antigone continuant sa progression, était parvenu à Suse, la capitale royale. Il désigna Séleucos comme satrape de ce territoire * et lui donna des soldats, avec ordre d'assiéger la citadelle puisque Xénophilos, le gardien des trésors, refusait de se soumettre. Quant à lui, il partit avec ses troupes en direction de l'ennemi, sur une route brûlée par le soleil et extrêmement dangereuse à suivre pour des soldats qui n'étaient pas du pays. Pour cette raison, ils devaient marcher la nuit et établir leur camp près du fleuve avant le lever du soleil. **2** Antigone ne put, cependant, se tirer totalement indemne des calamités de ce pays ; malgré tous ses efforts, l'excès de chaleur lui fit perdre beaucoup d'hommes, car on était à la période du lever de Sirius [1]. **3** Une fois arrivé devant le Copratès, il s'occupait des préparatifs de la traversée. Cette rivière, qui coule d'une région montagneuse, se jette dans le Pasitigre, à une distance de quatre-vingts stades [2] du camp d'Eumène. Elle a quatre plèthres [3] de large environ, et, comme son

1. Cf. p. 30, n. 6.
2. 14 km environ. Le Copratès coule à l'ouest du Pasitigre, cf. n. compl. p. 30.
3. 120 m environ.

τεχνηθὲν περὶ τὰς φυλακάς · ὅπερ οὐ καλῶς ἔχει παραδραμεῖν. 7 Τῆς γὰρ Περσίδος οὔσης αὐλωνοειδοῦς καὶ σκοπὰς ἐχούσης ὑψηλὰς καὶ πυκνὰς ἐπὶ τούτων ἐφειστήκεισαν οἱ μέγιστον φθεγγόμενοι τῶν ἐγχωρίων · διῃρημένων γὰρ τῶν τόπων εἰς φωνῆς ἀκοὴν οἱ παραλαμβάνοντες τὸ παραγγελθὲν ὁμοίως ἑτέροις παρεδίδοσαν, εἶτ' ἐκεῖνοι πάλιν ἄλλοις, ἕως εἰς τὸ τέρμα τῆς σατραπείας τὸ δοθὲν παραδοθῇ.

XVIII. 1 Τῶν δὲ περὶ τὸν Εὐμενῆ καὶ Πευκέστην ταῦτα διοικούντων Ἀντίγονος, ἐπειδὴ προάγων μετὰ τῆς δυνάμεως ἧκεν εἰς Σοῦσα τὸ βασίλειον, Σέλευκον μὲν ἀπέδειξε τῆς χώρας σατράπην καὶ δοὺς αὐτῷ στρατιώτας προσέταξε πολιορκεῖν τὴν ἄκραν ἀπειθοῦντος Ξενοφίλου τοῦ θησαυροφύλακος, αὐτὸς δὲ μετὰ τῆς στρατιᾶς ἀνέζευξεν ἐπὶ τοὺς πολεμίους, οὔσης τῆς ὁδοῦ καυματώδους καὶ παντελῶς ἐπικινδύνου ξενικαῖς δυνάμεσι διελθεῖν. Διὸ καὶ τὰς πορείας ἠναγκάζοντο νυκτὸς ποιεῖσθαι καὶ στρατοπεδεύεσθαι περὶ τὸν ποταμὸν πρὶν ἥλιον ἀνατέλλειν. 2 Οὐ μὴν ἠδυνήθη γε κατὰ πάντα ἄθικτος γενέσθαι τῶν κατὰ τὴν χώραν κακῶν, ἀλλὰ καίπερ ἐνδεχομένως ἅπαντα πράξας συχνοὺς ἀπέβαλε τῶν στρατιωτῶν διὰ τὴν ὑπερβολὴν τοῦ καύματος, ἅτε καὶ τῆς ὥρας οὔσης περὶ κυνὸς ἀνατολάς. 3 Ἐπεὶ δὲ παρεγενήθη πρὸς τὸν Κοπράτην ποταμόν, τὰ πρὸς τὴν διάβασιν παρεσκευάζετο. Οὗτος δὲ ἔκ τινος ὀρεινῆς ῥέων ἐξέπιπτεν εἰς τὸν Πασιτίγριν, ὃς ἀπεῖχε τῆς Εὐμενοῦς στρατοπεδείας σταδίους ὀγδοήκοντα καὶ τὸ μὲν πλάτος εἶχεν ὡς ἂν τεττάρων πλέθρων, ὀξὺς δὲ ὢν ἐν τῇ καταφορᾷ προσε-

5 φωνῆς ἀκοὴν Reiske : ἀκοῆς φωνὴν R F || **5-6** παραλαμβάνοντες R : μεταλαμβάνοντες F || **8** παραδοθῇ R : παραδοθείη F || **10** προάγων F : προσάγων R || **14** δὲ post αὐτὸς transp. Reiske : post ἀπειθοῦντος l. 13 hab. R F || **23** ἀνατολάς R : ἐπιτολάς F || **24** post ποταμόν add. ἐπέσχε τῆς πορείας καὶ F || **26** Πασιτίγριν [-τίγρην F[1]] R F[1] : Τίγρην F || post τῆς add. μὲν R || **27** σταδίους F : σταθμούς R.

cours est rapide, on doit utiliser des bateaux ou un pont. **4** Après avoir mis la main sur quelques bachots, Antigone les utilisa pour faire passer quelques fantassins, chargés de creuser un fossé et de mettre en place une palissade pour accueillir le reste de l'armée. Les espions informèrent Eumène du dessein des ennemis. Il franchit le pont sur le Tigre[1], avec quatre mille fantassins et mille trois cents cavaliers, et tomba sur plus de trois mille fantassins d'Antigone qui avaient déjà traversé, quatre cents cavaliers et au moins six mille de ces soldats qui avaient l'habitude de traverser par petits groupes pour aller fourrager. **5** Comme son attaque inopinée les avait pris en plein désordre, il les mit tous sur le champ en déroute à l'exception de ceux des Macédoniens qui opposèrent une résistance ; mais ils ne purent tenir devant la violence de sa charge et le grand nombre de ses soldats et furent finalement tous contraints de fuir vers le fleuve. **6** Ce fut une ruée générale vers les bateaux, que les passagers firent couler sous leur nombre. Parmi ceux qui avaient osé traverser à la nage, la plupart périrent, emportés par le courant, et bien peu se sauvèrent. **7** Ceux qui ne savaient pas nager préférèrent la captivité à la noyade et furent faits prisonniers, au nombre de quatre mille environ. Antigone, qui voyait tant d'hommes périr, ne put leur venir en aide faute de bateaux.

XIX. **1** Jugeant la traversée impossible, il partit pour la ville de Badakè, située sur l'Eulaios *. Comme on marchait dans une fournaise à cause de l'intensité de la chaleur, beaucoup d'hommes moururent et l'armée tomba dans le découragement. **2** Cependant, après être resté quelques jours dans cette ville et avoir laissé l'armée se refaire, il jugea

1. Cf. n. compl. p. 30. Plutarque, *Eum.* 14, 2, parle d'une bataille près du Pasitigre.

δεῖτο πλοίων ἢ ζεύγματος. 4 Καταλαβὼν δ' ὀλίγα πλοῖα κοντωτὰ διεβίβασεν ἐν τούτοις τινὰς τῶν πεζῶν, προστάξας τάφρον ὀρύττειν καὶ χάρακα βαλομένους ὑποδέχεσθαι τὴν λοιπὴν δύναμιν. Εὐμενὴς δὲ πυθόμενος παρὰ τῶν κατασκόπων τὴν ἐπιβολὴν τῶν πολεμίων, διαβὰς τὸ ζεῦγμα τοῦ Τίγριδος μετὰ στρατιωτῶν μὲν πεζῶν τετρακισχιλίων, ἱππέων δὲ χιλίων τριακοσίων, κατέλαβε διαβεβηκότας τῶν Ἀντιγόνου πεζοὺς μὲν πλείους τῶν τρισχιλίων, ἱππεῖς δὲ τετρακοσίους καὶ τῶν εἰωθότων σποράδην διαβαίνειν ἐπὶ τὰς προνομὰς οὐκ ἐλάττους ἑξακισχιλίων. 5 Ἄφνω δὲ προσπεσὼν τεθορυβημένοις τοὺς μὲν ἄλλους εὐθὺς ἐτρέψατο, τῶν δὲ Μακεδόνων τοὺς ὑποστάντας τῇ βίᾳ καὶ τῷ πλήθει κατισχύσας φυγεῖν εἰς τὸν ποταμὸν πάντας κατηνάγκασε. 6 Πάντων δὲ ὁρμησάντων ἐπὶ τὰ πλοῖα, ταῦτα μὲν ὑπὸ τοῦ πλήθους τῶν ἐπιβάντων κατεποντίσθη, τῶν δὲ διανήχεσθαι τολμησάντων οἱ πλεῖστοι μὲν ὑπὸ τοῦ ῥεύματος παρενεχθέντες διεφθάρησαν, ὀλίγοι δὲ διεσώθησαν. 7 Οἱ δὲ ἄπειροι τοῦ κολυμβᾶν ὄντες τὴν αἰχμαλωσίαν τῆς ἐν τῷ ποταμῷ τελευτῆς προκρίναντες ἥλωσαν, εἰς τετρακισχιλίους ὄντες. Ἀντίγονος δὲ θεωρῶν τοσοῦτο πλῆθος ἀπολλύμενον βοηθῆσαι μὲν οὐκ ἴσχυσε διὰ τὴν τῶν πλοίων σπάνιν.

XIX. 1 Ἀδύνατον δὲ εἶναι νομίζων τὴν διάβασιν ἀνέζευξεν ἐπὶ πόλεως Βαδάκης, ἣ κεῖται παρὰ τὸν Εὔλαιον ποταμόν. Οὔσης δὲ τῆς ὁδοιπορίας ἐμπύρου διὰ τὸ μέγεθος τῶν καυμάτων διεφθάρη τε πολλὰ σώματα καὶ τὸ στρατόπεδον εἰς ἀθυμίαν ἔπεσεν. 2 Οὐ μὴν ἀλλ' ἐν τῇ προειρημένῃ πόλει μείνας ἡμέρας τινὰς καὶ τὸ στρα-

1-2 ἢ — κοντωτὰ R : κοντωτῶν καὶ F ‖ **3** βαλομένους R : βαλλομένους F ‖ **6** Τίγριδος R : Τίγριτος F ‖ **14** κατηνάγκασε R : ἠνάγκασε F ‖ **15** ἐπιβάντων F : ἐπιβατῶν R ‖ **15-16** κατεποντίσθη R : κατεποντίσθησαν F ‖ **20** προκρίναντες R F[1] : προκρίνοντες F ‖ ὄντες post ἥλωσαν transp. F ‖ **24** Βαδάκης R : Βαγάδης F ‖ Εὔλαιον R F[1] : Εὔδαιον F ‖ **26** διεφθάρη R : ἐφθάρη F ‖ **27** ἀθυμίαν ἔπεσεν R : ἀπορίαν ἦλθε [ἐνέπεσεν F[1]] καὶ ἀθυμίαν F.

utile de partir pour Ecbatane en Médie et de s'en servir comme base pour conquérir les satrapies supérieures. Des deux routes conduisant en Médie, chacune présentait ses difficultés. Celle qui allait à Calon[1] était une bonne route royale, mais elle était brûlée par le soleil et longue, puisqu'elle représentait quarante jours de marche environ. Celle qui passait chez les peuples cosséens était mauvaise, étroite, et escarpée ; elle traversait un territoire ennemi et manquait de ravitaillement, mais elle était courte et fraîche. **3** Il était difficile pour une armée de la parcourir sans le consentement des Barbares qui habitaient cette région montagneuse. Indépendants depuis des temps très anciens, ils habitent dans des grottes et se nourrissent de glands, de champignons et de la chair fumée des bêtes sauvages. **4** Antigone jugeait indigne de lui d'obtenir leur consentement ou de leur faire des présents, quand une armée si importante l'accompagnait. Après avoir sélectionné l'élite des peltastes et partagé en deux troupes les archers, les frondeurs et les autres fantassins légers, il confia les uns à Néarchos, avec ordre d'ouvrir la marche et d'occuper les premiers les défilés et les passages difficiles, et plaça les autres tout le long de la colonne. Lui-même s'avançait avec la phalange, tandis que Pithon était chargé de l'arrière-garde. **5** Or, les hommes de Néarchos, détachés en tête, s'emparèrent bien de quelques postes de guet, mais pris de vitesse pour la plupart des points stratégiques ils subirent beaucoup de pertes et parvinrent avec peine à se frayer un passage, sous la pression des Barbares. **6** Antigone et ses hommes, une fois arrivés dans les passages difficiles, tombèrent dans des dangers irrémédiables.

1. C'est cette leçon qui se rapproche le plus de Καλλωνῖτις (Polybe, 5, 54, 7) et de Καλωνῖτις (Strabon, 16, 1, 1). Cf. aussi εἰς τοὺς Κέλωνας, 17, 110, 4. Site inconnu, sans doute près du Zagros. Suivre la route royale vers Sardes, puis obliquer vers Ecbatane représentait un grand détour.

τόπεδον ἐκ τῆς κακοπαθίας ἀναλαβὼν ἔκρινε συμφέρειν ἀναζευγνύειν εἰς Ἐκβάτανα τῆς Μηδικῆς κἀκεῖθεν ὁρμώμενος κατακτᾶσθαι τὰς ἄνω σατραπείας. Οὐσῶν δ' ὁδῶν δύο τῶν φερουσῶν εἰς Μηδίαν ἑκατέρᾳ προσῆν τι δυσχερές· ἡ μὲν γὰρ ἐπὶ Κάλωνος ὑπῆρχε καλὴ καὶ βασιλική, καυματώδης δὲ καὶ μακρά, παρεκτείνουσα σχεδὸν ἐφ' ἡμέρας τετταράκοντα, ἡ δὲ διὰ τῶν Κοσσαίων ἐθνῶν χαλεπὴ μὲν καὶ στενὴ καὶ παράκρημνος καὶ διὰ πολεμίας, ἔτι δὲ τῶν ἀναγκαίων σπανίζουσα, σύντομος δὲ καὶ κατεψυγμένη. **3** Οὐ ῥᾴδιον δ' ἐστὶ ταύτην παρελθεῖν στρατόπεδον ἄνευ τοῦ πεῖσαι τοὺς τὴν ὀρεινὴν οἰκοῦντας βαρβάρους· αὐτόνομοι γὰρ ὄντες ἐκ παλαιῶν χρόνων κατοικοῦσιν ἐν σπηλαίοις, προσφέρονται δὲ βαλάνους καὶ μύκητας, ἔτι δὲ τεταριχευμένα κρέα τῶν ἀγρίων ζῴων. **4** Τούτους Ἀντίγονος πεῖσαι μὲν ἢ δωροδοκεῖν ἀγεννὲς ἡγεῖτο τηλικαύτης αὐτῷ δυνάμεως συνακολουθούσης, προχειρισάμενος δὲ τῶν πελταστῶν τοὺς ἐπισημοτάτους καὶ τοὺς τοξότας καὶ τοὺς σφενδονήτας καὶ τοὺς ἄλλους ψιλοὺς εἰς δύο μέρη διελόμενος τοὺς μὲν Νεάρχῳ παρέδωκε, προστάξας προάγειν καὶ τὰ στενὰ καὶ τὰς δυσχωρίας προκαταλαμβάνεσθαι, τοὺς δὲ ἄλλους παρ' ὅλην τὴν ὁδὸν τάξας αὐτὸς μὲν μετὰ τῆς φάλαγγος προῆγεν, ἐπὶ δὲ τῆς οὐραγίας ἔταξε Πίθωνα. **5** Οἱ μὲν οὖν μετὰ Νεάρχου προαποσταλέντες ὀλίγας μὲν σκοπὰς προκατελάβοντο, τῶν δὲ πολλῶν καὶ μάλιστα ἀναγκαίων τόπων ὑστερήσαντες συχνοὺς ἀπέβαλον καὶ μόλις διεξέπεσαν ἐπικειμένων τῶν βαρβάρων. **6** Οἱ δὲ περὶ τὸν Ἀντίγονον ἐπειδή ποθ' ἧκον ἐπὶ τὰς δυσχωρίας, ἀβοηθήτοις κινδύ-

2-3 ὁρμώμενος R : ὁρμώμενον F ‖ **5** ἐπὶ Κάλωνος F : ἐπικολωνος R (s. a.) ἐπὶ Κόλωνος F[1] ‖ **7** Κοσσαίων F : Κοσσέων R ‖ **8** alt. καὶ om. F ‖ post παράκρημνος add. δὲ F ‖ **8-9** ἔτι-σπανίζουσα om. F ‖ **10** παρελθεῖν R : διελθεῖν F ‖ **14** post τούτους add. μὲν οὖν F ‖ **16** τηλικαύτης-συνακολουθούσης R : τηλικαύτην δύναμιν αὐτῷ συνακολουθοῦσαν ἔχων F ‖ **17** ἐπισημοτάτους R : ἐπισήμους F ‖ **26** μόλις R : μόγις F ‖ **28** ἐπὶ R : εἰς F ‖ post δυσχωρίας del. προκαταλαβέσθαι F[1].

Les indigènes, en effet, qui connaissaient parfaitement les lieux et avaient occupé les premiers les points élevés, faisaient rouler sans relâche de grosses pierres sur les hommes en marche. Ceux-ci, en même temps, étaient atteints par une grêle de flèches sans pouvoir ni se protéger, ni détourner les projectiles à cause du terrain difficile. **7** La route était escarpée et peu praticable : aussi, pour les éléphants, les cavaliers, sans compter l'infanterie lourde, aux dangers venait s'ajouter la fatigue, sans qu'ils pussent se défendre. **8** Réduit à une telle impuissance, Antigone regrettait de ne pas avoir écouté Pithon, qui conseillait d'acheter le droit de passage. Néanmoins, après avoir subi des pertes nombreuses et mis en péril les autres soldats, il parvint, non sans peine, sain et sauf le neuvième jour dans la partie habitée de la Médie.

XX. **1** L'armée cependant, à cause de cette succession de malheurs et de l'excès de ses souffrances, blâmait Antigone, au point de faire entendre des cris hostiles [1]. En quarante jours, en effet, elle avait eu à subir trois grandes catastrophes. Antigone, cependant, traita ses soldats avec bonté et organisa une abondante distribution de tous les vivres ; il permit ainsi à l'armée de se remettre de ses épreuves. **2** Il envoya en détachement Pithon, avec ordre de parcourir toute la Médie et de réunir le maximum de cavaliers, de chevaux pour l'armée, ainsi qu'un grand nombre de bêtes de somme. **3** Comme les quadrupèdes avaient toujours abondé dans cette région, Pithon s'acquitta facilement de sa mission : il revint avec deux mille cavaliers, plus de mille chevaux avec

1. Cf. 18, 36, 2-4, où les manifestations d'hostilité des soldats précèdent de peu l'assassinat de Perdiccas.

νοις περιέπιπτον. Οἱ γὰρ ἐγχώριοι τῶν τόπων ἔμπειροι καθεστῶτες καὶ τοὺς κρημνοὺς προκατειληφότες ἐπεκύλιον τοῖς ὁδοιποροῦσι πέτρας συνεχεῖς καὶ μεγάλας · ἅμα δὲ καὶ τοῖς τόξοις πυκνοῖς χρώμενοι κατετίτρωσκον τοὺς μήτε ἀμύνασθαι μήτ' ἐκκλῖναι τὰ βέλη δυναμένους διὰ τὴν δυσχωρίαν τῶν τόπων. **7** Κρημνώδους δ' οὔσης καὶ δυσβάτου τῆς ὁδοῦ συνέβαινε τούς τε ἐλέφαντας καὶ τοὺς ἱππεῖς, ἔτι δὲ τοὺς ἐν τοῖς βαρέσιν ὅπλοις κινδυνεύειν ἅμα καὶ πονεῖν ἀδυνατοῦντας ἑαυτοῖς βοηθῆσαι. **8** Εἰς τοιαύτην δ' ἀμηχανίαν συγκλεισθεὶς Ἀντίγονος μετεμέλετο μὲν ἐπὶ τῷ μὴ πεισθῆναι τοῖς περὶ Πίθωνα, συμβουλεύουσι χρημάτων πρίασθαι τὴν πάροδον · οὐ μὴν ἀλλὰ πολλοὺς ἀποβαλὼν καὶ τοῖς ἄλλοις κινδυνεύσας διεσώθη μόγις ἐνναταῖος εἰς τὴν οἰκουμένην τῆς Μηδίας.

XX. **1** Τὸ δὲ στρατόπεδον διὰ τὴν συνέχειαν τῶν κακῶν καὶ τὴν ὑπερβολὴν τῆς κακοπαθίας ἐν αἰτίαις εἶχε τὸν Ἀντίγονον, ὥστε φωνὰς προΐεσθαι δυσχερεῖς · ἐν ἡμέραις γὰρ τετταράκοντα τρισὶ μεγάλοις ἀτυχήμασι περιεπεπτώκεισαν. Οὐ μὴν ἀλλὰ φιλανθρώπως ὁμιλήσας τοῖς στρατιώταις ὁ Ἀντίγονος ⟨καὶ⟩ κατασκευασάμενος δαψιλῆ χορηγίαν πάντων τῶν ἐπιτηδείων ἀνέλαβε τὴν δύναμιν ἐκ τῆς κακοπαθίας. **2** Πίθωνα δ' ἐξαπέστειλε κελεύσας περιελθεῖν πᾶσαν τὴν Μηδίαν καὶ συνάγειν ὡς πλείστους ἱππεῖς τε καὶ πολεμιστὰς ἵππους, ἔτι δὲ ὑποζυγίων πλῆθος. **3** Τῆς δὲ χώρας ταύτης ἀεὶ τετραπόδων γεμούσης ῥᾳδίως τὸ παραγγελθὲν συντελέσας ὁ Πίθων ἧκεν ἄγων ἱππεῖς μὲν δισχιλίους, ἵππους δὲ σὺν ταῖς κατασκευαῖς πλείους χιλίων, τῶν δ' ὑποζυγίων τοσοῦτον

5 ἐκκλῖναι R : ἐγκλῖναι F ‖ **6-7** κρημνώδους-ὁδοῦ R : καὶ τοῦ κρημνώδους F ‖ **13** ἄλλοις R : ὅλοις F ‖ **14** διεσώθη μόγις R : προσεπεξῆλθε μόλις F ‖ **19** post γὰρ add. οὐχ ὅλαις F ‖ τρισὶ R F[1] : om. F ‖ **20** περιεπεπτώκεισαν [περιπε—F[1]] R F[1] : περιπεπτωκώς F ‖ **21** καὶ add. Dindorf ‖ **24** Μηδίαν R : σατραπείαν F ‖ συνάγειν R : συναγαγεῖν F ‖ **25-26** ἔτι-πλῆθος om. F.

leur harnachement et suffisamment de bêtes de somme pour équiper toute l'armée, sans compter cinq cents talents tirés du trésor royal. **4** Antigone organisa les cavaliers en corps de troupes, et, après avoir donné des chevaux à ceux qui avaient perdu le leur et avoir fait cadeau aux soldats de la multitude des bêtes de somme, il reconquit leur dévouement.

XXI. **1** Quand ils surent que les ennemis avaient leur camp en Médie, les satrapes et les stratèges qui entouraient Eumène s'opposèrent entre eux. Car Eumène, Antigénès, le chef des Argyraspides, et tous ceux qui étaient montés de la mer vers l'intérieur, étaient d'avis qu'il fallait redescendre vers la mer, tandis que ceux qui étaient descendus des satrapies supérieures, inquiets pour leurs possessions, affirmaient qu'il fallait se maintenir dans les régions supérieures. **2** Comme le différend augmentait, Eumène, qui voyait que, si l'armée se divisait, aucune de ses parties, prise isolément, ne serait difficile à vaincre, se rangea à l'avis des satrapes des régions supérieures. Donc, après avoir levé le camp du Pasitigre, ils s'avançaient vers Persépolis, la capitale royale de Perse, ce qui représentait vingt-quatre jours de route. La première partie de la route, jusqu'au lieu appelé Climax [1], était encaissée, brûlée par le soleil et n'offrait aucun ravitaillement, mais toute la deuxième partie était en altitude, l'air y était tout à fait sain et les fruits de saison y abondaient. **3** Elle comportait en effet des vallons ombreux, à peu de distance les uns des autres, des parcs [2] aux plantations variées, ainsi que des taillis * naturels d'arbres de toutes espèces et des eaux vives, si bien que ceux qui la suivaient trouvaient un grand plaisir à vivre dans des lieux tout à fait propices au délassement. Il y avait également une grande quantité de petit bétail de toute sorte que Peu-

1. C.-à-d. « L'échelle ».
2. Cf. Xénophon, *Econ.* 4, 13.

ἀριθμὸν ὥστε δύνασθαι καθοπλίσαι πᾶν τὸ στρατόπεδον, καὶ προσέτι τάλαντα πεντακόσια τῶν βασιλικῶν χρημάτων. 4 Ὁ δ' Ἀντίγονος τοὺς μὲν ἱππεῖς εἰς τάξεις κατέστησε, τοὺς δ' ἵππους τοῖς ἀπολωλεκόσι διαδοὺς καὶ τὸ πλῆθος τῶν ὑποζυγίων διαχαρισάμενος ἀνεκτήσατο τὴν παρὰ τῶν στρατιωτῶν εὔνοιαν.

XXI. 1 Οἱ δὲ περὶ τὸν Εὐμενῆ σατράπαι καὶ στρατηγοὶ πυθόμενοι τοὺς πολεμίους ἐν τῇ Μηδίᾳ στρατοπεδεύειν, διέστησαν πρὸς ἀλλήλους. Εὐμενὴς μὲν γὰρ καὶ Ἀντιγένης ὁ τῶν ἀργυρασπίδων ἡγούμενος καὶ πάντες οἱ τὴν ἀπὸ θαλάττης ἀνάβασιν πεποιημένοι πάλιν ᾤοντο δεῖν ἐπὶ θάλατταν καταβαίνειν, οἱ δ' ἐκ τῶν ἄνω σατραπειῶν καταβεβηκότες ἀγωνιῶντες ὑπὲρ τῶν ἰδίων ἔφασαν δεῖν ἀντέχεσθαι τῶν ἄνω τόπων. 2 Αὐξομένης δὲ τῆς διαφορᾶς Εὐμενὴς ὁρῶν ὅτι διαιρεθέντος τοῦ στρατοπέδου κατ' ἰδίαν ἑκάτερον τῶν μερῶν οὐκ ἀξιόμαχόν ἐστι, συνεχώρησε τοῖς καταβεβηκόσι σατράπαις. Ἀναζεύξαντες οὖν ἀπὸ τοῦ Πασιτίγριος προῆγον τῆς Περσίδος εἰς Περσέπολιν τὸ βασίλειον, οὔσης τῆς ὁδοιπορίας ἡμερῶν εἴκοσι καὶ τεττάρων, ἧς ἦν ἡ πρώτη μὲν ἕως τῆς καλουμένης Κλίμακος κοίλη, καυματώδης δὲ καὶ σπανίζουσα τῶν ἐπιτηδείων, ἡ λοιπὴ δὲ μετέωρος καὶ τὸν ἀέρα παντελῶς ὑγιεινὸν ἔχουσα καὶ πλήρης τῶν ἐπετείων καρπῶν · 3 αὐλῶνάς τε γὰρ εἶχε πυκνοὺς καὶ συσκίους καὶ παραδείσων φυτείας ποικίλας, ἔτι δὲ παντοδαπῶν δένδρων φυσικὰς συναγκίας καὶ ῥύσεις ὑδάτων, ὥστε τοὺς ὁδοιποροῦντας μετὰ πολλῆς τέρψεως ἐνδιατρίβειν τόποις ἡδίστοις πρὸς ἀνάπαυσιν. Ἦν δὲ καὶ λείας παντοδαπῆς πλῆθος, ἣν μεταπεμπόμενος Πευκέστης παρὰ τῶν

4 τοὺς δ' ἵππους τοῖς R : τοῖς δὲ τοὺς ἱπ. F ‖ **9** πρὸς ἀλλήλους R Fγρ : ἀπ' ἀλλήλων F ‖ **12** ἄνω R : ἄνωθεν F ‖ **13** ἔφασαν R : ἀντέφασαν F ‖ **14** ἀντέχεσθαι R : ἀνέχεσθαι F ‖ **16** ἑκάτερον R : ἑκατέρων F ‖ ἀξιόμαχόν ἐστι R : ἀξιόμαχος ἔσται F ‖ **18** οὖν R : γὰρ F ‖ **21** δὲ R : τε F ‖ **23** ἐπετείων F : ἐφεστίων R ‖ **26** συναγκίας R F : συνεγγίας R^2 ‖ ῥύσεις Rhod. : φύσεις R F.

cestès se fit envoyer par les indigènes et qu'il distribua en abondance aux soldats pour s'attirer leur dévouement. Cette région est habitée par les plus belliqueux des Perses, tous des archers ou des frondeurs, et sa population est bien supérieure à celle des autres satrapies.

XXII. **1** Quand ils furent parvenus à Persépolis, la capitale royale, Peucestès, en tant que stratège de la région, offrit un sacrifice magnifique en l'honneur des dieux, d'Alexandre et de Philippe *, et, après avoir fait venir en abondance de presque toute la Perse des victimes et tout ce qui était utile pour le banquet et la fête religieuse, il régala l'armée. **2** A l'occasion du sacrifice donné aux participants à la fête, il constitua * quatre cercles concentriques *. Le cercle extérieur avait dix stades de périmètre et il était occupé par les mercenaires et la foule des alliés *. Dans le deuxième cercle, de huit stades, se trouvaient les Argyraspides macédoniens et les compagnons [1] qui avaient fait campagne avec Alexandre. Dans le cercle suivant, de quatre stades de circonférence, étaient étendus les commandants en second [2], les amis * et les stratèges hors cadre [3], ainsi que les cavaliers [4]. Dans le dernier cercle, de deux stades, on avait réparti les lits de banquet des stratèges, des hipparques [5] et des plus distingués des Perses *. **3** Au centre se trouvaient les autels des dieux, d'Alexandre et de Philippe. En outre les lits étaient faits de feuillages, dissimulés par des tapis et des couvertures de toute sorte, car la Perse regorge de tout

1. Il s'agit sans doute des *pezetairoi*, cf. Holleaux, *op. cit.* [p. 12, n. 1] III (art. paru en 1942), p. 10, c.-à-d. de l'infanterie macédonienne.
2. Les officiers qui sont directement subordonnés aux stratèges, cf. *ibid.*, p. 11.
3. Cf. *ibid.*, p. 8 et L. Robert, *Bull. Epigr.*, 1970, n° 124.
4. Les cavaliers macédoniens, c'est-à-dire la noblesse.
5. Les chefs de la cavalerie, cf. Holleaux, *ibid.*, p. 11.

ἐγχωρίων διεδίδου δαψιλῆ τοῖς στρατιώταις, ἐκκαλούμενος αὐτῶν τὴν εὔνοιαν. Κατοικοῦσι δὲ ταύτην τὴν χώραν τῶν Περσῶν οἱ μαχιμώτατοι, πάντες ὄντες τοξόται καὶ σφενδονῆται, πολυανθρωπίᾳ τε πολὺ διαφέρειν συμϐαίνει τὴν χώραν ταύτην τῶν ἄλλων σατραπειῶν.

XXII. **1** Ὡς δὲ ποθ' ἧκον εἰς Περσέπολιν τὸ βασίλειον, Πευκέστης μέν, ὢν ταύτης τῆς χώρας στρατηγός, θυσίαν ἐπετέλεσε μεγαλοπρεπῆ τοῖς θεοῖς καὶ Ἀλεξάνδρῳ καὶ Φιλίππῳ, μεταπεμψάμενος δὲ ἐξ ὅλης σχεδὸν τῆς Περσίδος ἱερείων καὶ τῶν ἄλλων τῶν εἰς εὐωχίαν καὶ πανήγυριν χρησίμων πλῆθος εἱστίασε τὴν δύναμιν. **2** Ἐπλήρωσε δὲ τῆς τῶν πανηγυριζόντων θυσίας κύκλους τέτταρας ἐντὸς ἀλλήλων ὄντας καὶ περιεχομένους ὑφ' ἑνὸς τοῦ μεγίστου · εἶναι δὲ συνέϐαινε τοῦ μὲν ἐκτὸς τὴν περίμετρον δέκα σταδίων, ἣν ἀνεπλήρουν οἵ τε μισθοφόροι καὶ συμμάχων τὸ πλῆθος, τοῦ δὲ δευτέρου σταδίων ὀκτώ, καθ' ὃν ὑπῆρχον οἵ τε ἀργυράσπιδες Μακεδόνες καὶ τῶν ἑταίρων οἱ μετ' Ἀλεξάνδρου στρατεύσαντες, τοῦ δ' ἑξῆς τὴν μὲν περιφέρειαν σταδίων τεττάρων, τὸν δὲ τόπον ἀναπληροῦσθαι κατακειμένων τῶν τε δευτέρων ἡγεμόνων καὶ τῶν ἔξω τάξεως καὶ φίλων καὶ στρατηγῶν καὶ τῶν ἱππέων · τοῦ δ' ἐπὶ πᾶσιν, ὄντος δυεῖν σταδίων, διειλήφεισαν τὰς κλισίας οἵ τε στρατηγοὶ καὶ οἱ τὰς ἱππαρχίας ἔχοντες, ἔτι δὲ τῶν Περσῶν οἱ μάλιστα τιμώμενοι. **3** Ἐν μέσῳ δὲ τούτων ὑπῆρχον βωμοὶ θεῶν καὶ Ἀλεξάνδρου καὶ Φιλίππου. Καὶ τὰς μὲν κλισίας συνέϐαινεν ἐκ φυλλάδος κατεσκευάσθαι, κεκαλυμμένας αὐλαίαις καὶ παντοδαποῖς περιστρώμασι, χορηγούσης τῆς

2 post ταύτην add. αὐτῶν F ‖ **7** ὢν-χώρας R : τῆς χώρας ταύτης ὢν F ‖ **14** alt. τοῦ R : τοὺς F ‖ **15** ἣν om. F ‖ post ἀνεπλήρουν add. δὲ F ‖ **18** ἑταίρων R F[1] : ἑτέρων R[1] F ‖ **22** post ὄντος add. ἔντος F ‖ δυεῖν R : δυοῖν F ‖ **23** alt. οἱ om. F ‖ **27-28** αὐλαίαις Steph. : αὐχαίαις R F.

ce qui touche au luxe et au plaisir, et on avait calculé l'écart entre les cercles de façon que les convives ne fussent gênés par rien, mais eussent tout sous la main.

XXIII. **1** Comme tout était servi à la perfection, la foule applaudit au zèle de Peucestès et il était clair que son dévouement envers lui avait beaucoup augmenté. Ce que voyant, Eumène, qui pensait que Peucestès faisait ce qu'il fallait [1] vis à vis de la foule des soldats, parce qu'il aspirait au commandement, confectionna de fausses lettres [2], par lesquelles il donna confiance aux soldats pour les opérations militaires et rabaissa la dignité et le prestige de Peucestès, tandis que lui-même se grandissait et faisait croire aux soldats qu'il avait de grandes espérances. **2** Le sens des lettres était qu'Olympias, après s'être vu confier le fils d'Alexandre, avait également repris possession du royaume de Macédoine grâce à la mort de Cassandre ; Polyperchon était passé en Asie et marchait contre Antigone avec le gros de l'armée royale et les éléphants ; son avance l'avait déjà mené en Cappadoce. **3** L'expéditeur de la lettre, écrite en caractères syriens [3], était Orontès, le satrape d'Arménie, un ami de Peucestès. On y ajouta foi à cause de l'amitié qui liait ces satrapes, et Eumène ordonna de la faire circuler et de la montrer aux commandants et à la majeure partie des troupes. L'armée tout entière changea de dispositions et tous ne songèrent plus qu'aux espérances d'Eumène, car celui-ci serait capable, grâce aux rois, de donner une promotion à qui il voudrait et de punir ceux qui lui

1. Même signification de l'expression dans Dion Chrysostome, 34, 15 et Plut., *Marius*, 7. Cf. p. XVII, n. 1.
2. Cf. Polyen, 4, 8, 3.
3. C.-à-d. en écriture araméenne, cf. J. Deshayes, *Les civilisations de l'orient ancien*, Paris, 1969, p. 512.

Περσίδος δαψιλῆ πάντα τὰ πρὸς τρυφὴν καὶ ἀπόλαυσιν, διεστηκέναι δὲ τοὺς κύκλους ἀπ' ἀλλήλων ἐπὶ τοσοῦτον ὥστε μηδὲν μὲν παρενοχλεῖσθαι τοὺς ἑστιωμένους, πλησίον δ' εἶναι πάσας τὰς παρασκευάς.

XXIII. 1 Πάντων δὲ κατὰ τρόπον ὑπηρετουμένων ἐπεσημαίνετο τὸ πλῆθος τὴν τοῦ Πευκέστου προθυμίαν καὶ φανερὸν ἦν ἐπιδεδωκὸς πολὺ πρὸς εὔνοιαν. Ἃ δὴ θεωρῶν Εὐμενὴς καὶ συλλογιζόμενος τὸν Πευκέστην πολιτεύεσθαι πρὸς τὸ πλῆθος τῆς στρατηγίας ὀρεγόμενον, ἐπλάσατο ψευδεῖς ἐπιστολάς, διὰ δὲ τούτων τούς τε στρατιώτας εὐθαρσεῖς πρὸς τὰς μάχας κατεσκεύασεν καὶ τοῦ Πευκέστου τὸν ὄγκον καὶ τὸ πρόσχημα ταπεινώσας ἑαυτὸν εἰς ὕψος ἤγαγε καὶ προσδοκίαν ἐλπίδων ἀγαθῶν παρὰ τοῖς πλήθεσιν. 2 Ἦν δ' ὁ νοῦς τῶν γεγραμμένων ὅτι τὸ μὲν Ἀλεξάνδρου παιδίον Ὀλυμπιὰς παραλαβοῦσα κεκόμισται καὶ τὴν Μακεδονίας βασιλείαν κυρίως, ἀναιρεθέντος Κασάνδρου, Πολυπέρχων δὲ διαβέβηκεν εἰς Ἀσίαν πρὸς Ἀντίγονον ἔχων τῆς βασιλικῆς δυνάμεως τὴν κρατίστην καὶ τοὺς ἐλέφαντας, ἔστι δὲ προσάγων ἤδη περὶ Καππαδοκίαν. 3 Ἡ δ' ἐπιστολὴ Συρίοις γεγραμμένη γράμμασιν ἀπέσταλτο παρὰ Ὀρόντου τοῦ σατραπείαν μὲν ἔχοντος Ἀρμενίας, φίλου δὲ ὄντος Πευκέστῃ. Πιστευθείσης δὲ τῆς ἐπιστολῆς διὰ τὴν συνήθειαν τὴν προϋπάρχουσαν τοῖς σατράπαις ὁ μὲν Εὐμενὴς ἐκέλευσε περιενεγκεῖν καὶ δεῖξαι τοῖς τε ἡγεμόσι καὶ τῶν ἄλλων στρατιωτῶν τοῖς πλείστοις, τὸ δὲ στρατόπεδον ἅπαν μετετέθη ταῖς διανοίαις καὶ πάντες ἀπέβλεπον πρὸς τὰς Εὐμενοῦς ἐλπίδας, ὡς τούτου δυνησομένου καὶ προάγειν διὰ τῶν βασιλέων οὓς ἂν βούληται καὶ δίκας

3 μηδὲν μὲν παρενοχλεῖσθαι τοὺς ἑστιωμένους R : μηδένα ἐμπαρενοχλεῖσθαι τῶν ἑστιωμένων F ‖ **7** φανερὸν... ἐπιδεδωκὸς R : φανερὸς... ἐπιδεδωκὼς F ‖ **10** ἐπλάσατο R : ἐπλάσσατο F ‖ **11** κατεσκεύασεν R F[1] : κατεσκευάσαι F ‖ **19** προσάγων R : προάγων F ‖ **21** τοῦ F[1] : om. R F.

faisaient du tort. **4** A la suite du banquet, Eumène qui voulait frapper de terreur ceux qui n'obéissaient pas ou qui aspiraient au commandement, fit passer en jugement Sibyrtios, satrape d'Arachosie et grand ami de Peucestès, qui avait envoyé à son insu quelques cavaliers en Arachosie. Après avoir ordonné de saisir ses bagages, il rendit sa situation si dangereuse, que, s'il ne s'était pas échappé en cachette, l'assemblée * le faisait mettre à mort.

XXIV. **1** Après avoir ainsi frappé les autres de terreur et s'être acquis beaucoup de dignité et de prestige, il changea à nouveau d'attitude et, après avoir mis Peucestès de son côté par des propos bienveillants et de grandes promesses, il le rendit plein de dévouement pour lui et de zèle pour combattre du côté des rois. **2** Comme il désirait vivement recevoir des autres satrapes et stratèges des sortes de garanties pour les empêcher de l'abandonner, il feignit de manquer d'argent et invita chacun d'eux à prêter de l'argent aux rois selon ses moyens [1]. **3** Quand il eut reçu des commandants pour qui cela lui semblait utile quatre cents talents, ceux qu'il soupçonnait auparavant de complot ou d'abandon dans l'avenir, furent pour lui des gardes du corps et des compagnons de combat de toute confiance. **4** Tandis qu'il manœuvrait ainsi en vue de l'avenir, on vint de Médie lui annoncer qu'Antigone était parti avec son armée en direction de la Perse. A cette nouvelle, il partit, lui aussi, dans l'intention de marcher sur l'ennemi et de livrer combat. **5** Le second jour du trajet, il fit un sacrifice aux dieux et offrit un banquet somptueux à l'armée. S'il s'attira ainsi le dévouement des soldats,

1. Cf. Plut., *Eum.* 13, 6.

λαβεῖν παρὰ τῶν ἀδικούντων. 4 Μετὰ δὲ τὴν εὐωχίαν Εὐμενὴς βουλόμενος καταπλήξασθαι τοὺς ἀπειθοῦντας ἢ στρατηγίας ὀρεγομένους παρήγαγεν εἰς κρίσιν Σιβύρτιον, ὃς ἦν τῆς μὲν Ἀραχωσίας σατράπης, Πευκέστου δὲ μάλιστα φίλος, ἔλαθε δὲ αὐτὸν τῶν ἱππέων τινὰς ἀποστείλας εἰς Ἀραχώτας· καὶ τὰς ἀποσκευὰς κελεύσας παρελέσθαι εἰς τηλικούτους περιέστησε κινδύνους ὥστε, εἰ μὴ λαθὼν διέδρα, θανάτῳ περιέπεσεν ἂν ὑπὸ τοῦ πλήθους.

XXIV. 1 Τούτῳ δὲ τῷ τρόπῳ τοὺς μὲν ἄλλους καταπληξάμενος, ἑαυτῷ δ' ὄγκον καὶ πρόσχημα μέγα περιποιήσας μετεβάλετο πάλιν καὶ τὸν Πευκέστην λόγοις φιλανθρώποις καὶ μεγάλαις ἐπαγγελίαις προσαγαγόμενος εὔνουν ἑαυτῷ καὶ πρόθυμον κατεσκεύασεν εἰς τὸ τοῖς βασιλεῦσι συναγωνίζεσθαι. 2 Σπεύδων δὲ καὶ παρὰ τῶν ἄλλων σατραπῶν καὶ στρατηγῶν ὥσπερ ὅμηρα λαβεῖν τοῦ μὴ καταλείψειν αὐτόν, προσεποιήθη χρημάτων σπανίζειν καὶ παρεκάλεσεν ἕκαστον κατὰ δύναμιν δανεῖσαι τοῖς βασιλεῦσι. 3 Λαβὼν δὲ παρ' ὧν ἐδόκει συμφέρειν ἡγεμόνων τετρακόσια τάλαντα τοὺς πρότερον ὑπόπτους ὄντας ἐπιβουλεύειν ἢ καταλείψειν πιστοτάτους φύλακας ἔσχε τοῦ σώματος καὶ συναγωνιστάς.

4 Οὕτως δὲ αὐτοῦ περὶ τούτων πρὸς τὸ μέλλον στρατηγοῦντος ἧκόν τινες ἐκ Μηδίας ἀπαγγέλλοντες ὅτι μετὰ τῆς δυνάμεως Ἀντίγονος τὴν ἀνάζευξιν ἐπὶ τῆς Περσίδος εἴη πεποιημένος. Ἃ δὴ πυθόμενος καὶ αὐτὸς ἀνέζευξε, διεγνωκὼς ἀπαντᾶν τοῖς πολεμίοις καὶ διακινδυνεύειν. 5 Κατὰ δὲ τὴν ὁδοιπορίαν δευτεραῖος θυσίαν ἐπετέλεσε τοῖς θεοῖς καὶ τὴν δύναμιν εὐωχήσας πολυτελῶς τὰ μὲν πλήθη πρὸς εὔνοιαν προεκαλέσατο,

3-4 Σιβύρτιον Wess. : Σιβύριτον R Σιβήρυτον F ‖ **14** κατεσκεύασεν post ἑαυτῷ transp. F ‖ **17** καταλείψειν R : καταλεῖψαι F ‖ **26** εἴη R : ἧκε F ‖ ἃ δὴ R : ἤδη F ‖ **29** ἐπετέλεσε R : ἐπιτελέσας F ‖ **30** προεκαλέσατο R : προσεκαλέσατο F.

lui-même, pour s'être laissé entraîner durant la beuverie par les plus grands amateurs de boisson parmi les convives, tomba malade. C'est pourquoi il suspendit la marche durant quelques jours, terrassé qu'il était par la souffrance [1]. L'armée était découragée, car elle s'attendait à voir les ennemis engager sous peu le combat, et le plus capable des stratèges était accablé par la maladie. **6** Néanmoins, après la phase critique du mal, comme il s'était un peu remis, il avançait avec l'armée que conduisaient Peucestès et Antigénès, tandis que lui-même, transporté sur une litière, suivait l'arrière-garde, afin de ne pas être gêné par le tumulte et la cohue.

XXV. **1** Quand les deux armées furent séparées l'une de l'autre par un jour de marche, on envoya des deux côtés des éclaireurs. Après avoir appris le nombre et les intentions de l'ennemi, elles se préparèrent pour le combat, mais les rangs furent rompus sans bataille *. **2** C'est, en effet, avec un fleuve et une tranchée comme couverture qu'on avait rangé les troupes des deux côtés ; à cause de la difficulté du terrain, elles ne purent s'affronter. Quand ils eurent établi leur camp à trois stades [2] les uns des autres, ils passèrent quatre jours à livrer des combats d'escarmouche et à fourrager dans la contrée, car ils manquaient de tout. Le cinquième jour, Antigone envoya des ambassadeurs aux satrapes et aux Macédoniens, en leur demandant de ne pas écouter Eumène, mais de lui faire confiance [3]. **3** Il affirmait qu'il permettrait aux satrapes de garder leur satrapie personnelle et que, pour les autres, les uns recevraient de la terre en quantité, d'autres seraient renvoyés avec honneurs et présents dans leur patrie, et que ceux qui voulaient faire

1. Cf. Plut., *Eum.* 14, 3-5.
2. 530 m environ.
3. Antigone, stratège d'Asie (cf. n. compl. p. 22), a déjà envoyé sans succès des lettres ou des ambassadeurs (18, 63).

αὐτὸς δὲ κατὰ τὴν μέθην συμπεριενεχθεὶς τῶν παραληφθέντων τοῖς εἰς τὸ πίνειν ὁρμήσασιν ἐνέπεσεν εἰς ἀρρωστίαν. Διόπερ ἡμέρας τινὰς ἐπέσχε τῆς πορείας, καταβαρούμενος ὑπὸ τοῦ πάθους · ἡ δὲ δύναμις ἐν ἀθυμίᾳ καθειστήκει, τῶν μὲν πολεμίων προσδοκωμένων ταχέως συνάψειν, τοῦ δ' ἱκανωτάτου τῶν στρατηγῶν ὑπὸ τῆς νόσου πιεζουμένου. 6 Οὐ μὴν ἀλλὰ τοῦ πάθους κριθέντος ἐπειδὴ βραχέως αὐτὸν προσανέλαβε, προῆγε μετὰ τῆς δυνάμεως ἀφηγουμένου Πευκέστου καὶ Ἀντιγένους, αὐτὸς δὲ φορίῳ κομιζόμενος ἐπηκολούθει τοῖς οὐραγοῦσιν, ὅπως μὴ διὰ τὸν θόρυβον καὶ τὴν στενοχωρίαν παρενοχλοῖτο.

XXV. 1 Ὡς δ' ἡμέρας ὁδὸν ἀπέσχον ἀπ' ἀλλήλων τὰ στρατόπεδα, κατασκόπους ἔπεμψαν ἀμφότεροι καὶ μαθόντες τὰ πλήθη καὶ τὰς προαιρέσεις τῶν πολεμίων παρεσκευάσαντο μὲν πρὸς τὸν κίνδυνον, διελύθησαν δὲ χωρὶς μάχης · 2 προβεβλημένοι γὰρ ἀμφότεροι ποταμόν τινα καὶ χαράδραν ἐξέταξαν μὲν τὰς δυνάμεις, διὰ δὲ τὰς τῶν τόπων δυσχωρίας οὐκ ἠδυνήθησαν διαγωνίσασθαι. Καταστρατοπεδεύσαντες δ' ἀλλήλων ἀπὸ σταδίων τριῶν ἐπὶ μὲν ἡμέρας τέτταρας ἀκροβολιζόμενοι καὶ προνομεύοντες τὴν χώραν διετέλεσαν, πάντων σπανίζοντες, τῇ πέμπτῃ δ' Ἀντίγονος πρεσβευτὰς ἐξαπέστειλε πρός τε τοὺς σατράπας καὶ τοὺς Μακεδόνας, ἀξιῶν Εὐμενεῖ μὲν μὴ προσέχειν, ἑαυτῷ δὲ πιστεύειν· 3 συγχωρήσειν γὰρ ἔφη τοῖς μὲν σατράπαις ἔχειν τὰς ἰδίας σατραπείας, τῶν δὲ ἄλλων τοῖς μὲν χώραν πολλὴν δώσειν, τοὺς δὲ εἰς τὰς πατρίδας ἀποστελεῖν μετὰ τιμῆς καὶ δωρεῶν, τοὺς δὲ στρατεύεσθαι βουλομένους διανεμεῖν εἰς τὰς

4 ante ἀθυμίᾳ add. τῇ R || 7 πιεζουμένου R : πιεζομένου F || 10 ἐπηκολούθει R : ἠκολούθει F || 15 post τά add. τε F || 25 πιστεύειν R : πιστεῦσαι F || συγχωρήσειν R : συγχωρεῖν F || 28 ἀποστελεῖν R : ἀποστέλλειν F || 29 διανεμεῖν Wess. : διανέμειν R F.

campagne seraient répartis dans les unités appropriées. **4** Comme les Macédoniens faisaient la sourde oreille et menaçaient même les ambassadeurs, Eumène survint, les félicita et leur dit une fable, fable très ancienne, mais tout à fait de circonstance. **5** Il raconta, en effet, qu'un lion, amoureux d'une jeune fille, parla mariage au père de la demoiselle. Celui-ci se déclara prêt à la lui donner, mais ses griffes et ses dents lui faisaient peur : si un jour, après le mariage, irrité pour quelque motif il allait se comporter férocement avec la jeune fille ! **6** Quand le lion eut déposé griffes et dents, le père, le voyant dépouillé de tout ce qui le rendait redoutable, le tua facilement à coups de bâton. Or, c'était précisément ce que faisait Antigone : **7** il faisait des promesses, en attendant le moment où, maître de l'armée, il en châtirait alors les chefs. Tandis que la foule approuvait le bien-fondé de ses propos [1], il renvoya l'assemblée.

XXVI. **1** A la nuit, des déserteurs de l'armée d'Antigone vinrent annoncer qu'Antigone avait ordonné à ses soldats de lever le camp vers la deuxième veille. Eumène en conclut à juste titre que les ennemis se retiraient vers la Gabiène [2] **2** qui, distante de trois jours de marche, était intacte et regorgeait de grains, de fourrage et, d'une façon générale, de ce qui pouvait ravitailler en abondance des troupes importantes. **3** Le terrain lui-même ajoutait à ces avan-

1. Αὐτοῦ, tiré du sujet de la principale, est à sous-entendre devant λέγοντος.

2. Aux confins de la Susiane. L'orthographe n'est pas constante, cf. Strabon, 16, 1, 18, Γαϐιανή, Polyen, 4, 6, 13, Γαϐιηνή, mais Plutarque, *Eum.* 15, οἱ Γαϐηνοί et Ptolémée, 6, 2, 13, Γάϐηνα.

ἑκάστῳ καθηκούσας τάξεις. 4 Τῶν δὲ Μακεδόνων οὐ προσεχόντων τοῖς λόγοις, ἀλλὰ καὶ προσαπειλούντων τοῖς πρεσβευταῖς Εὐμενὴς παρελθὼν ἐπῄνεσέν τε αὐτοὺς καὶ λόγον εἶπε τὸν παραδεδομένον μὲν καὶ παλαιόν, οὐκ ἀνοίκειον δὲ τῆς περιστάσεως. 5 Ἔφη γὰρ ἐρασθέντα λέοντα παρθένου διαλεχθῆναι τῷ πατρὶ τῆς κόρης ὑπὲρ τοῦ γάμου, τὸν δὲ πατέρα λέγειν ὡς ἕτοιμος μέν ἐστιν αὐτῷ δοῦναι, δέδοικε δὲ τοὺς ὄνυχας καὶ τοὺς ὀδόντας, μήποτε γήμας καὶ παροξυνθεὶς διά τινα αἰτίαν προσενέγκηται τῇ παρθένῳ θηριωδῶς. 6 Τοῦ δὲ λέοντος ἐξελόντος τούς τε ὄνυχας καὶ τοὺς ὀδόντας τὸν πατέρα, θεωρήσαντα πάντα δι' ὧν ἦν φοβερὸς ἀποβεβληκότα, τύπτοντα τῷ ξύλῳ ῥᾳδίως ἀποκτεῖναι. Τὸ παραπλήσιον οὖν ποιεῖν καὶ τὸν Ἀντίγονον· 7 μέχρι τούτου γὰρ ποιεῖσθαι τὰς ἐπαγγελίας ἕως ἂν τῆς δυνάμεως κυριεύσῃ καὶ κολάσῃ τηνικαῦτα τοὺς ἀφηγουμένους. Ἐπισημαινομένου δὲ τοῦ πλήθους ὡς ὀρθῶς λέγοντος, τότε μὲν ἔλυσε τὴν ἐκκλησίαν.

XXVI. 1 Νυκτὸς δὲ ἐπιγενομένης ἧκόν τινες ηὐτομοληκότες μὲν ἐκ τῆς Ἀντιγόνου στρατοπεδείας, λέγοντες δ' ὅτι παρήγγειλε τοῖς στρατιώταις Ἀντίγονος ἀναζευγνύειν περὶ δευτέραν φυλακήν. Ὁ δ' Εὐμενὴς συλλογιζόμενος ἀληθῶς ὑπέλαβε τοὺς πολεμίους ἀποχωρήσειν εἰς τὴν Γαβηνήν · 2 αὕτη γὰρ ἀπέχουσα τριῶν ἡμερῶν ὁδὸν ἀκέραιος ἦν καὶ πλήρης καρπῶν καὶ χορτασμάτων καὶ καθόλου τῶν δυναμένων χορηγῆσαι τὰ ἐπιτήδεια μεγάλαις δυνάμεσι δαψιλῶς. 3 Πρὸς δὲ τούτοις τοῖς ἀγαθοῖς

XXV, 4-7 : Exc. Const. IV, 219.

1 τῶν δὲ Μακεδόνων R : τῶν Μ. δὲ F || 2 καὶ om. F || 4 τὸν παραδεδομένον R : τῶν -μένων F Exc. || παλαιὸν R Exc. : παλαιῶν F || 5 ἐρασθέντα R Exc. : ἐρασθῆναι F || 8 δέδοικε F Exc. : δεδοικέναι R || 10 τῇ παρθένῳ F Exc. : τὴν πάρθενον R || ἐξελόντος R : ἀφελόντος F Exc. || 11 τε om. F Exc. || post ὀδόντας add. ἐξελόντος F || 12 ἦν post φοβερὸς transp. F || 14 γὰρ post μέχρι transp. F || 15 κολάσῃ R Exc. : κολάσει F || 16 τηνικαῦτα om. R || 17 ἔλυσε R : διέλυσε F || 20 παρήγγειλε R : παρήγγελκε F || 23 Γαβηνήν R : Γαβιηνήν F || αὕτη R : αὐτὴ F || 24 pr. καὶ om. F.

tages, par ses cours d'eau et ses ravins peu accessibles. Aussi, désireux de prévenir les ennemis, reprit-il leur idée à son compte. Il envoya certains mercenaires, payés pour jouer les déserteurs, dire qu'Eumène avait décidé d'attaquer de nuit le camp. Lui-même détacha en avant les bagages et donna l'ordre aux soldats de manger le plus vite possible, puis de lever le camp. **4** Quand tout cela se fut rapidement exécuté, Antigone, informé par les déserteurs de la décision des ennemis de livrer bataille de nuit, différa son départ et rangea son armée en vue du combat. **5** L'esprit occupé par cela et inquiet pour l'avenir, il ne s'aperçut pas qu'Eumène avait pris les devants et se dirigeait rapidement vers la Gabiène. Antigone gardait depuis un certain temps ses troupes sous les armes, quand il apprit par les éclaireurs le départ des ennemis. Il réalisa qu'il avait été la victime d'un stratagème, mais n'en maintint pas moins son plan original. **6** Après avoir donc ordonné aux soldats de lever le camp, il avançait à une allure rapide, comme dans une poursuite. Mais comme Eumène avait le temps de deux veilles d'avance, il comprit qu'il était difficile à toute l'armée de rattraper des hommes pourvus d'une telle avance, et voici l'expédient qu'il trouva. **7** Il confia le reste des troupes à Pithon, qui devait suivre à son allure, tandis que lui-même, avec les cavaliers, galopait à bride abattue. A l'aube, il rejoignit l'arrière-garde ennemie qui descendait d'une colline et prit position sur les crêtes, bien visible pour ses adversaires. **8** Eumène était fort loin pour observer les cavaliers ennemis : il crut que toute l'armée était à proximité, suspendit la marche et rangea les troupes, comme si

ὁ τόπος αὐτὸς συνήργει, ποταμοὺς ἔχων καὶ χαράδρας δυσεξόδους. Σπεύδων οὖν φθάσαι τοὺς πολεμίους τὸ ὅμοιον ἔπραξε. Τῶν μὲν μισθοφόρων τινὰς χρήμασι πείσας ἐξέπεμψεν ὡς αὐτομόλους, συντάξας λέγειν ὅτι διέγνωκεν Εὐμενὴς νυκτὸς ἐπιτίθεσθαι τῷ χάρακι· αὐτὸς δὲ τὴν μὲν ἀποσκευὴν προαπέστειλε, τοῖς δὲ στρατιώταις παρήγγειλε τὴν ταχίστην δειπνοποιησαμένοις ἀναζευγνύειν. 4 Ὧν ἁπάντων ὀξέως συντελεσθέντων Ἀντίγονος ἀκούσας τῶν αὐτομόλων ὅτι μάχεσθαι νυκτὸς διεγνώκασιν οἱ πολέμιοι, τῆς μὲν πορείας ἀπέσχετο, διέταττε δὲ τὴν δύναμιν εἰς τὸν κίνδυνον. 5 Τοῦ δὲ περὶ ταῦτα θορυβουμένου καὶ περὶ τοῦ μέλλοντος ἀγωνιῶντος ἔλαθον οἱ περὶ τὸν Εὐμενῆ προλαβόντες καὶ τὴν ὁδοιπορίαν ποιούμενοι κατὰ τάχος εἰς τὴν Γαβηνήν. Ὁ δ' Ἀντίγονος μέχρι μέν τινος ἐν τοῖς ὅπλοις συνεῖχε τὴν δύναμιν, ὡς δὲ παρὰ τῶν κατασκόπων ἐπύθετο τὴν ἀποχώρησιν τῶν ἐναντίων, γνοὺς αὑτὸν κατεστρατηγημένον οὐδὲν ἧττον ἀντείχετο τῆς αὐτῆς προαιρέσεως. 6 Παραγγείλας οὖν τοῖς στρατιώταις ἀναζευγνύειν, προῆγε σύντονον τὴν πορείαν ποιούμενος καὶ διωγμῷ παραπλήσιον. Προέχοντος δ' Εὐμενοῦς δύο φυλακὰς ὁρῶν ὅτι καταλαβεῖν οὐ ῥᾳδιόν ἐστι τῇ δυνάμει πάσῃ τοὺς τοσοῦτο προειληφότας, ἐπενόησέ τι τοιοῦτο. 7 Τὴν μὲν ἄλλην δύναμιν παραδοὺς Πίθωνι προσέταξε κατὰ σχολὴν ἀκολουθεῖν, αὐτὸς δὲ τοὺς ἱππεῖς ἀναλαβὼν ἤλαυνεν ἀπὸ ῥυτῆρος καὶ περιλαβὼν ἅμ' ἡμέρᾳ τὴν οὐραγίαν τῶν πολεμίων καταβαίνουσαν ἀπό τινος ἀκρολοφίας ἐπέστη ταῖς ἀκρωρείαις, φανερὸς ὢν τοῖς ἐναντίοις. 8 Οἱ δὲ περὶ τὸν Εὐμενῆ θεωρήσαντες ἐξ ἱκανοῦ διαστήματος τῶν πολεμίων ἱππεῖς καὶ δόξαντες εἶναι πλησίον ἅπασαν τὴν δύναμιν, τῆς μὲν πορείας ἐπέσχον, τὴν δὲ στρατιὰν διέταττον, ὡς αὐτίκα τῆς

1 αὐτὸς R F : αὐτοῖς F[1] ‖ **15** συνεῖχε R : εἶχε F ‖ **23** τι om. R ‖ τοιοῦτο R : τοιοῦτον F ‖ **25-26** περιλαβὼν R : παραλαβὼν F καταλαβὼν F[1] ‖ **29** ἱππεῖς om. F ‖ **31** ἐπέσχον R : ἐπέσχε F.

la bataille rangée allait avoir lieu sur le champ. **9** Voilà donc comment les chefs des deux armées se dupèrent mutuellement par un stratagème, comme s'ils livraient un premier combat sur le terrain de l'intelligence * et voulaient prouver que les chances de victoire ne dépendaient * que d'eux. **10** Quoi qu'il en soit, par cet expédient Antigone empêcha les ennemis de pousser plus avant et se donna un répit pour récupérer ses troupes. Quand l'armée fut là, il la rangea tout entière en ordre de bataille, puis il se mit à descendre vers les ennemis en bon ordre, spectacle impressionnant [1].

XXVII. **1** Il disposait en tout, avec les renforts fournis par Pithon et Séleucos, de plus de vingt-huit mille fantassins, huit mille cinq cents cavaliers et soixante-cinq éléphants. Différents furent les ordres de bataille choisis par les stratèges, car ils rivalisaient aussi d'expérience en ce domaine. **2** Eumène, en effet, rangea à l'aile gauche Eudamos *, celui qui était descendu de l'Inde avec les éléphants, ainsi que sa garde * de cent cinquante cavaliers, et devant eux, comme avant-lignes, deux escadrons de lanciers d'élite, avec cinquante hommes en profondeur *, **3** toutes ces troupes touchant aux premières pentes. A leur suite il rangea le stratège Stasandros, avec ses neuf cent cinquante cavaliers. **4** Il plaça ensuite Amphimachos, le satrape de Mésopotamie, accompagné de six cents cavaliers, avec à côté d'eux les six cents cavaliers d'Arachosie, commandés à l'origine

1. Pour étudier les batailles, cf. J. Kromayer et G. Veith, *Heerwesen und Kriegführung der Griechen und Römer*, Handbuch der Altertumwiss., Münich, 1928, 4. Abt., III, 2. Bd. ; W. W. Tarn, *Hellenistic military and naval developments*, Cambridge, 1930 ; A. M. Snodgrass, *Arms and armour of the Greeks*, Londres, 1967 ; Y. Garlan, *La guerre dans l'Antiquité*, Paris, 1972, ainsi que P. Vigneron, *Le cheval dans l'antiquité gréco-romaine*, Nancy, 1968, I et P. Goukowski, « Le roi Pôros, son éléphant et quelques autres », *Bull. corr. hell.*, 96, 1972, p. 473-502. On trouvera une étude détaillée de chaque bataille dans J. Kromayer et G. Veith, *Antike Schlachtfelder*, Berlin, 1924, IV.

παρατάξεως γενησομένης. 9 Οἱ μὲν οὖν ἡγεμόνες ἀμφοτέρων τῶν στρατοπέδων τὸν προειρημένον τρόπον ἀλλήλους κατεστρατήγησαν, ὥσπερ προαγωνιζόμενοι περὶ συνέσεως καὶ δεικνύοντες ὅτι τὰς ἐλπίδας ἐν αὑτοῖς ἀντέχουσι τῆς νίκης. 10 Ὁ δ' οὖν Ἀντίγονος διὰ ταύτης τῆς ἐπινοίας ἐκώλυσε μὲν τοὺς πολεμίους προάγειν εἰς τοὔμπροσθεν, αὑτῷ δὲ δοὺς ἄνεσιν εἰς τὸ προσδέξασθαι τὴν δύναμιν, ἐπειδὴ τὸ στρατόπεδον ἧκεν, ἅπαν ἐξέταξεν εἰς μάχην καὶ κατέβαινε συντεταγμένος ἐπὶ τοὺς πολεμίους καταπληκτικῶς.

XXVII. 1 Εἶχε δὲ τοὺς σύμπαντας σὺν τοῖς διὰ Πίθωνος καὶ Σελεύκου προσγεγενημένοις πεζοὺς μὲν πλείους τῶν δισμυρίων ὀκτακισχιλίων, ἱππεῖς δ' ὀκτακισχιλίους πεντακοσίους, ἐλέφαντας δὲ ἑξήκοντα πέντε. Διηλλαγμέναις δ' ἐχρήσαντο ταῖς τάξεσιν οἱ στρατηγοί, διαμιλλώμενοι καὶ περὶ τῆς ἐν τούτοις ἐμπειρίας πρὸς ἀλλήλους. 2 Εὐμενὴς μὲν γὰρ ἐπὶ τοῦ λαιοῦ κέρατος ἔταξεν Εὔδαμον τὸν καταγαγόντα τοὺς ἐλέφαντας ἐξ Ἰνδῶν, ἔχοντα τὸ περὶ αὐτὸν ἄγημα τῶν ἱππέων, ὄντων ἑκατὸν πεντήκοντα, πρόταγμα δὲ τούτων εἴλας δύο ξυστοφόρων ἐπιλέκτων, βάθος ἐχούσας ἱππέων πεντήκοντα. 3 Καὶ συνῆψε μὲν τούτους τοῖς ὑπερδεξίοις τῆς ὑπωρίας, ἑξῆς δὲ τούτοις Στάσανδρον τὸν στρατηγὸν ἔταξεν ἔχοντα τοὺς ἰδίους ἱππεῖς ἐννακοσίους πεντήκοντα. 4 Μετὰ δὲ τούτους ἔστησεν Ἀμφίμαχον τὸν Μεσοποταμίας σατράπην, ᾧ συνηκολούθουν ἱππεῖς ἑξακόσιοι, συνάπτοντας δὲ τούτοις τοὺς ἐξ Ἀραχωτῶν ἱππεῖς ἑξακοσίους, ὧν ἡγεῖτο πρότερον μὲν Σιβύρτιος,

XXVI, 9 : Exc. Const., IV, 219.

1 γενησομένης R F[1] : γενομένης F ‖ 3 κατεστρατήγησαν R : καταστρατηγήσαντες F ‖ 4 ἀντέχουσι R F Exc. : ἔχουσι conj. Wess. ‖ 18 Εὔδαμον Wess. : Εὔδημον R F ‖ 22 συνῆψε R F[1] : σύν F ‖ μὲν om. R ‖ 23 τῆς ὑπωρίας Rhod. : τῆς ὑπερωρίας R τοὺς ὑπερορίους F ‖ Στάσανδρον τὸν R : Στάσσανδρον F ‖ 24 ἔταξεν R Fγρ : om. F ‖ 27 Ἀραχωτῶν R : Ἀραχωσίας F.

par Sibyrtios, mais passés depuis sa fuite [1] sous le commandements de Céphalon. **5** Venaient ensuite cinq cents hommes du pays des Paropanisades, ainsi qu'un nombre égal de Thraces, venus des colonies [2] des régions supérieures. Devant toutes ces troupes, il rangea en crochet [3] quarante-cinq éléphants et, dans les intervalles entre les bêtes, ce qu'il fallait d'archers et de frondeurs [4]. **6** A côté de l'aile gauche ainsi renforcée, il disposa la phalange. Six mille mercenaires * en occupaient l'extrémité, puis venaient cinq mille hommes environ, armés à la macédonienne, mais originaires de tous pays.

XXVIII. **1** A leur suite étaient rangés les Argyraspides macédoniens, plus de trois mille hommes qui étaient invaincus et dont la valeur inspirait une grande crainte aux ennemis. Pour finir, plus de trois mille hommes du corps des hypaspistes *, commandés, comme les Argyraspides, par Antigénès et Teutamos. **2** Devant toute la phalange, il plaça quarante éléphants et remplit les intervalles avec des corps d'infanterie légère. **3** Puis il rangea les cavaliers à l'aile droite : touchant à la phalange il y avait les huit cents cavaliers de Carmanie que commandait le satrape Tlépolémos, à leur suite ceux qu'on appelle les Compagnons *, au nombre de neuf cents, puis la garde de Peucestès et d'Antigénès, formée de trois cents cavaliers réunis en un seul escadron. A l'extrémité de l'aile se trouvait la garde d'Eumène, comportant le même nombre de cavaliers avec, comme avant-lignes, deux escadrons de pages [5] d'Eumène, com-

1. Cf. 19, 23.
2. Il s'agit des colonies militaires fondées par Alexandre, cf. P. Jouguet, *L'impérialisme macédonien et l'hellénisation de l'Orient*, Paris, 1926, p. 125-6.
3. Cf. Kromayer et Veith, pr. *op. cit.* [p. 42, n. 1] p. 146.
4. Sur le rôle tactique de cette infanterie légère, cf. Vigneron, *op. cit.* [p. 42, n. 1] p. 247.
5. De jeunes nobles, cf. Bickerman, *op. cit.* [p. 20, n. 5] p. 37.

διὰ δὲ τὴν ἐκείνου φυγὴν μετειλήφει τὴν ἡγεμονίαν Κεφάλων. 5 Ἑξῆς δ' ἦσαν πεντακόσιοι μὲν ἐκ Παροπανισαδῶν, οἱ δὲ τούτοις ἴσοι Θρᾷκες ἐκ τῶν ἄνω κατοικιῶν. Πρὸ δὲ τούτων ἁπάντων ἔταξεν ἐλέφαντας μὲν ἐν ἐπικαμπίῳ τετταράκοντα πέντε, τοξότας δὲ καὶ σφενδονήτας ἐν τοῖς τῶν θηρίων διαστήμασι τοὺς ἱκανούς. 6 Τοῦτον δὲ τὸν τρόπον ὀχυρωσάμενος τὸ λαιὸν κέρας συνῆψεν αὐτῷ τὴν φάλαγγα. Ταύτης δὲ τὸ ἄκρον ἐπεῖχον οἱ ξένοι, πλείους ὄντες τῶν ἑξακισχιλίων, τὸ δ' ἑξῆς οἱ καθωπλισμένοι μὲν εἰς τὰ Μακεδονικά, παντοδαποὶ δ' ὄντες τοῖς ἔθνεσιν, εἰς πεντακισχιλίους.

XXVIII. 1 Μετὰ δὲ τούτους ἐτάχθησαν οἱ Μακεδόνες ἀργυράσπιδες, ὄντες μὲν πλείους τρισχιλίων, ἀνίκητοι δὲ καὶ διὰ τὰς ἀρετὰς πολὺν φόβον παρεχόμενοι τοῖς πολεμίοις · ἐπὶ πᾶσι δὲ οἱ ἐκ τῶν ὑπασπιστῶν, ὄντες πλείους τρισχιλίων, ἀφηγουμένων τούτων τε ἅμα καὶ τῶν ἀργυρασπίδων Ἀντιγένους καὶ Τευτάμου. 2 Πρὸ δὲ πάσης τῆς φάλαγγος ἔστησεν ἐλέφαντας τετταράκοντα καὶ τὰ τούτων διαστήματα τοῖς ψιλικοῖς τάγμασιν ἀνεπλήρωσεν. 3 Ἐπὶ δὲ τοῦ δεξιοῦ κέρατος ἐξέταξε τοὺς ἱππεῖς, ἐχομένους μὲν τῆς φάλαγγος τοὺς ἐκ Καρμανίας ὀκτακοσίους, ὧν Τληπόλεμος σατράπης ἡγεῖτο, ἑξῆς δὲ τοὺς καλουμένους ἑταίρους ἐννακοσίους καὶ τὸ Πευκέστου καὶ Ἀντιγένους ἄγημα, τριακοσίους ἔχον ἱππεῖς μιᾷ περιειλημμένους εἴλῃ, ἐπ' ἄκρου δὲ τοῦ κέρατος τὸ Εὐμενοῦς ἄγημα, τοὺς ἴσους ἔχον ἱππεῖς, καὶ τούτων πρόταγμα τῶν Εὐμενοῦς παίδων εἴλας δύο, συνεστηκυίας

2-3 Παροπανισαδῶν Dindorf : Παροπανισάδων R F[1] Παροπαμισάδων F ‖ **3** οἱ δὲ R : καὶ οἱ F ‖ τούτοις F : τούτων R ‖ **7** λαιὸν R[2] : δεξιὸν R F ‖ **13** ante πλείους add. οὐ F ‖ **15** οἱ Geer : τοὺς R F ‖ **16** ὄντες Geer : ὄντας R F ‖ ἀφηγουμένων F[1] : ἀφηγουμένους R ὑφηγουμένων F ‖ **17** Ἀντιγένους καὶ Τευτάμου om. R ‖ **19** τάγμασιν Dindorf : τὴν τάξιν R F ‖ **25-26** μιᾷ-ἱππεῖς R F[1mg] : om. F.

posés chacun de cinquante soldats. En dehors de l'aile, pour en protéger le flanc, deux cents cavaliers d'élite, formant quatre escadrons. **4** En outre, il plaça derrière sa garde trois cents cavaliers, sélectionnés dans toutes les hipparchies pour leur rapidité et leur puissance d'action. Tout le long de la ligne de l'aile, il rangea en avant-ligne quarante éléphants. Les forces d'Eumène représentaient au total, trente-cinq mille fantassins, six mille cent cavaliers et cent quatorze éléphants [1].

XXIX. **1** Antigone, après avoir observé d'en haut l'ordre de bataille ennemi, disposa ses propres troupes en fonction de celui-ci. Comme il voyait l'aile droite de ses adversaires renforcée par les éléphants et le plus fort de la cavalerie, il leur opposa ce qu'il avait de plus légers comme cavaliers, qui, en ouvrant les rangs, devaient refuser l'engagement pour mener au contraire un combat de harcèlement [2] et de cette manière neutraliser la partie de l'armée dans laquelle ses adversaires avaient le plus confiance. **2** Sur cette aile, il plaça les archers à cheval [3] et les piquiers de Médie et de Parthie, mille hommes qui convenaient parfaitement pour une lutte de harcèlement ; à leur suite deux mille deux cents Tarentins [4], remontés avec lui depuis la mer, qui étaient particulièrement utiles dans une guerre d'embuscades et lui étaient fort dévoués ; venaient ensuite les mille cavaliers de Phrygie et de Lydie, les mille cinq cents hommes de Pithon, les quatre cents lanciers de Lysanias et, pour

1. Comme en 19, 28, 4, le total des chiffres de détail et le total global ne coïncide pas.
2. Cf. Vigneron, *op. cit.* [p. 42, n. 1] p. 254-261.
3. Cf. Tite-Live, 35, 48, 3 : ... *sagittis ex equo utentes.*
4. Cavaliers spécialisés dans la tactique de harcèlement, qui ne sont pas toujours originaires de Tarente, cf. Vigneron, *ibid.*, p. 261, et Bickerman, *op. cit.* [p. 20 n. 5] p. 59.

ἑκατέρας ἐξ ἱππέων πεντήκοντα, καὶ πλαγίας φυλαττούσας ἔξω τοῦ κέρατος εἴλας τέτταρας, ἐν αἷς ἦσαν ἱππεῖς ἐπίλεκτοι διακόσιοι. 4 Χωρὶς δὲ τούτων ἀπὸ πασῶν τῶν ἱππαρχιῶν ἐπιλελεγμένους τοῖς τάχεσι καὶ ταῖς ῥώμαις ἱππεῖς τριακοσίους ἔστησε κατόπιν τοῦ περὶ αὐτὸν ἀγήματος. Παρὰ δὲ τὴν ὅλην τοῦ κέρατος τάξιν προέταξεν ἐλέφαντας τετταράκοντα. Ἡ δὲ πᾶσα δύναμις ἦν τῶν περὶ τὸν Εὐμενῆ πεζοὶ μὲν τρισμύριοι πεντακισχίλιοι, ἱππεῖς δὲ ἑξακισχίλιοι ἑκατόν, ἐλέφαντες δὲ ἑκατὸν τετταρεσκαίδεκα.

XXIX. 1 Ἀντίγονος δ' ἐκ μετεώρων τόπων κατιδὼν τὴν τῶν πολεμίων τάξιν πρὸς ταύτην ἁρμοζόντως διεκόσμησε τὴν ἰδίαν δύναμιν. Ὁρῶν γὰρ τὸ τῶν ἐναντίων δεξιὸν κέρας ὠχυρωμένον τοῖς τε θηρίοις καὶ τοῖς κρατίστοις τῶν ἱππέων ἀντέταξε τοὺς ἐλαφροτάτους τῶν ἱππέων, οἳ κατὰ στόμα μὲν ἤμελλον φυγομαχήσειν ἀραιοὶ διαστάντες, ἐκ μεταβολῆς δὲ διαγωνιεῖσθαι καὶ τούτῳ τῷ τρόπῳ ποιήσειν ἄπρακτον τῶν ἐναντίων τοῦτο τὸ μέρος ᾧ μάλιστα ἐπίστευον. 2 Ἔστησε δ' ἐπὶ τούτου τοῦ κέρατος τούς τε ἐκ Μηδίας καὶ Παρθυαίας ἀφιπποτοξότας καὶ λογχοφόρους, ὄντας μὲν χιλίους, πεφυκότας δ' εὖ πρὸς τὴν ἐκ μεταβολῆς κρίσιν, ἑξῆς δὲ τοὺς ἀπὸ θαλάττης συναναβεβηκότας Ταραντίνους δισχιλίους καὶ διακοσίους, ἐπιλέκτους ἐν ἐνέδραις καὶ καλῶς διακειμένους ταῖς εὐνοίαις πρὸς αὐτόν, τοὺς δ' ἀπὸ Φρυγίας καὶ Λυδίας χιλίους, τοὺς δὲ μετὰ Πίθωνος χιλίους πεντακοσίους καὶ τοὺς μετὰ Λυσανίου ξυστοφόρους

3-4 ἀπὸ πασῶν R : ἀπασῶν F ‖ **7** τάξιν om. R ‖ **10** τετταρεσκαίδεκα R : δεκατέτταρες F ‖ **13** ἰδίαν δύναμιν F : δύναμιν τὴν ἰδίαν R ‖ **17** post διαστάντες add. καὶ F ‖ δὲ om. F ‖ διαγωνιεῖσθαι R : ἀγωνιεῖσθαι F ‖ **19** ἐπίστευον Rhod. : ἐπίστευεν R F ‖ **19-20** τούτου τοῦ κέρατος Capps : ταύτης τῆς φάλαγγος R F ‖ **20** Παρθυαίας Wess : Παρουλίας R Ἀρμενίας F ‖ **20-21** ἀφιπποτοξότας R : ἐφιπποτοξότας F ‖ **23-24** δισχιλίους καὶ διακοσίους R : διακοσίους καὶ δισχιλίους F ‖ **24** ἐν om. F ‖ **25** τοὺς δ' R : ἐχόμενα δὲ τούτοις τοὺς F ‖ **26** post alt. χιλίους add. καὶ F.

finir, les cavaliers à deux montures *, comme on les appelle, ainsi que huit cents colons des régions supérieures [1]. **3** Tels furent les cavaliers qui constituèrent l'aile gauche, placée sous le commandement unique de Pithon. Quant à l'infanterie, il rangea d'abord les mercenaires, qui étaient plus de neuf mille, puis trois mille Lyciens et Pamphyliens, plus de huit mille soldats de toute origine armés à la macédonienne [2], et, pour finir, à peu près huit mille Macédoniens que lui avait donnés Antipater, quand celui-ci avait été désigné comme épimélète * du royaume. **4** A l'aile droite, touchant la phalange, la cavalerie comprenait d'abord des mercenaires, cinq cents hommes de toute origine ; venaient ensuite mille Thraces, puis cinq cents soldats envoyés par les alliés [3], et, à côté d'eux, mille de ceux qu'on appelle les Compagnons, commandés par Démétrios, le fils d'Antigone, qui allait se battre en ce jour pour la première fois aux côtés de son père. **5** A l'extrémité de l'aile, il y avait les trois cents cavaliers de la garde, avec lesquels Antigone allait lui-même combattre. Et devant eux, en nombre égal et parallèlement [4] à eux, il y avait, comme avant-lignes, trois escadrons de pages, avec lesquels combattaient cent Tarentins [5]. **6** Autour * de l'aile tout entière, il rangea en crochet les trois cents éléphants les plus forts et remplit les intervalles avec les corps d'élite de l'infanterie légère. Quant aux bêtes restantes, il en plaça la plupart devant la phalange et quelques-unes, avec les cavaliers, du côté gauche. **7** Après avoir ainsi rangé son armée, il

1. Cf. p. 43, n. 2.
2. Cf. p. 26, n. 1.
3. Peut-être les Grecs. Sur ce mot, cf. n. compl. p. 36.
4. Le texte ainsi corrigé donne le nombre des soldats et la disposition des troupes (en crochet, en protection latérale, etc.), double indication que l'on trouve dans les passages parallèles (19, 28, 3-4 ; 19, 82, 2). Sur les pages, cf. p. 43, n. 5.
5. Cf. p. 44, n. 4.

τετρακοσίους, ἐπὶ πᾶσι δὲ τούς τε ἀμφίππους ὀνομαζομένους καὶ τοὺς ἐκ τῶν ἄνω κατοικούντων ὀκτακοσίους. 3 Καὶ τὸ μὲν εὐώνυμον κέρας ὑπὸ τούτων ἐπληροῦτο τῶν ἱππέων, ὧν ἁπάντων Πίθων εἶχε τὴν ἡγεμονίαν · τῶν δὲ πεζῶν πρῶτοι μὲν ἐτάχθησαν οἱ ξένοι, πλείους ὄντες τῶν ἐννακισχιλίων, μετὰ δὲ τούτους Λύκιοι καὶ Παμφύλιοι τρισχίλιοι, παντοδαποὶ δ' εἰς τὰ Μακεδονικὰ καθωπλισμένοι πλείους τῶν ὀκτακισχιλίων, ἐπὶ πᾶσι δὲ Μακεδόνες οὐ πολὺ ἐλάττους τῶν ὀκτακισχιλίων, οὓς ἔδωκεν Ἀντίπατρος καθ' ὃν καιρὸν ἐπιμελητὴς ἀπεδείχθη τῆς βασιλείας. 4 Τῶν δ' ἱππέων πρῶτοι μὲν ἦσαν ἐπὶ τοῦ δεξιοῦ κέρατος συνάπτοντες τῇ φάλαγγι μισθοφόροι παντοδαποὶ πεντακόσιοι, ἑξῆς δὲ Θρᾷκες χίλιοι, παρὰ δὲ τῶν συμμάχων πεντακόσιοι, ἐχόμενοι δὲ τούτων οἱ προσαγορευθέντες ἑταῖροι χίλιοι, Δημήτριον ἔχοντες ἡγεμόνα τὸν Ἀντιγόνου, τότε πρώτως μέλλοντα συναγωνίζεσθαι τῷ πατρί. 5 Ἐπ' ἄκρου δὲ τοῦ κέρατος ἦν τὸ ἄγημα τῶν ἱππέων τριακοσίων, μεθ' ὧν καὶ αὐτὸς ἐκινδύνευε · πρόταγμα δὲ τούτων ἐκ τῶν ἰδίων παίδων εἶλαι τρεῖς ὑπῆρχον τούτοις ἴσαι καὶ παράλληλοι, συναγωνιζομένων αὐτοῖς Ταραντίνων ἑκατόν. 6 Περὶ δὲ τὸ κέρας πᾶν ἐξέταξε τοὺς κρατίστους τῶν ἐλεφάντων τριάκοντα, ποιήσας [δ'] ἐπικάμπιον, καὶ τὰ διαστήματα τούτων συνεπλήρωσε τοῖς ψιλοῖς τάγμασιν ἐπιλέκτοις · τῶν δ' ἄλλων θηρίων τὰ πλείω μὲν τῆς φάλαγγος προέστησεν, ὀλίγα δὲ μετὰ τῶν ἱππέων τῶν ἐν τοῖς εὐωνύμοις

1 ἀμφίππους Wess. : ἀσθίππους R ἀνθίππους F ‖ **7** δ' R : δὲ οἱ F ‖ **14** χίλιοι R : δισχίλιοι F ‖ **16-17** πρώτως μέλλοντα R : πρῶτον μέλλοντι F ‖ **19** πρόταγμα δὲ τούτων Wess. : τὸ τάγμα δὲ τοῦτο R F ‖ **20** τούτοις ἴσαι καὶ ego : καὶ ταύταις ἴσοι R F ‖ παράλληλοι R : παραλλήλοις F ‖ **21** περὶ R F : παρὰ prop. Dindorf ‖ **23** δ' del. Dindorf.

descendit vers l'ennemi avec un front en oblique. Il avait, en effet, déporté vers l'avant l'aile droite à laquelle il se fiait le plus, tandis qu'il maintenait l'autre en retrait, car il avait décidé que l'une éviterait l'engagement et que l'autre se battrait.

XXX. **1** Quand les deux armées furent proches l'une de l'autre et que le signal fut levé des deux côtés, les troupes poussèrent à plusieurs reprises, alternativement, les cris de guerre, et les trompettes sonnèrent l'appel au combat. Les premiers, les cavaliers de Pithon, qui n'avaient pas de dispositif compact, ni même important, de couverture autour d'eux, mais qui l'emportaient sur leurs adversaires par le nombre et la mobilité, cherchèrent à tirer parti de leurs avantages propres. **2** Affronter les risques d'un combat de front contre les éléphants leur paraissait peu sûr, aussi, après un mouvement tournant autour de l'aile et une attaque de flanc, les blessaient-ils par une grêle d'armes de jet, sans risque pour eux, grâce à leur mobilité, mais au grand dommage des bêtes auxquelles leur poids interdisait la poursuite ou le repli, quand l'occasion le demandait. **3** Eumène, qui voyait que l'aile était en train de succomber sous le nombre des archers à cheval, se fit envoyer par Eudamos, qui s'occupait de l'aile gauche, ce qu'il avait de plus léger comme cavalerie. **4** Après avoir fait déborder * à l'aile la petite troupe, il se jeta avec les voltigeurs et ses cavaliers les plus légers contre les adversaires et, comme les éléphants accompagnaient le mouvement, il mit aisément en déroute les hommes de Pithon et les poursuivit jusqu'au pied de la montagne. **5** Pendant ce temps les phalanges s'affrontèrent durant un bon moment, mais, pour finir, après des pertes importantes de part et d'autre, les hommes d'Eumène pri-

μέρεσι. 7 Τοῦτον δὲ τὸν τρόπον ἐκτάξας τὸ στρατόπεδον κατέβαινεν ἐπὶ τοὺς πολεμίους, λοξὴν ποιήσας τὴν τάξιν· τὸ μὲν γὰρ δεξιὸν κέρας, ᾧ μάλιστα ἐπίστευεν, προεβάλετο, τὸ δ' ἕτερον ὑπεστείλατο, διεγνωκὼς ᾧ μὲν φυγομαχεῖν, ᾧ δὲ ἀγωνίζεσθαι.

XXX. 1 Ἐπεὶ δὲ σύνεγγυς ἀλλήλων ἐγένετο τὰ στρατόπεδα καὶ τὸ σύσσημον ἤρθη παρ' ἀμφοτέροις, ἐπηλάλαξαν μὲν αἱ δυνάμεις ἐπαλλὰξ πλεονάκις, ἐσήμηναν δ' οἱ σαλπιγκταὶ τὸ πολεμικόν. Πρῶτοι δ' οἱ μετὰ Πίθωνος ἱππεῖς, στερεὸν μὲν οὐδὲν οὐδ' ἀξιόλογον ἔχοντες πρόφραγμα περὶ αὐτούς, ὑπερέχοντες δὲ τῶν ἀντιτεταγμένων τῷ τε πλήθει καὶ ταῖς ἐλαφρότησιν, ἐπειρῶντο χρήσασθαι τοῖς ἰδίοις προτερήμασι. 2 Τὸ μὲν γὰρ κατὰ στόμα διακινδυνεύειν πρὸς ἐλέφαντας οὐκ ἀσφαλὲς ἐνόμιζον, περιιππεύσαντες δὲ τὸ κέρας καὶ πλαγίοις ἐμβαλόντες πυκνοῖς τοῖς βέλεσι κατετίτρωσκον, αὐτοὶ μὲν διὰ τὰς ἐλαφρότητας οὐδὲν πάσχοντες, μεγάλα δὲ βλάπτοντες τοὺς διὰ τὰ βάρη μήτ' ἐκδιῶξαι δυναμένους μήτ' ἀναχωρεῖν ὅταν καιρὸς παραγγείλῃ. 3 Εὐμενὴς δ' ὁρῶν πιεζούμενον τὸ κέρας τῷ πλήθει τῶν ἀφιπποτοξοτῶν μετεπέμψατο παρ' Εὐδάμου τοῦ τὸ λαιὸν κέρας ἔχοντος τοὺς ἐλαφροτάτους τῶν ἱππέων, 4 ἐξαγαγὼν δὲ ἐπὶ κέρας τὴν ὀλίγην τάξιν τοῖς μὲν ψιλοῖς καὶ τοῖς ἐλαφροτάτοις τῶν ἱππέων εἰσέβαλεν εἰς τοὺς ἐναντίους, ἐπακολουθούντων δὲ καὶ τῶν θηρίων ῥᾳδίως τρεψάμενος τοὺς περὶ τὸν Πίθωνα κατεδίωξε μέχρι τῆς ὑπωρίας. 5 Ἅμα δὲ τούτοις πραττομένοις συνέβη καὶ τοὺς πεζοὺς ἐφ' ἱκανὸν μὲν χρόνον φαλαγγομαχεῖν πρὸς ἀλλήλους, τὸ δὲ τελευταῖον πολλῶν πεσόντων παρ' ἀμφοτέροις ἐπικρατῆσαι τοὺς παρ' Εὐμενεῖ τεταγμένους διὰ τὰς τῶν

8 ἐπηλάλαξαν R : ἐπηλλάλαξαν F ‖ 8-9 ἐσήμηναν R : ἐσήμαναν F ‖ 10 στερεὸν F : ἕτερον R ‖ 18-19 μήτ'-ἀναχωρεῖν R : μὲν ἐκδιῶξαι μὴ δυναμένους μεταναχωρεῖν δὲ F ‖ 20 πιεζούμενον R : πιεζόμενον F ‖ 23 ὀλίγην R F : ὅλην prop. Wess. ‖ 25 ἐπακολουθούντων R : εἰσακολουθούντων F.

rent le dessus, grâce à la valeur des Argyraspides macédoniens. **6** Ceux-ci, en effet, étaient d'un âge déjà avancé [1], mais ils avaient eu si souvent à combattre, qu'ils l'emportaient par l'audace et la dextérité, si bien que personne ne pouvait résister de front à la violence de leur charge. C'est pourquoi, alors qu'ils n'étaient, à cette époque, que trois mille, ils étaient pour ainsi dire le fer de lance de toute l'armée. **7** Antigone, qui voyait son aile gauche en fuite et toute sa phalange en déroute, n'écouta pas ceux qui lui conseillaient de se retirer vers les hauteurs et d'y recueillir les rescapés de la fuite, en gardant intacte la partie de l'armée qu'il avait avec lui, mais, pour avoir utilisé habilement l'avantage donné par l'occasion, il sauva ses fuyards et obtint la victoire *. **8** En effet, les Argyraspides d'Eumène et le reste de l'infanterie, aussitôt leurs adversaires mis en déroute, avaient continué la poursuite jusqu'au bas de la montagne toute proche [2]. **9** Comme une brèche s'était ouverte dans la ligne de bataille ennemie, Antigone s'y introduisit avec une partie de ses cavaliers et attaqua de flanc les hommes d'Eudamos à l'aile gauche. **10** Après avoir rapidement, sous l'effet de la surprise, mis les adversaires en déroute et en avoir tué un bon nombre, il envoya dans toutes les directions les éléments les plus légers de sa cavalerie et rappela grâce à eux les fuyards qu'il plaça de nouveau en ligne, le long du pied de la montagne. Et en effet, Eumène, informé de la déroute des siens, rappelait par la trompette les poursuivants, pour porter secours à Eudamos.

XXXI. **1** C'était l'heure, déjà, où l'on allume les lampes, pourtant les deux chefs, après avoir rappelé leurs fuyards, commençaient de nouveau à ranger

1. Cf. 19, 41, 2.
2. Sur cet emploi du comparatif, cf. p. XXIII, n. 1.

ἀργυρασπίδων Μακεδόνων ἀρετάς· 6 οὗτοι γὰρ ταῖς μὲν ἡλικίαις ἤδη προεβεβήκεισαν, διὰ δὲ τὸ πλῆθος τῶν κινδύνων διέφερον ταῖς τόλμαις καὶ ταῖς εὐχειρίαις, ὥστε μηδένα δύνασθαι κατὰ στόμα τὴν βίαν ὑποστῆναι. Διὸ καὶ τότε τρισχίλιοι μὲν ὄντες οἱονεὶ στόμωμα καθειστήκεισαν πάσης τῆς δυνάμεως. 7 Ἀντίγονος δ' ὁρῶν τό τε εὐώνυμον κέρας τῶν ἰδίων πεφευγότας καὶ τὴν φάλαγγα πᾶσαν τετραμμένην τοῖς μὲν συμβουλεύουσιν ἀποχωρεῖν πρὸς τὴν ὀρεινὴν καὶ τοὺς ἀπὸ τῆς φυγῆς σωζομένους ἀναλαμβάνειν, ἄθραυστον ἔχοντα τὸ περὶ αὑτὸν μέρος τῆς δυνάμεως, οὐ προσέσχε, τῷ δὲ παρὰ τοῦ καιροῦ δοθέντι προτερήματι δεξιῶς χρησάμενος καὶ τοὺς φεύγοντας τῶν ἰδίων ἔσωσε καὶ τῆς νίκης ἔτυχεν. 8 Οἱ μὲν γὰρ ἀργυράσπιδες οἱ παρ' Εὐμενεῖ καὶ τὸ λοιπὸν πλῆθος τῶν πεζῶν ὡς τάχιστα ἐτρέψατο τοὺς ἀντιτεταγμένους, ἐπεδίωκεν μέχρι τῆς ἐγγυτέρας ὑπωρίας. 9 Ὁ δ' Ἀντίγονος γενομένου διαστήματος ἐν τῇ τῶν πολεμίων τάξει διιππεύσας μέρει τῶν ἱππέων ἐνέβαλεν εἰς πλαγίους τοὺς περὶ τὸν Εὔδαμον τεταγμένους ἐπὶ τοῦ λαιοῦ κέρατος. 10 Ταχὺ δὲ διὰ τὸ παράδοξον τρεψάμενος τοὺς ἐναντίους καὶ πολλοὺς ἀνελὼν διαπέστειλε τῶν ἱππέων τοὺς ἐλαφροτάτους καὶ διὰ τούτων ἀνεκαλέσατο τοὺς φεύγοντας καὶ παρὰ τὴν ὑπωρίαν πάλιν εἰς τάξιν κατέστησεν. Καὶ γὰρ οἱ περὶ τὸν Εὐμενῆ πυθόμενοι τὴν τῶν ἰδίων τροπὴν ἀνεκαλοῦντο τῇ σάλπιγγι τοὺς διώκοντας, σπεύδοντες βοηθῆσαι τοῖς περὶ τὸν Εὔδαμον.

XXXI. 1 Ἤδη δὲ τῆς ὥρας οὔσης περὶ λύχνων ἁφὰς ἀμφότεροι τοὺς φεύγοντας ἀνακαλεσάμενοι πάλιν πᾶσαν

5 ante στόμωμα add. τὸ F ‖ 12 καιροῦ F : ὅρους R ‖ 15 ἐτρέψατο R : ἐτρέψαντο F ‖ 16 ἐπεδίωκεν R : ἐπεδίωκον F ‖ ἐγγυτέρας F : πρότερον R ‖ 25 σπεύδοντες R : σπεύδοντας F.

toutes leurs troupes en bataille : si grande était l'émulation dont étaient pleins non seulement les stratèges, mais encore la multitude des combattants. **2** La nuit était claire et c'était la pleine lune. Les armées se déployaient parallèlement à une distance de quatre plèthres[1] environ, si bien que le cliquetis des armes et le hennissement des chevaux semblaient tout proches aux rangs adverses. Mais quand ils se furent déployés au point de s'éloigner de trente stades[2] des victimes de la bataille, il était minuit et les deux armées étaient si épuisées par le trajet, la fatigue du combat et l'absence de nourriture, **3** qu'elles furent contraintes de laisser là la bataille et d'établir leur campement. Eumène essayait de ramener son armée auprès des morts, car il désirait être maître de la levée des corps et rendre sa victoire incontestable[3]. Comme ses soldats ne l'écoutaient pas et lui criaient de se retirer vers les bagages, à une bonne distance de là, il fut contraint de suivre l'avis de la masse des soldats. **4** Il ne lui était pas possible, en effet, d'adresser de durs reproches aux soldats, quand le commandement de l'armée faisait l'objet de nombreuses rivalités, et il ne trouvait pas que c'était là un bon moment pour châtier ceux qui lui désobéissaient. Antigone, au contraire, ayant bien en main le commandement sans avoir à ménager ses troupes, contraignit la masse des soldats à camper près des morts : comme il pouvait disposer de leurs funérailles, il revendiquait la victoire en proclamant que, lorsqu'on est maître des morts, on a remporté la bataille. **5** Dans cette bataille, il y avait eu du côté d'Antigone environ trois mille sept cents fantassins et cinquante-quatre cavaliers de tués, et plus de quatre mille blessés ; du côté d'Eumène, cinq cent quarante fantassins et très peu de cavaliers

1. 120 m environ.
2. 5,5 km environ.
3. Cf. Xén., *Hell.* 7, 5, 26.

ἐξέταττον τὴν δύναμιν· τοσαύτης φιλονεικίας ὑπῆρχον πλήρεις οὐχ οἱ στρατηγοὶ μόνον, ἀλλὰ καὶ τὰ πλήθη τῶν ἀγωνιζομένων. 2 Τῆς δὲ νυκτὸς οὔσης αἰθρίου καὶ πανσελήνου καὶ τῶν δυνάμεων ἀντιπαραγουσῶν ἀλλήλαις ὡς ἂν ⟨ἐν⟩ τέτταρσι πλέθροις ὁ ψόφος τῶν ὅπλων καὶ τῶν ἵππων ὁ φρυαγμὸς ἐν χερσὶν ἐδόκει πᾶσιν εἶναι τοῖς ἀντιτεταγμένοις. Ὡς δὲ παράγοντες ἀπέσχον ἀπὸ τῶν ἐν τῇ μάχῃ πεπτωκότων ὡς τριάκοντα σταδίους, ἡ μὲν ὥρα κατελάμβανεν μεσονύκτιος, κακῶς δὲ διέκειντο ἀμφότεροι διά τε τὴν ὁδοιπορίαν καὶ τὴν ἐν τῇ μάχῃ κακοπάθειαν, ἔτι δὲ τὴν ἀσιτίαν, 3 ὥστε ἠναγκάσθησαν ἀφέμενοι τῆς μάχης καταστρατοπεδεῦσαι. Εὐμενὴς μὲν οὖν ἐπεχείρει ἀναζευγνύειν ἐπὶ τῶν νεκρῶν, σπεύδων κρατεῖν τῆς τούτων ἀναιρέσεως καὶ τὴν νίκην ἀναμφισβήτητον περιποιήσασθαι. Οὐ προσεχόντων δὲ τῶν στρατιωτῶν, ἀλλὰ βοώντων ἐπὶ τὴν ἰδίαν ἀποσκευὴν ἀναχωρεῖν μακρὰν ἀπέχουσαν ἠναγκάσθη πεισθῆναι τῷ πλήθει· 4 οὔτε γὰρ τοῖς στρατιώταις δυνατὸν ἦν πικρῶς ἐπιτιμᾶν ἀμφισβητούντων πολλῶν τῆς στρατηγίας, οὔτε τὸν καιρὸν ἐπιτήδειον ἑώρα κολάζειν τοὺς ἀπειθοῦντας. Ὁ δ' Ἀντίγονος τοὐναντίον χωρὶς δημαγωγίας βεβαίως ἔχων τὴν ἡγεμονίαν ἐβιάσατο μὲν τὸ πλῆθος ἐπὶ τῶν νεκρῶν στρατοπεδεῦσαι, κύριος δὲ γενόμενος τῆς τούτων ταφῆς ἠμφισβήτει τῆς νίκης· ἀποφαινόμενος προτερεῖν ἐν ταῖς μάχαις τὸ τῶν πεσόντων κυριεῦσαι. 5 Ἀνῃρέθησαν δ' ἐν τῇ μάχῃ τῶν μὲν Ἀντιγόνου πεζοὶ μὲν εἰς τρισχιλίους ἑπτακοσίους, ἱππεῖς δὲ πεντήκοντα τέτταρες, τραυματίαι δ' ἐγένοντο πλείους τῶν τετρακισχιλίων· τῶν δ' Εὐμενοῦς ἔπεσον πεζοὶ μὲν πεντακόσιοι τετταράκοντα, ἱππεῖς δ' ὀλίγοι παντε-

1-2 ὑπῆρχον R : ὑπάρχοντες F ‖ 2 πλήρεις F : πλήρης R ‖ 5 ἐν add. Wess. ‖ 6 ἵππων Wess. : ἱππέων R F ‖ 13 ἐπεχείρει R : ἐπικεχείρηκεν F ‖ 25 προτερεῖν R : προτιμότερον F ‖ post μάχαις add. εἶναι F.

de tués, et plus de neuf cents blessés.

XXXII. **1** Quand il eut quitté la bataille, Antigone, voyant ses soldats découragés, décida de lever le camp au plus vite et de s'éloigner le plus possible des ennemis. Comme il voulait que ses troupes ne fussent pas encombrées pour la retraite, il envoya en avant, dans une ville des environs, les blessés et le plus lourd des bagages, puis, après avoir enseveli ses morts dès le point du jour et retenu le héraut envoyé là par les ennemis au sujet de la levée des morts *, il ordonna de prendre de jour [1] le dîner. **2** La journée écoulée, il renvoya le héraut, après lui avoir accordé le droit de lever les corps le lendemain. Quant à lui, au début de la première veille, il leva le camp avec toute son armée, puis, à marches forcées, il mit une grande distance entre lui et ses ennemis et se trouva ainsi disposer d'une région intacte pour y refaire son armée. Il continua, en effet, jusqu'à Gamarga [2] en Médie, territoire placé sous l'autorité de Pithon et capable de tout fournir en abondance pour le ravitaillement de forces importantes. **3** Quant à Eumène, informé par ses éclaireurs du départ d'Antigone, il s'abstint de le poursuivre, car ses propres soldats étaient, eux aussi, affamés et épuisés. Il s'occupa de la levée des morts et veilla à ce que leurs funérailles fussent somptueuses. C'est alors que se produisit une chose inattendue, tout à fait différente des usages grecs.

XXXIII. **1** Céteus, en effet, le stratège des soldats venus de l'Inde, avait été tué dans la bataille, après avoir brillamment combattu. Il laissait deux femmes qui l'avaient accompagné à l'armée. L'une était jeune mariée, l'autre l'avait épousé quelques

1. Le dîner se prend d'ordinaire à la nuit tombée.

2. La forme du nom est peu sûre, cf. 19, 37, 1 et Polyen 4, 6, 10, ἐν Γαδαμάρτοις. Droysen, *op. cit.* [n. compl. p. 20] p. 267, n. 1, pense qu'il s'agit de la région de Koum.

λῶς, τραυματίαι δ' ἐγένοντο πλείους τῶν ἐννακοσίων.

XXXII. 1 Ὁ δ' Ἀντίγονος μετὰ τὴν ἐκ τῆς μάχης ἀποχώρησιν ὁρῶν τοὺς στρατιώτας ἀθυμοῦντας διέγνω τὴν ταχίστην ἀναζευγνύειν ὡς πορρωτάτω τῶν πολεμίων. Βουλόμενος δ' εὔζωνον ποιῆσαι τὴν δύναμιν πρὸς τὴν ἀποχώρησιν τοὺς μὲν τραυματίας καὶ τὰ βαρύτατα τῆς ἀποσκευῆς προαπέστειλεν εἴς τινα τῶν πλησίον πόλεων, τοὺς δὲ νεκροὺς ἅμ' ἡμέρᾳ θάψας καὶ παρακατασχὼν τὸν παρὰ τῶν πολεμίων ἥκοντα κήρυκα περὶ τῆς τῶν νεκρῶν ἀναιρέσεως παρήγγειλε τῆς ὥρας δειπνοποιεῖσθαι. 2 Τῆς δ' ἡμέρας διελθούσης τὸν μὲν κήρυκα ἀπέπεμψε, δοὺς εἰς τὴν αὔριον τὴν ἀναίρεσιν, αὐτὸς δὲ πρώτης φυλακῆς ἀρχομένης ἀνέζευξε μετὰ πάσης τῆς δυνάμεως καὶ συντόνους τὰς πορείας ποιούμενος ἀπέστη μὲν τῶν πολεμίων μακράν, ἔσχε δὲ χώραν ἀκεραίαν εἰς ἀνάληψιν τοῦ στρατοπέδου· διήνυσε γὰρ ἕως Γαμάργων τῆς Μηδίας, οὔσης τῆς χώρας ὑπὸ Πίθωνα καὶ δυναμένης μεγάλαις δυνάμεσι πρὸς διατροφὴν δαψιλῶς ἅπαντα χορηγῆσαι. 3 Εὐμενὴς δὲ διὰ τῶν κατασκόπων πυθόμενος τὴν ἀναχώρησιν τῶν περὶ Ἀντίγονον τοῦ μὲν διώκειν ἀπέστη διὰ τὸ καὶ τοὺς ἰδίους στρατιώτας ἐν ἀσιτίᾳ καὶ κακοπαθείαις μεγάλαις γεγονέναι, περὶ δὲ τὴν ἀναίρεσιν τῶν τετελευτηκότων γενόμενος ἐπεμελήθη τῆς ταφῆς μεγαλοπρεπῶς. Ἔνθα δὴ συνέβη γενέσθαι πρᾶγμα παράδοξον καὶ πολὺ τῶν παρ' Ἕλλησι νομίμων ἐξηλλαγμένον.

XXXIII. 1 Κητεὺς γὰρ ὁ τῶν ἐκ τῆς Ἰνδικῆς ἀπηντηκότων στρατηγὸς ἀνῃρέθη μὲν ἐν τῇ μάχῃ λαμπρῶς ἀγωνισάμενος, ἀπέλιπε δὲ δύο γυναῖκας συνακολουθούσας ἐν τῷ στρατοπέδῳ, τὴν μὲν νεόγαμον, τὴν δὲ ὀλίγοις ἔτεσι πρότερον συνοικήσασαν, ἀμφοτέρας δὲ

12 ἀπέπεμψε Dindorf : ἔπεμψε R F ‖ 14 συντόνους R[1] : συντόμους R συντόμως F ‖ 16 Γαμάργων R F[1] : Ταδάργων F ‖ 22 ἀσιτίᾳ R : ἀσιτίαις F.

années auparavant, et toutes deux l'aimaient tendrement. **2** Il existe chez les Indiens une vieille coutume selon laquelle les jeunes gens et les jeunes filles qui se marient ne le font pas d'après le choix de leurs parents, mais par accord mutuel. Autrefois, comme la recherche en mariage était faite par de trop jeunes gens, il arrivait très souvent que ce choix ne fût pas heureux et tous deux avaient bien vite des regrets ; beaucoup de femmes se laissaient alors séduire et par faiblesse donnaient leur amour à d'autres hommes ; pour finir, comme elles ne pouvaient décemment abandonner ceux qu'elles avaient d'abord choisis, elles empoisonnaient leur mari. Il faut dire que la région leur en fournissait abondamment les moyens, car de nombreuses plantes vénéneuses de toute espèce y poussent : il suffisait d'en mêler certaines aux mets ou aux boissons pour provoquer le trépas. **3** Ces mœurs corrompues devenaient habituelles et de nombreux maris étaient tués de cette façon ; aussi, comme le châtiment des coupables ne pouvait détourner les autres de mal agir, établit-on une loi selon laquelle les femmes seraient brûlées en compagnie de leur époux défunt, sauf si elles étaient enceintes ou avaient des enfants. Celle qui ne voudrait pas se soumettre au décret resterait veuve jusqu'à la fin de ses jours et on lui interdisait absolument de sacrifier et de pratiquer les autres rites en tant qu'être impur. **4** La loi établie, il arriva que la conduite criminelle des femmes changea du tout au tout. L'étendue du déshonneur leur faisait accepter la mort de leur plein gré, si bien que non seulement elles veillaient à la sécurité de leur mari, dont dépendait la leur, mais que cela créait une émulation entre elles, comme s'il s'agissait de la plus haute gloire *.

XXXIV. **1** Et c'est ce qui se produisit alors : la

φιλοστόργως πρὸς αὐτὸν διακειμένας. 2 Ὄντος δὲ παλαιοῦ νόμου παρὰ τοῖς Ἰνδοῖς τοὺς γαμοῦντας καὶ τὰς γαμουμένας παρθένους μὴ διὰ τῆς τῶν γονέων κρίσεως ποιεῖσθαι τὸν γάμον, ἀλλὰ πείσαντας ἀλλήλους, τὸν μὲν ἔμπροσθεν χρόνον τῆς μνηστείας γενομένης διὰ νεωτέρων ταῖς ἡλικίαις ὡς ἐπὶ πολὺ συνέβαινε διαπίπτειν τὰς κρίσεις καὶ ταχὺ μεταμελομένων ἀμφοτέρων πολλὰς τῶν γυναικῶν διαφθείρεσθαι καὶ δι' ἀκρασίαν φιλοστοργεῖν ἑτέρους, τέλος δὲ μὴ δυναμένας εὐσχημόνως ἀπολιπεῖν τοὺς ἐξ ἀρχῆς προκριθέντας διὰ φαρμάκων ἀναιρεῖν τοὺς συνοικοῦντας, καὶ τὴν χώραν δ' οὐκ ὀλίγας ἀφορμὰς αὐταῖς δοῦναι, πολλὰς καὶ ποικίλας φέρουσαν φθαρτικὰς δυνάμεις, ἐξ ὧν ἐνίας προσχρωσθείσας μόνον τοῖς ἐδέσμασιν ἢ ποτηρίοις ἐπιφέρειν τὴν ἀπώλειαν. 3 Ἐπιπολαζούσης δὲ τῆς ῥᾳδιουργίας καὶ πολλῶν ἀναιρουμένων τοῦτον τὸν τρόπον, ἐπειδὴ κολάζοντες τὰς αἰτίας τῶν κακῶν οὐκ ἠδυνήθησαν ἀποτρέψαι τὰς ἄλλας τῶν ἀδικημάτων, νόμον ἔθεσαν ὅπως συγκατακάωνται τοῖς τετελευτηκόσιν ἀνδράσιν αἱ γυναῖκες πλὴν τῶν ἐγκύων ἢ τῶν ἐχουσῶν τέκνα, τὴν δὲ μὴ βουλομένην τῷ δόγματι πειθαρχεῖν χήραν μὲν εἶναι διὰ τέλους καὶ θυσιῶν καὶ τῶν ἄλλων νομίμων εἴργεσθαι διὰ παντὸς ὡς ἀσεβοῦσαν. 4 Τούτων δὲ νομοθετηθέντων εἰς τοὐναντίον τὴν παρανομίαν τῶν γυναικῶν μεταβαλεῖν συνέβη· διὰ γὰρ τὴν ὑπερβολὴν τῆς ἀτιμίας ἑκάστης ὑπομενούσης ἑκουσίως τὸν θάνατον, οὐ μόνον προνοεῖσθαι τῆς τῶν συνοικούντων ἀσφαλείας ὡς κοινῆς οὔσης, ἀλλὰ καὶ πρὸς ἀλλήλας ἁμιλλᾶσθαι καθάπερ ὑπὲρ τῆς μεγίστης εὐδοξίας.

XXXIV. 1 Ὃ καὶ τότε συνέβη· τοῦ γὰρ νόμου μίαν

1-2 παλαιοῦ F : πάλαι R ‖ **7** μεταμελομένων R : μεταμελλομένων F ‖ **8** ἀκρασίαν R F[1] : ἀκρισίαν F ‖ **12** post δοῦναι add. καὶ F ‖ **18** συγκατακάωνται R : συγκατακαίωνται F ‖ **19** τετελευτηκόσιν R : τελευτήσασιν F ‖ **21** θυσιῶν R F[1] : οὐσιῶν F ‖ **22-23** ἀσεβοῦσαν R : ἀσεβοῦς F.

loi ordonnait qu'une seule femme fût brûlée avec le mort, mais elles étaient toutes les deux présentes pour les funérailles de Céteus, se disputant le droit de mourir avec lui, comme s'il s'agissait d'une récompense suprême. **2** Devant les stratèges qui faisaient office d'arbitres, la plus jeune déclarait que l'autre était enceinte et ne pouvait donc invoquer la loi. Mais, selon l'aînée, la justice voulait que celle qui l'emportait par les années le fît aussi par les honneurs : ne voit-on pas, dans tous les autres domaines, les aînés être plus respectés et plus honorés que les plus jeunes ? **3** Les stratèges, auxquels ceux qui s'y connaissaient en obstétrique avaient confirmé la grossesse de l'aînée, donnèrent gain de cause à la plus jeune. A la suite de quoi, celle qui avait perdu sa cause s'en alla en sanglotant, après avoir brisé le diadème qui ceignait sa tête et en s'arrachant les cheveux, comme à l'annonce d'un grand malheur, tandis que l'autre, ravie de sa victoire, s'en allait vers le bûcher, couronnée de bandelettes par les femmes de sa maison et magnifiquement parée, comme si sa famille la conduisait à une cérémonie nuptiale, en chantant un hymne en l'honneur de sa force d'âme. **4** Quand elle fut près du bûcher, elle retira sa parure et la distribua à ses parents et à ses amis, pour, en quelque sorte, laisser un souvenir d'elle à ceux qui l'aimaient. Voici en quoi consistait sa parure : à ses doigts, une grande quantité de bagues garnies de pierres précieuses de couleurs variées ; sur sa tête, de très nombreux ornements d'or en forme d'étoile mêlés de pierres de toute sorte ; à son cou, une grande quantité de colliers, dont le diamètre très petit au départ augmentait progressivement. **5** Enfin, quand elle eut embrassé ses proches, son frère la fit

κελεύοντος συγκατακάεσθαι παρῆσαν ἀμφότεραι πρὸς τὴν τοῦ Κητέως ταφήν, ὑπὲρ τοῦ συναποθανεῖν ὡς ὑπὲρ ἀριστείου συμφιλοτιμούμεναι. 2 Τῶν δὲ στρατηγῶν διακρινόντων ἡ νεωτέρα μὲν ἀπεφαίνετο τὴν ἑτέραν ἔγκυον εἶναι καὶ διὰ τοῦτο μὴ δύνασθαι χρήσασθαι τῷ νόμῳ, ἡ δὲ πρεσβυτέρα δικαιότερον ἀπεφαίνετο εἶναι τὴν προέχουσαν τοῖς χρόνοις προέχειν καὶ τῇ τιμῇ · καὶ γὰρ ἐπὶ τῶν ἄλλων ἁπάντων θεωρεῖσθαι τοὺς πρεσβυτέρους πολὺ προέχοντας τῶν νεωτέρων εἰς ἐντροπὴν καὶ τιμήν. 3 Οἱ δ' οὖν στρατηγοὶ διὰ τῶν μαιεύεσθαι δυναμένων γνόντες τὴν πρεσβυτέραν ἔγκυον οὖσαν προέκριναν τὴν νεωτέραν. Οὗ συμβάντος ἡ μὲν ἀποτυχοῦσα τῆς κρίσεως ἀπῄει μετὰ κλαυθμοῦ, καταρρήξασα τὸ περὶ τὴν κεφαλὴν διάδημα καὶ τὰς τρίχας σπαράττουσα, καθαπερεί τινος συμφορᾶς μεγάλης προσηγγελμένης · ἡ δὲ ἐπὶ τῇ νίκῃ περιχαρὴς ἀπῄει πρὸς τὴν πυράν, στεφανουμένη μὲν μίτραις ὑπὸ τῶν οἰκείων γυναικῶν, κεκοσμημένη δὲ διαπρεπῶς ὥσπερ εἴς τινα γάμον προεπέμπετο ὑπὸ τῶν συγγενῶν, ᾀδόντων ὕμνον εἰς τὴν ἀρετὴν αὐτῆς. 4 Ὡς δὲ ἐγγὺς ἐγενήθη τῆς πυρᾶς, περιαιρουμένη τὸν κόσμον ἑαυτῆς διεδίδου τοῖς οἰκείοις καὶ φίλοις, ὡς ἂν εἴποι τις, καταλείπουσα τοῖς ἀγαπῶσι μνημεῖον. Ὁ δὲ κόσμος ἦν περὶ μὲν τὰς χεῖρας δακτυλίων [τε] πλῆθος ἐνδεδεμένων λίθοις πολυτελέσι καὶ διηλλαγμένοις τοῖς χρώμασι, περὶ δὲ τὴν κεφαλὴν χρυσῶν ἀστερίσμων οὐκ ὀλίγος ἀριθμὸς παντοδαποῖς λίθοις διειλημμένων, περὶ δὲ τὸν τράχηλον ὅρμων πλῆθος, τῶν μὲν ἐλαττόνων, τῶν δ' ἐκ τοῦ κατ' ὀλίγον ἀεὶ καθ' ὑπέρθεσιν μειζόνων. 5 Τὸ δὲ τελευταῖον ἀσπασαμένη τοὺς οἰκείους ὑπὸ τἀδελφοῦ

1 συγκατακάεσθαι R : συγκατακαίεσθαι F ‖ **4** ἔγκυον R : ἔγγυον F ‖ **5** χρήσασθαι R : χρῆσθαι F ‖ **6** ἀπεφαίνετο R : ἀπέφαινεν F ‖ **11** ἔγκυον R : ἔγγυον F ‖ **15** προσηγγελμένης R : προηγγελμένης F ‖ **22** καταλείπουσα R : καταλιποῦσα F ‖ **23** τε del. Dindorf ‖ **24** post λίθοις add. τε F ‖ διηλλαγμένοις post χρώμασι transp. F ‖ **26** διειλημμένων Wess. : διειλημμένος R F.

monter sur le bûcher et elle acheva héroïquement sa vie, objet d'admiration pour la foule assemblée pour le spectacle. **6** Toute l'armée en armes fit trois fois le tour du bûcher avant qu'on l'allumât ; quant à elle, une fois étendue auprès de son mari, elle ne laissa échapper, durant la progression rapide du feu, aucune plainte et inspira ainsi à certains spectateurs de la pitié, aux autres une admiration extraordinaire. Cependant certains des Grecs blâmaient ces usages comme sauvages et cruels.

7 Quand Eumène se fut acquitté de l'ensevelissement des morts, il quitta la Parétacène pour la Gabiène qui était intacte et pouvait fournir de tout en abondance aux troupes. **8** Il y avait entre ce territoire et les hommes d'Antigone vingt-cinq jours de marche par le pays habité et neuf jours par le pays désertique. C'est donc en ces lieux et à une telle distance l'un de l'autre qu'Antigone et Eumène passaient l'hiver et remettaient leurs troupes en bonne condition.

XXXV. **1** En Europe, Cassandre assiégeait Tégée dans le Péloponnèse. Informé du retour d'Olympias en Macédoine, de l'exécution d'Eurydice et du roi Philippe et de ce qui était arrivé au tombeau de son frère Iollas, il cessa les hostilités contre les Tégéates et prit avec son armée la direction de la Macédoine. Il avait laissé ses alliés en grand embarras, car Alexandre, fils de Polyperchon, qui disposait d'une armée, guettait l'occasion d'attaquer les cités du Péloponnèse. **2** Les Étoliens[1], désireux de plaire à Olympias

1. Cf. R. H. Simpson, « Aetolian policy in the late fourth century B. C. », *Ant. Class.*, 27, 2, 1958, p. 357-362.

μὲν ἐπὶ τὴν πυρὰν ἀνεβιβάσθη, ὑπὸ δὲ τοῦ συνδραμόντος ἐπὶ τὴν θέαν πλήθους θαυμασθεῖσα κατέστρεψεν ἡρωικῶς τὸν βίον· 6 ἡ μὲν γὰρ δύναμις ἐν τοῖς ὅπλοις πᾶσα πρὶν ἅπτεσθαι τὴν πυρὰν τρὶς περιῆλθεν, αὐτὴ δὲ τἀνδρὶ παρακλιθεῖσα καὶ κατὰ τὴν τοῦ πυρὸς ὁρμὴν οὐδεμίαν φωνὴν ἀγεννῆ προεμένη προεκαλέσατο τῶν ὁρώντων τοὺς μὲν εἰς ἔλεον, τοὺς δὲ εἰς ὑπερβολὴν ἐπαίνων. Οὐ μὴν ἀλλ' ἔνιοι τῶν Ἑλλήνων ἐπετίμων τοῖς νομίμοις ὡς ἀγρίοις οὖσι καὶ χαλεποῖς.

7 Ὁ δ' Εὐμενὴς ἀπὸ τῆς τῶν τετελευτηκότων ταφῆς γενόμενος ἀνέζευξεν ἐκ τῶν Παραιτάκων εἰς τὴν Γαβηνήν, οὖσαν ἀκέραιον καὶ δυναμένην πάντα δαψιλῆ ταῖς δυνάμεσι παρέχεσθαι. 8 Ἀπέχειν δὲ συνέβαινε τὴν χώραν ταύτην τῶν περὶ Ἀντίγονον διὰ μὲν τῆς οἰκουμένης πορευομένῳ σταθμοὺς εἴκοσι πέντε, διὰ δὲ τῆς ἀνύδρου καὶ ἐρήμου σταθμοὺς ἐννέα. Οἱ μὲν οὖν περὶ Εὐμενῆ καὶ τὸν Ἀντίγονον τοσοῦτον ἀλλήλων διεστῶτες ἐν τούτοις τοῖς τόποις παρεχείμαζον ἅμα καὶ τὰς δυνάμεις ἀνελάμβανον.

XXXV. 1 Κατὰ δὲ τὴν Εὐρώπην Κάσανδρος μὲν ἐν Πελοποννήσῳ Τεγέαν πολιορκῶν καὶ πυθόμενος τήν τε Ὀλυμπιάδος κάθοδον εἰς Μακεδονίαν καὶ τὴν Εὐρυδίκης καὶ Φιλίππου τοῦ βασιλέως ἀναίρεσιν, ἔτι δὲ τὰ περὶ τὸν Ἰόλλα τἀδελφοῦ τάφον συμβεβηκότα πρὸς μὲν τοὺς Τεγεάτας διελύσατο, τὴν δὲ δύναμιν ἀναλαβὼν προῆγεν ἐπὶ Μακεδονίαν, καταλιπὼν τοὺς συμμάχους ἐν πολλῇ ταραχῇ· ἐφήδρευε γὰρ ταῖς ἐν Πελοποννήσῳ πόλεσιν Ἀλέξανδρος ὁ Πολυπέρχοντος ἔχων στρατόπεδον. 2 Αἰτωλοὶ δὲ χαρίζεσθαι βουλόμενοι τῇ τε Ὀλυμπιάδι

1 ἐπὶ R : ὑπὸ F ‖ **2** ἐπὶ R : διὰ F ‖ **3** πᾶσα R : πᾶσαν F ‖ **4** αὐτὴ F : αὕτη R ‖ **11** Παραιτάκων R : —κῶν F ‖ Γαβηνήν R : Γαβιηνήν F ‖ **13** παρέχεσθαι R : παρασχέσθαι F ‖ **15-16** ἀνύδρου καὶ ἐρήμου F : ἐρήμου καὶ τῆς ἀν- R ‖ **24** τὸν Ἰόλλα τἀδελφοῦ R : τἀδελφοῦ καὶ τὸν Ἰόλλου F ‖ **26** Μακεδονίαν R : Μακεδονίας F.

et à Polyperchon, occupèrent les défilés des Thermopyles et barrèrent la route à Cassandre. Celui-ci repoussa l'idée de forcer le passage dans des lieux peu propices à l'attaque, mais, après s'être procuré des bateaux et des radeaux venus d'Eubée et de Locride, il fit passer son armée en Thessalie. **3** Comme il entendait dire que Polyperchon protégeait la Perrhébie [1] avec une armée, il envoya Callas, comme stratège, guerroyer contre Polyperchon. Deinias eut pour mission d'occuper le premier les défilés [2] : il marcha à la rencontre des soldats envoyés en détachement par Olympias et se rendit maître avant eux des passages. **4** Quand Olympias sut que Cassandre, avec des forces importantes, était proche de la Macédoine, elle désigna comme stratège Aristonous, avec ordre de guerroyer contre Cassandre. **5** Elle-même gagna Pydna en compagnie du fils d'Alexandre, de sa mère Roxane et de Thessalonique, fille de Philippe fils d'Amyntas ; il y avait également Deidameia, fille d'Éacide, roi des Épirotes, et sœur de Pyrrhos qui combattit plus tard les Romains, les filles d'Attale, de même que la famille des autres amis [3] les plus éminents : cela faisait un grand nombre de personnes réunies autour d'elle, mais, pour la plupart, incapables de jouer un rôle militaire. La quantité de nourriture était également insuffisante pour des gens qui allaient soutenir un siège de longue durée. **6** Les risques que tout cela comportait étaient évidents, mais elle n'en décida pas moins de rester là, car elle espérait que de nombreux Grecs et Macédoniens la secourraient par mer. **7** Elle avait avec elle quelques cavaliers d'Ambracie et la plupart des soldats qui servaient habituellement à la cour, sans compter ce qui restait

1. La Perrhébie est située au nord de la Thessalie.
2. Ceux de la Voloustana ou de Petra.
3. Les dignitaires du régime, cf. n. compl. p. 36.

καὶ Πολυπέρχοντι τὰ περὶ τὰς Πύλας στενὰ κατελάβοντο καὶ τῆς παρόδου τὸν Κάσανδρον ἀπέκλεισαν. Ὁ δὲ βιάζεσθαι μὲν πρὸς τόπους δυσεμβόλους ἀπέγνω, παρασκευασάμενος δὲ πλοῖα καὶ σχεδίας ἔκ τε τῆς Εὐβοίας καὶ τῆς Λοκρίδος ἐπεραίωσε τὴν δύναμιν εἰς τὴν Θετταλίαν. 3 Ἀκούων δὲ περὶ τὴν Περραιβίαν προκαθῆσθαι Πολυπέρχοντα μετὰ στρατοπέδου Κάλλαν μὲν ἀπέστειλε στρατηγὸν μετὰ δυνάμεως, προστάξας διαπολεμεῖν τοῖς μετὰ Πολυπέρχοντος. Δεινίας δὲ τὰ στενὰ προκαταληψόμενος, ἀπαντήσας τοῖς ὑπ' Ὀλυμπιάδος ἐξαποσταλεῖσι στρατιώταις ἔφθασε τῶν παρόδων κυριεύσας. 4 Ὀλυμπιὰς δὲ πυθομένη Κάσανδρον μετὰ μεγάλης δυνάμεως πλησίον εἶναι τῆς Μακεδονίας, Ἀριστόνουν μὲν ἀπέδειξε στρατηγόν, κελεύσασα διαπολεμεῖν τοῖς περὶ Κάσανδρον, 5 αὐτὴ δὲ παρῆλθεν εἰς Πύδναν ἔχουσα τὸν υἱὸν τὸν Ἀλεξάνδρου καὶ τὴν μητέρα αὐτοῦ Ῥωξάνην καὶ Θετταλονίκην τὴν Φιλίππου τοῦ Ἀμύντου θυγατέρα, πρὸς δὲ τούτοις Δηιδάμειάν τε τὴν Αἰακίδου θυγατέρα τοῦ βασιλέως τῶν Ἠπειρωτῶν, Πύρρου δὲ τοῦ πρὸς Ῥωμαίους ὕστερον πολεμήσαντος ἀδελφήν, καὶ τὰς Ἀττάλου θυγατέρας, ὁμοίως δὲ καὶ τῶν ἄλλων τῶν ἀξιολογωτάτων φίλων τοὺς συγγενεῖς, ὥστ' ἀθροισθῆναι περὶ αὐτὴν πλῆθος μὲν πολὺ σωμάτων, ἀχρείων δ' εἰς πόλεμον τῶν πλείστων · οὐδὲ γὰρ τροφῆς ἱκανὸν ἦν πλῆθος τοῖς μέλλουσι πολιορκίαν ὑπομένειν πολυχρόνιον. 6 Ὧν ἁπάντων πρόδηλον ἐχόντων τὸν κίνδυνον οὐδὲν ἧττον ἐνταῦθα διέγνω μένειν, ἐλπίζουσα αὐτῇ βοηθήσειν κατὰ θάλατταν Ἑλλήνων τε καὶ Μακεδόνων πολλούς. 7 Συνῆσαν δ' αὐτῇ τῶν τ' ἐξ Ἀμβρακίας ἱππέων τινὲς καὶ τῶν περὶ τὴν αὐλὴν εἰωθότων διατρίβειν στρατιωτῶν οἱ πλείους, ἔτι δὲ τῶν μετὰ

5 τῆς om. F ‖ **7** προκαθῆσθαι F : προσκ—R F[1] ‖ **13** εἶναι om. F ‖ **19-20** Πύρρου R : Πύρου F ‖ **20** δὲ Dindorf : τε R F ‖ **25** ἱκανὸν ἦν R : ἦν ἱκανὸν F.

des éléphants de Polyperchon. Les autres bêtes, Cassandre s'en était rendu maître lors de sa précédente incursion en Macédoine [1].

XXXVI. **1** Cette fois-ci, après avoir franchi les défilés situés en Perrhébie et être parvenu à proximité de Pydna, Cassandre entoura la ville d'une palissade d'un rivage à l'autre et se fit envoyer par ceux qui voulaient combattre avec lui des navires, des armes de jet de toute sorte et des machines, car il avait l'intention d'assiéger Olympias par terre et par mer *. **2** Informé qu'Éacide, le roi des Épirotes, allait se porter en force au secours d'Olympias, il envoya Atarrhias comme stratège avec une armée et l'ordre de marcher à la rencontre des Épirotes. **3** Comme celui-ci avait rapidement exécuté sa mission et occupé le premier les passages qui conduisent hors d'Épire, Éacide se trouva réduit à l'impuissance : en effet, la masse des Épirotes faisait malgré elle une expédition en Macédoine et la révolte régnait dans le camp. Éacide, qui voulait absolument secourir Olympias, licencia les opposants. Après avoir pris avec lui ceux qui voulaient combattre à ses côtés, même s'il brûlait de lutter jusqu'au bout, il ne constituait pas un adversaire digne de ce nom, vu le petit groupe qui lui restait. **4** Ceux des Épirotes qui rentrèrent dans leur patrie se révoltèrent contre le roi absent et, après l'avoir condamné à l'exil par une décision officielle [2], ils firent alliance avec Cassandre. Cela ne s'était jamais produit auparavant en Épire, depuis que Néoptolème, le fils d'Achille, avait régné sur le pays. Toujours un fils, après avoir reçu le pouvoir de son père, était mort sur le trône, jusqu'à ces événements *. **5** Quand Cassandre eut reçu l'Épire dans son alliance

1. Mention très rapide en 18, 75.
2. Cf. 1re n. compl. p. 25.

Πολυπέρχοντος ἐλεφάντων οἱ καταλειφθέντες · τῶν μὲν γὰρ ἄλλων θηρίων [τῶν] κατὰ τὴν προτέραν ἐμβολὴν εἰς Μακεδονίαν Κάσανδρος ἐκεκυριεύκει.

XXXVI. 1 Ὃς τότε διελθὼν τὰ κατὰ Περραιβίαν στενὰ καὶ παραγενόμενος πλησίον τῆς Πύδνης τὴν μὲν πόλιν περιεχαράκωσεν ἐκ θαλάττης εἰς θάλατταν, παρὰ δὲ τῶν συμμαχεῖν βουλομένων μετεπέμπετο ναῦς καὶ βέλη παντοδαπὰ καὶ μηχανάς, διανοούμενος πολιορκεῖν τοὺς μετ' Ὀλυμπιάδος καὶ κατὰ γῆν καὶ κατὰ θάλατταν. 2 Πυθόμενος δ' Αἰακίδην τὸν Ἠπειρωτῶν βασιλέα μετὰ δυνάμεως μέλλειν βοηθήσειν Ὀλυμπιάδι, στρατηγὸν ἐξέπεμψεν Ἀταρρίαν, δοὺς στρατόπεδον καὶ συντάξας ἀπαντᾶν τοῖς Ἠπειρώταις. 3 Οὗ ταχὺ τὸ προσταχθὲν ποιήσαντος καὶ τὰς ἐξ Ἠπείρου παρόδους προκαταλαβομένου συνέβη τὸν Αἰακίδην ἄπρακτον γενέσθαι. Καὶ γὰρ τὸ πλῆθος τῶν Ἠπειρωτῶν ἀκουσίως ἐστράτευσεν ἐπὶ Μακεδονίας καὶ στάσιν ἐποίει κατὰ τὴν παρεμβολήν · ὁ δὲ Αἰακίδης ἐκ παντὸς τρόπου βουλόμενος βοηθεῖν Ὀλυμπιάδι τοὺς μὲν ἀλλοτρίως διακειμένους ἀπέλυσε τῆς στρατείας, τοὺς δὲ συγκινδυνεύειν βουλομένους ἀναλαβὼν προθυμίαν μὲν εἶχε τοῦ διακινδυνεύειν, οὐκ ἀξιόμαχος δ' ἦν ὡς ἂν ὀλίγου καταλελειμμένου τοῦ περὶ αὐτὸν συστήματος. 4 Οἱ δὲ χωρισθέντες τῶν Ἠπειρωτῶν εἰς τὰς πατρίδας κατεστασίασαν ἀπόντα τὸν βασιλέα καὶ κοινῷ δόγματι φυγὴν αὐτοῦ καταγνόντες πρὸς Κάσανδρον ἐποιήσαντο συμμαχίαν. Ὅπερ οὐδέποτε γενέσθαι συνέβη κατὰ τὴν Ἤπειρον ἀφ' οὗ Νεοπτόλεμος ὁ Ἀχιλλέως ἐβασίλευσε τῆς χώρας · ἀεὶ γὰρ παῖς παρὰ πατρὸς διαδεχόμενος τὴν δυναστείαν ἐναπέθνησκε ταῖς βασιλείαις μέχρι τῶνδε τῶν καιρῶν. 5 Κασάνδρου δὲ παραλαβόντος τὴν Ἤπειρον τῇ συμμαχίᾳ καὶ πέμψαντος εἰς

2 τῶν del. Dindorf ‖ 4 Περραιβίαν R F[1] : Περρεβίαν F ‖ 6-9 παρὰ-θάλατταν R F[1mg] : om. F ‖ 17 Μακεδονίας R : Μακεδονίαν F.

et envoyé là-bas Lyciscos comme épimélète et comme stratège [1], ceux qui auparavant, en Macédoine, ne savaient avec qui s'allier, désespérèrent des affaires d'Olympias et se rallièrent à Cassandre. Polyperchon représentait la seule chance de secours pour Olympias, mais voici que celle-ci fût également ruinée contre toute attente, **6** car Callas, le stratège envoyé par Cassandre, après avoir établi son camp dans la Perrhébie tout près de Polyperchon, corrompit la plupart de ses soldats avec de l'argent, si bien qu'il ne lui resta que peu d'hommes, ceux dont la fidélité était à toute épreuve. Les espoirs d'Olympias se trouvèrent donc rabattus en peu de temps.

XXXVII. **1** En Asie, Antigone passait l'hiver [2] à Gadamala * en Médie. Comme il se rendait compte que son armée était plus faible que celle des ennemis, il désirait les attaquer inopinément et user d'un stratagème. Ceux-ci se trouvaient avoir leurs quartiers d'hiver dispersés, si bien que certaines parties de l'armée étaient séparées des autres par six jours de marche *. **2** Antigone rejeta l'idée de passer par le pays habité, car cette route était longue et bien visible des ennemis, mais il jugea que le coup d'audace d'une progression dans le pays inhabité et sans eau serait, bien qu'éprouvant, extrêmement profitable à l'entreprise envisagée. Passer par là permettait non seulement d'aller vite, mais aussi de tomber facilement, sans être repéré, sur des hommes qui, ne se doutant de rien, vivaient disséminés dans des villages sans prendre aucune précaution. **3** Ce dessein une fois formé, il ordonna à ses soldats d'être prêts pour le départ et de préparer dix jours de nourriture ne nécessitant pas de cuisson. Après avoir répandu le bruit qu'il allait s'avancer en Arménie, tout à coup,

1. Cf. H. H. Schmitt, *Die Staatsverträge des Altertums*, III, Münich, 1969, nº 422.
2. L'hiver 317/316, cf. intr. p. XII.

αὐτὴν ἐπιμελητὴν ἅμα καὶ στρατηγὸν Λυκίσκον οἱ πρότερον κατὰ Μακεδονίαν διστάζοντες περὶ τῆς συμμαχίας ἀπήλπισαν μὲν τὰ κατ' Ὀλυμπιάδα πράγματα, τῷ δὲ Κασάνδρῳ προσέθεντο. Μιᾶς δ' οὔσης αὐτῇ βοηθείας τῆς παρὰ Πολυπέρχοντος συνέβη καὶ ταύτην συντριβῆναι παραδόξως· 6 ὁ γὰρ ὑπὸ Κασάνδρου πεμφθεὶς στρατηγὸς Κάλλας, ἐπειδὴ πλησίον γενόμενος τοῦ Πολυπέρχοντος κατεστρατοπέδευσεν ἐν τῇ Περραιβίᾳ, διέφθειρε τῶν μετ' αὐτοῦ στρατιωτῶν τοὺς πλείστους χρήμασιν, ὥστε ὀλίγους τοὺς μάλιστα πιστοὺς ἀπολειφθῆναι. Αἱ μὲν οὖν Ὀλυμπιάδος ἐλπίδες ἐν ὀλίγῳ χρόνῳ τοῦτον τὸν τρόπον ἐταπεινώθησαν.

XXXVII. 1 Κατὰ δὲ τὴν Ἀσίαν Ἀντίγονος μὲν χειμάζων ἐν Γαδαμάλοις τῆς Μηδίας καὶ θεωρῶν τὴν ἑαυτοῦ δύναμιν ἀσθενεστέραν οὖσαν τῆς τῶν πολεμίων ἔσπευδεν ἀνελπίστως αὐτοῖς ἐπιθέσθαι καὶ καταστρατηγῆσαι. Ἐτύγχανον δ' οὗτοι τὴν χειμασίαν ἔχοντες ἐν πολλοῖς μέρεσι διεζευγμένην, ὥστ' ἐνίους ἀπ' ἀλλήλων ἀπέχειν ὁδὸν ἡμερῶν ἕξ. 2 Τὸ μὲν οὖν διὰ τῆς οἰκουμένης χώρας ὁδοιπορεῖν ἀπεδοκίμασε διὰ τὸ καὶ μακρὰν εἶναι καὶ τοῖς πολεμίοις εὐθεώρητον, τὸ δὲ τολμῆσαι διὰ τῆς ἐρήμου καὶ ἀνύδρου προάγειν ἐπίπονον μὲν ἔκρινεν, εἰς δὲ τὴν βεβουλευμένην ἐπιβολὴν χρησιμώτατον· οὐ μόνον γὰρ διὰ ταύτης συντόμως ἦν ἐλθεῖν, ἀλλὰ καὶ ῥᾳδίως λαθεῖν ἀπροσδοκήτως ἐπιπεσόντα τοῖς διὰ τὴν ἄγνοιαν διερριμμένοις κατὰ κώμας καὶ ῥᾳθυμοῦσι. 3 Ταῦτα δὲ διανοηθεὶς τοῖς μὲν στρατιώταις παρήγγειλεν ἑτοίμους εἶναι πρὸς ἀνάζευξιν καὶ παρασκευάσασθαι δέχ' ἡμερῶν ἄπυρα σιτία, αὐτὸς δὲ διαδοὺς λόγον ἐπ' Ἀρμε-

5 παρὰ om. F || 11-12 τοῦτον τὸν τρόπον post ἐλπίδες transp. F || 14 Γαδαμάλοις R : Ταμάρλοις F Γαδα- F[1] || 17 χειμασίαν R : συμμαχίαν F || 28-29 δέχ' ἡμερῶν R : ἕξ δ'ἔχειν ἡμερῶν F || 29 διαδοὺς Dindorf : δοὺς R F || λόγον R : λόγους F.

contre l'attente de tous, il prit rapidement la route du désert. C'était à peu près l'époque du solstice d'hiver. **4** Il ordonna d'allumer des feux, le jour, dans le camp, mais de les éteindre complètement la nuit, pour que personne, les ayant remarqués depuis les hauteurs, n'allât annoncer aux ennemis ce qui arrivait. **5** Le désert, en effet, était à peu près totalement plat, mais il était entouré de collines élevées, d'où il était facile de voir de loin l'éclat du feu. Après cinq jours d'une marche éprouvante pour l'armée, les soldats, à cause du froid et des nécessités vitales, allumèrent du feu jour et nuit dans le camp [1]. **6** Ce que voyant, des habitants des bordures du désert envoyèrent des messagers l'annoncer le jour même à Eumène et Peucestès, en leur donnant des chameaux de course [2] ; cet animal, en effet, ne parcourt pas moins de mille cinq cents stades en un jour.

XXXVIII. **1** Quand Peucestès et les siens surent que le camp avait été vu à mi-parcours, ils décidèrent de se retirer dans les plus lointaines des régions occupées par les quartiers d'hiver : ils craignaient une attaque des ennemis, avant que toutes les troupes composant l'armée n'eussent effectué leur jonction. **2** Voyant leur découragement, Eumène les exhorta à avoir confiance et à rester aux abords du désert, car il avait trouvé un moyen pour retarder l'arrivée d'Antigone de trois ou quatre jours [3]. Dans ce cas, ils rassembleraient aisément leurs propres troupes et les ennemis, épuisés et manquant de tout, auraient le dessous. **3** Comme tous s'étonnaient de cette promesse inattendue et cherchaient à apprendre ce qui pourrait bien empêcher l'avance des ennemis, il

1. Cf. Plut., *Eum.* 8 et *Eum.* 15, C. Nepos, Polyen, 4, 6, 11.
2. Des dromadaires, cf. P. Goukowski, « Κάμηλος δρομάς », *Rev. de Philol.*, 41, 1967, p. 247-254. Selon Strabon, 15, 2, 10, ils peuvent parcourir plus de 250 km en un jour. Ici 265 km.
3. Cf. Plut., *Eum.* 15., C. Nepos, *Eum.* 9 et Polyen, 4, 8, 4.

νίας προάξειν ἄφνω παρὰ τὴν πάντων ὑπόληψιν ὥρμησε διὰ τῆς ἐρήμου, τῆς ὥρας οὔσης περὶ χειμερινὰς τροπάς. 4 Κατὰ δὲ τὰς στρατοπεδείας παρήγγειλε τῆς ἡμέρας μὲν τὰ πυρὰ κάειν, τῆς δὲ νυκτὸς κατασβεννύναι τελέως, ὅπως μή τινες ἐκ τῶν μετεώρων κατανοήσαντες ἀπαγγείλωσι τὸ γινόμενον τοῖς πολεμίοις · 5 ἦν γὰρ ἡ μὲν ἔρημος πᾶσα σχεδὸν πεδιάς, περιείχετο δὲ ὑπὸ λόφων ὑψηλῶν, ἀφ' ὧν ῥᾴδιον ἦν ἐκ πολλοῦ διαστήματος συνορᾶν τὴν αὐγὴν τοῦ πυρός. Ἐπιπόνως δὲ τῆς δυνάμεως πένθ' ἡμέρας ὁδοιπορούσης οἱ μὲν στρατιῶται διά τε τὸ ψῦχος καὶ τὰς ἀναγκαίας χρείας ἔκαον πῦρ μεθ' ἡμέραν τε καὶ νύκτωρ ἐν ταῖς στρατοπεδείαις. 6 Ὃ δὴ συνιδόντες τινὲς τῶν παρὰ τὴν ἔρημον οἰκούντων ἔπεμψαν τοὺς ἀπαγγελοῦντας αὐθημερὸν τοῖς περὶ Εὐμενῆ καὶ Πευκέστην, δόντες δρομάδας καμήλους · διατείνει γὰρ τὸ ζῷον τοῦτο σταδίους οὐ πολὺ ἐλάττους χιλίων πεντακοσίων.

XXXVIII. 1 Οἱ δὲ περὶ τὸν Πευκέστην πυθόμενοι κατὰ μέσην τὴν ὁδὸν ἑωρᾶσθαι τὴν στρατοπεδείαν, διέγνωσαν ἀναχωρεῖν εἰς τοὺς ἐσχάτους τόπους τῆς χειμασίας, φοβούμενοι μὴ καταληφθῶσιν ὑπὸ τῶν πολεμίων πρὶν ἢ συνελθεῖν πανταχόθεν τὴν συμμαχοῦσαν δύναμιν. 2 Ὧν ὁρῶν τὴν ἀθυμίαν Εὐμενὴς θαρρεῖν παρεκελεύετο καὶ μένειν ἐπὶ τῶν ὅρων τῆς ἐρήμου · εὑρηκέναι γὰρ τρόπον δι' οὗ ποιήσει τὸν Ἀντίγονον ὕστερον ἡμέραις τρισὶν ἢ τέτταρσι παραγενέσθαι · τούτου δὲ γενομένου τὴν μὲν ἑαυτῶν δύναμιν ῥᾳδίως ἀθροισθήσεσθαι, τοὺς δὲ πολεμίους καταπεπονημένους καὶ πάντων ἐνδεεῖς ὄντας ὑποχειρίους γενήσεσθαι. 3 Πάντων δὲ θαυμασάντων τὸ παράδοξον τῆς ἐπαγγελίας καὶ ζητούντων μαθεῖν τί ποτ' ἔσται τὸ δυνάμενον κωλῦσαι προάγειν

5 post τινες add. νυκτὸς R ‖ 18 τὸν om. F ‖ 22 ἢ συνελθεῖν R : συνεισελθεῖν F ‖ 23 ante Εὐμενὴς add. ὁ F ‖ 23-24 παρεκελεύετο R : ἐπεκαλεῖτο F.

enjoignit à tous les commandants de le suivre avec leurs soldats emportant du feu dans de nombreux récipients. Après avoir choisi dans la région montagneuse un emplacement face au désert et bien visible de toutes parts, il posa des repères pour délimiter un périmètre de soixante-dix stades [1]. Après avoir confié un secteur à chacun de ceux qui l'accompagnaient, il leur ordonna d'allumer des feux la nuit en maintenant vingt coudées [2] d'intervalle environ, de leur donner un grand éclat pendant la première veille, comme s'ils étaient encore éveillés et occupés aux soins du corps et de la cuisine, de les diminuer pendant la deuxième et de n'en laisser que très peu pendant la troisième, pour faire croire aux observateurs éloignés qu'il s'agissait d'un vrai camp. **4** Quand les soldats eurent exécuté l'ordre, les feux furent remarqués par quelques bergers de la montagne d'en face, qui étaient du parti de Pithon, le satrape de Médie. Ils crurent qu'il s'agissait d'un vrai camp, descendirent en courant dans la plaine et portèrent la nouvelle à Antigone et à Pithon. **5** Frappés de stupeur, ceux-ci suspendirent leur marche et ils se demandaient quelle conduite adopter au su de ces nouvelles, car il était dangereux d'engager des troupes épuisées et manquant de tout contre les ennemis déjà rassemblés et bien pourvus de tout. **6** Ils supposèrent qu'il y avait eu trahison et que les ennemis, informés à l'avance de l'opération, s'étaient regroupés. Ils renoncèrent alors à avancer en ligne droite, infléchirent leur route vers la droite et ils progressèrent de part et d'autre du pays habité *, car ils voulaient permettre à l'armée de se remettre de ses épreuves.

XXXIX. **1** Après avoir ainsi abusé les ennemis par un stratagème, Eumène rappela de partout les

1. 12,5 km environ.
2. 9 m environ.

τοὺς ἐναντίους, προσέταξεν ἀκολουθεῖν ἑαυτῷ πάντας τοὺς ἡγεμόνας μετὰ τῶν ἰδίων στρατιωτῶν, ἔχοντας ἐν ἀγγείοις πλείοσι πῦρ. Ἐκλεξάμενος δὲ τῆς μετεώρου χώρας τόπον ἐστραμμένον ἐπὶ τὴν ἔρημον καὶ πρὸς τὴν ἀποθεώρησιν πανταχόθεν εὐφυῆ, σημεῖα θέμενος περιέλαβεν ὡς ἂν ἑβδομήκοντα σταδίων περιφέρειαν. Διελὼν δὲ τόπους ἑκάστῳ τῶν συνακολουθούντων συνέταξε νυκτὸς πῦρ κάειν διιστάντας ὡς ἂν εἴκοσι πήχεις καὶ κατὰ μὲν τὴν πρώτην φυλακὴν πολλὴν φλόγα ποιεῖν ὡς ἂν ἐγρηγορότων ἔτι καὶ πρὸς θεραπείαν καὶ δεῖπνον παρασκευαζομένων, τῆς δὲ δευτέρας ἐλάττω, καὶ τῆς τρίτης ἀπολιπεῖν ὀλίγα παντελῶς ὥστε δοκεῖν εἶναι τοῖς ἐξ ἀποστήματος θεωροῦσιν ἀληθινὴν στρατοπεδείαν. **4** Τῶν δὲ στρατιωτῶν ποιησάντων τὸ προσταχθὲν κατενόησάν τινες τὰ πυρὰ τῶν νεμομένων μὲν τὴν ἀπεναντίον ὀρεινήν, φίλων δ' ὄντων Πίθωνι τῷ Μηδίας σατράπῃ. Δόξαντες δὲ πρὸς ἀλήθειαν εἶναι στρατοπεδείαν, καταδραμόντες εἰς τὸ πεδίον ἀπήγγειλαν τοῖς περὶ τὸν Ἀντίγονον καὶ Πίθωνα. **5** Οἱ δὲ διὰ τὸ παράδοξον καταπλαγέντες καὶ τῆς ὁδοιπορίας ἐπισχόντες ἐβουλεύοντο πῶς χρηστέον τοῖς προσηγγελμένοις· ἦν γὰρ ἐπικίνδυνον τὸ πεπονηκότας καὶ πάντων ἐνδεεῖς συνηγμένοις ἤδη τοῖς πολεμίοις καὶ πάντων εὐποροῦσι συμβαλεῖν. **6** Ὑπολαβόντες δὲ προδοσίαν γεγενῆσθαι καὶ προακηκοότας τὸ μέλλον τοὺς πολεμίους ἠθροῖσθαι, τὸ μὲν ἐπ' εὐθείας προάγειν ἀπέγνωσαν, εἰς δεξιὰ δὲ κλίναντες προῆγον ἐφ' ἑκάτερα μέρη τῆς οἰκουμένης χώρας, βουλόμενοι τὴν δύναμιν ἐκ τῆς κακοπαθίας ἀναλαβεῖν.

XXXIX. **1** Εὐμενὴς δὲ τὸν προειρημένον τρόπον καταστρατηγήσας τοὺς πολεμίους μετεπέμπετο παντα-

8 διιστάντας R F : διαστάντας prop. Dindorf ‖ post διιστάντας add. δ' R ‖ καὶ om. R ‖ **9** πολλὴν R : πολὺν F ‖ **21** προσηγγελμένοις R : ἐπηγγελμένοις F ‖ **25** μέλλον R : μέλλειν F.

soldats qui passaient l'hiver disséminés dans les villages. Ayant mis en place une palissade et fortifié le retranchement par un fossé profond, il accueillait ses alliés au fur et à mesure de leur arrivée et remplissait le camp de tout ce qui était nécessaire. **2** Après avoir traversé le désert, Antigone apprit des indigènes qu'à peu près tout le reste de l'armée avait rejoint Eumène, mais que le départ des éléphants de leurs quartiers d'hiver s'était fait en retard et qu'ils se trouvaient non loin de là, isolés de tout secours. Il envoya contre eux deux mille piquiers mèdes à cheval, deux cents Tarentins [1] et toute son infanterie légère, **3** car il espérait, en attaquant les bêtes isolées, s'en rendre maître facilement et ôter aux ennemis la partie la plus forte de leur armée. Mais Eumène, qui avait deviné ce qui allait se passer, envoya à la rescousse mille cinq cents cavaliers, la partie la plus puissante de sa cavalerie, et trois mille fantassins légers. **4** Comme les soldats d'Antigone étaient apparus les premiers, les chefs des éléphants placèrent leurs bêtes en carré et continuèrent leur marche, avec le bagage bloqué au centre et, à l'arrière-garde, moins de quatre cents cavaliers pour combattre avec eux. **5** Les ennemis mirent tout leur poids dans leur attaque ; sous l'extrême [2] violence de la charge, les cavaliers, écrasés par le nombre, furent mis en déroute ; ceux qui étaient sur les éléphants résistèrent tout d'abord et tinrent bon, malgré les blessures reçues de toutes parts et l'incapacité de causer aucun mal aux ennemis. **6** Mais ils allaient succomber quand apparurent, inopinément, les hommes envoyés par Eumène,

1. Cf. p. 44, n. 4.
2. Sur ce comparatif, cf. p. XXIII, n. 1.

χόθεν τοὺς διερριμμένους τῶν στρατιωτῶν καὶ χειμάζοντας ἐν ταῖς κώμαις. Βαλόμενος δὲ χάρακα καὶ τάφρῳ βαθείᾳ τὴν παρεμβολὴν ὀχυρώσας ὑπεδέχετο μὲν τοὺς ἀεὶ καταντῶντας τῶν συμμάχων, ἐπλήρωσε δὲ τὴν στρατοπεδείαν πάντων τῶν ἐπιτηδείων. 2 Ὁ δ' Ἀντίγονος διελθὼν τὴν ἔρημον καὶ πυθόμενος παρὰ τῶν ἐγχωρίων σχεδὸν τὴν μὲν ἄλλην δύναμιν ἅπασαν συνεληλυθέναι τοῖς περὶ τὸν Εὐμενῆ, τοὺς δ' ἐλέφαντας μέλλειν ἀναζευγνύειν ἐκ τῆς χειμασίας καὶ πλησίον εἶναι μεμονωμένους πάσης βοηθείας, ἀπέστειλεν ἐπ' αὐτοὺς ἱππεῖς λογχοφόρους μὲν Μήδους δισχιλίους, Ταραντίνους δὲ διακοσίους, τῶν δὲ πεζῶν τοὺς ψιλοὺς ἅπαντας· 3 ἤλπιζε γὰρ μεμονωμένοις τοῖς θηρίοις τὴν ἐπίθεσιν ποιησάμενος τούτων τε ῥᾳδίως κυριεύσειν καὶ τῶν πολεμίων παρελεῖσθαι τὸ κράτιστον μέρος τῆς δυνάμεως. Ὁ δ' Εὐμενὴς καταστοχασάμενος τὸ μέλλον ἀπέστειλεν ἐπὶ τὴν βοήθειαν ἱππεῖς μὲν τοὺς κρατίστους χιλίους καὶ πεντακοσίους, πεζοὺς δὲ ψιλοὺς τρισχιλίους. 4 Ἐπιφανέντων δὲ πρότερον τῶν Ἀντιγόνου στρατιωτῶν οἱ τῶν ἐλεφάντων ἡγεμόνες τάξαντες εἰς πλινθίον τὰ θηρία προῆγον, ἐν μέσῳ μὲν ἀπειληφότες τὰ σκευοφόρα, κατὰ δὲ τὴν οὐραγίαν ἔχοντες συναγωνιζομένους ἱππεῖς οὐ πλείους τετρακοσίων. 5 Ἐπιπεσόντων δ' αὐτοῖς τῶν πολεμίων παντὶ τῷ βάρει καὶ βιαιότερον ἐπικειμένων οἱ μὲν ἱππεῖς ἐτράπησαν ὑπὸ τοῦ πλήθους καταπονηθέντες, οἱ δ' ἐπὶ τῶν ἐλεφάντων ἐφεστηκότες τὸ μὲν πρῶτον ἀντεῖχον καὶ διεκαρτέρουν πανταχόθεν κατατιτρωσκόμενοι, βλάψαι δ' οὐδὲν τοὺς πολεμίους δυνάμενοι, 6 ἤδη δ' αὐτῶν καταπονουμένων ἀνελπίστως ἐπιφανέντες οἱ παρ' Εὐμενοῦς ἐξήρπασαν αὐτοὺς ἐκ τῶν κινδύνων.

3 ὀχυρώσας R : ὠχυρώσας F ‖ **11** Μήδους om. R ‖ **15** παρελεῖσθαι F : παρελέσθαι R ‖ **17** καὶ om. F ‖ **21** ἀπειληφότες R : ὑπειληφότες F ‖ τὰ σκευοφόρα R : πεζούς τινας ψιλοὺς F ‖ **28** τοὺς πολεμίους R : τοῖς πολεμίοις F.

qui les tirèrent de danger. Quelques jours plus tard, les deux camps se faisant face à quarante stades [1] de distance, les deux chefs rangèrent leurs troupes pour la bataille, en pensant qu'elle serait décisive [2].

XL. **1** Antigone, après avoir distribué les cavaliers sur les ailes, confia le côté gauche à Pithon et le droit à son fils Démétrios, avec lequel lui-même avait décidé de combattre. Après avoir placé au centre l'infanterie, il rangea les éléphants tout au long de l'armée et remplit les intervalles avec des unités légères. Son armée comprenait en tout vingt-deux mille fantassins,. neuf mille cavaliers, en comptant les Mèdes enrôlés en renfort, et soixante-cinq éléphants. **2** A la nouvelle qu'Antigone s'était posté à l'aile droite avec le meilleur de sa cavalerie, Eumène rangea son armée, en mettant ses meilleurs cavaliers à l'aile gauche. C'est là, en effet, qu'il plaça la plupart des satrapes avec leurs corps d'élite de cavalerie ; lui-même devait combattre à leurs côtés, ainsi que Mithridate [3], fils d'Ariobarzanès, qui descendait de l'un des sept Perses qui tuèrent le mage Smerdis [4] : c'était un homme d'un courage extraordinaire, qui avait reçu depuis l'enfance une éducation guerrière. **3** Devant l'aile tout entière, il rangea en crochet les soixante éléphants les plus forts et répartit les unités légères dans les intervalles. Parmi les fantassins, il rangea d'abord les hypaspistes, puis les Argyraspides, enfin les mercenaires et ceux des autres soldats, qui étaient armés à

1. 7 km environ. Pour cette valeur de ἐν, cf. R. Kühner-B. Gerth, *Ausführliche Grammatik der griechischen Sprache*, 3e éd., Hanovre, 1904, I, p. 464.

2. Cf. Plutarque, *Eum.* 16 et Justin, 14, 3. On se reportera à la bibliographie donnée p. 42, n. 1 et aux notes p. 42-47.

3. Cf. Droysen, *op. cit.* [n. compl. p. 20] p. 26.

4. Cf. 16, 47, 2 et A. T. Olmstead, *History of the Persian Empire*, Chicago, 1948, p. 107-110. Il s'agit sans doute moins d'une omission de R que d'une glose de F.

Μετὰ δ' ἡμέρας ὀλίγας ἐν τετταράκοντα σταδίοις ἀντιστρατοπεδευουσῶν τῶν δυνάμεων ἐξέταξαν ἀμφότεροι τὸ στρατόπεδον εἰς μάχην, ὡς περὶ τῶν ὅλων κρίσεως ἐσομένης.

XL. 1 Ἀντίγονος μὲν οὖν τοὺς ἱππεῖς ἐπὶ τὰ κέρατα διελόμενος τὸ μὲν εὐώνυμον μέρος Πίθωνι παρέδωκε, τὸ δὲ δεξιὸν τῷ υἱῷ Δημητρίῳ, μεθ' οὗ καὶ αὐτὸς διαγωνίζεσθαι διεγνώκει · τοὺς δὲ πεζοὺς εἰς μέσον καταστήσας παρέταξε παρ' ὅλην τὴν δύναμιν τοὺς [δ'] ἐλέφαντας, πληρώσας τὰ διαστήματα τοῖς ψιλικοῖς τάγμασιν. Ὁ δὲ πᾶς ἀριθμὸς ἦν αὐτοῦ τῆς δυνάμεως πεζοὶ μὲν δισμύριοι δισχίλιοι, ἱππεῖς δ' ἐννακισχίλιοι σὺν τοῖς ἐκ Μηδίας προσκαταγραφεῖσι, θηρία δὲ ἑξήκοντα καὶ πέντε. 2 Ὁ δ' Εὐμενὴς πυθόμενος τὸν Ἀντίγονον ἐπὶ τοῦ δεξιοῦ κέρατος τετάχθαι μετὰ τῶν ἀρίστων ἱππέων, καὶ αὐτὸς ἀντετάξατο, ἐπὶ τὸ λαιὸν κέρας ἐπιστήσας τοὺς ἀρίστους · καὶ γὰρ τῶν σατραπῶν τοὺς πλείστους ἐνταῦθα κατέστησεν μετὰ τῶν συναγωνιζομένων αὐτοῖς ἱππέων ἐπιλέκτων καὶ αὐτὸς μετὰ τούτων ἔμελλε κινδυνεύειν · συνῆν δ' αὐτοῖς καὶ Μιθριδάτης ὁ Ἀριοβαρζάνου μὲν υἱός, ἀπόγονος δ' ἑνὸς τῶν ἑπτὰ Περσῶν τῶν συγκαθελόντων τὸν μάγον Σμέρδιν, ἀνὴρ ἀνδρείᾳ διαφέρων καὶ τεθραμμένος ἐκ παιδὸς στρατιωτικῶς. 3 Πρὸ δὲ τοῦ κέρατος παντὸς ἔταξεν ἐν ἐπικαμπίῳ τοὺς κρατίστους τῶν ἐλεφάντων ἑξήκοντα καὶ τὰ διαστήματα τοῖς ψιλοῖς διέλαβε τάγμασι. Τῶν δὲ πεζῶν πρώτους μὲν ἔταξε τοὺς ὑπασπιστάς, εἶτα τοὺς ἀργυράσπιδας, ἐπὶ πᾶσι δὲ τοὺς ξένους καὶ τῶν ἄλλων τοὺς εἰς τὰ Μακεδονικὰ καθωπλισ-

XL, **2** : Exc. Const. II 1, 170.

1 ἐν om. R ‖ **2** ἐξέταξαν R : ἐξέταξεν F ‖ **3** τὸ στρατόπεδον R F : τὰ στρατόπεδα R[1] ‖ **9** δ' del. Rhod. ‖ **10** πληρώσας Rhod. : πληρώσαντες R F ‖ **12** ἱππεῖς δ' ἐννακισχίλιοι R F[mg] : om. F ‖ **21** δ' ἑνὸς F : δὲ R Exc. ‖ **21-22** τῶν συγκαθελόντων τὸν μάγον Σμέρδιν om. R Exc.

la macédonienne ; devant eux, des éléphants et ce qu'il fallait d'infanterie légère. **4** A l'aile droite, il rangea ce qu'il avait de plus faible comme cavalerie et comme éléphants et désigna Philippe pour commander l'ensemble, avec ordre d'éviter l'engagement et d'observer ce qui se déciderait de l'autre côté. Il y avait en tout avec Eumène, en cette occasion, trente-six mille sept cents fantassins, six mille cavaliers et cent-quatorze éléphants.

XLI. **1** Peu de temps avant la bataille, Antigénès, le chef des Argyraspides, envoya l'un des cavaliers macédoniens vers la phalange adverse, avec mission de s'en approcher et de les haranguer. Celui-ci chevaucha seul jusqu'à portée de voix de l'endroit où se trouvait la phalange des Macédoniens d'Antigone et les harangua : « Est-ce à vos pères, mauvaises têtes, que vous vous en prenez, eux qui ont soumis tout l'univers en compagnie de Philippe et d'Alexandre [1] ? Vous les verrez, sous peu, dignes et des rois et de leurs combats passés [2] ». **2** En effet, à cette époque, les plus jeunes des Argyraspides avaient dans les soixante ans, la majorité dans les soixante-dix ans et quelques-uns, même, étaient plus âgés *, mais leur expérience et leur vigueur les rendaient tous irrésistibles, si grandes étaient la dextérité et l'audace que leur avaient données la succession ininterrompue des combats. **3** Quand cette proclamation eut été faite, comme nous venons de le dire, il y eut parmi les troupes d'Antigone des cris de mécontentement, parce qu'elles étaient contraintes de livrer bataille à des frères de race et à des aînés, tandis que les rangs d'Eumène l'exhortaient par leurs cris à marcher au

1. Même raccourci d'expression dans Plut., *Pomp.* 72. Dans Plut., *Eum.* 16, on trouve : ἐπὶ τοὺς πατέρας ἁμαρτάνετε.
2. Passage du style direct au style indirect.

μένους, καὶ πρὸ τούτων ἐλέφαντας καὶ τῶν ψιλῶν τοὺς ἱκανούς. 4 Ἐπὶ δὲ τὸ δεξιὸν κέρας τάξας τῶν ἱππέων καὶ τῶν ἐλεφάντων τοὺς ἀσθενεστέρους ἀπέδειξεν ἡγεμόνα τῶν πάντων Φίλιππον· τούτῳ δὲ διεκελεύσατο φυγομαχεῖν καὶ τὴν ἀπὸ θατέρου μέρους κρίσιν ἀποθεωρεῖν. Οἱ δὲ σύμπαντες ἦσαν μετ' Εὐμενοῦς κατὰ τοῦτον τὸν καιρὸν πεζοὶ μὲν τρισμύριοι ἑξακισχίλιοι ἑπτακόσιοι, ἱππεῖς δὲ ἑξακισχίλιοι, ἐλέφαντες δὲ ἑκατὸν τετταρεσκαίδεκα.

XLI. 1 Μικρὸν δὲ πρὸ τῆς παρατάξεως Ἀντιγένης ὁ τῶν ἀργυρασπίδων στρατηγὸς ἔπεμψεν ἕνα τῶν Μακεδόνων ἱππέων ἐπὶ τὴν φάλαγγα τῶν ἐναντίων, προστάξας πλησίον παραγενόμενον ἀναβοῆσαι. Οὗτος δὲ προσιππεύσας μόνος εἰς φωνῆς ἀκοὴν καθ' ὃ μέρος ἡ φάλαγξ ἦν τῶν παρ' Ἀντιγόνῳ Μακεδόνων, ἀνεβόησεν « Ἐπὶ τοὺς πατέρας, ὦ κακαὶ κεφαλαί, τοὺς μετὰ Φιλίππου καὶ Ἀλεξάνδρου τὰ ὅλα κατειργασμένους ; » οὓς μετ' ὀλίγον ὄψονται καὶ τῶν βασιλέων καὶ τῶν προγεγονότων ἀγώνων ἀξίους. 2 Καὶ γὰρ ἐτύγχανον κατὰ τοῦτον τὸν καιρὸν τῶν ἀργυρασπίδων οἱ νεώτατοι μὲν περὶ τὰ ἑξήκοντα ἔτη, τῶν δ' ἄλλων οἱ πλείους μὲν περὶ τὰ ἑβδομήκοντα, τινὲς δὲ καὶ πρεσβύτεροι, πάντες δὲ ταῖς ἐμπειρίαις καὶ ταῖς ῥώμαις ἀνυπόστατοι· τοσαύτη περὶ αὐτοὺς ἦν εὐχειρία καὶ τόλμα διὰ τὴν συνέχειαν τῶν κινδύνων. 3 Γενομένου δὲ τοῦ κηρύγματος καθότι προείρηται, παρὰ μὲν τοῖς περὶ Ἀντίγονον ἐγίνοντο φωναὶ δυσχερεῖς, ὅτι συναναγκάζοιντο πρὸς συγγενεῖς καὶ πρεσβυτέρους διαμάχεσθαι, παρὰ δὲ τοῖς μετ' Εὐμενοῦς παρατατομένοις παρακελευσμὸς καὶ βοὴ τὴν ταχί-

2 δὲ om. F ‖ **4** τῶν πάντων Φίλιππον R : πάντων τὸν Φ. F ‖ τούτῳ R : τοῦτον F ‖ **6-7** τοῦτον τὸν R : τὸν αὐτὸν F ‖ post τρισμυρίοι add. ἱππεῖς R²ᵐᵍ ‖ **8** ἱππεῖς δὲ ἑξακισχίλιοι om. R ‖ **8-9** τετταρεσκαίδεκα R : δεκατέτταρες F ‖ **12** post προστάξας add. τῶν ἐναντίον F ‖ **15** Ἀντιγόνῳ F : Ἀντιγόνου R ‖ **23** περὶ αὐτοὺς R : παρ' αὐτοῖς F ‖ **24** τόλμα R : τόλμη F ‖ **25** καθότι R : καθώσπερ F.

plus vite contre les ennemis. Eumène voyant leur enthousiasme, fit lever le signal, à la vue duquel les trompettes devaient sonner l'appel au combat et l'armée tout entière pousser le cri de guerre.

XLII. **1** La bataille s'engagea d'abord entre les éléphants, puis également entre la masse des cavaliers. Comme la plaine était très vaste et complètement inculte à cause des efflorescences de sel, il arriva que les cavaliers soulevèrent un nuage de poussière tel que personne ne pouvait y voir aisément à quelque distance. **2** C'est ce que remarqua Antigone : il envoya les cavaliers mèdes et ce qu'il fallait de Tarentins vers le bagage des ennemis, car il espérait, à juste titre, que le nuage de poussière dissimulerait cette action et que la prise du bagage[1] le rendrait maître, sans coup férir, des ennemis. **3** Ce détachement de cavalerie contourna donc l'aile des adversaires et, à leur insu, attaqua le bagage, qui se trouvait à cinq stades de la bataille[2]. Comme ils l'avaient trouvé rempli d'une foule incapable de se battre, mais de peu de défenseurs, ils mirent rapidement en déroute ceux qui résistaient et s'emparèrent de tous les autres. **4** Pendant ce temps, Antigone avait engagé le combat avec les lignes adverses. En se montrant avec une masse de cavaliers, il provoqua la terreur de Peucestès, le satrape de Perse, qui, en se retirant du nuage de poussière avec ses cavaliers, en entraîna jusqu'à mille cinq cents autres. **5** Eumène, abandonné avec quelques hommes à l'extrémité de l'aile, estima honteux de céder au sort et de fuir. Trouver la mort en conservant,

1. Le terme « bagage » recouvre également les valets d'armes et les familles des soldats, cf. Holleaux, *op. cit.* [p. 12, n. 1] III, « Ceux qui sont dans le bagage », p. 15-26 (art. paru en 1926).
2. La distance est de 900 m environ.

στην ἄγειν ἐπὶ τοὺς πολεμίους. Ὧν Εὐμενὴς ὁρῶν τὴν προθυμίαν ἦρεν τὸ σύσσημον, δι' οὗ παρεστήσατο τοὺς μὲν σαλπιγκτὰς τὸ πολεμικὸν σημαίνειν, τὴν δὲ δύναμιν ἀλαλάξαι πᾶσαν.

XLII. **1** Συνῆψε δὲ μάχην πρῶτον μὲν τὰ θηρία, μετὰ δὲ ταῦτα καὶ τὸ τῶν ἱππέων πλῆθος. Τοῦ δὲ πεδίου πολλὴν εὐρυχωρίαν ἔχοντος καὶ παντὸς ὑπάρχοντος ἀργοῦ διὰ τὴν ἐν αὐτῷ διήκουσαν ἁλμυρίδα τοσοῦτον συνέβη ὑπὸ τῶν ἱππέων ἐξαίρεσθαι κονιορτὸν ὥστε μηδένα δύνασθαι ῥᾳδίως συνορᾶν ἐξ ὀλίγου διαστήματος τὸ γινόμενον. **2** Ὃ δὴ κατανοήσας Ἀντίγονος ἀπέστειλε τοὺς ἐκ Μηδίας ἱππεῖς καὶ τῶν Ταραντίνων τοὺς ἱκανοὺς ἐπὶ τὴν ἀποσκευὴν τῶν πολεμίων · ἤλπιζε γάρ, ὅπερ ἦν ἀληθές, διὰ μὲν τὸν κονιορτὸν λήσεσθαι, διὰ δὲ τὴν ἅλωσιν τῆς ἀποσκευῆς ἀκονητὶ κρατῆσαι τῶν πολεμίων. **3** Οἱ δὲ πεμφθέντες περιιππεύσαντες τὸ κέρας τῶν ἐναντίων καὶ λαθόντες ἐπέθεντο τοῖς σκευοφόροις, ἀπέχουσι τῆς μάχης ὡς πέντε σταδίους · εὑρόντες δ' αὐτὴν πλήρη μὲν ὄχλου πρὸς μάχην ἀχρήστου, τοὺς δ' ἀμυνομένους ὀλίγους ταχὺ τοὺς ἀντιστάντας τρεψάμενοι τῶν ἄλλων ἁπάντων ἐκυρίευσαν. **4** Ἅμα δὲ τούτοις πραττομένοις Ἀντίγονος μὲν συνάψας μάχην τοῖς ἀντιτεταγμένοις καὶ μετὰ πλήθους ἱππέων ἐπιφανεὶς κατεπλήξατο Πευκέστην τὸν τῆς Περσίδος σατράπην, ὃς μετὰ τῶν περὶ ἑαυτὸν ἱππέων ἔξω τοῦ κονιορτοῦ διδοὺς ἑαυτὸν συνεπεσπάσατο καὶ τῶν ἄλλων εἰς χιλίους πεντακοσίους. **5** Εὐμενὴς δὲ μετ' ὀλίγων ἀπολειφθεὶς ἐπ' ἄκρου τοῦ κέρατος τὸ μὲν εἶξαι τῇ τύχῃ καὶ φυγεῖν αἰσχρὸν διέλαβεν, τὸ δὲ τηροῦντα τὴν δεδομένην ὑπὸ τῶν βασιλέων πίστιν

2 οὗ Wess : ὧν R F || **4** ἀλαλάξαι R : ἀλλαλάξαι F || **9** μηδένα F : μὴ R || **11** ὃ δὴ R F^1 : ὁ δ'εὖ F || **12** ἱκανοὺς R : κρατίστους F || **14** μὲν R F^1 : om. F || **15** ἀκονητὶ R : ἀκονιτὶ F || κρατῆσαι R F : κρατήσειν prop. Dindorf || **25** pr. ἑαυτὸν R : αὑτὸν F || **28** φυγεῖν R : φεύγειν F || διέλαβεν R F^1 : διέλεγε F.

par une noble décision, la confiance qu'avaient mise en lui les rois, lui parut préférable et il poussa son cheval en direction d'Antigone lui-même. **6** Ce fut une dure bataille de cavalerie : il y avait plus d'ardeur chez les hommes d'Eumène, mais ceux d'Antigone étaient plus nombreux ; aussi les pertes étaient-elles importantes de part et d'autre. C'est alors que tomba, pendant la lutte qui opposait les éléphants, l'animal de tête d'Eumène, aux prises avec le plus fort de ses adversaires. **7** C'est pourquoi Eumène, voyant que les siens avaient partout le dessous, fit sortir de la bataille les cavaliers qui lui restaient et, après avoir gagné par un mouvement latéral l'autre aile, il prit la tête des hommes qu'il avait placés avec Philippe avec ordre d'éviter l'engagement. C'est donc ainsi que se termina la bataille de cavalerie.

XLIII. **1** Du côté des fantassins, les Argyraspides, serrèrent les rangs et attaquèrent avec une violence extrême les lignes adverses : ils tuèrent les uns dans le combat corps à corps et forcèrent les autres à fuir. Leur charge ne put être stoppée : ils combattirent contre toute la phalange adverse, avec une telle supériorité du point de vue de la dextérité et de la vigueur, que, sans perdre un seul homme, ils tuèrent plus de cinq mille ennemis [1] et mirent en déroute toute l'infanterie, pourtant bien plus nombreuse. **2** Quand il sut que le bagage avait été pris et que les cavaliers de Peucestès n'étaient pas loin, Eumène tenta de regrouper tout le monde et d'engager un nouveau combat de cavalerie contre Antigone, car il espérait par une victoire non seulement sauver son bagage, mais encore s'adjoindre celui de l'ennemi. **3** Comme Peucestès refusait de l'écouter et au contraire poussait encore plus loin sa retraite et qu'à ce même moment

1. Cf. Polyen, 4, 6, 13.

γενναίᾳ προαιρέσει συναποθανεῖν προκρίνας ἐπ' αὐτὸν ἐώσατο τὸν Ἀντίγονον. 6 Γενομένης δ' ἱππομαχίας καρτερᾶς καὶ τῶν μὲν μετ' Εὐμενοῦς ταῖς προθυμίαις προεχόντων, τῶν δὲ μετ' Ἀντιγόνου τῷ πλήθει περιγινομένων πολλοὶ παρ' ἀμφοτέρων ἔπιπτον · ὅτε δὴ συνέβη καὶ τῶν ἐλεφάντων πρὸς ἀλλήλους ἀγωνιζομένων πεσεῖν τῶν Εὐμενοῦς τὸν προηγούμενον, συμπλακέντα τῷ κρατίστῳ τῶν ἀντιτεταγμένων. 7 Διόπερ Εὐμενὴς ὁρῶν τοὺς μετ' αὐτοῦ πανταχόθεν ἐλαττουμένους ἐξῆγεν ἐκ τῆς μάχης τοὺς ὑπολελειμμένους ἱππεῖς καὶ παρελθὼν ἐπὶ θάτερον κέρας ἀνελάμβανε τοὺς μετὰ Φιλίππου τεταγμένους οἷς ἦν παρηγγελκὼς φυγομαχεῖν. Ἡ μὲν οὖν τῶν ἱππέων μάχη τοιοῦτον ἔσχε τὸ τέλος.

XLIII. 1 Τῶν δὲ πεζῶν οἱ μὲν ἀργυράσπιδες συμφράξαντες καὶ βιαιότερον τοῖς ἀντιτεταγμένοις ἐπιπεσόντες τοὺς μὲν ἐν χειρῶν νόμῳ διέφθειραν, τοὺς δὲ συνηνάγκασαν φυγεῖν. Ἀκατάσχετοι δὲ ταῖς ὁρμαῖς γενόμενοι καὶ πρὸς πᾶσαν τὴν τῶν ἐναντίων φάλαγγα διαγωνισάμενοι τοσοῦτον ταῖς εὐχειρίαις καὶ ῥώμαις ὑπερεῖχον ὥσθ' ἑαυτῶν μὲν ἀποβαλεῖν μηθένα, τῶν δ' ἐναντίων ἀνελεῖν μὲν ὑπὲρ τοὺς πεντακισχιλίους, τρέψασθαι δὲ τοὺς πεζοὺς πάντας, ὄντας πολλαπλασίους. 2 Εὐμενὴς δὲ πυθόμενος τὴν μὲν ἀποσκευὴν ἡλωκέναι, τοὺς δ' ἱππεῖς τοὺς μετὰ Πευκέστου μὴ μακρὰν ἀπέχειν, ἐπεχείρησεν ἀθροίζειν ἅπαντας καὶ πάλιν ἱππομαχεῖν πρὸς Ἀντίγονον · ἤλπιζε γὰρ μάχῃ κρατήσας οὐ μόνον τὴν ἰδίαν ἀποσκευὴν σώσειν, ἀλλὰ καὶ τὴν τῶν πολεμίων προσλήψεσθαι. 3 Τῶν δὲ περὶ τὸν Πευκέστην οὐχ ὑπακουόντων, ἀλλὰ καὶ τοὐναντίον πορρωτέρω τὴν ἀποχώρησιν ποιουμένων ἐπί τινα τόπον, ἅμα δὲ καὶ νυκτὸς καταλαμβανούσης

11 ἀνελάμβανε R : ἀνέλαβε F ‖ 15 ἀντιτεταγμένοις R : ἀντιταγμένοις F ‖ ἐπιπεσόντες R : ἐπεισπεσόντες F ‖ 20 μηθένα R : μηδένα F ‖ 22 πάντας R : ἅπαντας F ‖ 23 μὲν... δὲ om. F ‖ 30 τινα τόπον R : τισι τόποις F.

la nuit arrivait, il fut contraint de céder aux circonstances. **4** Antigone avait divisé en deux groupes ses cavaliers. Avec les uns, il tenait sous sa surveillance les cavaliers d'Eumène, observant s'ils allaient s'ébranler ; il confia les autres à Pithon, avec ordre d'attaquer les Argyraspides, isolés du secours de la cavalerie. **5** L'ordre fut rapidement exécuté : les Macédoniens formèrent le carré et reculèrent en toute sécurité jusqu'au fleuve ; là, ils accusèrent Peucestès d'être responsable de la défaite de la cavalerie. Eumène les rejoignit vers l'heure où l'on allume les lampes ; ils se rassemblèrent alors pour délibérer sur la conduite à tenir. **6** Les satrapes affirmaient qu'il fallait se retirer au plus vite vers les satrapies supérieures, tandis qu'Eumène proclamait qu'il fallait rester et lutter jusqu'au bout, puisque la phalange adverse avait été anéantie et que les forces de cavalerie étaient égales des deux côtés. **7** Quant aux Macédoniens, ils affirmaient qu'ils n'écouteraient ni les uns, ni les autres, alors que leur bagage avait été pris et que leurs enfants, leurs femmes et bien d'autres de leurs parents se trouvaient chez l'ennemi. **8** Ils se séparèrent donc, sans avoir pu se mettre d'accord sur une solution. Là-dessus les Macédoniens se mirent en cachette en relation avec Antigone : ils se saisirent d'Eumène et le lui livrèrent [1]. Après avoir recouvré leur bagage et reçu des assurances, ils furent enrôlés dans son armée *. **9** De la même manière, les satrapes, ainsi que la plupart des autres chefs et des soldats, abandonnèrent leur stratège pour ne penser qu'à leur salut.

XLIV. **1** Quand, contre toute attente, Antigone se fut rendu maître d'Eumène et de toute l'armée

1. Plut., *Eum.* 16-18, C. Nepos, *Eum.* 10 et Justin, 14, 4 présentent un récit beaucoup plus pathétique, avec, chez Plutarque, un long discours d'Eumène, cf. n. compl. p. 27.

ἠναγκάσθη συνεῖξαι τῷ καιρῷ. 4 Ἀντίγονος δὲ τοὺς ἱππεῖς εἰς δύο μέρη διελόμενος τοὺς μὲν αὐτὸς ἔχων ἐφήδρευε τοῖς περὶ τὸν Εὐμενῆ, τὴν ὁρμὴν αὐτῶν ἀποθεωρῶν, τοὺς δ' ἄλλους παραδοὺς Πίθωνι προσέταξεν ἐπιθέσθαι τοῖς ἀργυράσπισι μεμονωμένοις τῆς τῶν ἱππέων βοηθείας. 5 Ταχὺ δ' αὐτοῦ τὸ προσταχθὲν συντελοῦντος οἱ Μακεδόνες εἰς πλινθίον ἑαυτοὺς ποιήσαντες ἀσφαλῶς ἀπεχώρησαν ἐπὶ τὸν ποταμὸν καὶ τῶν περὶ τὸν Πευκέστην κατηγόρουν ὡς αἰτίων γεγενημένων τῆς τῶν ἱππέων ἥττης. Καταντησάντων δὲ καὶ τῶν περὶ τὸν Εὐμενῆ περὶ λύχνων ἁφὰς συνελθόντες ἐβουλεύοντο τί χρὴ πράττειν. 6 Οἱ μὲν οὖν σατράπαι τὴν ταχίστην ἔφησαν δεῖν ἀποχωρεῖν εἰς τὰς ἄνω σατραπείας, ὁ δ' Εὐμενὴς ἀπεφαίνετο μένειν καὶ διαγωνίζεσθαι, τῆς μὲν τῶν ἐναντίων φάλαγγος συντετριμμένης, τῆς δὲ τῶν ἱππέων δυνάμεως ἐφαμίλλου παρ' ἀμφοτέροις οὔσης. 7 Οἱ δὲ Μακεδόνες οὐδετέροις ἔφασαν ὑπακούσεσθαι, τῆς ἀποσκευῆς αὐτῶν ἡλωκυίας καὶ παρὰ τοῖς πολεμίοις ὄντων τέκνων καὶ γυναικῶν καὶ πολλῶν ἄλλων ἀναγκαίων σωμάτων. 8 Τότε μὲν οὖν διελύθησαν οὐδεμίαν συμπεφωνημένην γνώμην βεβαιώσαντες· μετὰ δὲ ταῦθ' οἱ Μακεδόνες λάθρᾳ διαπρεσβευσάμενοι πρὸς Ἀντίγονον τὸν μὲν Εὐμενῆ συναρπάσαντες παρέδωκαν, τὰς δ' ἀποσκευὰς κομισάμενοι καὶ πίστεις λαβόντες κατετάχθησαν εἰς τὸ στρατόπεδον. 9 Τὸ παραπλήσιον δ' οἵ τε σατράπαι καὶ τῶν ἄλλων ἡγεμόνων τε καὶ στρατιωτῶν οἱ πλεῖστοι, τὸν στρατηγὸν ἐγκαταλιπόντες, τῆς ἰδίας ἀσφαλείας μόνον ἐφρόντισαν.

XLIV. 1 Ἀντίγονος δὲ παραδόξως κυριεύσας τοῦ τ' Εὐμενοῦς καὶ πάσης τῆς ἀντιτεταγμένης δυνάμεως Ἀντιγέ-

1 ἠναγκάσθη συνεῖξαι Wess : ἠναγκάσθησαν εἶξαι R F ‖ **7** εἰς πλινθίον ἑαυτοὺς R : πλινθίον ἑαυτῶν F ‖ **8** ἐπὶ om. F ‖ alt. τὸν om. F ‖ **9** αἰτίων γεγενημένων R : αἰτίῳ γεγενημένῳ F ‖ **11** συνελθόντες R[1] F : om. R ‖ **17** ἔφασαν R : ἔφησαν F ‖ **25** τε om. F ‖ **26** post τε add. καὶ στρατηγῶν F.

adverse, il fit arrêter Antigénès, le commandant des Argyraspides : celui-ci, jeté dans une fosse, fut brûlé vif. Il fit exécuter Eudamos qui avait amené de l'Inde les éléphants, ainsi que Celbanos [1] et quelques autres qui lui avaient toujours été hostiles. **2** Quant à Eumène, après l'avoir mis sous bonne garde, il se demandait comment agir envers lui. Il désirait vivement avoir avec lui un bon stratège, qui aurait une dette de reconnaissance à son égard, mais il n'accordait pas grande confiance à ses promesses, à cause de son amitié pour Olympias et pour les rois. Et en effet, sauvé auparavant par Antigone à Nora, en Phrygie, il n'en avait pas moins combattu avec la plus grande ardeur au côté des rois [2]. Comme il voyait aussi qu'on ne pouvait faire renoncer les Macédoniens à leur désir de voir châtier Eumène, il le fit exécuter, mais, en raison de leur amitié passée, il fit brûler son corps et déposer les os dans une urne qu'il envoya à sa famille. **3** Parmi les blessés, on emmena aussi, comme prisonnier, l'historien Hiéronymos de Cardia * : celui-ci, auparavant, avait toujours été tenu en haute considération par Eumène ; après la mort de celui-ci, Antigone fit preuve de bienveillance et de confiance à son égard.

4 Après avoir emmené toute l'armée en Médie, Antigone prit ses quartiers d'hiver dans un village près d'Ecbatane, la capitale royale de ce territoire ; il dispersa ses soldats dans toute la satrapie, surtout dans l'éparchie * appelée Rhagai *, qui tire ce nom des catastrophes qui y sont survenues dans le passé. **5** Alors qu'elle possédait les villes les plus nombreuses et les plus prospères de ces régions, il y eut de tels

1. Personnage inconnu. La forme du nom n'est pas grecque à moins qu'il ne s'agisse d'une déformation de Cébalinos, cf. 17, 79, 2.

2. Cf. 18, 50 ; 53. En 18, 42, Eumène est présenté comme un homme très loyal, mais qui n'a pas encore choisi son camp.

νην μὲν τὸν τῶν ἀργυρασπίδων ἡγούμενον συλλαβὼν καὶ καταθέμενος εἰς σειρὸν ζῶντα κατέκαυσεν, Εὔδαμον δὲ τὸν ἐξ Ἰνδῶν καταγαγόντα τοὺς ἐλέφαντας καὶ Κελβανὸν καί τινας ἄλλους τῶν ἀλλοτρίως ἀεὶ πρὸς αὐτὸν ἐχόντων ἀνεῖλεν. 2 Εὐμενῆ δὲ παραδοὺς εἰς φυλακὴν ἐβουλεύετο πῶς αὐτῷ χρηστέον εἴη. Ἔσπευδε γὰρ ἔχειν μεθ' αὑτοῦ στρατηγὸν ἀγαθὸν καὶ χάριτος ὑπόχρεων, οὐ λίαν δ' ἐπίστευεν αὐτοῦ ταῖς ἐπαγγελίαις διὰ τὴν πρὸς Ὀλυμπιάδα καὶ τοὺς βασιλεῖς φιλίαν· καὶ γὰρ πρότερον σωθεὶς ὑπ' αὐτοῦ περὶ Νῶρα τῆς Φρυγίας οὐδὲν ἧττον τοῖς βασιλεῦσι προθυμότατα συνηγωνίσατο. Ὁρῶν δὲ καὶ τὴν τῶν Μακεδόνων ὁρμὴν ἀπαραίτητον οὖσαν πρὸς τὴν κατ' Εὐμενοῦς τιμωρίαν ἀνεῖλε τὸν ἄνδρα· διὰ δὲ τὴν προγεγενημένην φιλίαν καύσας τὸ σῶμα καὶ καταθέμενος εἰς ἀγγεῖον τὰ ὀστᾶ πρὸς τοὺς οἰκείους ἀπέστειλεν. 3 Ἀνήχθη δ' ἐν τοῖς τραυματίαις αἰχμάλωτος καὶ ὁ τὰς ἱστορίας συνταξάμενος Ἱερώνυμος ὁ Καρδιανός, ὃς τὸν μὲν ἔμπροσθεν χρόνον ὑπ' Εὐμενοῦς τιμώμενος διετέλεσεν, μετὰ δὲ τὸν ἐκείνου θάνατον ὑπ' Ἀντιγόνου ἐτύγχανε φιλανθρωπίας καὶ πίστεως.

4 Ὁ δ' Ἀντίγονος τὴν δύναμιν ἅπασαν ἀναλαβὼν εἰς Μηδίαν αὐτὸς μὲν ἔν τινι κώμῃ παρεχείμασεν οὔσῃ πλησίον Ἐκβατάνων, ἐν ᾗ τῆς χώρας ἐκείνης ἐστὶ τὰ βασίλεια, τοὺς δὲ στρατιώτας ἐπιδιεῖλεν εἰς ἅπασαν τὴν σατραπείαν καὶ μάλιστα εἰς τὴν ἐπαρχίαν τὴν προσαγορευομένην Ῥάγας, ἣ ταύτην τὴν προσηγορίαν ἔσχεν ἀπὸ τῶν γενομένων περὶ αὐτὴν ἀτυχημάτων ἐν τοῖς ἔμπροσθεν χρόνοις· 5 πλείστας γὰρ ἔχουσα πόλεις τῶν ἐν ἐκείνοις τοῖς τόποις καὶ μάλιστ' εὐδαιμονούσας

2 Ἔυδαμον Wess. : Ἔυδημον R F || **3** ἐξ om. F || καταγαγόντα R : κατάγοντα F || **3-4** Κελβανὸν R : Κέβαλον F || **4** ἀεὶ R : αἰεὶ F || **7** αὑτοῦ R : ἑαυτοῦ F || **16** τραυματίαις R : ἑαλωκόσι F || **25** σατραπείαν R : στρατιὰν F.

tremblements de terre que les villes et tous leurs habitants disparurent, que le pays fut complètement transformé et que d'autres rivières apparurent à la place des anciennes, ainsi que des lacs.

XLV. **1** A cette époque se produisit à Rhodes la troisième inondation, qui tua un grand nombre des habitants. La première avait causé peu de dommage à la population, car la cité venait d'être fondée et contenait pour cette raison beaucoup d'espace libre. **2** La deuxième fut plus importante et plus meurtrière. La troisième survint à l'improviste, au début du printemps : il se mit soudain à tomber de fortes pluies, et des grêlons d'une taille extraordinaire. Il en tombait d'une mine [1], et même davantage, si bien que leur poids provoqua l'écroulement de nombreuses maisons et la mort de bien des gens. **3** Comme Rhodes a la forme d'un théâtre [2] et que le plus gros de l'écoulement des eaux se faisait essentiellement en un seul endroit, bien vite les bas-quartiers de la ville se trouvèrent sous l'eau ; en effet, les égoûts avaient cessé d'être entretenus, puisqu'on croyait l'hiver fini, et les grilles disposées dans la muraille avaient été obstruées *. **4** L'eau s'accumulait de façon inattendue et tout le secteur du marché et du sanctuaire de Dionysos se trouva sous l'eau ; comme l'inondation gagnait le sanctuaire d'Asklépios, la panique était générale et on essayait de se sauver par divers moyens. **5** Les uns s'enfuirent vers les bateaux, d'autres montèrent en courant au théâtre et certains de ceux à qui le péril ne permettait pas de passer, dans leur détresse, grimpèrent sur les plus élevés des autels et les bases des statues. **6** La cité risquait d'être complètement

1. 436 gr.
2. Cf. I. D. Kontis, « Zum antiken Stadtplan von Rhodos », *Ath. Mitt.*, 73, 1958, p. 146-158.

τηλικούτους ἔσχε σεισμοὺς ὥστε καὶ τὰς πόλεις καὶ τοὺς ἐνοικοῦντας ἅπαντας ἀφανισθῆναι, καθόλου δὲ τὴν χώραν ἀλλοιωθῆναι καὶ ποταμοὺς ἀντὶ τῶν προϋπαρχόντων ἄλλους φανῆναι καὶ λίμνας.

XLV. 1 Κατὰ δὲ τούτους τοὺς χρόνους συνέβη γενέσθαι περὶ τὴν Ῥοδίων πόλιν τὸν τρίτον κατακλυσμόν, ὃς πολλοὺς τῶν ἐνοικούντων διέφθειρεν. Ὧν ὁ μὲν πρῶτος ὀλίγα τοῖς ἀνθρώποις ἐνώχλησεν, ὡς ἂν τῆς πόλεως οὔσης νεοκτίστου καὶ διὰ τοῦτο πολλὴν εὐρυχωρίαν ἐχούσης, 2 ὁ δὲ δεύτερος μείζων ἐγένετο καὶ πλείω σώματα διέφθειρεν. Ὁ δὲ τελευταῖος ἐπέπεσε μὲν ἔαρος ἀρχομένου, καταρραγέντων ἐξαίφνης μεγάλων ὄμβρων καὶ χαλάζης ἀπίστου τὸ μέγεθος· μνααῖαι γὰρ ἔπιπτον, ἔστι δ' ὅτε καὶ μείζους, ὥστε πολλὰς μὲν τῶν οἰκιῶν συμπίπτειν διὰ τὸ βάρος, οὐκ ὀλίγους δὲ καὶ τῶν ἀνθρώπων ἀπόλλυσθαι· 3 θεατροειδοῦς δ' οὔσης τῆς Ῥόδου καὶ τὰς ἐγκλίσεις τῶν ὑδάτων κατὰ τὸ πλεῖστον εἰς ἕνα τόπον ποιουμένης εὐθὺς τὰ ταπεινὰ τῆς πόλεως ἐπληροῦτο, τῶν μὲν ὀχετῶν διὰ τὸ δοκεῖν παρεληλυθέναι τὸν χειμῶνα κατημελημένων, τῶν δ' ἐν τοῖς τείχεσιν ὀβελίσκων συμφραχθέντων. 4 Τοῦ δ' ὕδατος παραδόξως ἀθροιζομένου πᾶς μὲν ὁ περὶ τὸ δεῖγμα καὶ Διονύσιον τόπος ἐπεπλήρωτο, πρὸς δὲ τὸ Ἀσκληπιεῖον ἤδη τοῦ λιμνάζοντος τόπου προσιόντος ἐκπλαγεῖς μὲν ἦσαν ἅπαντες, πρὸς δὲ τὴν σωτηρίαν διαφόροις ἐχρῶντο κρίσεσιν. 5 Οἱ μὲν γὰρ αὐτῶν εἰς τὰ πλοῖα συνέφυγον, οἱ δ' ἐπὶ τὸ θέατρον ἀνέδραμον, τινὲς δὲ τῶν περικαταλαμβανομένων ὑπὸ τοῦ δεινοῦ διαποροῦντες ἐπὶ τοὺς ὑψηλοτάτους βωμοὺς καὶ τὰς τῶν ἀνδριάντων βάσεις προσανέβησαν. 6 Κινδυ-

6 τὴν R : τῶν F ‖ **8** τοῖς ἀνθρώποις ἐνώχλησεν R : τοὺς ἀνθρώπους ἠνώχλησεν F ‖ **17** ἐγκλίσεις R : ἐγκλείσεις F ‖ **20** τείχεσιν R : τοίχοις F ‖ **22** ante Διονύσιον add. τὸ F ‖ **23** ἐπεπλήρωτο R Fγρ : ἐπληροῦτο F ‖ **26** πλοῖα R : πλεῖα F ‖ **26-28** ἐπὶ-ἐπὶ R : ἐπικαταλαμβανόμενοι ὑπὸ τοῦ δεινοῦ διαποροῦντες ὑπὸ F.

détruite avec ses habitants, quand le hasard vint à son secours. La muraille se rompit sur une bonne distance, l'eau prisonnière s'échappa par là dans la mer et chacun reprit rapidement son état habituel. **7** L'inondation eut lieu de jour ce qui vint aussi en aide aux personnes en péril, car la plupart eurent le temps d'abandonner leurs maisons pour les secteurs les plus élevés de la cité. De plus les maisons n'étaient pas de briques, mais de pierres *, ce qui assura le salut de ceux qui s'étaient réfugiés sur les toits. Cependant, dans cette terrible catastrophe, plus de cinq cents personnes moururent, certaines maisons s'écroulèrent, et d'autres furent sérieusement ébranlées. Tel fut le péril encouru par la cité de Rhodes.

XLVI. **1** Antigone passait l'hiver en Médie, quand il fut informé que Pithon était en train de s'attacher par des promesses et des présents un bon nombre de soldats dans les quartiers d'hiver et qu'il pensait à se révolter [1]. Il cacha ses propres intentions et, après avoir feint de ne pas croire les accusateurs, il leur reprocha, devant une nombreuse assistance, d'essayer de rompre leur amitié et fit courir le bruit, pour ceux qui n'étaient pas présents, qu'il allait laisser derrière lui Pithon, comme stratège des satrapies supérieures, avec une armée suffisante pour assurer sa sécurité. **2** Il lui écrivit également une lettre pour lui demander de venir au plus vite discuter de vive voix des problèmes capitaux, ce qui permettrait à Antigone de prendre rapidement la direction de la mer. Il arrangea cette histoire parce qu'il désirait lui faire abandonner tout soupçon justifié et le persuader, puisqu'il allait être laissé en arrière comme satrape, de venir se mettre entre ses mains. Il était difficile, en effet, de se saisir par la violence d'un homme qu'Alexandre avait

1. Sur Pithon, cf. 18, 7, 4 ; 19, 14, 1-2. Nous sommes au début de 316, cf. p. XII.

νευούσης δὲ τῆς πόλεως ἄρδην μετὰ τῶν κατοικούντων ἀπολέσθαι βοήθειά τις αὐτόματος ἐγένετο· τοῦ γὰρ τείχους ῥαγέντος ἐπὶ πολὺν τόπον ἐξέπεσε ταύτῃ τὸ συνεστηκὸς ὕδωρ εἰς τὴν θάλατταν καὶ ταχὺ πάλιν ἕκαστος εἰς τὴν προϋπάρχουσαν τάξιν ἀποκατέστη. 7 Συνήργησε δὲ τοῖς κινδυνεύουσι καὶ τὸ μεθ' ἡμέραν γενέσθαι τὸν κατακλυσμόν· οἱ γὰρ πλεῖστοι φθάσαντες ἐξεπήδησαν ἐκ τῶν οἰκιῶν εἰς τοὺς μετεώρους τόπους τῆς πόλεως· πρὸς δὲ τούτοις τὸ μὴ πλινθίνας εἶναι τὰς οἰκίας, ἀλλὰ λιθίνας καὶ διὰ τοῦτο τοὺς ἐπὶ τὰ στέγη καταφυγόντας ἀσφαλῶς διασωθῆναι. 8 Ὅμως δὲ τηλικούτων ἀτυχημάτων γενομένων σώματα μὲν διεφθάρη πλείω τῶν πεντακοσίων, οἰκίαι δὲ αἱ μὲν τελέως ἔπεσον, αἱ δὲ διεσείσθησαν. Καὶ τὰ μὲν περὶ τὴν Ῥόδον συμβάντα τοιοῦτον ἔσχε τὸν κίνδυνον.

XLVI. 1 Ἀντίγονος δὲ χειμάζων ἐν τῇ Μηδίᾳ καὶ πυθόμενος Πίθωνα πολλοὺς τῶν ἐν τῇ χειμασίᾳ στρατιωτῶν ἐπαγγελίαις καὶ δωρεαῖς ἰδίους κατασκευάζειν καὶ διανοεῖσθαι νεωτερίζειν, τὴν μὲν ἰδίαν προαίρεσιν ἐπεκρύψατο, προσποιηθεὶς δὲ ἀπιστεῖν τοῖς διαβάλλουσι, τούτοις μὲν πολλῶν ἀκουόντων ἐπετίμησεν ὡς διιστάνουσι τὴν φιλίαν, πρὸς δὲ τοὺς ἐκτὸς διέδωκε λόγον ὅτι μέλλει καταλιπεῖν τῶν ἄνω σατραπειῶν στρατηγὸν Πίθωνα καὶ δύναμιν ἱκανὴν τὴν παρέξουσαν τὴν ἀσφάλειαν. 2 Ἔγραψε δὲ καὶ πρὸς αὐτὸν ἐπιστολήν, ἀξιῶν ἥκειν τὴν ταχίστην, ὅπως κατὰ πρόσωπον περὶ τῶν ἀναγκαίων κοινολογησάμενος ταχέως τὴν ἐπὶ θάλατταν κατάβασιν ποιήσηται. Ταῦτα δ' ἐμηχανήσατο σπεύδων τῆς μὲν ἀληθοῦς ὑποψίας αὐτὸν ἀποστῆσαι, πεῖσαι δ' ὡς σατράπην καταλειφθησόμενον ἐλθεῖν εἰς χεῖρας · μετὰ βίας γὰρ συλλαβεῖν οὐ ῥᾴδιον ἦν ἄνδρα καὶ παρ'

3 πολὺν R : πολὺ F ‖ 14 τοιοῦτον R : τοῦτον F ‖ 21-22 post διιστάνουσι add. μὲν F ‖ 28 ποιήσηται F : ποιήσαιντο R ‖ 29-30 δ'ὡς R : ὡς δὲ F.

promu pour sa valeur, qui était présentement satrape de Médie et qui s'était conduit comme il le fallait vis à vis de toute l'armée. **3** Pithon était en train de passer l'hiver dans les confins de la Médie et il avait déjà séduit une masse de soldats qui lui promettaient de se soulever avec lui : mais comme ses amis lui révélaient par lettre les intentions d'Antigone et lui laissaient entrevoir qu'il avait de grandes choses à en attendre, trompé par de vaines espérances, il se rendit auprès d'Antigone. **4** Celui-ci, après s'être rendu maître de sa personne et l'avoir accusé devant les membres de son conseil *, le fit aisément condamner à mort et exécuter sur-le-champ. **5** Après avoir rassemblé l'armée en un seul lieu, il désigna comme satrape de Médie Orontobatès, un Mède, et comme stratège Hippostratos [1], avec comme fantassins, trois mille cinq cents mercenaires [2]..... **6** Lui-même partit avec son armée et gagna Ecbatane. Après avoir reçu là cinq mille talents d'argent non monnayé, il s'avança en Perse, pour gagner la capitale royale, Persépolis, à vingt jours de marche.

XLVII. **1** Tandis qu'Antigone faisait route, les amis de Pithon qui avaient participé au complot, parmi lesquels les plus illustres étaient Méléagros et Menoitas, regroupèrent les partisans d'Eumène et de Pithon, qui erraient dans le pays, huit cents cavaliers environ. **2** Et tout d'abord, ils se mirent à piller le territoire des Mèdes qui ne voulaient pas se révolter avec eux, puis, informés qu'Hippostratos et Orontobatès avaient établi un camp, ils attaquèrent de nuit le retranchement. Ils réussirent [3] presque dans leur entreprise, mais, dominés par le nombre, après avoir persuadé certains soldats de se joindre à la révolte, ils

1. Cf. Bengtson, *op. cit.* [n. compl. p. 20] I, p. 180-2. Sur les responsabilités confiées à des indigènes, cf. n. compl. p. 36.
2. Il manque le nombre des cavaliers annoncé par μέν.
3. Même expression en 19, 96, 2.

Ἀλεξάνδρῳ προαγωγῆς δι' ἀρετὴν τετευχότα καὶ κατ' ἐκεῖνον τὸν καιρὸν σατράπην μὲν ὄντα τῆς Μηδίας, πεπολιτευμένον δὲ πρὸς ἅπαν τὸ στρατόπεδον. 3 Ὁ δὲ Πίθων ἐτύγχανε μὲν ἐν τοῖς ἐσχάτοις μέρεσι τῆς Μηδίας χειμάζων καὶ πλῆθος ἤδη διεφθαρκὼς τῶν ἐπαγγελλομένων συναποστήσεσθαι, γραφόντων δ' αὐτῷ τῶν φίλων περὶ τῶν Ἀντιγόνου προαιρέσεων καὶ μεγάλας ὑπογραφόντων ἐλπίδας ἐξαπατηθεὶς κεναῖς προσδοκίαις ἧκε πρὸς Ἀντίγονον. 4 Ὁ δὲ κυριεύσας τοῦ σώματος καὶ κατηγορίαν ποιησάμενος ἐν τοῖς μετέχουσι τοῦ συνεδρίου ῥᾳδίως κατεδίκασε καὶ παραχρῆμα ἀπέκτεινεν. 5 Συναγαγὼν δὲ τὸ στρατόπεδον εἰς ἕνα τόπον σατράπην μὲν ἀπέδειξε τῆς Μηδίας Ὀροντοβάτην Μῆδον, στρατηγὸν δὲ Ἱππόστρατον, ἔχοντα πεζοὺς μὲν ξένους τρισχιλίους πεντακοσίους ⟨.....⟩, 6 αὐτὸς δὲ ἀναλαβὼν τὴν δύναμιν παρῆλθεν εἰς Ἐκβάτανα. Ἐνταῦθα δὲ παραλαβὼν ἀσήμου ἀργύρου τάλαντα πεντακισχίλια προῆγεν ἐπὶ τῆς Περσίδος, οὔσης τῆς ἀναβάσεως ὡς ἂν εἴκοσιν ἡμερῶν εἰς τὸ βασίλειον, ὃ καλεῖται Περσέπολις.

XLVII. 1 Τοῦ δ' Ἀντιγόνου καθ' ὁδὸν ὄντος οἱ τοῦ Πίθωνος φίλοι καὶ μετεσχηκότες τῆς ἐπιβουλῆς, ὧν ἦσαν ἐπιφανέστατοι Μελέαγρος καὶ Μενοίτας, ἤθροισαν τοὺς πλανωμένους τῶν Εὐμενοῦς τε καὶ Πίθωνος συνήθων, εἰς ὀκτακοσίους ἱππεῖς. 2 Καὶ τὸ μὲν πρῶτον τὴν χώραν ἐλεηλάτουν τῶν μὴ βουλομένων συναφίστασθαι Μήδων, μετὰ δὲ ταῦτα πυθόμενοι στρατοπεδεύειν τόν τε Ἱππόστρατον καὶ τὸν Ὀροντοβάτην ἐπέθεντο νυκτὸς τῇ παρεμβολῇ. Καὶ παρ' ὀλίγον μὲν ἐκράτησαν τῆς ἐπιβολῆς, ὑπὸ δὲ τοῦ πλήθους κατισχυόμενοι καί τινας τῶν στρατιωτῶν πείσαντες συναποστῆναι πάλιν ἀπεχώρησαν.

2 μὲν ὄντα R : μένοντα F ‖ **7** τῶν... προαιρέσεων R : τῆς... προαιρέσεως F ‖ **15** lac. susp. Fischer ‖ ἀναλαβὼν F : παραλαβὼν R ‖ **17** ἀργύρου F : ἀργυρίου R ‖ **28-29** ἐπιβολῆς R F : ἐπιβουλῆς F[1] ‖ **30** ἀπεχώρησαν R : ὑπεχώρησαν F.

repartirent. **3** Leur équipement était léger et ils avaient tous des chevaux, aussi faisaient-ils des attaques inopinées et troublèrent-ils tout le pays. Peu de temps après, ils furent bloqués dans un défilé. Les uns furent tués et les autres faits prisonniers. **4** Parmi les chefs, Méléagros et Ocranès le Mède, ainsi que quelques personnes de haut rang, furent tués en résistant. Telle fut la fin de la révolte en Médie.

XLVIII. **1** Dès son arrivée en Perse Antigone, qui avait été jugé digne des honneurs royaux [1] par les indigènes, comme il était le maître incontesté de l'Asie, réunit ses amis en conseil et examina la question des satrapies *. C'est ainsi qu'il laissa la Carmanie à Tlépolémos, de même que la Bactriane à Stasanor, car il était difficile de chasser par l'envoi d'une lettre des hommes qui avaient bien dirigé les affaires des indigènes et qui pouvaient compter sur de nombreux soldats. **2** Il envoya en Arie * Évitos, qui mourut peu après et fut remplacé par Évagoras, un homme d'un courage et d'une intelligence extraordinaires. Comme par le passé, il laissa à Oxyartès, le père de Roxane, la satrapie des Paropanisades, car l'en chasser aurait nécessité là aussi beaucoup de temps et une armée importante. **3** Il fit venir d'Arachosie Sibyrtios, qui lui était favorable. Il lui conserva sa satrapie et mit à sa disposition les plus turbulents des Argyraspides, en apparence pour les besoins de la guerre, en réalité pour les faire périr *.

1. Cette expression n'implique que la reconnaissance de fait de la souveraineté d'Antigone sur le territoire ; de même Séleucos a traité les Barbares comme s'il était un roi (Plut., *Dém.* 18 : ἐπεὶ τοῖς γε βαρβάροις πρότερον οὗτος ὡς βασιλεὺς [ἐχρημάτιζε), avant de prendre le titre royal, cf. Will, *op. cit.* n. compl. p. 20] v. p. 58-59. Diodore emploie le vocabulaire de la royauté bien avant 305/304, année de la prise officielle du titre, ainsi pour Ptolémée 18, 21, 9 (τὴν πτολεμαϊκὴν βασιλείαν) et 20, 27, 1 (ὁ τῆς Αἰγύπτου βασιλεύων) et Démétrios, 19, 97, 3 (Βασιλεῦ).

3 Εὔζωνοι δ' ὄντες καὶ πάντες ἵπποις χρώμενοι τάς τε καταδρομὰς ἀπροσδοκήτους ἐποιοῦντο καὶ τὴν χώραν ταραχῆς ἐπλήρωσαν. Μετὰ δέ τινα χρόνον συγκλεισθέντες εἴς τινα τόπον κρημνοῖς περιεχόμενον οἱ μὲν αὐτῶν ἀνῃρέθησαν, οἱ δ' ἐζωγρήθησαν. 4 Τῶν δὲ ἡγεμόνων Μελέαγρος καὶ Ὀκράνης ὁ Μῆδος καί τινες τῶν ἀξιολόγων ἀνδρῶν ὑποστάντες ἀνῃρέθησαν. Καὶ τὰ μὲν περὶ τοὺς ἀποστάντας ἐν Μηδίᾳ τοιαύτην ἔσχε τὴν κατάστασιν.

XLVIII. 1 Ὁ δ' Ἀντίγονος ἐπειδὴ τάχιστ' ἦλθεν εἰς τὴν Περσίδα, τιμῆς μὲν ὑπὸ τῶν ἐγχωρίων ἠξιώθη βασιλικῆς ὡς ἂν κύριος ὢν ὁμολογουμένως τῆς Ἀσίας, αὐτὸς δὲ μετὰ τῶν φίλων συνεδρεύσας ἐβουλεύετο περὶ τῶν σατραπειῶν. Τὴν μὲν οὖν Καρμανίαν εἴασεν ἔχειν Τληπόλεμον καὶ τὴν Βακτριανὴν ὁμοίως Στασάνορα · οὐ γὰρ ῥᾴδιον ἦν τούτους δι' ἐπιστολῆς ἐκβαλεῖν, εὖ τὰ πρὸς τοὺς ἐγχωρίους πεπολιτευμένους καὶ πολλοὺς ἔχοντας συναγωνιστάς. 2 Εἰς δὲ τὴν Ἀρίαν ἀπέστειλεν Εὔιτον · τελευτήσαντος δὲ μετ' ὀλίγον χρόνον ἀντικατέστησεν Εὐαγόραν, ἄνδρα καὶ κατ' ἀνδρείαν καὶ σύνεσιν θαυμαζόμενον. Ὀξυάρτην δὲ τὸν Ῥωξάνης πατέρα τὴν ἐν Παροπανισάδαις σατραπείαν εἴασεν ἔχειν, καθὰ καὶ πρότερον εἶχεν · οὐδὲ γὰρ τοῦτον ἦν ἐκβαλεῖν δυνατὸν ἄνευ χρόνου πολλοῦ καὶ δυνάμεως ἁδρᾶς. 3 Μετεπέμψατο δὲ καὶ Σιβύρτιον ἐξ Ἀραχωτῶν, εὖ διακείμενον τὰ πρὸς αὐτόν, καὶ τήν τε σατραπείαν ἔχειν συνεχώρησε καὶ τῶν ἀργυρασπίδων συνέστησε τοὺς ταραχωδεστάτους, τῷ μὲν λόγῳ πρὸς τὰς ἐν τῷ πολέμῳ χρείας, τῷ δ' ἔργῳ πρὸς ἀπώλειαν · κατ' ἰδίαν γὰρ ἐνετείλατο κατ'

5-6 ἡγεμόνων R : ἡγουμένων F ‖ **14-15** Τληπόλεμον F : Παμπόλεμον R ‖ **16** εὖ τὰ R : εἶτα καὶ F ‖ **18-19** Εὔιτον R : Εὔετον F ‖ **20** Εὐαγόραν R F^{mg} : Ἑλλαγόραν F ‖ **22** Παροπανισάδαις R F^{1} : Παροπαμισάδαις F ‖ **23** οὐδὲ Dindorf : οὔτε R F ‖ τοῦτον ...δυνατὸν R : ἦν τοῦτον δυνατὸν ἐκβαλεῖν F.

Il ordonna en effet, en privé, au satrape de les charger, les uns après les autres, de missions sans retour. **4** Il se trouvait que figuraient parmi eux ceux qui avaient livré Eumène, prompt châtiment pour le crime commis envers le stratège. Les souverains en effet, du fait de leur pouvoir, tirent profit d'actions impies, mais, pour les simples particuliers qui s'y sont prêtés, elles sont généralement cause de grands malheurs. **5** Ceci fait, Antigone, constatant la grande considération dont Peucestès jouissait auprès des Perses, lui retira, pour commencer, sa satrapie. Comme les indigènes s'indignaient et que l'un des plus éminents d'entre eux, Thespios, déclarait même sans ambages que les Perses n'obéiraient à personne d'autre, il le fit mettre à mort et nomma Asclépiodoros comme hyparque [1], avec le nombre de soldats nécessaires. Quant à Peucestès, après avoir fait naître en lui de nouveaux espoirs et de vains rêves de grandeur, il lui fit quitter le pays *. **6** Antigone se dirigeait vers Suse, quand vint à sa rencontre, à la hauteur du Pasitigre, Xénophilos [2], le responsable du trésor de Suse, qui avait été envoyé par Séleucos pour se mettre aux ordres d'Antigone. Celui-ci lui fit donc bon accueil et feignit de l'honorer à l'égal des premiers de ses amis, car il craignait de se voir à nouveau refuser l'accès du trésor, si Xénophilos changeait d'avis. **7** Quand la citadelle de Suse lui eut été remise, il y trouva l'arbre d'or portant une vigne [3] et une foule d'autres objets d'art qui représentaient en tout quinze mille talents. **8** Avec les couronnes, les autres présents et les prises de guerre, il trouva réunie une autre masse de richesses

1. Sur ce terme recouvrant des emplois très divers et pouvant être l'équivalent de satrape, cf. Bengtson, *op. cit.* [n. compl. p. 20] II, p. 21.
2. Cf. 19, 17, 3 ; 19, 18, 1.
3. Cf. Hérod. 7, 27.

ὀλίγους αὐτῶν εἰς τοιαύτας χρείας ἀποστέλλειν ἐν αἷς ἔμελλον ἀπολεῖσθαι. 4 Ἐν δὲ τούτοις εἶναι συνέβαινε καὶ τοὺς Εὐμενῆ παραδόντας, ὥστε τῶν εἰς τὸν στρατηγὸν παρανομημάτων συντόμως αὐτοῖς ἐπιστῆναι τιμωρίαν· αἱ γὰρ ἀσεβεῖς χρεῖαι τοῖς μὲν δυνάσταις διὰ τὴν ἐξουσίαν γίνονται λυσιτελεῖς, τοῖς δ' ὑπακούσασιν ἰδιώταις μεγάλων κακῶν ὡς ἐπίπαν αἴτιαι καθίστανται. 5 Ὁ δ' οὖν Ἀντίγονος ὁρῶν τὸν Πευκέστην παρὰ τοῖς Πέρσαις μεγάλης ἀποδοχῆς τυγχάνοντα τὸ μὲν πρῶτον παρείλετο τὴν σατραπείαν αὐτοῦ. Τῶν δὲ ἐγχωρίων ἀγανακτούντων, ἑνὸς δὲ τῶν ἐπιφανεστάτων Θεσπίου καὶ παρρησίαν ἀγαγόντος ὡς οὐχ ὑπακουσομένων Περσῶν ἑτέρῳ, τοῦτον μὲν ἀπέκτεινεν, Ἀσκληπιόδωρον δὲ κατέστησε τῆς Περσίδος ὕπαρχον καὶ τοὺς ἱκανοὺς στρατιώτας παρέδωκεν· Πευκέστην δ' εἰς ἄλλας ἐλπίδας ἀγαγὼν καὶ κενῶς μετεωρίσας ἐξήγαγεν ἐκ τῆς χώρας. 6 Ποιουμένου δ' αὐτοῦ τὴν πορείαν ἐπὶ Σούσων ἀπήντησεν αὐτῷ ἐπὶ τῷ Πασιτίγρι ποταμῷ Ξενόφιλος ὁ κυριεύων τῶν ἐν Σούσοις χρημάτων, ἀπεσταλμένος ὑπὸ Σελεύκου πᾶν ποιῆσαι τὸ προσταττόμενον. Τοῦτον μὲν οὖν προσδεξάμενος προσεποιεῖτο τιμᾶν ἐν τοῖς μεγίστοις τῶν φίλων, εὐλαβούμενος μὴ μετανοήσας πάλιν αὐτὸν ἀποκλείσῃ· 7 αὐτὸς δὲ παραλαβὼν τὴν ἐν Σούσοις ἄκραν κατέλαβεν ἐν αὐτῇ τήν τε χρυσῆν ἀναδενδράδα καὶ πλῆθος ἄλλων κατασκευασμάτων, ⟨τῶν⟩ πάντων συναγομένων εἰς μύρια καὶ πεντακισχίλια τάλαντα. 8 Ἠθροίσθη δ' αὐτῷ καὶ ἄλλο πλῆθος χρημάτων ἔκ τε τῶν στεφάνων καὶ τῶν ἄλλων δωρεῶν, ἔτι δὲ ἐκ τῶν λαφύρων· ταῦτα γὰρ ἦσαν

XLVIII, 4 : Exc. Const. IV, 220.

1 ἐν αἷς Wess. : ἐν οἷς R F ‖ **7** ὡς ἐπίπαν post ἰδιώταις transp. F ‖ **8** οὖν om. F ‖ **10** παρείλετο R : παρείλατο F ‖ **11-12** Θεσπίου καὶ παρρησίαν ἀγαγόντος R : καὶ παρ. ἀγ. Θεσπεσίου F ‖ **16** μετεωρίσας R : μετεωρήσας F ‖ **18** ἐπὶ τῷ R : ἐν F ‖ **19** πᾶν R F[1] : καὶ F ‖ **20** ποιῆσαι Wess. : ποιήσειν R F ‖ **25** τῶν add. Dindorf.

atteignant cinq mille talents. Comme la Médie, en dehors du trésor de Suse, en recélait autant, ce furent donc vingt-cinq mille talents en tout qui se trouvèrent rassemblés. Voilà où en étaient les affaires d'Antigone.

XLIX. **1** Nous venons d'exposer les événements d'Asie et nous allons retourner en Europe reprendre le fil de notre récit. Cassandre, qui tenait Olympias enfermée dans Pydna en Macédoine [1], ne pouvait, à cause de la mauvaise saison, lancer des assauts contre les murailles, mais, comme il avait investi la ville, mis en place une palissade d'un rivage à l'autre et qu'il mouillait devant le port, il empêchait toute tentative de secours. **2** Les vivres furent rapidement épuisés et il fit régner une telle disette chez les assiégés qu'il les anéantit pratiquement. Ils en furent réduits, en effet, à distribuer une ration de cinq chénices par mois aux soldats [2], à débiter les poutres pour donner la sciure aux éléphants enfermés et à abattre les bêtes de somme et les chevaux pour s'en nourrir. **3** Tandis que la ville connaissait de pareilles difficultés et qu'Olympias s'accrochait encore à ses espoirs d'un secours extérieur, les éléphants périrent de faim et les cavaliers hors cadre [3], qui ne recevaient aucune distribution de nourriture, moururent à peu près tous, tandis que de nombreux hommes de troupe connaissaient la même fin. **4** Chez certains Barbares les besoins naturels furent plus forts que les scrupules et ils se nourrissaient de la chair des cadavres qu'ils ramassaient. Comme la ville se remplissait rapidement de morts, les chefs de la garde de la reine faisaient ensevelir une partie des corps et jeter les autres par-dessus les murailles, provoquant un spectacle

1. Cf. Justin, 14, 6, 2-5.

2. Selon Hérodote, 7, 187, un chénice de blé était la ration journalière d'un soldat de l'armée perse.

3. Cf. Holleaux, *op. cit.* [p. 12, n. 1] III (art. paru en 1942), p. 8.

πεντακισχίλια τάλαντα, καὶ κατὰ τὴν Μηδίαν ἄλλα τοσαῦτα χωρὶς τῶν ἐν Σούσοις θησαυρῶν, ὥστε τὰ πάντα συναχθῆναι τάλαντα δισμύρια πεντακισχίλια. Καὶ τὰ μὲν περὶ Ἀντίγονον ἐν τούτοις ἦν.

XLIX. **1** Ἡμεῖς δὲ διεληλυθότες τὰ κατὰ τὴν Ἀσίαν πραχθέντα μεταβιβάσομεν τὸν λόγον ἐπὶ τὴν Εὐρώπην καὶ τὰ συνεχῆ τῶν προειρημένων διέξιμεν. Ὁ γὰρ Κάσανδρος εἰς Πύδναν τῆς Μακεδονίας συγκεκλεικὼς Ὀλυμπιάδα προσβολὰς μὲν τοῖς τείχεσιν ἠδυνάτει ποιεῖσθαι διὰ τοὺς χειμῶνας, περιστρατοπεδεύσας δὲ τὴν πόλιν καὶ χάρακα βαλόμενος ἀπὸ θαλάττης εἰς θάλατταν, ἔτι δὲ ἐφορμῶν τῷ λιμένι πάντα βουλόμενον ἐπικουρῆσαι διεκώλυεν. **2** Ταχὺ δὲ τῶν ἐπιτηδείων ἐξαναλωθέντων τοσαύτην περὶ τοὺς ἔνδον κατεσκεύασεν ἔνδειαν ὥστ' ἐκλυθῆναι τὸ παράπαν · εἰς τοῦτο γὰρ ἦλθον ἀνάγκης ὥστε τῷ μὲν στρατιώτῃ σιτομετρεῖν χοίνικας πέντε τοῦ μηνός, τοῖς δ' ἐλέφασι τοῖς κατακλεισθεῖσι διδόναι πρίοντας τὰς δοκούς, τὰ δ' ὑποζύγια καὶ τοὺς ἵππους κατακόψαι πρὸς διατροφήν. **3** Τοιαύτης δὲ περιστάσεως κατεχούσης τὴν πόλιν καὶ τῆς Ὀλυμπιάδος ἔτι προσανεχούσης ταῖς ἔξωθεν ἐλπίσιν οἱ μὲν ἐλέφαντες ὑπὸ τῆς ἐνδείας διεφθάρησαν, τῶν δ' ἱππέων οἱ μὲν ἔξω τάξεως ὄντες οὐ σιτομετρούμενοι τὸ παράπαν σχεδὸν ἅπαντες ἐτελεύτησαν, οὐκ ὀλίγοι δὲ καὶ τῶν στρατιωτῶν τῆς ὁμοίας καταστροφῆς ἔτυχον. **4** Ἔνιοι δὲ τῶν βαρβάρων, τῆς φύσεως κατισχυούσης τὴν εὐλάβειαν, ἐσαρκοφάγουν ἀναλεγόμενοι τὰ σώματα τῶν ἀποθνησκόντων. Ταχὺ δὲ τῆς πόλεως πληρουμένης νεκρῶν οἱ προεστηκότες τοῦ περὶ τὴν βασίλισσαν συστήματος τὰ μὲν κατώρυττον τῶν σωμάτων, τὰ δ' ὑπὲρ τῶν τειχῶν ἐξερρίπτουν, ὥστ'

8 Πύδναν R : Πύδνας F ‖ **9** ποιεῖσθαι R : ποιεῖν F ‖ **11** βαλόμενος R : βαλλόμενος F ‖ **18** ἵππους R^{2mg} : ἱππεῖς R F ‖ **20-21** προσανεχούσης ταῖς ἔξωθεν ἐλπίσιν R : ταῖς ἔξ. ἐλπ. καραδοκούσης F ‖ **22** ἔξω F : ἔξωθεν R ‖ **30** ὥστ' R : ὡς F.

repoussant et une odeur nauséabonde insupportable non seulement pour des femmes de sang royal accoutumées au luxe, mais même pour ceux des soldats qui avaient l'habitude de vivre à la dure.

L. **1** Comme le printemps [1] commençait et que la famine ne faisait qu'augmenter, un bon nombre de soldats se réunirent et demandèrent à plusieurs reprises à Olympias de les laisser partir à cause de la disette. Comme elle était dans l'incapacité totale de leur distribuer de la nourriture ou de faire lever le siège, elle leur permit de partir. **2** Cassandre accueillit bien tous les déserteurs et les traita avec bonté, puis il les envoya dans les diverses cités : il espérait que les Macédoniens, informés par eux de la détresse d'Olympias, désespéreraient de sa cause. **3** C'était un calcul tout à fait fondé, car tous ceux qui avaient l'intention de combattre avec les assiégés changèrent d'avis et rejoignirent le parti de Cassandre, et, seuls de ceux qui étaient en Macédoine, restèrent fidèles à Olympias Aristonous et Monimos ; le premier avait Amphipolis sous son autorité, le second Pella. **4** Quand Olympias vit que la plupart de ses amis étaient passés du côté de Cassandre et que ceux qui lui restaient n'étaient pas en mesure de la secourir, elle tenta de mettre à flot une quinquérème pour assurer ainsi son salut et celui de ses amis. **5** Comme un déserteur avait averti les ennemis de ce qui se passait, Cassandre prit la mer et s'empara du bateau [2]. Olympias jugea qu'il n'y avait plus d'espoir et envoya des ambassadeurs pour mettre fin aux hostilités. Cassandre estimait qu'elle devait se rendre à merci et elle eut grand peine à obtenir, comme unique

1. Le printemps de 316, cf. intr. p. XII.
2. Cf. Polyen, 4, 3, 11.

εἶναι καὶ τὴν θέαν τὴν τούτων ἀπεχθῆ καὶ τὴν δυσωδίαν ἀνυπομένητον μὴ μόνον γυναιξὶ βασιλίσσαις καὶ τρυφῆς οἰκείαις, ἀλλὰ καὶ τῶν στρατιωτῶν τοῖς εἰωθόσι κακοπαθεῖν.

L. 1 Τοῦ δ' ἔαρος ἀρχομένου καὶ τῆς ἐνδείας ἀεὶ μᾶλλον αὐξανομένης συνέδραμον πολλοὶ τῶν στρατιωτῶν καὶ τὴν Ὀλυμπιάδα παρεκάλουν αὐτοὺς ἀφεῖναι διὰ τὴν ἀπορίαν. Ἡ δὲ οὔτε σιτομετρεῖν αὐτοὺς δυναμένη τὸ παράπαν οὔτε τὴν πολιορκίαν λῦσαι συνεχώρησεν ἀπαλλάττεσθαι. 2 Ὁ δὲ Κάσανδρος προσδεξάμενος ἅπαντας τοὺς αὐτομολήσαντας καὶ φιλανθρώπως χρησάμενος διαπέστειλεν ἐπὶ τὰς πόλεις · ἤλπιζε γὰρ παρὰ τούτων πυθομένους τοὺς Μακεδόνας τὴν Ὀλυμπιάδος ἀσθένειαν ἀπελπιεῖν αὐτῆς τὰ πράγματα. 3 Οὐ κακῶς δ' αὐτοῦ στοχασαμένου περὶ τοῦ μέλλοντος, οἱ μὲν συναγωνίζεσθαι διεγνωκότες τοῖς πολιορκουμένοις μετενόησαν καὶ πρὸς Κάσανδρον ἀπεχώρησαν, μόνοι δὲ τῶν ἐν Μακεδονίᾳ τὴν εὔνοιαν διεφύλαξαν Ἀριστόνους καὶ Μόνιμος, ὧν Ἀριστόνους μὲν Ἀμφιπόλεως ἐκυρίευεν, ὁ δ' ἕτερος Πέλλης. 4 Ἡ δ' Ὀλυμπιὰς ὁρῶσα τοὺς μὲν πλείους μεταθεμένους πρὸς Κάσανδρον, τοὺς δ' ὑπολοίπους τῶν φίλων οὐκ ἰσχύοντας βοηθεῖν, ἐπεχείρησε πεντήρη ναῦν κατασπᾶν καὶ διὰ ταύτης αὐτήν τε καὶ τοὺς φίλους σώζειν. 5 Αὐτομόλου δέ τινος τὸ γινόμενον ἀπαγγείλαντος τοῖς πολεμίοις ὁ μὲν Κάσανδρος ἐπιπλεύσας ἐκυρίευσε τοῦ σκάφους, ἡ δ' Ὀλυμπιὰς ἀπογνοῦσα τὰ καθ' αὑτὴν πρέσβεις ἐξέπεμψε περὶ διαλύσεων. Οἰομένου δὲ δεῖν τοῦ Κασάνδρου τὰ καθ' αὑτὴν ἐπιτρέπειν μόγις ἔπεισεν ὥστε μόνην ἐξαίρετον λαβεῖν

1 τὴν τούτων om. F ‖ **2** ἀνυπομένητον R : ἀνυπομόνητον F ‖ τρυφῆς R : τρυφαῖς F ‖ **5** ἀεὶ om. F ‖ **6** post πολλοὶ add. καὶ F ‖ **10-11** προσδεξάμενος R : δεξάμενος F ‖ **14** ἀπελπιεῖν R : ἀπελπίσειν F ‖ **17** ἀπεχώρησαν R : ἀπέκλινον F ‖ **21** μεταθεμένους om. F ‖ 25 γινόμενον R : γενόμενον F ‖ 28 οἰομένου R : οἰομένης F ‖ τοῦ Κασάνδρου R : τῷ Κασσάνδρῳ F.

exception, la sécurité de sa personne. **6** Cassandre, une fois maître de la ville, envoya de ses hommes se faire remettre les cités de Pella et d'Amphipolis. **7** A la suite de quoi, quand Monimos, qui avait Pella sous son autorité, eut appris ce qui était arrivé à Olympias, il livra la ville. Mais Aristonous, à cause de ses nombreux soldats et d'une victoire récente, avait d'abord pris la résolution de ne pas abandonner sa position. Quelques jours auparavant, lors d'une bataille rangée contre Crateuas, le stratège de Cassandre, il avait tué la plupart de ses adversaires ; il avait investi Crateuas qui s'était enfui avec deux mille hommes à Bedyndia en Bisaltie *, avait mené un siège victorieux, puis, après remise des armes, l'avait laissé partir en vertu d'une convention [1]. **8** Dans l'exaltation de ce succès, l'ignorance de la mort d'Eumène et, en outre, la conviction de recevoir l'appui d'Alexandre et de Polyperchon, il affirmait qu'il ne livrerait pas Amphipolis. Mais quand Olympias lui eut envoyé une lettre dans laquelle elle lui demandait d'être fidèle à ses engagements et lui ordonnait de livrer la ville, il comprit qu'il devait obéir ; il remit la cité entre les mains de Cassandre et reçut les garanties de sa sécurité personnelle.

LI. **1** Cassandre, qui voyait le prestige dont jouissait Aristonous, grâce à la promotion que lui avait donnée Alexandre [2] et qui désirait se débarrasser de tous les hommes capables d'un coup d'État, le fit tuer par les parents de Crateuas. Il poussa également les familles des victimes d'Olympias à mettre cette femme en accusation devant l'assemblée générale des Macédoniens. **2** Ceux-ci exécutèrent donc l'ordre et, comme Olympias n'était pas là et qu'il n'y avait personne pour la défendre, les Macédoniens

1. Cf. P. Ducrey, *Le traitement des prisonniers de guerre dans la Grèce antique*, Paris, 1968, p. 144.
2. Cf. Berve, *op. cit.* [n. compl. p. 20] n° 133.

τὴν τοῦ σώματος ἀσφάλειαν. **6** Κάσανδρος δὲ κυριεύσας τῆς πόλεως ἐξέπεμψε τοὺς παραληψομένους τήν τε Πέλλαν καὶ τὴν Ἀμφίπολιν. **7** Ὁ μὲν οὖν τῆς Πέλλης κυριεύων Μόνιμος ἀκούσας τὰ συμβάντα περὶ τὴν Ὀλυμπιάδα παρέδωκε τὴν πόλιν · ὁ δ' Ἀριστόνους τὸ μὲν πρῶτον ἀντέχεσθαι τῶν πραγμάτων διεγνώκει, στρατιώτας τε συχνοὺς ἔχων καὶ προσφάτως εὐημερηκώς · ὀλίγαις γὰρ ἔμπροσθεν ἡμέραις παραταξάμενος πρὸς τὸν Κασάνδρου στρατηγὸν Κρατεύαν τοὺς πλείστους μὲν ἀνεῖλε τῶν ἀντιταχθέντων, αὐτὸν δὲ τὸν Κρατεύαν μετὰ δισχιλίων φυγόντα τῆς Βισαλτίας εἰς Βεδύνδια περιστρατοπεδεύσας ἐξεπολιόρκησε καὶ τὰ ὅπλα παρελόμενος ὑπόσπονδον ἀφῆκε. **8** Διὰ δὲ ταῦτα ἐπαιρόμενος καὶ τὸν Εὐμενοῦς θάνατον ἀγνοῶν, ἔτι δὲ τοὺς περὶ Ἀλέξανδρον καὶ Πολυπέρχοντα νομίζων συνεπιλήψεσθαι τὴν Ἀμφίπολιν οὐκ ἔφη παραδώσειν. Ἐπεὶ δὲ ἔγραψε πρὸς αὐτὸν Ὀλυμπιὰς ἀπαιτοῦσα τὴν πίστιν καὶ κελεύουσα παραδοῦναι, διαλαβὼν ἀναγκαῖον εἶναι τὸ προσταττόμενον ποιεῖν, τήν τε πόλιν ἐνεχείρισε καὶ τὰ πιστὰ περὶ τῆς ἀσφαλείας ἔλαβεν.

LI. **1** Ὁ δὲ Κάσανδρος ὁρῶν περὶ τὸν Ἀριστόνουν ὑπάρχον ἀξίωμα διὰ τὴν παρ' Ἀλεξάνδρου προαγωγὴν καὶ σπεύδων ἐκ ποδῶν ποιεῖν τοὺς δυναμένους νεωτερίζειν ἐπανεῖλε τὸν ἄνδρα διὰ τῶν Κρατεύα συγγενῶν. Προετρέψατο δὲ καὶ τοὺς οἰκείους τῶν ἀνῃρημένων ὑπ' Ὀλυμπιάδος ἐν κοινῇ τῶν Μακεδόνων ἐκκλησίᾳ κατηγορεῖν τῆς προειρημένης γυναικός. **2** Ὧν ποιησάντων τὸ προσταχθὲν καὶ τῆς μὲν Ὀλυμπιάδος οὔτε παρούσης οὔτε ἐχούσης τοὺς ἀπολογησομένους οἱ μὲν Μακεδόνες

9-10 τούς-Κρατεύαν R F^mg : om. F ‖ **11-12** Βεδύνδια περιστρατοπεδεύσας R : Βέδην διαστρατοπεδεύσας F ‖ **13-14** Εὐμενοῦς θάνατον ἀγνοῶν R² : Εὐμ. θάν. R Εὐμενῆ ζῶντα ἡγούμενος F ‖ **19** ἐνεχείρισε R F¹ : ἐνεχείρησε F ‖ πιστὰ R F¹ : om. F ‖ **22** Ἀλεξάνδρου R : Ἀλεξάνδρῳ F ‖ **23** ἐκ ποδῶν R : ἐκποδών F ‖ **25** *καὶ* om. F.

demandèrent qu'elle fût condamnée à mort *. Cassandre envoya quelques-uns de ses amis lui conseiller de fuir secrètement, avec promesse de lui fournir un bateau et de l'emmener à Athènes. **3** Il agissait ainsi non parce qu'il voulait la sauver, mais pour que, en se condamnant elle-même à l'exil et en disparaissant pendant la traversée, elle parût avoir succombé à un juste châtiment. Il redoutait, en effet, à la fois son prestige et la versatilité des Macédoniens. **4** Comme Olympias déclarait fermement qu'elle ne fuirait pas, mais qu'elle était prête, au contraire, à comparaître devant tous les Macédoniens, Cassandre, craignant que la foule des Macédoniens, si elle entendait la reine se défendre et se rappelait les bienfaits d'Alexandre et de Philippe envers tout le peuple [1], ne changeât d'avis *, envoya chez elle deux cents soldats, les plus appropriés pour cette mission, avec ordre de la tuer au plus vite. **5** Ils firent donc irruption dans la maison de la reine, mais, en présence d'Olympias, ils furent intimidés par son haut rang et se retirèrent sans avoir rien fait. Mais les parents de ses victimes, désireux à la fois de plaire à Cassandre et de venger leurs morts, assassinèrent la reine, qui ne laissa échapper aucune prière indigne et trahissant son sexe [2]. **6** C'est donc ainsi qu'Olympias, qui avait surpassé par son prestige toutes les personnes de son temps, qui était la fille de Néoptolème, le roi des Épirotes, la sœur d'Alexandre qui fit campagne en Italie [3], la femme de Philippe qui dépassa en puissance ceux qui avaient régné avant lui en Europe et la mère d'Alexandre qui accomplit les plus nombreux et les plus beaux exploits, en termina avec la vie.

LII. **1** Cassandre, comme les événements se dérou-

1. Cf. 19, 11, 2.
2. Cf. Justin, 14, 6 et Pausanias, 9, 7, 2.
3. Alexandre le Molosse, cf. Piganiol, *op. cit.* [p. XI, n. 2] p. 159.

κατεγίνωσκον αὐτῆς θάνατον, ὁ δὲ Κάσανδρος πέμψας τινὰς τῶν φίλων πρὸς τὴν Ὀλυμπιάδα συνεβούλευε λάθρᾳ φυγεῖν, ἐπαγγελλόμενος αὐτῇ ναῦν παρασκευάσειν καὶ διακομιεῖν εἰς τὰς Ἀθήνας. 3 Τοῦτο δ' ἔπραττεν οὐ τῆς σωτηρίας προνοούμενος, ἀλλ' ἵνα καθ' αὑτῆς φυγὴν καταγνοῦσα καὶ διαφθαρεῖσα κατὰ τὸν πλοῦν δόξῃ δικαίᾳ περιπεπτωκέναι τιμωρίᾳ · εὐλαβεῖτο γὰρ ἅμα καὶ τὸ περὶ αὐτὴν ἀξίωμα καὶ τὸ τῶν Μακεδόνων εὐμετάβολον. 4 Τῆς δὲ Ὀλυμπιάδος οὐ φαμένης φεύξεσθαι, τοὐναντίον δ' ἑτοίμης οὔσης ἐν πᾶσι Μακεδόσι κριθῆναι ὁ Κάσανδρος φοβηθεὶς μήποτε τὸ πλῆθος ἀκοῦον τῆς βασιλίσσης ἀπολογουμένης καὶ τῶν Ἀλεξάνδρου καὶ Φιλίππου πρὸς ἅπαν ἔθνος εὐεργεσιῶν ἀναμιμνησκόμενον μετανοήσῃ, διακοσίους τῶν στρατιωτῶν τοὺς ἐπιτηδειοτάτους ἀπέστειλε πρὸς αὐτήν, προστάξας ἀνελεῖν τὴν ταχίστην. 5 Οὗτοι μὲν οὖν παρεισπεσόντες εἰς τὴν βασιλικὴν οἰκίαν, ὡς εἶδον τὴν Ὀλυμπιάδα, καταιδεσθέντες τὸ περὶ αὐτὴν ἀξίωμα πάλιν ἀπεχώρησαν ἄπρακτοι · οἱ δὲ τῶν ἀνῃρημένων συγγενεῖς, Κασάνδρῳ τε χαρίζεσθαι βουλόμενοι καὶ τοῖς τετελευτηκόσιν ἀμῦναι, κατέσφαξαν τὴν βασίλισσαν, οὐδεμίαν ἀγεννῆ καὶ γυναικείαν προεμένην ἀξίωσιν. 6 Ὀλυμπιὰς μὲν οὖν, μέγιστον τῶν καθ' αὑτὴν ἐσχηκυῖα ἀξίωμα καὶ γεγενημένη θυγάτηρ μὲν Νεοπτολέμου τοῦ βασιλέως τῶν Ἠπειρωτῶν, ἀδελφὴ δὲ Ἀλεξάνδρου τοῦ στρατεύσαντος εἰς Ἰταλίαν, ἔτι δὲ γυνὴ μὲν Φιλίππου τοῦ πλεῖστον ἰσχύσαντος τῶν πρὸ αὐτοῦ κατὰ τὴν Εὐρώπην δυναστευσάντων, μήτηρ δὲ Ἀλεξάνδρου τοῦ πλεῖστα καὶ κάλλιστα κατεργασαμένου τοιαύτης καταστροφῆς ἔτυχε.

LII. 1 Κάσανδρος δέ, κατὰ νοῦν αὐτῷ τῶν πραγ-

10 ἑτοίμης οὔσης R : οὔσης ἐκείνης ἑτοίμης F ‖ **17** εἶδον F : ἴδον R ‖ **23-24** γεγενημένη θυγάτηρ R : γεγενημένην θυγάτερα F ‖ **25** ἀδελφὴ R F : ἀδελφὴν F^1 ‖ **26** γυνὴ R F : γυνὴν F^1.

laient selon son désir, commença à ambitionner de régner sur la Macédoine. C'est pourquoi il épousa Thessalonique *, fille de Philippe et demi-sœur d'Alexandre par son père, car il souhaitait apparaître comme un membre de la famille royale. **2** De plus, il fonda sur la Pallène une cité portant son nom, Cassandreia *, à laquelle furent réunies [1] les cités de la presqu'île, Potidée et un bon nombre de bourgades [2] de la région. Il y établit également les nombreux Olynthiens survivants. **3** Comme les habitants de Cassandreia possédaient à l'intérieur de leurs frontières un vaste et fertile territoire et que Cassandre avait mis tout son zèle à développer la cité, celle-ci prit rapidement un grand essor et devint la plus importante de Macédoine. **4** L'intention de Cassandre avait été de tuer le fils d'Alexandre et sa mère Roxane, afin qu'il n'y eût pas d'héritier au trône, mais, comme momentanément il voulait observer quelles réflexions ferait le peuple sur le meurtre d'Olympias et qu'il n'avait aucune nouvelle d'Antigone, il fit transférer Roxane et son fils dans la citadelle d'Amphipolis et les y garda prisonniers, sous le commandement de Glaucias, un de ses hommes de confiance [3]. Il retira également à l'enfant les pages qui étaient élevés avec lui selon la coutume et ordonna que son éducation ne fût plus celle d'un roi, mais celle de n'importe qui. **5** Ensuite, dirigeant désormais le pays comme un roi, il fit ensevelir à Aigai, selon la coutume royale, Eurydice et Philippe, le couple royal, ainsi que Cynna *, qu'avait tuée Alcétas. Après avoir honoré les morts par des jeux funèbres,

1. Cf. J. de Wever et R. van Compernolle, « Les termes de la colonisation chez Thucydide », *Ant. Clas.*, 36, 1967, p. 461-523.
2. C'est une des significations possibles de χωρίον, cf. L. Robert, *Études épigraphiques et philologiques*, Paris, 1938, p. 260-1.
3. Cf. Justin, 14, 6, 13.

μάτων προχωρούντων, περιελάμβανε ταῖς ἐλπίσι τὴν Μακεδόνων βασιλείαν. Διὸ καὶ Θεσσαλονίκην ἔγημε, τὴν Φιλίππου μὲν θυγατέρα Ἀλεξάνδρου δὲ ἀδελφὴν ὁμοπάτριον, σπεύδων οἰκεῖον αὐτὸν ἀποδεῖξαι τῆς βασιλικῆς συγγενείας. 2 Ἔκτισε δὲ καὶ πόλιν ἐπὶ τῆς Παλλήνης ὁμώνυμον αὐτοῦ Κασάνδρειαν, εἰς ἣν τάς τε ἐκ τῆς χερρονήσου πόλεις συνῴκισε καὶ τὴν Ποτίδαιαν, ἔτι δὲ τῶν σύνεγγυς χωρίων οὐκ ὀλίγα · κατῴκισε δ' εἰς αὐτὴν καὶ τῶν Ὀλυνθίων τοὺς διασωζομένους, ὄντας οὐκ ὀλίγους. 3 Πολλῆς δὲ χώρας προσορισθείσης τοῖς Κασανδρεῦσι καὶ ταύτης ἀγαθῆς, ἔτι δὲ τοῦ Κασάνδρου πολλὰ συμφιλοτιμηθέντος εἰς τὴν αὔξησιν ταχὺ μεγάλην ἐπίδοσιν ἔλαβεν ἡ πόλις καὶ πλεῖστον ἴσχυσε τῶν ἐν Μακεδονίᾳ. 4 Ὁ δὲ Κάσανδρος διεγνώκει μὲν ἀνελεῖν Ἀλεξάνδρου τὸν παῖδα καὶ τὴν μητέρα αὐτοῦ Ῥωξάνην, ἵνα μηδεὶς ᾖ διάδοχος τῆς βασιλείας · κατὰ δὲ τὸ παρὸν θεωρῆσαι βουλόμενος τοὺς τῶν πολλῶν λόγους, τίνες ἔσονται περὶ τῆς Ὀλυμπιάδος ἀναιρέσεως, ἅμα δ' οὐδὲν πεπυσμένος τῶν περὶ Ἀντίγονον, τὴν μὲν Ῥωξάνην μετὰ τοῦ παιδὸς εἰς φυλακὴν παρέδωκε, μεταγαγὼν εἰς τὴν ἄκραν τὴν ἐν Ἀμφιπόλει, τάξας τε ἐπ' αὐτῆς Γλαυκίαν τινὰ τῶν πιστευομένων · ἀπέσπασε δὲ καὶ τοὺς εἰωθότας παῖδας συντρέφεσθαι καὶ τὴν ἀγωγὴν οὐκέτι βασιλικήν, ἀλλ' ἰδιώτου τοῦ τυχόντος οἰκείαν ἐκέλευε γίνεσθαι. 5 Μετὰ δὲ ταῦτα βασιλικῶς ἤδη διεξάγων τὰ κατὰ τὴν ἀρχὴν Εὐρυδίκην μὲν καὶ Φίλιππον τοὺς βασιλεῖς, ἔτι δὲ Κύνναν, ἣν ἀνεῖλεν Ἀλκέτας, ἔθαψεν ἐν Αἰγαιαῖς, καθάπερ ἔθος ἦν τοῖς βασιλεῦσι. Τιμήσας δὲ

11 πολλὰ R[1] F : om. R ‖ **19** πεπυσμένος R : πεπεισμένος F ‖ **25** διεξάγων R : διεξαγαγὼν F ‖ **26-27** Εὐρυδίκην-Κύνναν [Κίνναν F] R F[mg] : om. F ‖ **28** Αἰγαιαῖς R : Αἰγιαῖς F.

il enrôla les Macédoniens qui pouvaient l'être, car il avait l'intention de faire une expédition dans le Péloponnèse. **6** Tandis qu'il s'occupait de tout cela, Polyperchon se trouvait assiégé à Azoros *, en Perrhébie. La nouvelle de la mort d'Olympias lui fit perdre tout espoir en ce qui concernait la Macédoine et il s'échappa de la ville avec quelques hommes et quitta la Thessalie. Après avoir pris avec lui Éacide et les siens [1], il se retira en Étolie ; c'était de là, avait-il jugé, qu'il observerait avec le plus de sécurité l'évolution des événements, puisqu'il se trouvait être en bons termes avec ce peuple.

LIII. **1** Cassandre, après avoir rassemblé une force suffisante, quitta la Macédoine avec le désir de chasser du Péloponnèse Alexandre, fils de Polyperchon, car celui-ci était le dernier de ses adversaires à disposer d'une armée et il occupait des cités et des régions avantageuses à posséder. Il traversa donc la Thessalie en toute sécurité, mais, ayant trouvé les Thermopyles gardées par les Étoliens, il se fraya avec peine un passage et pénétra en Béotie. **2** Après avoir fait revenir de partout les Thébains survivants, il entreprit de faire revivre Thèbes *. C'était là, estimait-il, une occasion magnifique de relever une cité, illustre par son histoire et par les mythes [2] qu'on rapporte à son sujet, et d'acquérir par ce bienfait une gloire immortelle. **3** Cette cité a connu de très nombreux et profonds changements et elle a été bien des fois dépeuplée : en parler dans les grandes lignes n'est pas hors de propos. **4** Après le déluge qui se produisit au temps de Deucalion, quand Cadmos eut fondé la Cadmée [3] qui porte son nom, une popula-

1. Cf. 19, 11, 2.

2. On peut comparer la tradition rapportée par Diodore dans les § 3-4 à celle d'Apollodore au Livre III de sa *Bibliothèque*.

3. La citadelle de Thèbes.

τοὺς τετελευτηκότας ἐπιταφίοις ἀγῶσι κατέγραφε τῶν Μακεδόνων τοὺς εὐθέτους, διεγνωκὼς εἰς Πελοπόννησον στρατεύειν. 6 Τούτου δὲ περὶ ταῦτ᾽ ὄντος Πολυπέρχων ἐτύγχανε μὲν πολιορκούμενος ἐν Ἀζώρῳ τῆς Περραιβίας, ἀκούσας δὲ τὴν Ὀλυμπιάδος τελευτὴν καὶ τελέως ἀπελπίσας τὰ κατὰ Μακεδονίαν ἐξεπήδησεν ἐκ τῆς πόλεως μετ᾽ ὀλίγων, πορευθεὶς δὲ ἐκ τῆς Θετταλίας καὶ παραλαβὼν τοὺς περὶ τὸν Αἰακίδην ἀπεχώρησεν εἰς τὴν Αἰτωλίαν, ὑπολαβὼν ἀσφαλέστατα καραδοκήσειν ἐνταῦθα τὰς τῶν πραγμάτων μεταβολάς · καὶ γὰρ ἐτύγχανεν οἰκείως ἔχων πρὸς τοῦτο τὸ ἔθνος.

LIII. 1 Κάσανδρος δὲ συστησάμενος ἱκανὴν δύναμιν ἀνέζευξεν ἐκ τῆς Μακεδονίας, σπεύδων Ἀλέξανδρον τὸν Πολυπέρχοντος ἐκβαλεῖν ἐκ τῆς Πελοποννήσου · οὗτος γὰρ ἦν λοιπὸς μετὰ δυνάμεως τῶν ἀντιπραττόντων καὶ κατειλήφει πόλεις τε καὶ τόπους ἐπικαίρους. Τὴν μὲν οὖν Θετταλίαν ἀσφαλῶς διῆλθεν, τὰς δ᾽ ἐν Πύλαις παρόδους εὑρὼν ὑπ᾽ Αἰτωλῶν φυλαττομένας μόγις τούτους βιασάμενος παρῆλθεν εἰς τὴν Βοιωτίαν. 2 Μεταπεμψάμενος δὲ πανταχόθεν τοὺς διασωζομένους τῶν Θηβαίων ἐνεχείρει κατοικίζειν τὰς Θήβας, ὑπολαβὼν κάλλιστον ἔχειν καιρὸν πόλιν διωνομασμένην καὶ διὰ τὰς πράξεις καὶ διὰ τοὺς παραδεδομένους περὶ αὐτῆς μύθους ἀναστῆσαι καὶ διὰ τὴν εὐεργεσίαν ταύτην τυχεῖν ἀθανάτου δόξης. 3 Συμβέβηκε δὲ τὴν πόλιν ταύτην πλείσταις καὶ μεγίσταις κεχρῆσθαι μεταβολαῖς, οὐκ ὀλιγάκις ἀνάστατον γεγενημένην · περὶ ὧν οὐκ ἀνοίκειον ἐν κεφαλαίοις εἰπεῖν. 4 Μετὰ γὰρ τὸν ἐπὶ Δευκαλίωνος κατακλυσμὸν Κάδμου κτίσαντος τὴν ἀπ᾽ αὐτοῦ προσαγορευθεῖσαν

2 διεγνωκὼς R : καὶ διέγνωκεν F ‖ 4 Ἀζώρῳ Wess. : Ναξίῳ R Ἀξιώρῳ F ‖ 23 περὶ αὐτῆς R : δι᾽ αὐτὴν F ‖ 23-24 ἀναστῆσαι R : ἀνακτῆσαι F ‖ 28 ἐπὶ om. R.

tion s'y rassembla, que certains ont appelée Sparte [1], parce qu'elle était formée d'hommes venus de toutes parts, et d'autres Thébagène, parce que, originaire de cette cité, elle en avait été chassée et dispersée par le déluge. **5** Quoi qu'il en soit, ceux qui s'y établirent à cette époque furent ensuite attaqués et emmenés par les Enchéléens [2], tandis qu'au même moment Cadmos et les siens avaient, eux aussi, à partir chez les Illyriens. Par la suite, Amphion et Zèthos prirent possession des lieux et fondèrent alors les premiers la ville basse [3], comme le dit le poète [4] : « Les premiers ils fondèrent Thèbes aux sept portes. » Les habitants furent chassés une deuxième fois quand revint Polydoros, le fils de Cadmos, qui méprisa le pouvoir d'Amphion à cause du malheur arrivé à ses enfants *. **6** Plus tard, alors que ses descendants occupaient le trône et que tout le pays s'appelait désormais Béotie, du nom de Béotos, fils de Mélanippe et de Poséidon, qui avait régné sur le pays, les Thébains furent chassés pour la troisième fois, après le siège et la prise de la cité par les Épigones venus d'Argos *. **7** Parmi les Thébains chassés de leur cité, ceux qui survécurent se réfugièrent dans la région d'Alalkomenia et sur le mont Tilphosion *, puis, quand les Argiens se furent retirés, ils retournèrent dans leur patrie. Par la suite, comme les Thébains étaient partis faire campagne en Asie lors de la guerre de Troie, ceux qu'on avait laissés furent chassés par les Pélasges *, ainsi que les autres Béotiens. **8** Ils subirent ensuite de nombreux malheurs et c'est avec peine qu'après la quatrième génération, comme le

1. Cf. F. Vian, *Les origines de Thèbes* ; *Cadmos et les Spartes*, Paris, 1963.
2. Tribu illyrienne. Cf. Euripide, *Bacch.* 1334.
3. Amphion et Zèthos tuèrent le roi Lycos pour venger leur mère Antiope. Les pierres se plaçaient d'elles-mêmes au son de la lyre d'Amphion. L'ἄστυ désigne la ville basse.
4. Homère, *Od.* 11, 263.

Καδμείαν συνῆλθεν ἐπ' αὐτὴν λαὸς ὅν τινὲς μὲν Σπαρτὸν προσηγόρευσαν διὰ τὸ πανταχόθεν συναχθῆναι, τινὲς δὲ Θηβαγενῆ διὰ τὸ τὴν ἀρχὴν ἐκ τῆς προειρημένης πόλεως ὄντα διὰ τὸν κατακλυσμὸν ἐκπεσεῖν καὶ διασπαρῆναι. 5 Τοὺς οὖν τότε κατοικήσαντας ὕστερον 'Εγχελεῖς καταπολεμήσαντες ἐξέβαλον, ὅτε δὴ συνέβη καὶ τοὺς περὶ Κάδμον εἰς 'Ιλλυριοὺς ἐκπεσεῖν. Μετὰ δὲ ταῦτ' 'Αμφίονος καὶ Ζήθου κρατησάντων τοῦ τόπου καὶ τότε πρῶτον τὸ ἄστυ κτισάντων, καθάπερ καὶ ὁ ποιητής φησιν·

οἳ πρῶτοι Θήβης ἕδος ἔκτισαν ἑπταπύλοιο.

Τὸ δεύτερον οἱ κατοικήσαντες τὸν τόπον ἐξέπεσον κατελθόντος Πολυδώρου τοῦ Κάδμου καὶ καταφρονήσαντος τῶν πραγμάτων διὰ τὴν γενομένην τῷ 'Αμφίονι περὶ τὰ τέκνα συμφοράν. 6 'Εξῆς δὲ τῶν ἀπογόνων τούτου βασιλευόντων καὶ τῆς ὅλης χώρας ἤδη Βοιωτίας καλουμένης ἀπὸ Βοιωτοῦ τοῦ Μελανίππης μὲν καὶ Ποσειδῶνος υἱοῦ, δυναστεύσαντος δὲ τῶν τόπων, τὸ τρίτον ἐκπίπτουσιν οἱ Θηβαῖοι τῶν ἐξ ῎Αργους ἐπιγόνων ἐκπολιορκησάντων τὴν πόλιν. 7 Τῶν δ' ἐκπεσόντων οἱ διασωθέντες κατέφυγον μὲν εἰς 'Αλαλκομενίαν καὶ τὸ Τιλφώσιον ὄρος, τῶν δὲ 'Αργείων ἀποχωρησάντων ἐπανῆλθον εἰς τὴν πατρίδα. Μετὰ δὲ ταῦτα κατὰ τὸν 'Ιλιακὸν πόλεμον ἐκστρατευσάντων τῶν Θηβαίων εἰς τὴν 'Ασίαν οἱ καταλειφθέντες ἐξέπεσον μετὰ τῶν ἄλλων Βοιωτῶν ὑπὸ Πελασγῶν. 8 Οὐκ ὀλίγοις δὲ μετὰ ταῦτα περιπεσόντες συμπτώμασι μόγις μετὰ τετάρτην γενεὰν κατὰ τὸν γενό-

1 αὐτὴν R : αὐτῇ F ‖ **5** 'Εγχελεῖς R : 'Εγχελέες F ‖ **8** Ζήθου R : Ζύθου F ‖ **8-9** τότε πρῶτον τὸ R : πρ. τό τε F ‖ **21** 'Αλαλκομενίαν R : 'Αλαλκαμενίαν F ‖ **21-22** Τιλφώσιον R : Τιφόσιον F ‖ **25** ἐξέπεσον F : ἐξέπεσαν R.

voulait l'oracle des corbeaux [1], ils revinrent en Béotie et s'installèrent à Thèbes. Depuis ce temps, la cité subsista pendant environ huit cents ans : pour commencer les Thébains prirent le premier rang chez leur propre peuple, puis ils cherchèrent à obtenir l'hégémonie sur les Grecs jusqu'à ce qu'Alexandre, fils de Philippe, eût pris Thèbes de vive force et l'eût rasée.

LIV. **1** Dans la vingtième année qui suivit, Cassandre, par amour de la gloire et avec l'accord des Béotiens, releva la ville pour les Thébains survivants. **2** Beaucoup de cités grecques participèrent à l'œuvre de repeuplement à la fois par pitié pour les malheureux et à cause de la gloire de la cité. Ainsi les Athéniens relevèrent la plus grande partie de la muraille, tandis que les autres bâtissaient autant qu'ils le pouvaient ou envoyaient de l'argent pour les besoins qui se présentaient ; il s'agissait là non seulement de cités de Grèce, mais aussi de Sicile et d'Italie. **3** Les Thébains recouvrèrent donc ainsi leur patrie.

Cassandre, de son côté, partit avec son armée en direction du Péloponnèse, mais, ayant trouvé l'Isthme bloqué par des postes de garde placés par Alexandre, fils de Polyperchon, il gagna Mégare. Là, il construisit des radeaux sur lesquels il fit passer les éléphants jusqu'à Épidaure, tandis que le reste de l'armée utilisait des barques. Une fois à Argos, il força cette cité à abandonner l'alliance d'Alexandre et à rejoindre son parti. **4** Il se rallia ensuite les cités de Messénie à l'exception d'Ithomè et occupa le territoire d'Hermioné après avoir conclu un accord. Comme Alexandre refusait la bataille, il laissa sur l'Isthme, dans la région

1. Les Béotiens devaient partir quand ils verraient des corbeaux blancs, ce qui se produisit quand des jeunes gens éméchés couvrirent de plâtre certains de ces oiseaux, cf. E. L. Leutsch et F. G. Schneidewin, *Paroemiographi graeci*, Göttingen, 1839, I, p. 78-79.

μενον ἐπὶ τῶν κοράκων χρησμὸν ἀπῆλθον εἰς τὴν Βοιωτίαν καὶ τὰς Θήβας κατῴκησαν. Ἀπὸ δὲ τούτων τῶν χρόνων διαμενούσης τῆς πόλεως ἐπ' ἔτη σχεδὸν ὀκτακόσια καὶ τὸ μὲν πρῶτον τῶν Θηβαίων τοῦ παρ' αὐτῶν ἔθνους προστάντων, μετὰ δὲ ταῦτα τῆς τῶν Ἑλλήνων ἡγεμονίας ἀμφισβητησάντων Ἀλέξανδρος ὁ Φιλίππου κατὰ κράτος ἐκπολιορκήσας κατέσκαψεν.

LIV. 1 Εἰκοστῷ δ' ἔτει ὕστερον Κάσανδρος φιλοδοξῆσαι βουλόμενος καὶ πείσας τοὺς Βοιωτοὺς ἀνέστησε τὴν πόλιν τοῖς διασωζομένοις τῶν Θηβαίων. 2 Συνεπελάβοντο δὲ καὶ τῶν Ἑλληνίδων πόλεων τοῦ συνοικισμοῦ πολλαὶ διά τε τὸν πρὸς τοὺς ἠτυχηκότας ἔλεον καὶ διὰ τὴν δόξαν τῆς πόλεως· Ἀθηναῖοι μὲν γὰρ τὸ πολὺ μέρος τοῦ τείχους ἀνέστησαν καὶ τῶν ἄλλων οἱ μὲν ᾠκοδόμησαν κατὰ δύναμιν, οἱ δὲ καὶ χρήματα πρὸς τὰς κατεπειγούσας χρείας ἀπέστειλαν οὐ μόνον τῶν ἐκ τῆς Ἑλλάδος, ἀλλὰ καὶ Σικελίας, ἔτι δ' Ἰταλίας. 3 Θηβαῖοι μὲν οὖν τοῦτον τὸν τρόπον ἐκομίσαντο τὴν πατρίδα.

Κάσανδρος δὲ μετὰ τῆς δυνάμεως ἀναζεύξας ἐπὶ Πελοποννήσου καὶ καταλαβὼν Ἀλέξανδρον τὸν Πολυπέρχοντος διειληφότα τὸν Ἰσθμὸν φυλακαῖς παρῆλθεν εἰς Μέγαρα. Ἐνταῦθα δὲ κατασκευάσας σχεδίας ἐπὶ μὲν τούτων τοὺς ἐλέφαντας διεβίβασεν εἰς Ἐπίδαυρον, ἐν δὲ πλοίοις τὴν ἄλλην δύναμιν. Παρελθὼν δὲ ἐπὶ τὴν τῶν Ἀργείων πόλιν ταύτην μὲν ἠνάγκασεν ἀποστᾶσαν τῆς Ἀλεξάνδρου συμμαχίας αὐτῷ προσθέσθαι, 4 μετὰ δὲ ταῦτα τὰς ἐν τῇ Μεσσήνῃ πόλεις προσηγάγετο πλὴν Ἰθώμης καὶ τὴν Ἑρμιονίδα δι' ὁμολογίας παρέλαβεν. Τοῦ δ' Ἀλεξάνδρου μὴ συγκαταβαίνοντος εἰς παράταξιν ἀπολιπὼν ἐπὶ τὸν ἰσθμὸν Γερανίας στρατιώτας δισχι-

4 τὸ... πρῶτον R : τῶν... πρώτων F ‖ 10-11 συνεπελάβοντο R F[1] : συνελάβοντο F ‖ 20 καὶ om. F ‖ 23 τούτων R : αὐτῶν F ‖ 27 τῇ Μεσσήνῃ R : Μεσένῃ F ‖ 29 μὴ om. R ‖ συγκαταβαίνοντος R : συγκαταβάντος F ‖ 30 Γερανίας R : Γερανείας F.

de la Géranie *, deux mille soldats avec Molyccos comme stratège et revint en Macédoine.

a. 315-314 LV. **1** L'année écoulée, Praxiboulos devint archonte à Athènes et les Romains désignèrent comme consuls Spurius Nautius et Marcus Popilius *. Au cours de leur année de charge, Antigone laissa Aspisas, un homme du pays [1], comme satrape en Susiane [2] ; lui-même, ayant décidé de transporter toutes les richesses jusqu'à la mer, se procura des chariots et des chameaux et partit avec elles et les troupes pour la Babylonie. **2** A son arrivée à Babylone, vingt-deux jours plus tard, Séleucos, le satrape de ce territoire, l'honora de présents dignes d'un roi et régala toute l'armée. **3** Mais, quand Antigone demanda à contrôler ses revenus, il affirma ne pas avoir de comptes à rendre pour ce territoire que les Macédoniens lui avaient donné [3] en raison des services qu'il avait rendus du vivant d'Alexandre. **4** Leur désaccord augmentait de jour en jour et Séleucos, qui songeait au sort de Pithon [4], craignait qu'Antigone ne prît un prétexte pour tenter de le faire exécuter. Il semblait, en effet, désireux, de se débarrasser de tous les personnages d'importance capables de prendre le pouvoir. **5** Pour plus de sûreté, donc, il s'échappa avec cinquante cavaliers [5] dans le but de se retirer en Égypte auprès de Ptolémée, dont on vantait partout la générosité *, ainsi que l'empressement et la bonté qu'il témoignait à ceux qui se réfugiaient auprès de lui. **6** Cette nouvelle remplit Antigone de joie, car, croyait-il, il ne serait pas contraint de porter la main sur un ami qui avait lutté avec vaillance à ses

1. Cf. n. compl. p. 36 sur les postes donnés aux indigènes.
2. Le précédent satrape était Antigénès, cf. 18, 39, 6.
3. Cf. 18, 39, 6. En fait, c'est Antipater, le régent, qui a distribué les satrapies à Triparadisos, mais il était l'élu de l'assemblée macédonienne, cf. 18, 39, 4-6.
4. Cf. 19, 46.
5. Sur la fuite de Séleucos, cf. Appien, *Syr.* 53.

λίους καὶ στρατηγὸν Μόλυκκον ἐπανῆλθεν εἰς Μακεδονίαν.

LV. 1 Τοῦ δ' ἔτους τούτου διεληλυθότος Ἀθήνησι μὲν ἦρχε Πραξίβουλος, ἐν Ῥώμῃ δὲ κατέστησαν ὕπατοι Σπόριος Ναύτιος καὶ Μάρκος Πόπλιος. Ἐπὶ δὲ τούτων Ἀντίγονος τῆς μὲν Σουσιανῆς ἀπέλιπε σατράπην Ἀσπίσαν, ἕνα τῶν ἐγχωρίων, αὐτὸς δὲ τὰ χρήματα πάντα διαγνοὺς κατακομίζειν ἐπὶ θάλατταν, ἁμάξας καὶ καμήλους παρεσκευάσατο καὶ μετὰ τῆς δυνάμεως ἔχων ταῦτα προῆγεν ἐπὶ τῆς Βαβυλωνίας. 2 Ἐν ἡμέραις δ' εἴκοσι καὶ δυσὶν αὐτοῦ καταντήσαντος εἰς Βαβυλῶνα Σέλευκος ὁ τῆς χώρας σατράπης δωρεαῖς τε βασιλικαῖς ἐτίμησε τὸν Ἀντίγονον καὶ τὴν δύναμιν ἅπασαν εἱστίασεν. 3 Τοῦ δ' Ἀντιγόνου λόγους ἀπαιτοῦντος τῶν προσόδων οὐκ ἔφησεν ὀφείλειν ὑπὲρ ταύτης τῆς χώρας ὑπέχειν εὐθύνας, ἣν Μακεδόνες αὐτῷ δεδώκασι διὰ τὰς γεγενημένας ἐξ αὐτοῦ χρείας Ἀλεξάνδρου ζῶντος. 4 Τῆς δὲ διαφορᾶς καθ' ἡμέραν αὐξομένης ὁ Σέλευκος ἀναλογιζόμενος τὰ Πίθωνι συμβάντα περιδεὴς ἦν μήποτε προφάσεως λαβόμενος ὁ Ἀντίγονος ἀνελεῖν αὐτὸν ἐπιχειρήσῃ · ἐῴκει γὰρ τοὺς ἐν ἀξιώμασι τῶν ἀνδρῶν ὄντας καὶ δυναμένους πραγμάτων ἀντιλαμβάνεσθαι πάντας σπεύδειν ἐκ ποδῶν ἀπαλλάττειν. 5 Ταῦτ' οὖν εὐλαβηθεὶς ἐξεπήδησεν μετὰ πεντήκονθ' ἱππέων, διανοούμενος εἰς Αἴγυπτον ἀποχωρεῖν πρὸς Πτολεμαῖον · διεβεβόητο γὰρ ἡ τούτου χρηστότης καὶ τὸ πρὸς τοὺς καταφυγόντας ἐπ' αὐτὸν ἐκτενὲς καὶ φιλάνθρωπον. 6 Ὁ δ' Ἀντίγονος ἀκούσας περιχαρὴς ἦν ἐπὶ τῷ δοκεῖν αὐτὸς μὲν μὴ συνηναγκάσθαι προσενεγκεῖν τὰς χεῖρας ἀνδρὶ φίλῳ καὶ συνηγωνισμένῳ προθύμως, τὸν

1 Μόλυκκον R : Μόλυκον F ‖ 4 Σπόριος Ναύτιος F[1] : Ναυτ. Σπορ. R Σπ. Νούτιος F ‖ 7 post ἐπὶ add. τὴν F ‖ 11 τε om. F ‖ 19 ἀνελεῖν R : ἀναιρεῖν F ‖ 21 ἐκ ποδῶν R : ἐκποδὼν F ‖ 25 καταφυγόντας R : καταφεύγοντας F ‖ ἐκτενὲς R : εὐμενὲς F ‖ 26 post ἀκούσας add. ἀνεσκίρτησε καὶ F ‖ 27 αὐτὸς μὲν om. F ‖ τὰς R : εἰς F.

côtés et Séleucos, en se condamnant lui-même à l'exil, lui livrait sa satrapie sans combats ni périls. **7** Mais, quand, plus tard, il eut reçu la visite de Chaldéens * qui lui prédirent que, s'il laissait échapper Séleucos, toute l'Asie serait soumise à ce dernier et que lui-même mourrait en lui livrant bataille [1], il regretta ce qui s'était passé et envoya des hommes à sa poursuite. Après lui avoir donné la chasse un certain temps, ceux-ci revinrent sans avoir obtenu de résultat. **8** Antigone, qui, d'ordinaire, méprisait de pareilles prédictions, fut profondément troublé en la circonstance, impressionné qu'il était par le prestige de ces hommes. Il semble, en effet, qu'ils aient une très grande expérience en ce domaine et que leur observation des astres soit extrêmement précise [2]. C'est que chez eux, disent-ils, on se consacre à ces matières depuis des myriades d'années. Ils passent aussi pour avoir prédit la mort à Alexandre s'il rentrait à Babylone [3]. **9** Tout comme la prédiction concernant Alexandre, ce qu'ils avaient dit à propos de Séleucos se réalisa exactement. Nous en parlerons en détail, quand nous aborderons la période en question [4].

LVI. **1** Séleucos, donc, arrivé sain et sauf en Égypte fut parfaitement bien accueilli par Ptolémée. Il porta d'amères accusations contre Antigone qui, disait-il, avait décidé de chasser de leurs satrapies tous les personnages d'importance et en particulier ceux qui avaient combattu avec Alexandre. Il en donnait pour preuve Pithon exécuté, Peucestès dépouillé de la Perse [5] et son propre sort. **2** Aucun d'eux, pourtant, n'avaient causé de tort à Antigone

1. La bataille d'Ipsos en 301.
2. Cette correction présente l'avantage de peu changer le texte ; celle de Dindorf s'inspire de 1, 28, 1 ; 2, 30, 2.
3. Cf. 17, 112, 2.
4. Nous n'avons que des fragments du livre 21.
5. Cf. 19, 46, 48.

Σέλευκον δ' αὐτὸν αὑτοῦ καταγνόντα φυγὴν παραδεδωκέναι τὴν σατραπείαν χωρὶς ἀγώνων καὶ κινδύνων. 7 Μετὰ δὲ ταῦτα προσελθόντων αὐτῷ τῶν Χαλδαίων καὶ προλεγόντων ὡς, εἰ τὸν Σέλευκον ἐκ τῶν χειρῶν ἀφήσει, συμβήσεται τήν τ' Ἀσίαν πᾶσαν ὑποχείριον γενέσθαι καὶ αὐτὸν Ἀντίγονον ἐν τῇ πρὸς ἐκεῖνον παρατάξει καταστρέψειν τὸν βίον, μεταμεληθεὶς τοῖς πεπραγμένοις ἐξέπεμψε τοὺς διώξοντας· οἳ μέχρι τινὸς ἐπακολουθήσαντες ἐπανῆλθον ἄπρακτοι. 8 Ὁ δ' Ἀντίγονος ἐν τοῖς ἄλλοις καταφρονεῖν εἰωθὼς τῶν τοιούτων προρρήσεων οὐ μετρίως ἐκινήθη τότε, καταπλαγεὶς τὸ ἀξίωμα τῶν ἀνδρῶν· μεγάλη γάρ τις ἐμπειρία περὶ τούτου εἶναι δοκεῖ παρὰ τούτοις καὶ ἡ τήρησις τῶν ἄστρων ἀκριβεστάτη. Ἀποφαίνονται γὰρ πολλὰς μυριάδας ἐτῶν ὑπάρχειν ἐξ οὗ παρ' αὐτοῖς ἐστιν ἡ περὶ ταῦτα σπουδή· δοκοῦσι δὲ καὶ Ἀλεξάνδρῳ προειπεῖν ὅτι παρελθὼν εἰς Βαβυλῶνα τελευτήσει. 9 Ὁμοίως δὲ τῇ περὶ Ἀλεξάνδρου προρρήσει συνέβη καὶ τὴν ⟨περὶ⟩ Σελεύκου τελεσθῆναι κατὰ τὰς τῶν ἀνδρῶν τούτων ἀποφάσεις· περὶ ἧς τὰ κατὰ μέρος ἐροῦμεν, ὅταν ἐπὶ τοὺς οἰκείους χρόνους ἐπιβαλώμεθα.

LVI. 1 Ὁ δ' οὖν Σέλευκος διασωθεὶς εἰς τὴν Αἴγυπτον φιλανθρωπίας τε πάσης ἐτύγχανε παρὰ Πτολεμαίῳ καὶ κατηγορίαν ἐποιεῖτο πικρὰν Ἀντιγόνου, λέγων ὅτι διέγνωκεν πάντας τοὺς ἐν ἀξιώμασιν ὄντας καὶ μάλιστα τοὺς Ἀλεξάνδρῳ συνεστρατευκότας ἐκβαλεῖν ἐκ τῶν σατραπειῶν καὶ τούτων ἀποδείξεις ἔφερε τήν τε Πίθωνος ἀναίρεσιν καὶ τὴν Πευκέστου τῆς Περσίδος ἀφαίρεσιν καὶ τὰ περὶ αὐτὸν συμβάντα· 2 πάντας γὰρ οὐδὲν ἠδικηκότας, ἀλλὰ καὶ χρείας πολλὰς καὶ μεγάλας ἐν τῇ φιλίᾳ

4-5 ἀφήσει, συμβήσεται F : ἀφήσεται R ‖ 5 τ' om. R ‖ 12 τούτου ego : τούτους R F ‖ 13 παρὰ τούτοις καὶ ἡ τήρησις ego : καὶ παρὰ τούτοις ἡ τήρησις R F καὶ παρατήρησις prop. Dindorf ‖ 15 ταῦτα R αὐτὰ F ‖ 18 περὶ add. Dindorf ‖ 24 διέγνωκεν Hertlein : διεγνώκει R F ‖ 29 χρείας πολλὰς καὶ μεγάλας R : μεγάλας χρείας F.

et, après l'avoir beaucoup et souvent aidé conformément à leurs relations d'amitié, ils en attendaient le prix de leurs services ; il détaillait la grandeur de son armée, l'importance de ses richesses et ses récents succès et le montrait en conséquence gonflé d'orgueil et ambitionnant de régner sur toute la Macédoine. **3** Quand, par de tels discours, il eut amené Ptolémée à faire des préparatifs de guerre, il envoya en Europe quelques-uns de ses amis, qui devaient tenter, par de semblables discours, de faire de Cassandre et de Lysimaque [1] les ennemis d'Antigone. **4** L'ordre fut rapidement exécuté et ce fut l'origine d'un conflit et de grandes guerres. Antigone, de son côté, devina le plan de Séleucos et envoya des ambassadeurs à Ptolémée, Lysimaque et Cassandre, leur demander de conserver les liens d'amitié qu'ils avaient avec lui. Il fit satrape de Babylonie Pithon, qui était venu de l'Inde, et partit avec l'armée en direction de la Cilicie. **5** Une fois à Malos [2], il répartit l'armée dans les quartiers d'hiver après le coucher d'Orion [3]. Il prit également possession des richesses de Cyinda [4], soit dix mille talents, sans compter onze mille talents à tirer des revenus de l'année *, ce qui le rendit redoutable et par la grandeur de son armée et par l'étendue de ses richesses.

LVII. **1** Tandis qu'il s'avançait vers la Syrie supérieure Antigone fut rejoint par des ambassadeurs de Ptolémée, Lysimaque, et Cassandre. Introduits

1. Lysimaque a reçu, après la mort d'Alexandre, la Thrace, détachée de la Macédoine pour des raisons stratégiques, cf., en dernier lieu, G. Saita, « Lisimaco di Tracia », *Kokalos*, 1, 1955, p. 62-154.
2. Cf. Strabon, 14, 5, 16.
3. Novembre 316.
4. Cf. Strabon, 14, 5, 10 et R. H. Simpson, « A note on Cyinda », *Historia*, 6, 4, 1957, p. 503-4.

παρεσχημένους ἀρετῆς ὑπομεμενηκέναι πρόστιμον. Διεξῄει δὲ καὶ τὰ μεγέθη τῶν περὶ αὐτὸν δυνάμεων καὶ τὸ πλῆθος τῶν χρημάτων, ἔτι δὲ τὰς προσφάτους εὐτυχίας, ἐξ ὧν ὑπεδείκνυεν ὑπερήφανον γεγενημένον καὶ ταῖς ἐλπίσι περιειληφότα πᾶσαν τὴν Μακεδόνων βασιλείαν. 3 Διὰ δὲ τοιούτων λόγων προτρεψάμενος τὸν Πτολεμαῖον ἑτοιμάζεσθαι τὰ πρὸς τὸν πόλεμον ἐξέπεμψέ τινας τῶν φίλων εἰς τὴν Εὐρώπην, προστάξας πειρᾶσθαι τοῖς ὁμοίοις λόγοις ἐχθροὺς Ἀντιγόνου καταστῆσαι Κάσανδρόν τε καὶ Λυσίμαχον. 4 Ὧν ταχὺ τὸ κελευσθὲν συντελεσάντων ἀρχὴ διαφορᾶς ἐφύετο καὶ μεγάλων πολέμων. Ὁ δ' Ἀντίγονος ἐκ τῶν εἰκότων συλλογισάμενος τὴν Σελεύκου προαίρεσιν ἐξέπεμψε πρεσβευτὰς πρός τε Πτολεμαῖον καὶ Λυσίμαχον καὶ Κάσανδρον, ἀξιῶν διαφυλάττειν τὴν προϋπάρχουσαν φιλίαν · τῆς δὲ Βαβυλωνίας καταστήσας σατράπην Πίθωνα τὸν ἐκ τῆς Ἰνδικῆς καταβεβηκότα, μετὰ τῆς δυνάμεως ἀνέζευξεν, ἐπὶ τῆς Κιλικίας τὴν πορείαν ποιούμενος. 5 Ὡς δ' εἰς Μάλον παρεγένετο, διεμέρισε τὴν δύναμιν εἰς παραχειμασίαν μετὰ δύσιν Ὠρίωνος. Παρέλαβε δὲ καὶ τὰ ἐν Κυΐνδοις χρήματα, τάλαντα μύρια, χωρὶς [δὲ] τοῦ πίπτειν ἐκ τῶν προσόδων αὐτῷ τῶν κατ' ἐνιαυτὸν τάλαντα μύρια χίλια. Διόπερ συνέβαινεν αὐτὸν φοβερὸν εἶναι καὶ διὰ τὸ μέγεθος τῶν δυνάμεων καὶ διὰ τὸ πλῆθος τῶν χρημάτων.

LVII. 1 Προάγοντος δ' εἰς τὴν ἄνω Συρίαν Ἀντιγόνου παρεγένοντο πρέσβεις παρά τε Πτολεμαίου καὶ Λυσιμάχου καὶ Κασάνδρου. Οὗτοι δ' εἰσαχθέντες εἰς τὸ

1 παρεσχημένους R : παρεχομένους F || **2** διεξῄει R : ἐξῄει F || **4** ὑπεδείκνυεν R : ἐπεδείκνυεν F || **5-6** πᾶσαν τὴν... βασιλείαν R : πάσης τῆς... βασιλείας F || **6** τοιούτων λόγων R : τοιοῦτον λόγον F || **9** καταστῆσαι R : κατασκευάσαι F || **14** τε om. F || **19** Μάλον R : Μαλλόν F || **21** Κυΐνδοις R F[1] : Κιλικίᾳ F || μύρια, κωρὶς ego = μύρια. Χωρὶς R F || δὲ del. ego || **21-22** τοῦ πίπτειν ego = τούτων ἐκπίπτειν R τούτων συνάγεσθαι F || **22-23** ἐκ-χίλια R : κατ' ἐνιαυτὸν ἐκ τῶν προσόδων τάλαντα μύρια καὶ χίλια F || **28** τὸ om. F.

devant son conseil, ils réclamèrent la Cappadoce et la Lycie pour Cassandre, la Phrygie hellespontique pour Lysimaque, toute la Syrie pour Ptolémée, la Babylonie pour Séleucos et le partage des trésors dont il avait pris possession depuis sa bataille contre Eumène, puisqu'ils avaient, eux aussi, pris part à la guerre [1]. S'il ne s'exécutait pas, ils se coaliseraient, affirmaient-ils, pour lui faire la guerre. **2** Comme Antigone leur avait répondu très brutalement, en leur disant de se préparer à la guerre, les ambassadeurs revinrent donc sans avoir obtenu de résultat. Ptolémée, Lysimaque et Cassandre conclurent alors une alliance ; ils rassemblèrent des troupes et s'équipèrent en armes défensives, en armes de jet et en tout ce qui pouvait encore leur être utile [2]. **3** Antigone, qui voyait beaucoup de personnages considérables coalisés contre lui et qui se rendait compte de l'importance de la guerre en train de naître, invita les peuples, les cités et les dynastes à s'allier avec lui. **4** Il envoya donc Agésilaos auprès des rois de Chypre, Idoméneus et Moschion à Rhodes et Polémaios [3], son neveu, en Cappadoce avec des troupes pour faire lever le siège d'Amisos et chasser tous les hommes envoyés par Cassandre en Cappadoce. Il devait en outre, une fois parvenu à l'Hellespont, surveiller une éventuelle traversée de Cassandre depuis l'Europe. **5** Il dépêcha Aristodémos de Milet dans le Péloponnèse avec mille talents et mission d'établir des relations d'amitié avec Alexandre et Polyperchon, puis, après avoir levé le nombre de mercenaires nécessaire, de faire la guerre à Cassandre. Lui-même établit

1. Faudrait-il changer Cassandre en Asandros, le satrape de Carie, cf. 19, 62, 2, et Lycie, en Cilicie ou en Lydie ? Cf. Will, *op. cit.* [n. compl. p. 20] p. 49-50.
2. Cf. Appien, *Syr.* 53 et Justin, 15, 1, 1-5.
3. Cf. p. XXIII.

συνέδριον ἠξίουν Καππαδοκίαν μὲν καὶ Λυκίαν Κασάνδρῳ δοθῆναι, Φρυγίαν δὲ τὴν ἐφ' Ἑλλησπόντῳ Λυσιμάχῳ, Συρίαν δὲ πᾶσαν Πτολεμαίῳ, Βαβυλωνίαν δὲ Σελεύκῳ, τῶν δὲ θησαυρῶν, οὓς παρέλαβεν μετὰ τὴν πρὸς Εὐμενῆ μάχην, ποιήσασθαι μερισμόν · καὶ γὰρ αὐτοὺς κεκοινωνηκέναι τοῦ πολέμου. Εἰ δὲ μηδὲν τούτων ποιήσει, συστάντες ἅπαντες ἔφασαν πολεμήσειν αὐτῷ. 2 Τοῦ δ' Ἀντιγόνου τραχύτερον ἀποκριναμένου καὶ τὰ πρὸς πόλεμον εἰπόντος παρασκευάζεσθαι συνέβη τοὺς πρέσβεις ἀπράκτους ἐπανελθεῖν. Μετὰ δὲ ταῦθ' οἱ μὲν περὶ Πτολεμαῖον καὶ Λυσίμαχον, ἔτι δὲ Κάσανδρον συμμαχίαν πρὸς ἀλλήλους ποιησάμενοι δυνάμεις τε συνῆγον καὶ παρασκευὰς ὅπλων τε καὶ βελῶν καὶ τῶν ἄλλων τῶν χρησίμων ἐποίουν · 3 Ἀντίγονος δὲ ὁρῶν ἐφ' ἑαυτὸν συνεστηκότας πολλοὺς καὶ μεγάλους τοῖς ἀξιώμασιν ἄνδρας καὶ συλλογιζόμενος τὸ μέγεθος τοῦ φυομένου πολέμου τά τ' ἔθνη καὶ πόλεις καὶ δυνάστας προσεκαλεῖτο εἰς συμμαχίαν. 4 Ἀγησίλαον μὲν οὖν πρὸς τοὺς ἐν Κύπρῳ βασιλεῖς, εἰς δὲ Ῥόδον Ἰδομενέα καὶ Μοσχίωνα, Πολεμαῖον δὲ τὸν ἀδελφιδοῦν μετὰ δυνάμεως εἰς Καππαδοκίαν ἀπέστειλεν, ἵνα λύσῃ μὲν Ἀμισσοῦ τὴν πολιορκίαν καὶ τοὺς ὑπὸ Κασάνδρου πεμφθέντας εἰς Καππαδοκίαν ἐκβάλῃ πάντας, πρὸς δὲ τούτοις ὅπως παραγενόμενος εἰς Ἑλλήσποντον ἐφεδρεύῃ τοῖς περὶ Κάσανδρον, ἂν ἐπιχειρῇ διαβαίνειν ἐκ τῆς Εὐρώπης. 5 Ἀριστόδημον δὲ τὸν Μιλήσιον εἰς Πελοπόννησον ἐξέπεμψεν ἔχοντα χίλια τάλαντα · τούτῳ δὲ συνετέτακτο συνθέσθαι φιλίαν πρὸς Ἀλέξανδρον καὶ Πολυπέρχοντα καὶ ξενολογήσαντα τοὺς ἱκανοὺς διαπολεμεῖν Κασάνδρῳ. Αὐτὸς

6 ποιήσει F : ποιήσῃ R ‖ **8** τὰ R : τοὺς F ‖ **9** πόλεμον Dindorf : Πτολεμαῖον R F ‖ **11** post δὲ add. καὶ F ‖ **13** τε om. R ‖ **15** μεγάλους R F[1] : μεγάλοις F ‖ **18** οὖν om. R ‖ **19-20** Πολεμαῖον ego ex *IG* II², 469 : Πτολεμαῖον R F semper ‖ **21** Ἀμισσοῦ R : Ἀμισοῦ F ‖ **24** εἰς R : ἐφ' F ‖ **28-29** καὶ ξενολογήσαντα R : ξενολογήσαντά τε F.

sur toute l'Asie dont il était le maître un dispositif de signaux par le feu [1] et de courriers qui devait permettre une exécution rapide de tout ordre.

LVIII. **1** Cela fait, il partit pour la Phénicie, dans le but de constituer une force navale, car les ennemis se trouvaient être maîtres de la mer, en raison du nombre de leurs bateaux, tandis que lui-même n'en avait pour ainsi dire pas. Après avoir établi son camp près de Tyr en Phénicie, qu'il voulait assiéger, il fit venir les rois de Phénicie et les hyparques [2] de Syrie : **2** il invita les rois à l'aider dans ses constructions navales, puisque Ptolémée gardait en Égypte tous les bateaux phéniciens avec leurs équipages, et ordonna aux hyparques de tenir prêts, rapidement, quatre millions cinq cents mille médimnes de blé [3], car telle était la consommation annuelle. Lui-même, après avoir rassemblé de partout des bûcherons, des scieurs et des constructeurs de navires, fit transporter jusqu'à la mer le bois du Liban : il y avait huit mille hommes pour couper et scier le bois et mille chariots pour le transporter. **3** Cette chaîne montagneuse, qui borde la région de Tripolis de Byblos et de Sidon, est pleine, de cèdres et de cyprès d'une beauté et d'une taille extraordinaires. **4** Il établit trois chantiers navals en Phénicie, à Tripolis, Byblos et Sidon, et un quatrième en Cilicie, où le bois provenait du Taurus ; **5** il y en avait un aussi à Rhodes, où le peuple avait accepté de construire des navires avec le bois qu'on y apporterait. Tandis qu'Antigone était occupé à ces tâches

1. Ce système existait déjà du temps de l'empire perse, cf. Arist., *De mundo*, 398 a.

2. Cf. p. 69, n. 1.

3. La capacité de cette mesure est variable. Cela peut faire entre 25 et 30 millions de litres. Fischer a conservé μέν et suppose qu'il manque l'indication de l'orge pour les chevaux, cf. 20, 96, 3.

δὲ πᾶσαν τὴν Ἀσίαν ἧς ἦν κύριος διέλαβε πυρσοῖς καὶ βιβλιαφόροις, δι' ὧν ὀξέως ἤμελλεν ὑπηρετεῖσθαι πάντα.

LVIII. **1** Ἀπὸ δὲ τούτων γενόμενος ἀνέζευξεν ἐπὶ Φοινίκην, σπεύδων ναυτικὴν δύναμιν συστήσασθαι · συνέβαινε γὰρ τοὺς μὲν πολεμίους τότε θαλαττοκρατεῖν ναῦς πολλὰς ἔχοντας, αὐτῷ δὲ τὸ παράπαν οὐδ' ὀλίγας εἶναι. Στρατοπεδεύσας δὲ ἐν Τύρῳ τῆς Φοινίκης καὶ πολιορκῆσαι διανοούμενος τὴν Τύρον μετεπέμπετο τοὺς βασιλεῖς τῶν Φοινίκων καὶ τοὺς ὑπάρχους τῆς Συρίας. **2** Καὶ τοὺς μὲν βασιλεῖς προετρέψατο συνεπιλαβέσθαι ναυπηγίας, ἐπειδὴ τὰς ναῦς τὰς ἐκ Φοινίκης ἁπάσας μετὰ τῶν πληρωμάτων Πτολεμαῖος εἶχεν ἐν Αἰγύπτῳ · τοῖς δ' ὑπάρχοις ἐκέλευσεν ἑτοιμάσαι κατὰ τάχος πυρῶν [μὲν] μεδίμνων μυριάδας τετρακοσίας πεντήκοντα, τοσοῦτο γὰρ εἰς τὸν ἐνιαυτὸν ἐγίνετο δαπάνημα. Αὐτὸς δὲ πανταχόθεν ἀθροίσας ὑλοτόμους καὶ πρίστας, ἔτι δὲ ναυπηγοὺς κατεκόμιζε τὴν ὕλην ἐπὶ θάλατταν ἐκ τοῦ Λιβάνου, τεμνόντων μὲν αὐτὴν καὶ πριζόντων ἀνδρῶν ὀκτακισχιλίων, κατακομιζόντων δὲ ζευγῶν χιλίων. **3** Τὸ δ' ὄρος τοῦτο παρήκει μὲν παρά τε τὴν Τρίπολιν καὶ Βυβλίαν, ἔτι δὲ Σιδωνίαν, πλῆρες δ' ἐστὶ ξύλων κεδρίνων καὶ κυπαριττίνων θαυμαστῶν τό τε κάλλος καὶ μέγεθος. **4** Ναυπηγεῖα δ' ἀπέδειξε τρία μὲν κατὰ τὴν Φοινίκην, ἔν τε Τριπόλει καὶ Βύβλῳ καὶ Σιδῶνι, τέταρτον δὲ περὶ Κιλικίαν, κομιζομένης τῆς ὕλης ἐκ τοῦ Ταύρου. **5** Ἦν δὲ καὶ περὶ Ῥόδον ἄλλο, συγχωρήσαντος τοῦ δήμου κατασκευάζειν ναῦς ἀπὸ τῆς ὕλης τῆς εἰσκομιζομένης. Τοῦ δ' Ἀντιγόνου περὶ ταῦτα ὄντος καὶ πλησίον τῆς θαλάττης

2 ὑπηρετεῖσθαι R : ὑπηρετήσασθαι F || **4** Φοινίκην R F[1] : Φοινίκης F || **7** εἶναι om. F || **11** ante ναυπηγίας add. τῆς F || **13** ἐκέλευσεν R : ἐκέλευεν F || πυρῶν F : πυρὸν R || **14** μὲν del. Bekk. || **17** ἐπὶ R : εἰς τὴν F || **19** κατακομιζόντων-χιλίων R F[mg] : om. F || **20** Βυβλίαν Marcianus gr. 376 : Βιβλίαν R Κιλικίαν F || **21** κεδρίνων R : κεδρίων F || **21-22** κυπαριττίνων R F[1] : πευκῶν F || **24** Σιδῶνι R : Σιδωνίᾳ F || **27** εἰσκομιζομένης R : κομιζομένης F.

et qu'il avait son camp au bord de la mer, Séleucos vint d'Égypte avec cent navires, d'excellents bâtiments équipés d'une manière royale. Il longeait le camp en manière de bravade, provoquant ainsi le découragement des hommes des cités alliées et de tous ceux qui faisaient cause commune avec Antigone. **6** De toute évidence les ennemis, maîtres de la mer, allaient faire des opérations de pillage chez ceux qui faisaient cause commune avec leurs adversaires, en raison de leurs relations d'amitié avec Antigone. Antigone les exhorta à avoir confiance et affirma avec force qu'il partirait en mer, cet été-là, avec cinq cents navires.

LIX. **1** Pendant qu'il s'occupait à cela, Agésilaos, qu'il avait envoyé comme ambassadeur à Chypre, revint lui annoncer que Nicocréon et tous les autres rois les plus puissants à Chypre avaient fait alliance avec Ptolémée, mais que les rois de Cition, de Lapithos, de Marion [1] et de Cerynie avaient établi des relations d'amitié avec lui [2]. **2** A ces nouvelles, il laissa, pour continuer le siège trois mille soldats avec Andronicos comme stratège. Lui-même partit avec l'armée et prit de vive force Joppa et Gaza, qui refusaient de se soumettre. Il répartit dans ses propres corps de troupe les soldats de Ptolémée faits prisonniers et installa dans ces cités des garnisons pour contraindre les habitants à l'obéissance. **3** Lui-même revint à son camp en face de l'ancienne Tyr * ; là il faisait les arrangements nécessaires pour le siège.

A la même époque, Ariston, qu'Eumène avait

1. Dans ce livre la forme des adjectifs désignant les États à Chypre varie entre -ιευς et -ίος, cf. ici, Κιτιεύς et, en 19, 62, 6, Κιτίων. Dans O. Masson, *Inscriptions chypriotes syllabiques*, Paris, 1961, p. 50, on ne trouve que la forme Μαριεύς.

2. Sur la situation à Chypre, cf. G. Hill, *History of Cyprus*, Cambridge, 1940, I, p. 156-172.

κατεστρατοπεδευκότος ἧκεν ἐξ Αἰγύπτου Σέλευκος μετὰ νεῶν ἑκατὸν κεκοσμημένων βασιλικῶς καὶ πλεουσῶν ἱκανῶς. Ποιουμένου δ' αὐτοῦ τὸν παράπλουν παρ' αὐτὴν τὴν στρατοπεδείαν καταπεφρονηκότως οἵ τε ἐκ τῶν συμμαχίδων πόλεων καὶ πάντες οἱ κοινοπραγοῦντες τοῖς περὶ Ἀντίγονον ἄθυμοι καθειστήκεισαν · 6 πρόδηλον γὰρ ἦν ὅτι θαλαττοκρατοῦντες οἱ πολέμιοι πορθήσουσι τοὺς τοῖς ἐναντίοις κοινοπραγοῦντας ἀπὸ τῆς πρὸς Ἀντίγονον φιλίας. Ὁ δ' Ἀντίγονος τούτους μὲν παρεκάλει θαρρεῖν, διαβεβαιούμενος ἐν ταύτῃ τῇ θερίᾳ ἀποπλεύσεσθαι ναυσὶ πεντακοσίαις.

LIX. 1 Ὄντος δ' αὐτοῦ περὶ ταῦτα παρῆν Ἀγησίλαος ὁ πεμφθεὶς εἰς Κύπρον πρεσβευτής, ἀπαγγέλλων ὅτι Νικοκρέων μὲν καὶ τῶν ἄλλων οἱ κράτιστοι βασιλεῖς πρὸς Πτολεμαῖον πεποίηνται συμμαχίαν, ὁ δὲ Κιτιεὺς καὶ Λαπίθιος, ἔτι δὲ Μάριος καὶ Κερυνίτης τὴν πρὸς αὐτὸν φιλίαν συντέθεινται. 2 Ἀκούσας δὲ ταῦτα τρισχιλίους μὲν στρατιώτας καὶ στρατηγὸν Ἀνδρόνικον κατέλιπεν ἐπὶ τῆς πολιορκίας, αὐτὸς δὲ μετὰ τῆς δυνάμεως ἀναζεύξας τήν τ' Ἰόππην καὶ Γάζαν ἀπειθούσας κατὰ κράτος εἷλε καὶ τοὺς μὲν καταληφθέντας Πτολεμαίου στρατιώτας ἐπιδιεῖλεν εἰς τὰς ἰδίας τάξεις, εἰς δὲ τὰς πόλεις παρεισήγαγε φρουρὰν τὴν ἀναγκάσουσαν πειθαρχεῖν τοὺς ἐνοικοῦντας. 3 Αὐτὸς δ' ἐπανελθὼν εἰς τὴν πρὸς Παλαιτύρῳ στρατοπεδείαν παρεσκευάζετο τὰ πρὸς τὴν πολιορκίαν.

Ἐπὶ δὲ τῶν καιρῶν τούτων Ἀρίστων ὁ πιστευθεὶς ὑπ'

4 καταπεφρονηκότως R : κατεπεφρονηκότως F ‖ οἵ τε R F[1] : ὥστε F ‖ **10-11** ἀποπλεύσεσθαι ego : ἀπελεύσεσθαι [πλευσεῖ- R[1sl]] R F[1] διελεύσεσθαι F ‖ **15** Κιτιεὺς R : Κυττιεὺς F ‖ **16** Κερυνίτης R : Κερινύτης F ‖ **17** συντέθεινται R[1] F : τέθεινται R ‖ **21** μὲν R F[1] : om. F ‖ καταληφθέντας R F[1] : καταλειφθέντας F ‖ **23** ἀναγκάσουσαν F : ἀναγκάζουσαν R ‖ **24** δ'ἐπανελθὼν R : δὲ παρελθὼν F ‖ **25** πρὸς Παλαιτύρῳ Wess. : πρὸς πάλαι Τύρῳ R πρόπαλαι ἐντύρῳ F ‖ **27** τούτων post δὲ transp. F.

chargé des ossements de Cratère, les remit à Phila [1] pour qu'elle leur donnât une sépulture. Celle-ci avait d'abord été mariée à Cratère et l'était maintenant à Démétrios, fils d'Antigone. **4** Cette femme passe pour avoir été d'une intelligence exceptionnelle. Elle calmait tous les mécontents dans l'armée en se comportant avec chacun comme il le fallait, mariait à ses frais les sœurs et les filles des pauvres et tirait d'affaire bien des hommes accusés à tort. **5** On dit aussi que son père Antipater, qui passe pour avoir été le plus sage des hommes au pouvoir à cette époque, la consultait, avant son mariage, sur les questions les plus importantes. **6** Mais le caractère de cette femme sera mieux révélé au cours de notre récit, à l'occasion du retournement de la situation et de la crise finale du règne de Démétrios [2]. Telle était la situation d'Antigone et de Phila, la femme de Démétrios.

LX. **1** L'un des stratèges envoyés par Antigone, Aristodémos, avait fait voile vers la Laconie. Il fut autorisé par les Spartiates à enrôler des mercenaires et rassembla huit mille hommes originaires du Péloponnèse. Il rencontra Alexandre et Polyperchon et établit avec eux des relations d'amitié au nom d'Antigone : il désigna Polyperchon comme stratège du Péloponnèse [3] et persuada Alexandre de venir en Asie rencontrer Antigone. **2** L'autre stratège, Polémaios, qui s'était rendu avec des troupes en Cappadoce et y avait trouvé Amisos assiégée par Asclépiodoros le stratège de Cassandre, tira la ville de danger et, après

1. Cf. 18, 30, 1-5. Sur Phila, cf. C. Wehrli, « Phila, fille d'Antipater et épouse de Démétrios, roi des Macédoniens », *Historia*, 13, 1964, p. 140-146. Cf. également 1re n. compl. p. 22.

2. Nous ne possédons pas cette partie de l'œuvre de Diodore.

3. Cf. Bengtson, *op. cit.* [n. compl. p. 20] I, p. 88, 149.

Εὐμενοῦς τῶν ὀστῶν τῶν Κρατεροῦ παρέδωκεν εἰς ταφὴν αὐτὰ Φίλᾳ τῇ πρότερον μὲν Κρατερῷ συνοικούσῃ, τότε δὲ Δημητρίῳ τῷ Ἀντιγόνου. 4 Αὕτη δ' ἡ γυνὴ συνέσει δοκεῖ διενηνοχέναι · τούς τε γὰρ ταραχώδεις τῶν ἐν τῷ στρατοπέδῳ κατέπαυεν ἁρμοζόντως πολιτευομένη πρὸς ἕκαστον, τάς τε ἀδελφὰς καὶ θυγατέρας τῶν ἀπόρων ἐξεδίδου τοῖς ἰδίοις δαπανήμασι, πολλοὺς δὲ καὶ τῶν διαβολαῖς περιπιπτόντων μὴ δικαίαις ἀπήλλαττε τῶν κινδύνων. 5 Λέγεται δὲ καὶ Ἀντίπατρον τὸν πατέρα αὐτῆς, ὃς δοκεῖ γεγονέναι φρονιμώτατος τῶν ἐν δυναστείᾳ γεγονότων κατὰ τὴν αὐτὴν ἡλικίαν, κόρης οὔσης ἔτι τῆς Φίλας συμβουλεύεσθαι πρὸς ταύτην περὶ τῶν μεγίστων. 6 Μηνύσει δ' ἀκριβέστερον τὸ τῆς γυναικὸς ἦθος προϊὼν ὁ λόγος καὶ τὰ πράγματα λαμβάνοντα μεταβολὴν καὶ κρίσιν ἐσχάτην τῆς περὶ Δημήτριον βασιλείας. Καὶ τὰ μὲν περὶ Ἀντίγονον καὶ Φίλαν τὴν Δημητρίου γυναῖκα τοιαῦτ' ἦν.

LX. 1 Τῶν δὲ πεμφθέντων ὑπ' Ἀντιγόνου στρατηγῶν Ἀριστόδημος μὲν πλεύσας εἰς τὴν Λακωνικὴν καὶ λαβὼν παρὰ τῶν Σπαρτιατῶν ἐξουσίαν ξενολογεῖν, στρατιώτας ἤθροισεν ὀκτακισχιλίους ἐκ τῆς Πελοποννήσου. Ἐντυχὼν δὲ Ἀλεξάνδρῳ καὶ Πολυπέρχοντι φιλίαν συνέθετο πρὸς αὐτοὺς ὑπὲρ Ἀντιγόνου καὶ Πολυπέρχοντα μὲν στρατηγὸν ἀπέδειξε τῆς Πελοποννήσου, τὸν δὲ Ἀλέξανδρον ἔπεισεν εἰς τὴν Ἀσίαν πλεῦσαι πρὸς Ἀντίγονον. 2 Ὁ δ' ἕτερος τῶν στρατηγῶν Πολεμαῖος πορευθεὶς μετὰ τῆς δυνάμεως εἰς Καππαδοκίαν καὶ καταλαβὼν Ἀμισσὸν πολιορκουμένην ὑπ' Ἀσκληπιοδώρου τοῦ Κασάνδρου στρατηγοῦ

LIX, **4** : Exc. Const. II 1, 171.

1 alt. τῶν R : τοῦ F ‖ **2** Φίλᾳ R Fγρ : φιλίᾳ F ‖ **4** δοκεῖ F Exc. : ἐδόκει R ‖ **10-11** δυναστείᾳ R Exc. : δυναστείαις F ‖ **12** Φίλας R : φιλίας F Exc. ‖ ταύτην F Exc. : ταύτης R ‖ **14** post λόγος add. ὃ δηλώσει ὁμοίως τε F ‖ **17** τοιαῦτ' ἦν R : τοιαῦτα F ‖ **19** τὴν om. F ‖ **26** Πολεμαῖος ego ex *IG* II², 469 : Πτολεμαῖος R F ‖ **27** Ἀμισσὸν R : Ἀμισὰν F Ἀμισὸν F¹.

avoir laissé partir Asclépiodoros et ses hommes en vertu d'une convention, il reprit possession de la satrapie. **3** Il fit route ensuite à travers la Bithynie, où il trouva Zibytès, le roi des Bithyniens, en train d'assiéger les cités d'Astacos et de Chalcédoine *, et le contraignit à lever le siège. Après avoir fait alliance avec ces cités et Zibytès et avoir reçu des otages, il s'avança vers l'Ionie et la Lydie. Antigone lui avait, en effet, écrit de porter rapidement secours à la région de la côte, car Séleucos y avait conduit sa flotte. **4** Au moment où il approchait de cette région, Séleucos était en train d'assiéger Érythrées, mais, à l'annonce que des troupes ennemies étaient proches, il prit la mer sans avoir obtenu de résultat.

LXI. **1** Antigone établit des relations d'amitié avec Alexandre, fils de Polyperchon, qui s'était rendu auprès de lui. Il réunit d'autre part une assemblée générale * formée des soldats et des visiteurs *, au cours de laquelle il mit Cassandre en accusation, en invoquant l'exécution d'Olympias et le sort de Roxane et du roi. **2** Il ajouta que Cassandre avait forcé Thessalonique à l'épouser, qu'il cherchait visiblement à s'approprier le trône de Macédoine ; de plus, il avait établi, dans une cité qui portait son nom, les pires ennemis des Macédoniens, les Olynthiens, et relevé Thèbes, rasée par les Macédoniens. **3** Comme la foule [1] manifestait qu'elle partageait son indignation, il rédigea un décret : Cassandre serait déclaré officiellement ennemi s'il ne détruisait pas les deux cités, s'il ne relâchait pas le roi et sa mère Roxane pour les rendre aux Macédoniens et, de façon générale, s'il ne se soumettait pas à Antigone qui avait été institué stratège et avait reçu la charge du royaume *.

1. Cette expression ne peut permettre de résoudre le problème de la composition de l'assemblée, Polybe employant le terme ὁ ὄχλος en 27, 7, 4 à propos de l'assemblée de la ligue achéenne.

τὴν μὲν πόλιν ἐκ τῶν κινδύνων ἐρρύσατο, τοὺς δὲ περὶ τὸν Ἀσκληπιόδωρον ὑποσπόνδους ἀφεὶς ἀνεκτήσατο τὴν σατραπείαν. 3 Μετὰ δὲ ταῦτα πορευθεὶς διὰ Βιθυνίας καὶ Ζιβύτην τὸν βασιλέα τῶν Βιθυνῶν καταλαβὼν πολιορκοῦντα τήν τε τῶν Ἀστακηνῶν καὶ Χαλκηδονίων πόλιν συνηνάγκασε λῦσαι τὴν πολιορκίαν. Ποιησάμενος δὲ συμμαχίαν πρός τε τὰς πόλεις ταύτας καὶ πρὸς τὸν Ζιβύτην ἔτι δὲ λαβὼν ὁμήρους, προῆγεν ἐπὶ Ἰωνίας καὶ Λυδίας· ἐγεγράφει γὰρ Ἀντίγονος αὐτῷ βοηθεῖν τῇ παραλίῳ κατὰ τάχος, ὡς τοῦ Σελεύκου τὸν πλοῦν ἐνταῦθα ποιησαμένου. 4 Ὡς δέ ποθ' ἧκε πλησίον τῶν προειρημένων τόπων, Σέλευκος ἔτυχε μὲν πολιορκῶν Ἐρυθράς, πυθόμενος δὲ τὴν τῶν πολεμίων δύναμιν πλησίον οὖσαν ἀπέπλευσεν ἄπρακτος.

LXI. 1 Ἀντίγονος δὲ παραγενομένου πρὸς αὐτὸν Ἀλεξάνδρου τοῦ Πολυπέρχοντος πρὸς μὲν τοῦτον συνέθετο φιλίαν, αὐτὸς δὲ συναγαγὼν τῶν τε στρατιωτῶν καὶ τῶν παρεπιδημόντων κοινὴν ἐκκλησίαν κατηγόρησε Κασάνδρου, προφερόμενος τήν τε Ὀλυμπιάδος ἀναίρεσιν καὶ τὰ συμβάντα περὶ Ῥωξάνην καὶ τὸν βασιλέα. 2 Πρὸς δὲ τούτοις ἔλεγεν ὡς Θεσσαλονίκην μὲν βιασάμενος ἔγημεν, φανερῶς δὲ ἐξιδιάζεται τὴν Μακεδόνων βασιλείαν, ἔτι δὲ ὡς Ὀλυνθίους ὄντας πολεμιωτάτους Μακεδόνων κατῴκισεν εἰς τὴν ὁμώνυμον ἑαυτοῦ πόλιν καὶ Θήβας ἀνέστησε τὰς ὑπὸ Μακεδόνων κατασκαφείσας. 3 Συναγανακτούντων δὲ τῶν ὄχλων ἔγραψε δόγμα καθ' ὃ τὸν Κάσανδρον ἐψηφίσατο πολέμιον εἶναι, ἐὰν μὴ τάς τε πόλεις καθέλῃ καὶ τὸν βασιλέα καὶ τὴν μητέρα τὴν Ῥωξάνην προαγαγὼν ἐκ τῆς φυλακῆς ἀποδῷ τοῖς Μακεδόσι καὶ τὸ σύνολον ἐὰν μὴ πειθαρχῇ τῷ καθεσταμένῳ στρατηγῷ καὶ τῆς βασιλείας παρειληφότι τὴν ἐπιμέλειαν

1 πόλιν om. R ‖ **4** Ζιβύτην R : Ζιβοίτην F semper ‖ **11** ποιησαμένου R F : ποιησομένου F[1] ‖ **12** τόπων Wess. : τούτων R F ‖ **27** μὴ F : μήτε R ‖ **30** καθεσταμένῳ R : καθισταμένῳ F.

De plus tous les Grecs étaient libres, exempts de garnisons et autonomes [1]. Quand les soldats eurent voté le texte, il envoya des hommes porter partout le décret. **4** Voici quel était son raisonnement : les Grecs, dans l'espoir d'être libres, seraient des alliés pleins de zèle à la guerre, et les stratèges et les satrapes des régions supérieures, qui le soupçonnaient de vouloir déposer les rois héritiers d'Alexandre, s'ils le voyaient se charger clairement de faire la guerre pour eux, changeraient d'avis et obéiraient avec empressement à ses ordres. **5** Cela fait, il remit à Alexandre cinq cents talents et lui donna de grands espoirs, puis il le renvoya dans le Péloponnèse. De son côté, après avoir fait venir des bateaux de Rhodes et équipé la plupart de ceux qui avaient été construits, il prit la mer pour Tyr. Pendant un an et trois mois, il conserva sans interruption la maîtrise de la mer et empêcha l'arrivée de blé. Quand il eut provoqué une terrible famine parmi ceux qui étaient enfermés dans Tyr, il permit aux soldats de Ptolémée de partir avec leurs biens et après avoir conclu une convention qui lui livrait la ville, il y plaça une garnison destinée à assurer sa défense.

LXII. **1** Pendant ce temps, Ptolémée avait appris la teneur du décret pris par les Macédoniens qui étaient avec Antigone au sujet de la liberté des Grecs. Il rédigea, lui aussi, à peu près le même décret, car il voulait faire savoir aux Grecs que leur autonomie lui importait tout autant qu'à Antigone. **2** Chacun voyait, en effet, que gagner à sa cause le dévouement des Grecs ne ferait pas peu pencher la balance en sa

1. Diodore ne parle pas de la constitution de la Confédération des Nésiotes, à moins qu'il n'y soit fait allusion en 62, 9. Certains, cf. Wehrli, *op. cit.* [n. compl. p. 20] p. 113-116, ne la placent d'ailleurs qu'en 306. Sur la politique des Diadoques vis-à-vis des Grecs, cf. Will, *op. cit.* [*ibid.*] p. 49-52.

Ἀντιγόνῳ. Εἶναι δὲ καὶ τοὺς Ἕλληνας ἅπαντας ἐλευθέρους, ἀφρουρητούς, αὐτονόμους. Ἐπιψηφισαμένων δὲ τῶν στρατιωτῶν τὰ ῥηθέντα διαπέστειλε πανταχῇ τοὺς κομιοῦντας τὸ δόγμα · **4** τοὺς μὲν γὰρ Ἕλληνας ὑπελάμβανε διὰ τὴν ἐλπίδα τῆς ἐλευθερίας προθύμους ἕξειν συναγωνιστὰς εἰς τὸν πόλεμον, τοὺς δ' ἐν ταῖς ἄνω σατραπείαις στρατηγοὺς καὶ σατράπας, ὑπόπτως ἔχοντας ὡς Ἀντιγόνου καταλῦσαι διεγνωκότος τοὺς ἀπὸ Ἀλεξάνδρου βασιλεῖς, αὐτοῦ φανερῶς τὸν ὑπὲρ αὐτῶν πόλεμον ἀναδεχομένου πάντας μεταπεσεῖσθαι ταῖς γνώμαις καὶ τοῖς παραγγελλομένοις ἑτοίμως ὑπακούσεσθαι. **5** Ἀπὸ δὲ τούτων γενόμενος Ἀλεξάνδρῳ μὲν δοὺς πεντακόσια τάλαντα καὶ περὶ τῶν μελλόντων εἰς μεγάλας ἀγαγὼν ἐλπίδας ἐξαπέστειλεν εἰς Πελοπόννησον · αὐτὸς δὲ παρὰ Ῥοδίων μεταπεμψάμενος ναῦς καὶ τῶν ναυπηγηθεισῶν τὰς πλείστας καταρτίσας ἐπέπλευσε τῇ Τύρῳ. Θαλαττοκρατῶν δὲ καὶ διακωλύων σῖτον εἰσάγεσθαι προσεκαρτέρησε μὲν ἐνιαυτὸν καὶ τρεῖς μῆνας, εἰς ἔνδειαν δὲ δεινὴν ἀγαγὼν τοὺς ἐγκατακεκλεισμένους τοῖς μὲν παρὰ Πτολεμαίου στρατιώταις συνεχώρησεν ἀπελθεῖν ἔχουσι τὰ ἑαυτῶν, τὴν δὲ πόλιν δι' ὁμολογίας παραλαβὼν φρουρὰν τὴν διαφυλάξουσαν εἰς αὐτὴν εἰσήγαγεν.

LXII. **1** Ἅμα δὲ τούτοις πραττομένοις Πτολεμαῖος μὲν ἀκούσας τὰ δεδογμένα τοῖς μετ' Ἀντιγόνου Μακεδόσι περὶ τῆς τῶν Ἑλλήνων ἐλευθερίας ἔγραψε καὶ αὐτὸς τὰ παραπλήσια, βουλόμενος εἰδέναι τοὺς Ἕλληνας ὅτι φροντίζει τῆς αὐτονομίας αὐτῶν οὐχ ἧττον Ἀντιγόνου · **2** οὐ γὰρ μικρὰν ῥοπὴν ὁρῶντες οὖσαν ἑκάτεροι προσλαβέσθαι τὴν τῶν Ἑλλήνων εὔνοιαν διημιλλῶντο πρὸς

5 ἐλευθερίας R²ᵐᵍ F : σωτηρίας R Fγρ ‖ ἕξειν F : ἔχειν R ‖ **9** αὐτοῦ Rhod. : τοῦ R F ‖ **11** ὑπακούσεσθαι R : ὑπακούεσθαι F ‖ **13** ἀγαγὼν R : ἄγων F ‖ **16** καταρτίσας R : καταρτήσας F ‖ **17** εἰσάγεσθαι R : ἄγεσθαι F ‖ **19** ἐγκατακεκλεισμένους F : ἐγκαταλελειμμένους R ‖ **27** Ἀντιγόνου R : ἢ Ἀντίγονος F ‖ **28-29** ante προσλαβέσθαι add. τὸ F.

faveur et ils rivalisaient de bienfaits à leur égard. Ptolémée reçut également dans son alliance Asandros[1], le satrape de Carie, personnage puissant qui commandait à de nombreuses cités. **3** Aux rois de Chypre qui avaient déjà reçu trois mille hommes, il envoya alors des forces importantes, car il désirait contraindre à l'obéissance ceux qui lui étaient opposés. **4** Il envoya donc l'Athénien Myrmidon, avec dix mille soldats, et Polycleitos avec cent navires, sous le commandement suprême de son propre frère Ménélaos. Ils firent voile vers Chypre, où ils trouvèrent Séleucos et sa flotte. Ils tinrent alors conseil sur la conduite à adopter et prirent les décisions suivantes : **5** Polycleitos devait faire voile vers le Péloponnèse avec cinquante navires et y faire la guerre à Aristodèmos, Alexandre et Polyperchon ; Myrmidon devait rejoindre la Carie avec les mercenaires pour porter secours à Asandros attaqué par le stratège Polémaios ; Séleucos et Ménélaos devaient rester à Chypre pour y faire la guerre en compagnie du roi Nicocréon et de leurs autres alliés contre leurs adversaires. **6** Quand les forces eurent été ainsi réparties, Séleucos assiégea victorieusement Cerynia et Lapithos. Il rallia à son parti Stasioicos, le roi de Marion, et força le dynaste d'Amathonte à lui fournir des garanties. Comme il ne pouvait se rallier la cité de Cition, il l'assiégeait sans relâche avec toute l'armée. **7** Au même moment quarante bateaux vinrent de l'Hellespont rejoindre Antigone, sous le commande-

1. Cf. Seibert, *op. cit.* [p. xv, n. 4] p. 157-163, et intr. p. XXIII pour l'orthographe.

ἀλλήλους περὶ τῆς εἰς τούτους εὐεργεσίας. Προσελάβετο δ' εἰς τὴν συμμαχίαν καὶ τὸν τῆς Καρίας σατράπην Ἄσανδρον, ἰσχύοντα καὶ πόλεις ἔχοντα τεταγμένας ὑφ' ἑαυτὸν οὐκ ὀλίγας. 3 Προαπεσταλκὼς δὲ τοῖς ἐν Κύπρῳ βασιλεῦσι στρατιώτας τρισχιλίους ἐξέπεμψε τότε δύναμιν ἁδράν, σπεύδων συναναγκάσαι τοὺς ἐναντιοπραγοῦντας ποιεῖν τὸ προσταττόμενον. 4 Μυρμιδόνα μὲν οὖν τὸν Ἀθηναῖον ἀπέστειλε μετὰ στρατιωτῶν μυρίων, Πολύκλειτον δὲ μετὰ νεῶν ἑκατόν, τῶν δὲ πάντων στρατηγὸν Μενέλαον τὸν ἀδελφόν. Οὗτοι δὲ πλεύσαντες εἰς Κύπρον κἀκεῖ καταλαβόντες Σέλευκον μετὰ τοῦ στόλου συνήδρευσαν βουλευόμενοι τί χρὴ πράττειν. 5 Ἔδοξεν οὖν αὐτοῖς Πολύκλειτον μετὰ πεντήκοντα νεῶν πλεῖν εἰς Πελοπόννησον καὶ διαπολεμεῖν τοῖς περὶ Ἀριστόδημον καὶ Ἀλέξανδρον, ἔτι δὲ Πολυπέρχοντα, Μυρμιδόνα δὲ καὶ τοὺς ξένους εἰς Καρίαν βοηθήσοντας τοῖς περὶ τὸν Ἄσανδρον πολεμουμένοις ὑπὸ Πολεμαίου τοῦ στρατηγοῦ, τοὺς δὲ περὶ τὸν Σέλευκον καὶ Μενέλαον ὑπολειφθέντας ἐν Κύπρῳ μετὰ Νικοκρέοντος τοῦ βασιλέως καὶ τῶν ἄλλων τῶν συμμαχούντων διαπολεμεῖν τοῖς ἐναντιουμένοις. 6 Τοῦτον δὲ τὸν τρόπον τῆς δυνάμεως διαμερισθείσης οἱ περὶ Σέλευκον Κερύνιαν μὲν καὶ Λάπιθον ἐξεπολιόρκησαν, Στασίοικον δὲ τὸν βασιλέα τῶν Μαριέων προσαγαγόμενοι τὸν Ἀμαθουσίων δυνάστην ἠνάγκασαν ὅμηρα δοῦναι, τὴν δὲ τῶν Κιτίων πόλιν, οὐ δυνάμενοι προσαγαγέσθαι, συνεχῶς ἐπολιόρκουν πάσῃ τῇ δυνάμει. 7 Κατὰ τοῦτον δὲ τὸν καιρὸν πρὸς Ἀντίγονον κατέπλευσαν ἐξ Ἑλλησπόντου ναῦς τετταράκοντα

3 Ἄσανδρον Geer ex *IG* II², 450 : Κάσανδρον R Κάσσανδρον F semper ‖ **13** post Πολύκλειτον add. μὲν F ‖ πλεῖν ante μετὰ transp. F ‖ **17** Ἄσανδρον Geer ex *IG* II², 450 : Κάσανδρον R F ‖ Πολεμαίου ego ex *IG* II², 469 : Πτολεμαίου R F ‖ **20** συμμαχούντων R : συμμάχων F ‖ **22** Κερυνίαν R : Κυρηνίαν F ‖ **23** τῶν Μαριέων Rhod. : τ. Μανέων R om. F ‖ **24** προσαγαγόμενοι om. F ‖ Ἀμαθουσίων F : Ἀμαθούσιον R ‖ **28** ναῦς R : νῆες F.

ment de Thémison ; Dioscouridès lui amena également quatre-vingts navires, depuis l'Hellespont et Rhodes. **8** Les premiers bateaux sortis des chantiers de Phénicie étaient déjà à sa disposition, complètement équipés. Cela faisait cent-vingt bâtiments, en comptant ceux pris à Tyr ; il y avait donc en tout deux cent quarante navires de guerre avec tout leur équipement rassemblés auprès d'Antigone : quatre-vingt-dix d'entre eux avaient quatre rangs de rameurs, dix, cinq rangs, trois, neuf rangs, dix, dix rangs *... et trente étaient des vaisseaux non fargués [1]. **9** Après avoir divisé la flotte, il envoya cinquante navires dans le Péloponnèse et plaça les autres sous le commandement de Dioscouridès, son neveu, avec mission de croiser en mer pour procurer la sécurité aux alliés et rallier à Antigone les îles qui n'étaient pas encore entrées dans son alliance. Telle était la situation d'Antigone.

LXIII. **1** Puisque nous avons raconté les événements d'Asie, nous allons maintenant relater à leur tour ceux d'Europe. Apollonidès, le stratège chargé par Cassandre de la cité d'Argos, partit de nuit pour l'Arcadie et s'empara de la cité de Stymphale. **2** Pendant qu'il était occupé à cette expédition, le parti des Argiens hostile à Cassandre fit appel à Alexandre, fils de Polyperchon, avec promesse de lui livrer la cité. Mais comme Alexandre tardait à venir, Apollonidès parvint avant lui à Argos. Il trouva cinq cents environ des opposants réunis en conseil dans le Prytanée ; il les empêcha de sortir et les fit brûler vifs. Les autres furent exilés pour la plupart et quelques-uns furent

1. Sur les bateaux *aphraktoi*, cf. J. Taillardat, « A propos d'Alcée, fr. 6, v. 1-8 (Lobel-Page) », *Rev. Philol.*, 39 (1965), p. 80-90, p. 87, et Garlan, *op. cit.* [n. compl. p. 54] p. 397, n. 22 : « A partir du ve s. certains navires de guerre étaient munis en permanence de panneaux ou fargues remplissant l'intervalle qui séparait du pont de combat l'outrigger des thranites ; l'ensemble des rameurs se trouvait ainsi placé à l'abri des projectiles et des lames. »

Θεμίσωνος ναυαρχοῦντος · ὁμοίως δὲ ἐξ Ἑλλησπόντου καὶ Ῥόδου κατήγαγε σκάφη Διοσκουρίδης ὀγδοήκοντα. 8 Προϋπῆρχον δ' αὐτῷ κατηρτισμέναι ναῦς τῶν ἐν Φοινίκῃ ναυπηγηθεισῶν αἱ πρῶται συντελεσθεῖσαι · αὗται δ' ἦσαν σὺν ταῖς ἐν Τύρῳ καταληφθείσαις ἑκατὸν καὶ εἴκοσιν, ὥστε τὰς πάσας περὶ αὐτὸν ἠθροῖσθαι ναῦς μακρὰς ἐξηρτυμένας διακοσίας τετταράκοντα · τούτων δ' ἦσαν τετρήρεις μὲν ἐννενήκοντα, πεντήρεις δὲ δέκα, ἐννήρεις δὲ τρεῖς, δεκήρεις δὲ δέκα ⟨...⟩, ἄφρακτοι δὲ τριάκοντα. 9 Διελόμενος δὲ τὸν στόλον πεντήκοντα μὲν ναῦς ἐξέπεμψεν εἰς Πελοπόννησον, τῶν δ' ἄλλων ναύαρχον καταστήσας Διοσκουρίδην τὸν ἀδελφιδοῦν προσέταξε περιπλεῖν τοῖς τε συμμάχοις παρεχόμενον τὴν ἀσφάλειαν καὶ τῶν νήσων τὰς μήπω μετεχούσας τῆς συμμαχίας προσαγόμενον. Τὰ μὲν οὖν κατὰ τὸν Ἀντίγονον ἐν τούτοις ἦν.

LXIII. 1 Ἡμεῖς δ' ἐπεὶ τὰ κατὰ τὴν Ἀσίαν πραχθέντα διήλθομεν, ἐν μέρει πάλιν τὰ κατὰ τὴν Εὐρώπην διέξιμεν. Ἀπολλωνίδης γὰρ ὁ ταχθεὶς ὑπὸ Κασάνδρου στρατηγὸς ἐπὶ τῆς Ἀργείων πόλεως ἐξοδεύσας εἰς Ἀρκαδίαν νυκτὸς ἐκυρίευσε τῆς τῶν Στυμφαλίων πόλεως · 2 περὶ ταῦτα δ' αὐτοῦ διατρίβοντος τῶν Ἀργείων οἱ πρὸς Κάσανδρον ἀλλοτρίως ἔχοντες ἐπεκαλέσαντο τὸν Πολυπέρχοντος Ἀλέξανδρον, ἐπαγγελλόμενοι παραδώσειν τὴν πόλιν. Τοῦ δ' Ἀλεξάνδρου βραδύνοντος Ἀπολλωνίδης φθάσας κατήντησεν εἰς Ἄργος. Τῶν δ' ἐναντιουμένων καταλαβὼν εἰς πεντακοσίους συνηδρευκότας ἐν τῷ πρυτανείῳ τούτους μὲν ἀποκλείσας τῆς ἐξόδου ζῶντας κατέκαυσε, τῶν δ' ἄλλων τοὺς μὲν πλείους ἐφυγάδευσεν,

1 Θεμίσωνος R : Θαμίσωνος F ‖ 3 ναῦς R : νῆες F ‖ post τῶν add. τ' R ‖ 5 καταληφθείσαις R F : καταλειφθείσαις F[1] ‖ 7 ἐξηρτυμένας R : ἐξηρτημένας F ‖ 8-9 ἐννήρεις R F[1] : ἐνήρεις F ‖ lac. susp. Wess. ‖ 19 Κασάνδρου R[1] F : Ἀλεξάνδρου R ‖ 25 βραδύνοντος R : βραδύναντος F ‖ 27 post καταλαβὼν add. τὰ F ‖ 28 ζῶντας R F[1] : om. F.

arrêtés et exécutés. **3** Quand Cassandre apprit qu'Aristodèmos [1] avait fait voile vers le Péloponnèse et qu'il avait réuni une foule de mercenaires, il essaya d'abord de détacher Polyperchon de ses liens d'amitié avec Antigone, sans réussir à se faire écouter [2]. Il réunit alors une armée et gagna la Béotie, en passant par la Thessalie. **4** Là, il aida les Thébains à reconstruire leurs murs, puis il gagna le Péloponnèse. Tout d'abord, après avoir assiégé victorieusement Cenchrées [3], il ravagea le territoire de Corinthe, puis, après s'être emparé de vive force de deux places, il en laissa partir les garnisons établies par Alexandre sous le couvert d'une convention. **5** Ensuite, après avoir assailli la cité d'Orchomène * et avoir été introduit dans ses murs par des opposants à Alexandre, il laissa une garnison dans la cité et permit aux citoyens de faire ce qu'ils voudraient des partisans d'Alexandre réfugiés dans le temple d'Artémis. Dans ces conditions, les habitants d'Orchomène emmenèrent de force les suppliants et les tuèrent tous, contrairement à la loi commune des Grecs.

LXIV. **1** Passant dans le territoire de Messène, Cassandre y trouva la cité [4] défendue par une garnison de Polyperchon et renonça momentanément à l'assiéger. Passant en Arcadie, il laissa Damis comme épimélète [5] à Mégalopolis [6] et gagna l'Argolide. Là, il célébra les Jeux Néméens [7], puis retourna en Macédoine. **2** Après son départ, Alexandre marcha avec Aristodèmos sur les cités du Péloponnèse, tentant d'en chasser les garnisons établies par Cassandre et de rendre la liberté aux cités. **3** A cette nouvelle,

1. Cf. 19, 60, 1.
2. Cette anacoluthe est fréquente.
3. Le port de Corinthe sur le golfe Saronique.
4. C.-à-d. Messène.
5. Cf. n. compl. p. 45.
6. Pour cette correction, cf. Niese, *op. cit.* [n. compl. p. 20] p.280.
7. Juillet 315, cf. intr. p. XIII.

ὀλίγους δὲ συλλαβὼν ἀπέκτεινε. 3 Κάσανδρος δὲ πυθόμενος τὸν Ἀριστοδήμου κατάπλουν εἰς Πελοπόννησον καὶ τὸ συνηθροισμένον πλῆθος τῶν ξένων τὸ μὲν πρῶτον ἐπεχείρησεν ἀφιστάναι τὸν Πολυπέρχοντα τῆς Ἀντιγόνου φιλίας· οὐχ ὑπακουόντων δ' αὐτῶν συναγαγὼν δύναμιν ἧκε διὰ τῆς Θετταλίας εἰς Βοιωτίαν. 4 Ἐνταῦθα δὲ συνεπιλαβόμενος τοῖς Θηβαίοις τῆς τῶν τειχῶν οἰκοδομίας παρῆλθεν εἰς Πελοπόννησον· καὶ τὸ μὲν πρῶτον Κεγχρεὰς ἐκπολιορκήσας ἐδῄωσε τὴν χώραν τῶν Κορινθίων, μετὰ δὲ ταῦτα δύο φρούρια κατὰ κράτος ἑλὼν τοὺς ὑπ' Ἀλεξάνδρου καθεσταμένους φρουροὺς ὑποσπόνδους ἀφῆκεν. 5 Ἑξῆς δὲ τῇ τῶν Ὀρχομενίων πόλει προσβολὰς ποιησάμενος καὶ παρεισαχθεὶς ὑπὸ τῶν ἀλλοτρίως ἐχόντων πρὸς Ἀλέξανδρον τῆς μὲν πόλεως φυλακὴν ἀπέλιπε, τῶν δὲ φίλων τῶν Ἀλεξάνδρου καταφυγόντων εἰς τὸ τῆς Ἀρτέμιδος ἱερὸν ἔδωκε τὴν ἐξουσίαν τοῖς πολίταις ὅ βούλοιντο πρᾶξαι. Οἱ μὲν οὖν Ὀρχομένιοι τοὺς ἱκέτας βιαίως ἀναστήσαντες ἅπαντας ἀνεῖλον παρὰ τὰ κοινὰ τῶν Ἑλλήνων νόμιμα.

LXIV. 1 Ὁ δὲ Κάσανδρος παρελθὼν εἰς τὴν Μεσσηνίαν καὶ καταλαβὼν φρουρουμένην ὑπὸ Πολυπέρχοντος τὴν πόλιν τὸ μὲν πολιορκεῖν αὐτὴν ἐπὶ τοῦ παρόντος ἀπέγνω, παρελθὼν δ' εἰς Ἀρκαδίαν Δάμιν μὲν ἐπιμελητὴν τῆς ⟨Μεγάλης⟩ πόλεως ἀπέλιπεν, αὐτὸς δὲ παρελθὼν εἰς τὴν Ἀργείαν καὶ θεὶς τὸν τῶν Νεμέων ἀγῶνα τὴν εἰς Μακεδονίαν ἐπάνοδον ἐποιήσατο. 2 Τούτου δὲ χωρισθέντος Ἀλέξανδρος ἐπιὼν τὰς ἐν Πελοποννήσῳ πόλεις μετ' Ἀριστοδήμου τὰς μὲν ὑπὸ Κασάνδρου καθεσταμένας φρουρὰς ἐκβαλεῖν ἐπειρᾶτο, ταῖς δὲ πόλεσιν ἀποκαθιστᾶν τὴν ἐλευθερίαν. 3 Ἃ δὴ πυθόμενος ὁ

9 Κεγχρεὰς R F[1] : Κεχρεὰς F || 20-21 Μεσσηνίαν R : Μεσηνίαν F ut plerumque || 24 Μεγάλης add. Niese || 28-29 καθεσταμένας R : καθισταμένας F.

Cassandre envoya Prépélaos [1] lui demander d'abandonner Antigone et de conclure avec lui une alliance en bonne et due forme. En ce cas, affirmait-il, il lui donnerait le commandement de tout le Péloponnèse, mettrait une armée complètement sous ses ordres et l'honorerait comme il le méritait. **4** Alexandre, se voyant accorder ce pour quoi, depuis le début, il faisait la guerre à Cassandre, conclut une alliance et fut désigné comme stratège du Péloponnèse [2].

Pendant ce temps, Polycleitos, que Séleucos avait envoyé de Chypre, débarqua à Cenchrées, au terme de sa traversée. **5** Il y apprit le changement de camp d'Alexandre et, ne voyant plus de force ennemie sur place, il partit pour la Pamphylie. Après avoir longé de là la côte jusqu'à Aphrodisias en Cilicie, comme il avait entendu dire que Théodotos, le navarque d'Antigone, venant de Patara en Lycie, suivait la côte avec des navires rhodiens, montés par des équipages cariens et que Périlaos suivait la côte à pied avec des soldats pour protéger l'avance de la flotte, il se montra plus fin tacticien que tous les deux. **6** Il fit, en effet, débarquer ses soldats et les cacha en un lieu propice, où les ennemis devaient nécessairement passer. Lui-même prit la mer avec tous les navires et, à l'abri d'un promontoire, il guetta la venue des ennemis. Les fantassins tombèrent les premiers dans l'embuscade ; Périlaos fut pris, les autres tombèrent en combattant ou furent faits prisonniers. **7** Tandis que les vaisseaux rhodiens tentaient de venir au secours des leurs, Polycleitos cingla sur eux à l'improviste avec sa flotte en bon ordre et mit facilement en déroute les ennemis

1. Pour la correction, cf. 19, 68, 5 et 20, 102, 1.
2. Sur ses pouvoirs cf. Bengtson, *op. cit.* [n. compl. p. 20] I, p. 135-6.

Κάσανδρος ἔπεμψε πρὸς αὐτὸν Πρεπέλαον, ἀξιῶν Ἀντιγόνου μὲν ἀποστῆναι, συμμαχεῖν δ' αὐτῷ γνησίως. Τοῦτο δ' αὐτοῦ πράξαντος στρατηγίαν δώσειν ἔφησε πάσης Πελοποννήσου καὶ δυνάμεως ἀποδείξειν κύριον, ἔτι δὲ κατ' ἀξίαν τιμήσειν. 4 Ὁ δ' Ἀλέξανδρος ὁρῶν αὐτῷ συγχωρούμενον οὗ χάριν ἐξ ἀρχῆς ἐπολέμει προς Κάσανδρον, συμμαχίαν ποιησάμενος ἀπεδείχθη στρατηγὸς Πελοποννήσου.

Ἅμα δὲ τούτοις πραττομένοις Πολύκλειτος ὁ πεμφθεὶς ὑπὸ τῶν περὶ Σέλευκον ἐκ Κύπρου πλεύσας κατῆρεν εἰς Κεγχρεάς, 5 ἀκούσας δὲ τὴν Ἀλεξάνδρου μετάθεσιν καὶ θεωρῶν μηδὲν ὑπάρχον πολέμιον σύστημα τὸν πλοῦν ἐπὶ Παμφυλίας ἐποιήσατο. Ἐντεῦθεν δὲ παρακομισθεὶς εἰς Ἀφροδισιάδα τῆς Κιλικίας, ⟨ὡς⟩ ἤκουσεν ὅτι Θεόδοτος μὲν ὁ Ἀντιγόνου ναύαρχος ἐκ Πατάρων τῆς Λυκίας παραπλεῖ ταῖς ἀπὸ Ῥόδου ναυσίν, ἐχούσαις ἀπὸ Καρίας πληρώματα, καὶ διότι Περίλαος μετὰ στρατιωτῶν παράγει πεζῇ, παρεχόμενος τῷ στόλῳ τῆς ἀγωγῆς τὴν ἀσφάλειαν, ἀμφοτέρους κατεστρατήγησε. 6 Τοὺς μὲν γὰρ στρατιώτας ἀποβιβάσας ἔκρυψεν ἐν εὐθέτῳ τόπῳ, καθ' ὃν ἀναγκαῖον ἦν τοὺς πολεμίους τὴν πάροδον ποιήσασθαι, αὐτὸς δὲ πάσαις ταῖς ναυσὶν ἐπιπλεύσας καὶ πρὸ αὑτοῦ λαβὼν ἀκρωτήριον ἐπετήρει τὴν τῶν πολεμίων παρουσίαν. Ἐμπεσόντων δὲ πρῶτον τῶν πεζῶν εἰς τὴν ἐνέδραν συνέβη τόν τε Περίλαον ἁλῶναι καὶ τῶν ἄλλων τοὺς μὲν πεσεῖν μαχομένους, οὓς δὲ ζωγρηθῆναι. 7 Ἐπιχειρούντων δὲ τῶν ἀπὸ Ῥόδου νεῶν παραβοηθεῖν τοῖς ἰδίοις ἐπιπλεύσας ὁ Πολύκλειτος ἄφνω συντεταγμένῳ τῷ στόλῳ ῥᾳδίως ἐτρέψατο τεταραγμένους τοὺς πολεμίους. Διόπερ συνέβη

1 Πρεπέλαον Rhod. : Πρέπελλον R F || 3 δώσειν ἔφησε R : ἔφ. δώσειν F || 4 δυνάμεως R : δυνάμεων F || post δὲ add. καὶ F || 11 Κεγχρεάς R F[1] : Κεχρεάς F || 14 Ἀφροδισίαδα R : Ἀφροδισίαν F || ὡς add. Reiske || 20 ἐν R F[1] : om. F || 22 ἐπιπλεύσας R : ἀναπλεύσας F || αὑτοῦ Fischer : αὐτοῦ R F || 27 τῶν ἀπὸ Ῥόδου νεῶν R : τῶν ἀπὸ τοῦ στόλου F.

en désordre. Il en résulta la capture de tous les navires et de beaucoup d'hommes, parmi lesquels Théodotos, qui, blessé, succomba quelques jours plus tard. **8** Polycleitos donc, après un tel succès remporté sans péril, partit pour Chypre et de là pour Péluse. Ptolémée le félicita, l'honora de grands présents et lui donna une haute promotion pour avoir été l'artisan d'une grande victoire. Il relâcha Périlaos et certains des autres prisonniers, une ambassade envoyée par Antigone étant arrivée à leur sujet. Lui-même se rendit dans le lieu dit Écregma [1] et là il entra en pourparlers avec Antigone, puis il s'en retourna, car Antigone n'avait pas accepté ses demandes.

LXV. **1** Nous avons relaté les actions des Grecs d'Europe en Grèce et en Macédoine ; nous allons maintenant parler des régions occidentales. Agathocle, le dynaste de Syracuse, qui occupait un fortin des Messiniens, promit d'abandonner la position contre trente talents. **2** Les Messiniens payèrent la somme ; or, non seulement il manqua à ceux qui avaient cru en ses promesses, mais en outre il essaya de prendre Messine elle-même. Ayant appris qu'une partie de la muraille s'était effondrée, il fit partir de Syracuse, par terre, la cavalerie, tandis que lui-même, avec des vaisseaux légers [2], débarqua de nuit, à proximité de la cité. **3** Mais, comme les victimes de la machination avaient été prévenues, l'entreprise échoua. Il fit alors voile vers Myles, l'assiégea et reçut le fortin par capitulation. Il revint alors à Syracuse, puis, au moment où l'on rentrait la moisson, il fit une nouvelle expédition contre Messine. **4** Il établit son

1. « La ravine », canal d'écoulement du lac Sirbonis, à la limite de l'Égypte et de la Syrie, cf. Strabon, 16, 32.

2. Cf. L. Casson, « Hemiolia and triemiolia », *J. hell. stud.*, 78, 1958, p. 14-18. Il s'agit d'un vaisseau léger, à deux rangs de rameurs, où l'on pouvait facilement libérer l'espace derrière le mât pour amener rapidement la voile en cas d'attaque.

τάς τε ναῦς ἁλῶναι πάσας καὶ τῶν ἀνδρῶν οὐκ ὀλίγους, ἐν οἷς καὶ αὐτὸν τὸν Θεόδοτον τραυματίαν γενόμενον μετ᾽ ὀλίγας ἡμέρας τελευτῆσαι. 8 Πολύκλειτος μὲν οὖν χωρὶς κινδύνων τηλικαῦτα πλεονεκτήσας ἀπέπλευσεν εἰς Κύπρον, ἐντεῦθεν δ᾽ εἰς Πηλούσιον · ὁ δὲ Πτολεμαῖος τοῦτον μὲν ἐπαινέσας δωρεαῖς μεγάλαις ἐτίμησε καὶ πολὺ μᾶλλον προῆγεν ὡς ἀρχηγὸν γεγονότα μεγάλου προτερήματος, τὸν δὲ Περίλαον καὶ τῶν ἄλλων αἰχμαλώτων τινὰς ἀπέλυσεν, ἐλθούσης περὶ τούτων πρεσβείας παρ᾽ Ἀντιγόνου. Αὐτὸς δὲ παρῆλθεν ἐπὶ τὸ καλούμενον Ἔκρηγμα κἀκεῖ συνελθὼν εἰς λόγους Ἀντιγόνῳ πάλιν ἀπῆλθεν, οὐ συγχωροῦντος Ἀντιγόνου τὰ ἀξιούμενα.

LXV. 1 Ἡμεῖς δὲ διεληλυθότες τὰ πραχθέντα τῶν Ἑλλήνων τῆς Εὐρώπης περὶ τὴν Ἑλλάδα καὶ Μακεδονίαν ἐν μέρει διέξιμεν περὶ τῶν πρὸς ἑσπέραν νευόντων μερῶν. Ἀγαθοκλῆς γὰρ ὁ τῶν Συρακοσίων δυνάστης κατέχων φρούριον τῶν Μεσσηνίων ἐπηγγείλατο λαβὼν παρ᾽ αὐτῶν τριάκοντα τάλαντα παραδώσειν τὸν τόπον. 2 Δόντων δὲ τῶν Μεσσηνίων τἀργύριον οὐ μόνον διεψεύσατο τοὺς πιστεύσαντας τῆς ἐπαγγελίας, ἀλλὰ καὶ τὴν Μεσσήνην αὐτὴν ἐπεχείρησε καταλαβέσθαι. Πυθόμενος γὰρ μέρος τι τοῦ τείχους ἐν αὐτῇ πεπτωκέναι πεζῇ μὲν τοὺς ἱππεῖς ἀπέστειλεν ἐκ Συρακουσσῶν, αὐτὸς δ᾽ ἀναλαβὼν ναῦς ἡμιολίας νυκτὸς κατέπλευσε πλησίον τῆς πόλεως. 3 Προαισθομένων δὲ τῶν ἐπιβουλευομένων ταύτης μὲν τῆς ἐπιβολῆς ἀπέτυχεν, ἐπὶ δὲ τὰς Μύλας πλεύσας καὶ πολιορκήσας τὸ φρούριον δι᾽ ὁμολογίας παρέλαβε. Καὶ τότε μὲν εἰς Συρακούσσας ἐχωρίσθη, κατὰ δὲ τὰς τῶν καρπῶν συγκομιδὰς πάλιν ἐστράτευσεν ἐπὶ τὴν Μεσσήνην. 4 Πλησίον δὲ τῆς πόλεως στρατοπεδεύσας καὶ

2 τὸν om. R ‖ 4 κινδύνων R : κινδύνου F ‖ 10 δὲ R : γὰρ F ‖ 12 οὐ R F^1 : om. F ‖ Ἀντιγόνου R : Ἀντιγόνῳ F ‖ 15 περὶ τῶν R : τῶν περὶ F ‖ 19 τἀργύριον Reiske : ἀργύριον R F ‖ 25 ἐπιβουλευομένων Reiske : προεπιβουλευομένων R F ‖ 26 ἐπιβολῆς R : ἐπιβουλῆς F ‖ 27 τὸ om. R ‖ 28 ἐχωρίσθη R : ἀνεχώρησε F.

camp près de la cité et lança assauts sur assauts, sans pouvoir infliger aux ennemis de sérieux dommages, car de nombreux exilés syracusains s'étaient rassemblés dans la ville et, pour leur propre sécurité comme par haine du tyran, ils combattaient avec ardeur. **5** A ce moment arrivèrent des ambassadeurs carthaginois, qui reprochèrent à Agathocle d'avoir transgressé les traités * ; ils procurèrent la paix aux Messiniens, forcèrent le tyran à restituer le fortin, puis repartirent pour la Libye. **6** Agathocle se rendit à Abacène [1], une ville alliée, où il fit abattre les opposants présumés, soit plus de quarante personnes.

7 Pendant ce temps, les Romains, dans leur guerre contre les Samnites, prirent de vive force la ville de Férentè, en Apulie. Les habitants de Nuceria, dite Alfaterna, se laissèrent persuader par certains d'entre eux d'abandonner leurs relations d'amitié avec Rome pour faire alliance avec les Samnites [2].

a. 314-313 LXVI. **1** Cette année écoulée, Nicodoros devint archonte à Athènes et les Romains portèrent au consulat Lucius Papirius pour la quatrième fois et Quintus Publius pour la deuxième [3]. **2** Pendant leur année de charge, Aristodémos, désigné comme stratège par Antigone, à la nouvelle de la défection d'Alexandre, fils de Polyperchon, plaida sa cause devant l'assemblée des Étoliens * et amena la masse des participants à soutenir la cause d'Antigone. Luimême passa avec les mercenaires de l'Étolie dans le Péloponnèse, où il trouva Alexandre et les Éléens en train d'assiéger Cyllène *. Pour cette cité en danger sa soudaine arrivée fut un coup de chance qui fit lever

1. A l'ouest de Myles, à l'intérieur du pays.

2. Prise de Forentum, l'année précédente dans Tite-Live, 9, 20, 9, cf. Salmon, *op. cit.* [p. XIX, n. 2] p. 30-3. Nuceria Alfaterna est en Campanie.

3. 314/313 = (313) vulg. 315. Fastes Capitolins : L. Papirius Cursor et Q. Poblilius Philo, tous les deux pour la quatrième fois.

προσβολὰς συνεχεῖς ποιούμενος οὐδὲν ἀξιόλογον ἴσχυσε βλάψαι τοὺς πολεμίους · καὶ γὰρ τῶν ἐκ Συρακουσσῶν φυγάδων πολλοὶ συνεδεδραμήκεισαν εἰς τὴν πόλιν, οἳ καὶ διὰ τὴν ἰδίαν ἀσφάλειαν καὶ διὰ τὸ πρὸς τὸν τύραννον μῖσος ἐκθύμως ἠγωνίζοντο. **5** Καθ' ὃν δὴ χρόνον ἧκον ἐκ Καρχηδόνος πρέσβεις, οἳ τῷ μὲν Ἀγαθοκλεῖ περὶ τῶν πραχθέντων ἐπετίμησαν ὡς παραβαίνοντι τὰς συνθήκας, τοῖς δὲ Μεσσηνίοις εἰρήνην παρεσκεύασαν καὶ τὸ φρούριον ἀναγκάσαντες ἀποκαταστῆσαι τὸν τύραννον ἀπέπλευσαν εἰς τὴν Λιβύην. **6** Ὁ δ' Ἀγαθοκλῆς παρελθὼν εἰς Ἀβάκαινον πόλιν σύμμαχον, τοὺς δοκοῦντας ἀλλοτρίως ἔχειν τὰ πρὸς αὐτὸν ἀπέσφαξεν, ὄντας πλείους τῶν τετταράκοντα.

7 Ἅμα δὲ τούτοις πραττομένοις Ῥωμαῖοι μὲν διαπολεμοῦντες Σαμνίταις Φερέντην, πόλιν τῆς Ἀπουλίας, κατὰ κράτος εἷλον. Οἱ δὲ τὴν Νουκερίαν τὴν Ἀλφατέρναν καλουμένην οἰκοῦντες πεισθέντες ὑπό τινων τῆς μὲν Ῥωμαίων φιλίας ἀπέστησαν, πρὸς δὲ τοὺς Σαμνίτας συμμαχίαν ἐποιήσαντο.

LXVI. **1** Τοῦ δ' ἔτους τούτου διελθόντος Ἀθήνησι μὲν ἦρχε Νικόδωρος, ἐν Ῥώμῃ δ' ἦσαν ὕπατοι Λεύκιος Παπείριος τὸ τέταρτον καὶ Κόϊντος Πόπλιος τὸ δεύτερον. **2** Ἐπὶ δὲ τούτων Ἀριστόδημος μὲν ὁ κατασταθεὶς ὑπ' Ἀντιγόνου στρατηγὸς ὡς ἐπύθετο τὴν Ἀλεξάνδρου τοῦ Πολυπέρχοντος ἀπόστασιν, ἐπὶ τοῦ κοινοῦ τῶν Αἰτωλῶν δικαιολογησάμενος προετρέψατο τὰ πλήθη βοηθεῖν τοῖς Ἀντιγόνου πράγμασιν, αὐτὸς δὲ μετὰ τῶν μισθοφόρων διαβὰς ἐκ τῆς Αἰτωλίας εἰς Πελοπόννησον κατέλαβεν Ἀλέξανδρόν τε καὶ τοὺς Ἠλείους πολιορκοῦντας τὴν Κυλλήνην, εὐκαίρως δὲ τοῖς κινδυνεύουσιν

1 post ποιούμενος add. κατ' F || **3** συνεδεδραμήκεισαν Fischer : συνδεδραμηκείσαν R συνδεδραμήκασιν F || **4** τὴν om. R || **15** Σαμνίταις R : Σαυνίταις F jam non notatum || Φερέντην R : Φερέντιν F.

le siège. **3** Il laissa là des hommes pour assurer la sécurité de ce fortin et partit en direction de l'Achaïe, où il délivra Patras de la garnison que Cassandre y avait établie. Il assiégea victorieusement Aigion et se rendit maître de la garnison. Son intention était de rendre officiellement [1] la liberté à cette cité [2], mais l'incident suivant l'en empêcha. Ses soldats se livrèrent au pillage et beaucoup d'habitants d'Aigion furent massacrés, tandis que la plupart des maisons étaient détruites. **4** Ensuite, quand il eut fait voile vers l'Étolie, les Dyméens, qui avaient reçu une garnison de Cassandre, établirent dans la ville un mur de séparation qui la mettait à part en l'excluant de l'acropole. Après s'être exhortés à lutter de toutes leurs forces pour l'autonomie, ils investirent la citadelle et lancèrent assaut sur assaut. **5** A cette nouvelle, Alexandre arriva avec une armée ; il pénétra de force à l'intérieur de la muraille et se rendit maître de la ville, massacrant une partie des Dyméens, en emprisonnant d'autres et en exilant un grand nombre. **6** Après le départ d'Alexandre, les survivants, terrifiés par l'ampleur de la catastrophe et, par ailleurs, dépourvus d'alliés, se tinrent tranquilles un certain temps. Un peu plus tard, après avoir fait venir d'Aigion les mercenaires d'Aristodémos, ils attaquèrent à nouveau la garnison. Ils se rendirent maîtres de la citadelle et libérèrent la cité. Ils massacrèrent la plupart des soldats qui avaient été laissés dans la citadelle et exécutèrent également tous leurs concitoyens favorables à Alexandre.

LXVII. **1** Pendant ce temps, Alexandre, fils de Polyperchon, qui quittait Sicyone avec son armée, fut

1. Il agit en vertu du décret voté par les Macédoniens, cf. 19, 61, 3.
2. Dans la partie ouest de l'Achaïe.

ἐπιφανεὶς ἔλυσε τὴν πολιορκίαν. 3 Καταλιπὼν δ' ἐνταῦθα τοὺς παρεξομένους τῷ φρουρίῳ τὴν ἀσφάλειαν ἀνέζευξεν εἰς τὴν Ἀχαΐαν καὶ Πάτρας μὲν ἠλευθέρωσε φρουρουμένας ὑπὸ τῶν Κασάνδρου στρατιωτῶν, Αἴγιον δὲ ἐκπολιορκήσας τῆς τε φρουρᾶς ἐκυρίευσε καὶ τοῖς Αἰγιεῦσι κατὰ δόγμα τὴν ἐλευθερίαν βουλόμενος ἀποκαταστῆσαι διὰ ταύτην τὴν περίστασιν ἐκωλύθη · τῶν γὰρ στρατιωτῶν τραπέντων πρὸς ἁρπαγὴν πολλοὶ μὲν ἀπεσφάγησαν τῶν Αἰγιέων, πλεῖσται δὲ τῶν οἰκιῶν διεφθάρησαν. 4 Μετὰ δὲ ταῦτα διαπλεύσαντος εἰς Αἰτωλίαν αὐτοῦ Δυμαῖοι, φρουρὰν ἔχοντες παρὰ Κασάνδρου, διετείχισαν τὴν πόλιν, ὥστε κατ' ἰδίαν οὖσαν ἀπὸ τῆς ἀκροπόλεως διεζεῦχθαι. Παρακαλέσαντες δ' ἀλλήλους ἀντέχεσθαι τῆς αὐτονομίας περιεστρατοπέδευσαν τὴν ἄκραν καὶ συνεχεῖς προσβολὰς ἐποιοῦντο. 5 Ἃ δὴ πυθόμενος ὁ Ἀλέξανδρος ἧκεν μετὰ δυνάμεως καὶ βιασάμενος ἐντὸς τοῦ τείχους ἐκυρίευσε τῆς πόλεως, τῶν δὲ Δυμαίων τοὺς μὲν ἀπέσφαξεν, τοὺς δ' εἰς φυλακὴν ἀπέθετο, πολλοὺς δὲ ἐφυγάδευσεν. 6 Οἱ δὲ περιλειφθέντες ἀπαλλαγέντος ἐκ τῆς πόλεως Ἀλεξάνδρου χρόνον μέν τινα τὴν ἡσυχίαν ἦγον, καταπεπληγμένοι τὸ μέγεθος τῆς συμφορᾶς, ἅμα δὲ καὶ συμμάχων ὄντες ἔρημοι · μετὰ δέ τινα χρόνον ἐξ Αἰγίου τοὺς Ἀριστοδήμου μισθοφόρους μεταπεμψάμενοι πάλιν ἐπέθεντο τῇ φρουρᾷ καὶ κυριεύσαντες τῆς ἄκρας τὴν μὲν πόλιν ἠλευθέρωσαν, τῶν δὲ καταλειφθέντων τοὺς πλείστους ἀποσφάξαντες συνανεῖλαν καὶ τῶν ἰδίων πολιτῶν ὅσο πρὸς Ἀλέξανδρον εἶχον φιλίαν.

LXVII. 1 Ἅμα δὲ τούτοις πραττομένοις Ἀλέξανδρος μὲν ὁ Πολυπέρχοντος ἐκ Σικυῶνος ἀναζευγνύων μετὰ

5 Αἰγιεῦσι F : Αἰγεῦσι R ‖ **9** Αἰγιέων Dindorf : Αἰγαίων R Αἰγέων R² F Αἰγιαίων F¹ ‖ **12** διεζεῦχθαι R : διεζεύχθη F ‖ **16** post μετὰ add. τῆς F ‖ **17** Δυμαίων R : Δυμέων F ‖ **18** ἀπέθετο R : ἀπέδωκε F ‖ **22** Αἰγίου R² F : Αἰγείου R ‖ **25** καταλειφθέντων R F : καταληφθέντων R² F¹ ‖ **26** συνανεῖλαν R : συνεῖλον F συνεῖλαν F¹.

tué par Alexion de Sicyone et quelques autres, qui avaient feint d'être ses amis. Mais sa femme Cratésipolis lui succéda à son poste et maintint l'armée auprès d'elle, car ses bienfaits la faisaient adorer des soldats. Elle ne cessait, en effet, de venir en aide aux malheureux et de soulager un bon nombre de pauvres. **2** Elle possédait également un sens pratique et une audace supérieurs à ceux d'une femme. Alors que les Sicyoniens l'avaient tenue pour quantité négligeable du fait de la mort de son mari et qu'ils s'étaient rassemblés en armes pour conquérir leur liberté, elle leur livra bataille. Sa victoire leur causa de multiples pertes et elle en fit, d'autre part, arrêter et crucifier une trentaine. Ayant bien assuré son autorité sur la cité, elle dirigea souverainement Sicyone, disposant de nombreux soldats prêts à courir tous les dangers [1]. Telle était la situation dans le Péloponnèse.

3 Cassandre, voyant que les Étoliens combattaient du côté d'Antigone et qu'ils avaient une guerre de frontière avec les Acarnaniens, jugea qu'il serait utile d'avoir les Acarnaniens comme alliés et par là-même d'amoindrir les Étoliens. C'est pourquoi il partit de Macédoine avec une armée importante et gagna l'Étolie, où il établit son camp près de la rivière Campylos [2]. **4** Il y réunit une assemblée générale des Acarnaniens [3] et, après leur avoir longuement parlé de la guerre qu'ils avaient depuis bien longtemps à leur frontière, il leur conseilla d'abandonner leurs bourgades, petites et non fortifiées *, pour venir habiter dans quelques cités. Ils ne seraient plus ainsi, à cause de la dispersion de l'habitat, dans l'incapacité de se porter secours les uns aux autres, et ils pourraient aisément se rassembler pour repousser les attaques impré-

1. Cf. 1re n. compl. p. 22.
2. Un affluent de l'Acheloos.
3. Cf. Larsen, *op. cit.* [n. compl. p. 54] p. 264-273.

τῆς δυνάμεως ὑπ' Ἀλεξίωνος τοῦ Σικυωνίου καί τινων ἄλλων προσποιουμένων εἶναι φίλων ἀνῃρέθη, ἡ δὲ γυνὴ Κρατησίπολις διαδεξαμένη τὰ πράγματα συνεῖχε τὸ στρατόπεδον, ἀγαπωμένη διαφερόντως ὑπὸ τῶν στρατιωτῶν διὰ τὰς εὐεργεσίας · διετέλει γὰρ βοηθοῦσα τοῖς ἀτυχοῦσι καὶ πολλοὺς τῶν ἀπόρων ὑπολαμβάνουσα. 2 Ἦν δὲ περὶ αὐτὴν καὶ σύνεσις πραγματικὴ καὶ τόλμα μείζων ἢ κατὰ γυναῖκα · τῶν γὰρ Σικυωνίων καταφρονησάντων αὐτῆς διὰ τὴν τοῦ ἀνδρὸς τελευτὴν καὶ συνδραμόντων μετὰ τῶν ὅπλων ἐπὶ τὴν ἐλευθερίαν, παραταξαμένη καὶ νικήσασα πολλοὺς μὲν ἀνεῖλε, συλλαβοῦσα δὲ περὶ τριάκοντα τὸν ἀριθμὸν ἀνεσταύρωσεν. Ἀσφαλισαμένη δὲ τὰ κατὰ τὴν πόλιν ἐδυνάστευε τῶν Σικυωνίων, ἔχουσα πολλοὺς στρατιώτας ἑτοίμους εἰς πάντα κίνδυνον. Καὶ τὰ μὲν περὶ Πελοπόννησον ἐν τούτοις ἦν.

3 Κάσανδρος δ' ὁρῶν τοὺς Αἰτωλοὺς συναγωνιζομένους μὲν Ἀντιγόνῳ, πόλεμον δ' ἔχοντας ὅμορον πρὸς Ἀκαρνᾶνας ἔκρινε συμφέρειν ἅμα συμμάχους μὲν Ἀκαρνᾶνας ποιήσασθαι, ταπεινῶσαι δὲ τοὺς Αἰτωλούς. Διόπερ ἀναζεύξας ἐκ Μακεδονίας μετὰ δυνάμεως μεγάλης ἧκεν εἰς Αἰτωλίαν καὶ κατεστρατοπέδευσεν περὶ τὸν καλούμενον Καμπύλον ποταμόν. 4 Συναγαγὼν δὲ τοὺς Ἀκαρνᾶνας εἰς κοινὴν ἐκκλησίαν καὶ διελθὼν ὅτι πόλεμον ἔχουσιν ὅμορον ἐκ παλαιῶν χρόνων, συνεβούλευεν ἐκ τῶν ἀνοχύρων καὶ μικρῶν χωρίων εἰς ὀλίγας πόλεις μετοικῆσαι, ὅπως μὴ διεσπαρμένης τῆς οἰκήσεως ἀδυνατῶσιν ἀλλήλοις βοηθεῖν καὶ πρὸς τὰς ἀπροσδοκήτους

9 αὐτῆς R : αὐτὴν F || **17** μὲν R F[1] : om. F || **24** ὅμορον post πόλεμον transp. F || **25** ἀνοχύρων Reiske : ὀχυρῶν R F || **26** μετοικῆσαι R : μετοικίσαι F.

vues de l'ennemi. Les Acarnaniens furent convaincus et la plupart vinrent habiter Stratos, la mieux fortifiée et la plus grande de leurs cités ; les Oiniades et quelques autres se rassemblèrent à Sauria, les Dériens et d'autres à Agrinion *. **5** Cassandre laissa Lyciscos [1] comme stratège ainsi que les soldats nécessaires, avec ordre d'aider les Acarnaniens. Lui-même gagna Leucade en force et se rallia cette cité par l'intermédiaire d'une ambassade. **6** Il fit ensuite mouvement vers l'Adriatique et prit Apollonia au premier assaut. Après s'être avancé en Illyrie [2] et avoir traversé le fleuve Hébros [3], il livra bataille à Glaucias, le roi des Illyriens. **7** Vainqueur, il conclut avec lui un traité aux termes duquel Glaucias ne devait pas attaquer les alliés de Cassandre [4]. Après s'être rallié la ville d'Épidamne [5] et y avoir établi une garnison, il revint en Macédoine.

LXVIII. **1** Quand Cassandre eut quitté l'Étolie, les Étoliens se rassemblèrent au nombre de trois mille environ et, après avoir investi Agrinion, ils en firent le siège. Ils conclurent un accord avec les habitants de la place aux termes duquel la ville devait être livrée, tandis qu'eux-mêmes avaient la vie sauve ; ceux-ci partirent donc sur la foi des conventions, mais les Étoliens ne respectèrent pas le traité : ils donnèrent la chasse à ces hommes qui se croyaient en sécurité et les massacrèrent presque tous. **2** Une fois en Macédoine, Cassandre, à la nouvelle qu'on faisait la guerre à toutes les cités de Carie alliées à Ptolémée et à Séleucos, envoya une armée en Carie ; son but était de secourir ses alliés, mais en même temps il désirait

1. Sans doute le même qu'en 19, 36, 5.
2. Cf. M. J. Dell, « The western frontier of the Macedonian Monarchy », p. 115-126 dans *op. cit.* [2e n. compl. p. 74].
3. Inconnu.
4. Cf. Justin, 15, 2, 1-2, et Schmitt, *op. cit.* [p. 55, n. 1] no 423.
5. Cf., peut-être, Polyen, 4, 11, 4.

τῶν πολεμίων ἐπιθέσεις δυσχερῶς ἀθροίζωνται. Πεισθέντων δὲ τῶν Ἀκαρνάνων οἱ πλεῖστοι μὲν εἰς Στράτον πόλιν συνῴκησαν, ὀχυρωτάτην οὖσαν καὶ μεγίστην, Οἰνιάδαι δὲ καί τινες ἄλλοι συνῆλθον ἐπὶ Σαυρίαν, Δεριεῖς δὲ μεθ' ἑτέρων εἰς Ἀγρίνιον. 5 Ὁ δὲ Κάσανδρος ἀπολιπὼν στρατηγὸν Λυκίσκον μετὰ τῶν ἱκανῶν στρατιωτῶν τούτῳ μὲν παρήγγειλε βοηθεῖν Ἀκαρνᾶσιν, αὐτὸς δὲ μετὰ δυνάμεως παρελθὼν ἐπὶ Λευκάδος τὴν πόλιν διὰ πρεσβείας προσηγάγετο. 6 Μετὰ δὲ ταῦτα τὴν ὁρμὴν ἐπὶ τὸν Ἀδρίαν ποιησάμενος Ἀπολλωνίαν ἐξ ἐφόδου παρέλαβεν. Εἰς δὲ τὴν Ἰλλυρίδα προελθὼν καὶ διαβὰς τὸν Ἕβρον ποταμὸν παρετάξατο πρὸς Γλαυκίαν τὸν Ἰλλυριῶν βασιλέα. 7 Περιγενόμενος δὲ τῇ μάχῃ πρὸς μὲν τοῦτον συνθήκας ἐποιήσατο, καθ' ἃς οὐκ ἐξῆν τῷ Γλαυκίᾳ στρατεύειν ἐπὶ τοὺς Κασάνδρου συμμάχους, τὴν δὲ τῶν Ἐπιδαμνίων πόλιν προσαγαγόμενος καὶ φρουρὰν ἐγκαταστήσας ἐπανῆλθεν εἰς Μακεδονίαν.

LXVIII. 1 Ἀπαλλαγέντος δὲ ἐκ τῆς Αἰτωλίας τοῦ Κασάνδρου συστραφέντες τῶν Αἰτωλῶν εἰς τρισχιλίους καὶ περιχαρακώσαντες Ἀγρίνιον ἐπολιόρκουν, τῶν δὲ κατοικούντων τὸ χωρίον ὁμολογίας ποιησαμένων ὥστε τὴν μὲν πόλιν παραδοῦναι, τῆς δ' ἀσφαλείας τυχόντας αὐτοὺς ἀπαλλαγῆναι, οὗτοι μὲν πιστεύοντες ταῖς σπονδαῖς ἀπῄεσαν, οἱ δ' Αἰτωλοὶ παραβάντες τὰς συνθήκας καὶ καταδιώξαντες τοὺς οὐδὲν ἐλπίζοντας πείσεσθαι δεινὸν πλὴν ὀλίγων πάντας ἀπέσφαξαν. 2 Ὁ δὲ Κάσανδρος παραγενόμενος εἰς Μακεδονίαν καὶ πυθόμενος πολεμεῖσθαι τὰς ἐν Καρίᾳ πόλεις ὅσαι συνεμάχουν τοῖς περὶ Πτολεμαῖον καὶ Σέλευκον ἐξέπεμψε δύναμιν εἰς τὴν Καρίαν, ἅμα μὲν βουλόμενος βοηθεῖν τοῖς συμμάχοις, ἅμα δὲ σπεύ-

1 ἀθροίζωνται R : ἀθροίζεσθαι F ‖ **2-3** Στράτον πόλιν F : Στρατόπολιν R ‖ **3** συνῴκησαν R : ᾤκησαν F ‖ **4** Οἰνιάδαι R : Οἰνίαδες F ‖ **23** post μὲν add. οὖν R ‖ πιστεύοντες R : ἐμπιστεύοντες F ‖ **25** πείσεσθαι R : πήσεσθαι F ‖ **26** πάντας R : ἅπαντας F ‖ **29** Σέλευκον R : Κάσσανδρον F.

occuper Antigone par des opérations de diversion, pour qu'il n'eût pas le loisir de passer en Europe. **3** Il écrivit aussi à Démétrios de Phalère [1] et à Dionysios, le phrourarque de Munychie, d'envoyer vingt navires à Lemnos. Ceux-ci firent aussitôt partir les bateaux avec Aristotélès comme navarque. Celui-ci, après avoir rejoint Lemnos et fait venir Séleucos avec une flotte, cherchait à convaincre les Lemniens de quitter le parti d'Antigone. Comme ceux-ci ne l'écoutaient pas, il ravagea leur territoire, investit la ville et en commença le siège. **4** Séleucos fit ensuite voile vers Cos. Dioscouridès [2], désigné comme navarque par Antigone, apprenant que Séleucos était en mer, débarqua à Lemnos ; il chassa de l'île Aristotélès et captura la plupart des navires avec leurs équipages. **5** Asandros et Prépélaos avaient pris le commandement de l'armée envoyée en Carie par Cassandre. Ils apprirent que Polémaios, le stratège d'Antigone, avait divisé son armée en vue des quartiers d'hiver [3] et que lui-même était pris par les funérailles de son père. Ils envoyèrent Eupolémos * tendre une embuscade aux ennemis près de Caprima * en Carie, avec huit mille fantassins et deux cents cavaliers. **6** Au même moment, Polémaios, ayant appris de quelques déserteurs le dessein des ennemis, regroupa ceux de ses soldats dont les quartiers d'hiver étaient à proximité, soit huit mille trois cents fantassins et six cents cavaliers. **7** Il attaqua par surprise, au milieu de la nuit, le retranchement palissadé des ennemis et les trouva hors de garde et endormis ; il prit vivant Eupolémos lui-même et contraignit les

1. Cf. C. Mossé, *La tyrannie dans la Grèce antique*, Paris, 1966, p. 155-166.

2. Cf. 19, 62, 9. Selon J. Tréheux, « Délos sous le protectorat des Amphictions », p. 1008-1032 dans *Mélanges C. Picard*, II, Paris, 1949, c'est vers cette époque que Dioscouridès aurait libéré Délos, cf. p. 1031.

3. L'hiver 314/313, cf. p. XIII.

δων εἰς περισπασμοὺς ἐμβαλεῖν Ἀντίγονον ἵνα μὴ σχολὴν ἔχῃ διαβαίνειν εἰς τὴν Εὐρώπην. **3** Ἔγραψε δὲ καὶ πρὸς Δημήτριον τὸν Φαληρέα καὶ Διονύσιον τὸν φρουροῦντα τὴν Μουνυχίαν, προστάττων εἴκοσι ναῦς εἰς Λῆμνον ἐκπέμψαι. Ἀποστειλάντων δ' αὐτῶν εὐθὺς τὰ σκάφη καὶ ναύαρχον ἐπ' αὐτῶν Ἀριστοτέλη οὗτος μὲν καταπλεύσας εἰς Λῆμνον καὶ μεταπεμψάμενος Σέλευκον μετὰ στόλου τοὺς Λημνίους ἔπειθεν ἀποστῆναι τῶν περὶ Ἀντίγονον · οὐ προσεχόντων δ' αὐτῶν τήν τε χώραν ἐδῄωσε καὶ τὴν πόλιν περιχαρακώσας ἐπολιόρκει. **4** Μετὰ δὲ ταῦτα Σέλευκος μὲν ἀπέπλευσεν εἰς Κῶν, Διοσκουρίδης δὲ κατασταθεὶς ναύαρχος ὑπ' Ἀντιγόνου, πυθόμενος τὸν πλοῦν Σελεύκου, κατῆρεν εἰς Λῆμνον καὶ τὸν μὲν Ἀριστοτέλη ἐξέβαλεν ἐκ τῆς νήσου, τῶν δὲ νεῶν τὰς πλείους αὐτάνδρους εἷλε. **5** Ἄσανδρος δὲ καὶ Πρεπέλαος ἀφηγοῦντο μὲν τῆς ὑπὸ Κασάνδρου πεμφθείσης δυνάμεως εἰς τὴν Καρίαν, πυθόμενοι δὲ Πολεμαῖον τὸν Ἀντιγόνου στρατηγὸν τὴν δύναμιν εἰς παραχειμασίαν διῃρηκέναι καὶ αὐτὸν ἀσχολεῖσθαι περὶ τὴν ταφὴν τοῦ πατρός, Εὐπόλεμον ἀπέστειλαν ἐνεδρεῦσαι τοῖς πολεμίοις περὶ Κάπριμα τῆς Καρίας · συνεξέπεμψαν δ' αὐτῷ πεζοὺς μὲν ὀκτακισχιλίους, ἱππεῖς δὲ διακοσίους. **6** Καθ' ὃν δὴ χρόνον Πολεμαῖος παρά τινων αὐτομόλων ἀκούσας τὴν προαίρεσιν τῶν πολεμίων ἤθροισε μὲν τῶν πλησίον χειμαζόντων στρατιωτῶν πεζοὺς μὲν ὀκτακισχιλίους τριακοσίους, ἱππεῖς δ' ἑξακοσίους. **7** Ἀνελπίστως δὲ περὶ μέσας νύκτας ἐπιβαλὼν τῷ χάρακι τῶν ἐναντίων καὶ καταλαβὼν ἀφυλάκτους καὶ κοιμωμένους αὐτόν τε τὸν Εὐπόλεμον ἐζώγρησε καὶ τοὺς στρα-

8 post στόλου add. οὗτος F ‖ **11** Κῶν R : Κῶ F ‖ **14** Ἀριστοτέλη Obsop. : Ἀριστοτέλην R F ‖ **15** Ἄσανδρος Geer ex *IG* II², 450 : Κάσσανδρος R F ‖ **17** Πολεμαῖον ego ex *IG* II², 469 : Πτολεμαῖον R F ‖ **23** Πολεμαῖος ego ex *IG* II², 469 : Πτολεμαῖος R F ‖ **28** alt. καὶ om. F ‖ **29** Εὐπόλεμον F : Πρεπέλαον R.

soldats à se rendre. Voilà donc ce qui arriva aux stratèges envoyés par Cassandre en Asie.

LXIX. **1** Antigone, voyant que Cassandre faisait de l'Asie son objectif, laissa en Syrie son fils Démétrios [1], avec ordre de surveiller Ptolémée, qui devait, à son avis, lancer d'Égypte une expédition en Syrie. Il lui laissa comme infanterie dix mille mercenaires, deux mille Macédoniens, cinq cents Lyciens et Pamphyliens, quatre cents archers et frondeurs perses, ainsi que cinq mille cavaliers et plus de quarante éléphants [2]. Il plaça également à ses côtés quatre conseillers, Néarque, le Crétois, Pithon, le fils d'Agénor, arrivé de Babylone quelques jours plus tôt, Andronicos d'Olynthe et Philippe [3], des hommes d'un âge avancé et qui avaient participé à toute l'expédition d'Alexandre. Démétrios, en effet, était encore tout jeune, puisqu'il avait dix-huit ans. **2** Antigone prit [4] le reste de l'armée et perdit tout d'abord beaucoup de soldats en essayant de franchir le Taurus, où il trouva une neige abondante. Il retourna donc en Cilicie et, ayant choisi un autre moment, il passa cette montagne dans des conditions plus sûres. Parvenu à Célènes, en Phrygie, il divisa l'armée en vue des quartiers d'hiver [5]. **3** Il fit ensuite venir de Phénicie la flotte que commandait Médios *. Celui-ci tomba sur les navires de Pydna *, au nombre de trente-six ; il fut victorieux et captura les bateaux avec leurs équipages. Telle était la situation en Grèce et en Asie.

1. Cf. Plut., *Dém.* 5 et Appien, *Syr.* 54.
2. La leçon de R correspond à 19, 82, 3-4 mais elle n'est pas acceptable du point de vue grammatical, cf. 20, 2, 3.
3. Sur tous ces personnages, cf. Berve, *op. cit.* [n. compl. p. 20].
4. La correction de Fischer respecte l'usage constant de Diodore.
5. L'hiver 314/313, cf. intr. p. XIII.

τιώτας συνηνάγκασε παραδοῦναι σφᾶς αὐτούς. Τὰ μὲν οὖν συμβάντα περὶ τοὺς ἀποσταλέντας ὑπὸ Κασάνδρου στρατηγοὺς εἰς τὴν Ἀσίαν τοιαῦτ' ἦν.

LXIX. 1 Ἀντίγονος δ' ὁρῶν τὸν Κάσανδρον ἀντεχόμενον τῆς Ἀσίας Δημήτριον μὲν τὸν υἱὸν ἀπέλιπεν ἐν τῇ Συρίᾳ, προστάξας ἐνεδρεύειν τοὺς περὶ Πτολεμαῖον, οὓς ὑπώπτευεν ἐκ τῆς Αἰγύπτου προάξειν μετὰ δυνάμεως ἐπὶ Συρίας, συναπέλιπε δ' αὐτῷ πεζοὺς μὲν ξένους μυρίους, Μακεδόνας δὲ δισχιλίους, Λυκίους δὲ καὶ Παμφυλίους πεντακοσίους, Πέρσας δὲ τοξότας καὶ σφενδονήτας τετρακοσίους, ἱππεῖς δὲ πεντακισχιλίους, ἐλέφαντας δὲ πλείους τῶν τετταράκοντα. Παρακατέστησε δ' αὐτῷ καὶ συμβούλους τέτταρας, Νέαρχόν τε τὸν Κρῆτα καὶ Πίθωνα τὸν Ἀγήνορος, ὃς κατεβεβήκει πρότερον ὀλίγαις ἡμέραις ἐκ Βαβυλῶνος, πρὸς δὲ τούτοις Ἀνδρόνικόν τε τὸν Ὀλύνθιον καὶ Φίλιππον, ἄνδρας πρεσβυτέρους καὶ συνεστρατευκότας Ἀλεξάνδρῳ πᾶσαν τὴν στρατείαν· ἦν γὰρ Δημήτριος ἔτι νέος τὴν ἡλικίαν, ὡς ἂν γεγονὼς ἔτη δύο πρὸς τοῖς εἴκοσιν. 2 Αὐτὸς δὲ τὴν ἄλλην δύναμιν ἀνέλαβε καὶ τὸ μὲν πρῶτον ὑπερβάλλων τὸν Ταῦρον καὶ περιπεσὼν χιόνι πολλῇ συχνοὺς ἀπέβαλε τῶν στρατιωτῶν. Διὸ καὶ πάλιν ἀναστρέψας εἰς τὴν Κιλικίαν καὶ μεταλαβὼν ἕτερον καιρὸν διεξῆλθε μὲν ἀσφαλέστερον τὸ προειρημένον ὄρος, παραγενόμενος δ' εἰς Κελαινὰς τῆς Φρυγίας διεῖλε τὸ στρατόπεδον εἰς χειμασίαν. 3 Μετὰ δὲ ταῦτα τὸν στόλον ἐκ Φοινίκης μετεπέμψατο Μηδίου ναυαρχοῦντος, ὃς περιτυχὼν ταῖς Πυδναίων ναυσίν, οὔσαις τριάκοντα ἕξ, καὶ καταναυμαχήσας αὐτάνδρων τῶν σκαφῶν ἐκυρίευσεν. Καὶ τὰ μὲν περὶ τὴν Ἑλλάδα καὶ τὴν Ἀσίαν ἐν τούτοις ἦν.

1 συνηνάγκασε R : ἠνάγκασε F || **7** ὑπώπτευεν R : ὑπώπτευέ πως F || **12** ante πλείους add. τρεῖς R || **14** κατεβεβήκει Dindorf : κατα- R F || **16** Ὀλύνθιον R : Ὀλύμπιον F || **20** ἀνέλαβε Fischer : ἔλαβε R F || **21** συχνούς R : πολλούς F || **29** τῶν σκαφῶν R : αὐτῶν F.

LXX. 1 En Sicile, les exilés syracusains qui séjournaient à Agrigente exhortaient les dirigeants de la cité à ne pas laisser, sans réagir, Agathocle organiser les cités sous sa domination. Mieux valait, en effet, faire la guerre volontairement avant que le tyran ne se fût renforcé, qu'attendre ses progrès pour avoir à le combattre quand il serait devenu plus fort. **2** Leurs propos semblaient justes, aussi le peuple des Agrigentins vota-t-il la guerre. Ils prirent également comme alliés les Géléens et les Messiniens et envoyèrent quelques exilés à Sparte avec mission de ramener un stratège capable de se mettre à leur tête. **3** Ils soupçonnaient, en effet, les stratèges de leur cité d'avoir des visées tyranniques, mais pensaient que des personnes de l'extérieur exerceraient le commandement suprême sans outrepasser leurs droits, car ils se souvenaient de la stratégie exercée par Timoléon de Corinthe. **4** Une fois arrivés en Laconie, les envoyés découvrirent qu'Acrotatos, le fils du roi Cléoménès, avait mécontenté un bon nombre de jeunes Spartiates et, pour cette raison, souhaitait trouver à s'occuper hors de Sparte : **5** alors que les Lacédémoniens, après la bataille contre Antipater [1], tenaient quittes de l'atimie les survivants de la défaite, lui seul s'opposa au décret ; il mécontenta ainsi bien des gens, et en particulier ceux qui avaient à subir la peine légale. Ceux-ci se liguèrent contre lui, le rossèrent et ils ne cessaient de comploter contre lui. **6** Désirant pour cette raison un commandement à l'étranger, il prêta une oreille complaisante aux Syracusains. Il partit, sans l'avis des éphores, et gagna le large avec quelques bateaux, pensant gagner directement Agrigente. **7** Déporté par les vents vers l'Adriatique, il débarqua

1. Bataille de Mégalopolis en 331. Sur cette atimie, cf. 12, 76, 1 et Plut., *Agés.* 30.

LXX. 1 Κατὰ δὲ τὴν Σικελίαν οἱ τῶν Συρακοσίων φυγάδες διατρίβοντες ἐν Ἀκράγαντι παρεκάλουν τοὺς προεστηκότας τῆς πόλεως μὴ περιορᾶν Ἀγαθοκλέα συσκευαζόμενον τὰς πόλεις · αἱρετώτερον γὰρ εἶναι πρὸ τοῦ τὸν τύραννον ἰσχυρὸν γενέσθαι διαπολεμεῖν ἑκουσίως ἢ περιμείναντας αὐτοῦ τὴν αὔξησιν ἐξ ἀνάγκης πρὸς ἰσχυρότερον διαγωνίζεσθαι. 2 Δοξάντων δ' αὐτῶν ἀληθῆ λέγειν ὁ μὲν δῆμος τῶν Ἀκραγαντίνων ἐψηφίσατο τὸν πόλεμον καὶ Γελῴους μὲν καὶ Μεσσηνίους εἰς τὴν συμμαχίαν προσελάβοντο, εἰς δὲ τὴν Λακεδαιμονίαν τῶν φυγάδων τινὰς ἐξέπεμψαν, ἐντειλάμενοι πειρᾶσθαι στρατηγὸν ἄγειν τὸν δυνάμενον πραγμάτων ἀφηγήσασθαι · 3 τοὺς γὰρ πολιτικοὺς ὑπώπτευον ὡς ὄντας οἰκείους τυραννίδος, τοὺς δ' ἔξωθεν ὑπελάμβανον δικαίως ποιήσεσθαι τὴν τῶν ὅλων ἐπιμέλειαν, ἀναμιμνησκόμενοι τῆς Τιμολέοντος τοῦ Κορινθίου στρατηγίας. 4 Οἱ δὲ πεμφθέντες ὥς ποθ' ἧκον εἰς τὴν Λακωνικήν, εὗρον Ἀκρότατον τὸν Κλεομένους τοῦ βασιλέως υἱὸν προσκεκοφότα πολλοῖς τῶν νέων καὶ διὰ τοῦτο ξενικῶν πραγμάτων ὀρεγόμενον. 5 Τῶν γὰρ Λακεδαιμονίων μετὰ τὴν πρὸς Ἀντίπατρον μάχην ἀπολυόντων τῆς ἀτιμίας τοὺς ἐκ τῆς ἥττης διασωθέντας μόνος ἐνέστη τῷ δόγματι. Διόπερ αὐτὸν συνέβη καὶ τῶν ἄλλων οὐκ ὀλίγοις προσκόψαι, μάλιστα δ' οἷς ἦν τῶν νόμων τὰ πρόστιμα · οὗτοι γὰρ συστραφέντες πληγάς τε ἐνεφόρησαν αὐτῷ καὶ διετέλουν ἐπιβουλεύοντες. 6 Διὰ ταῦτα δὴ ξενικῆς ἡγεμονίας ἐπιθυμῶν ἀσμένως ὑπήκουσε τοῖς Ἀκραγαντίνοις. Τὴν δ' ἀποδημίαν ποιησάμενος ἄνευ τῆς τῶν ἐφόρων γνώμης ἀνήχθη ναυσὶν ὀλίγαις, ὡς διαίρων ἐπ' Ἀκράγαντος. 7 Ἀπενεχθεὶς δ' ὑπ' ἀνέμων εἰς τὸν Ἀδρίαν κατῆρε μὲν

4 συσκευαζόμενον R : συνεσκευασμένον F || **17** ὥς ποθ' R : ὅποθ' F || **18** υἱὸν post Κλεομένους transp. F || προσκεκοφότα πολλοῖς R : προσειληφότα πολλοὺς F || **21** τῆς ἀτιμίας R F[1] : τὴν ἀτιμίαν F || **22** αὐτὸν R : αὐτῷ F || **25** τε om. F || ἐνεφόρησαν Wess. : ἐνεφορήθησαν R συνεφόρησαν F.

sur le territoire d'Apollonie, où il trouva la cité assiégée par Glaucias, le roi des Illyriens. Il fit lever le siège et persuada le roi de conclure un traité avec les habitants d'Apollonie. **8** De là il gagna Tarente où il exhorta le peuple à l'aider à libérer les Syracusains et lui fit voter un secours de vingt navires, car les Tarentins, à cause de leur parenté de race [1] et du prestige de sa maison, attachaient un grand crédit et un grand poids à ses discours.

LXXI. **1** Tandis que les Tarentins faisaient leurs préparatifs, lui-même gagna avec les siens Agrigente, où il reçut la stratégie. Il donna tout d'abord de grands espoirs à la masse des citoyens et convainquit tout le monde d'une chute prochaine de la tyrannie ; **2** mais le temps passant, il n'accomplit aucune action qui fût digne de sa patrie ou de la gloire de sa famille. Au contraire, parce qu'il était sanguinaire et plus cruel qu'un tyran, il mécontenta la masse des citoyens. **3** En outre, il abandonna le mode de vie de son pays et s'adonna aux plaisirs avec si peu de retenue qu'on eût dit un Perse et non un Spartiate [2]. **4** Quand il eut dépensé la plupart des revenus publics par ses gaspillages ou ses malversations, pour finir, il invita à dîner Sosistratos, le plus illustre des exilés [3], qui avait été plusieurs fois à la tête d'une armée, et le tua traîtreusement ; il n'avait rien à lui reprocher mais souhaitait [4] seulement se débarrasser d'un homme énergique et capable de tenir à l'œil les mauvais chefs.

1. Tarente a été fondée par des Spartiates.
2. Opposition classique, cf. 11, 46, 3 où elle est appliquée à Pausanias.
3. Sans doute le même qu'en 19, 3, 3. Les jugements portés sur lui dans ces deux passages ont paru inconciliables, mais il n'est question ici que de talents militaires, cf. intr. p. XVIII.
4. Mayser, *op. cit.* [p. XXIII, n. 1] II, 3, p. 42, donne des ex. de ἔχειν construit avec l'infinitif, mais ils ne conviennent pas ici.

εἰς τὴν τῶν Ἀπολλωνιατῶν χώραν, καταλαβὼν δὲ τὴν πόλιν πολιορκουμένην ὑπὸ Γλαυκίου τοῦ βασιλέως τῶν Ἰλλυριῶν ἔλυσε τὴν πολιορκίαν, πείσας τὸν βασιλέα συνθήκας ποιήσασθαι πρὸς τοὺς Ἀπολλωνιάτας. 8 Ἐντεῦθεν δὲ πλεύσας εἰς Τάραντα καὶ παρακαλέσας τὸν δῆμον συνελευθεροῦν Συρακοσίους, ἔπεισε ψηφίσασθαι ναυσὶν εἴκοσι βοηθεῖν · διὰ γὰρ τὴν συγγένειαν καὶ τὸ τῆς οἰκίας σχῆμα προσένεμον τοῖς λόγοις αὐτοῦ πίστιν τε μεγάλην καὶ βάρος.

LXXI. 1 Τῶν δὲ Ταραντίνων περὶ τὴν παρασκευὴν ὄντων αὐτὸς συνεκπλεύσας εἰς τὸν Ἀκράγαντα παρέλαβε τὴν στρατηγίαν καὶ τὸ μὲν πρῶτον μετεωρήσας τὰ πλήθη μεγάλαις ἐλπίσι παρεστήσατο πάντας προσδοκᾶν σύντομον κατάλυσιν τοῦ τυράννου, 2 τοῦ δὲ χρόνου προϊόντος πρᾶξιν μὲν οὐδεμίαν οὔτε τῆς πατρίδος οὔτε τῆς περὶ τὸ γένος ἐπιφανείας ἀξίαν διεπράξατο, τοὐναντίον δὲ φονικὸς ὢν καὶ τῶν τυράννων ὠμότερος προσέκοπτε τοῖς πλήθεσι. 3 Πρὸς δὲ τούτοις τὴν πάτριον δίαιταν μετέβαλεν καὶ ταῖς ἡδοναῖς ἐνετρύφησεν οὕτως ἀσελγῶς ὥστε Πέρσην εἶναι δοκεῖν καὶ οὐ Σπαρτιάτην. 4 Ἐπεὶ δὲ τῶν προσόδων τὸν πλεῖον μέρος ἀνήλωσεν τὰ μὲν πολυτελευόμενος, τὰ δὲ διανοσφιζόμενος τέλος Σωσίστρατον, ἐπιφανέστατον τῶν φυγάδων, πολλάκις δυνάμεων ἀφηγησάμενον, ἐπὶ τὸ δεῖπνον παραλαβὼν ἐδολοφόνησεν, ἐγκαλέσαι μὲν ἁπλῶς οὐδ' ὁτιοῦν ἔχων, ἐκ ποδῶν δὲ ποιήσασθαι ⟨σπεύδων⟩ δραστικὸν ἄνδρα καὶ δυνάμενον ἐφεδρεῦσαι τοῖς κακῶς προϊσταμένοις τῆς

LXXI, 2-5 : Exc. Const. II 1, 172.

8 προσένεμον Dindorf : προσενόουν R προσέπεσθαι F || 10 περὶ R : κατὰ F || 12 μετεωρήσας R : μετεωρίσας F || 13-14 προσδοκᾶν R : προσδοκῶν F || 17 τῶν om. R || 18 πάτριον F Exc. : πατρίαν R || 19 ἐνετρύφησεν R Exc. : ἐνετρύφα F || 20 ἀσελγῶς R Exc. : ἀσελγῶν F || 21 ἀνήλωσεν R Exc. : ἀνάλωσε F || 22 πολυτελευόμενος R Exc. : πολιτευόμενος F || post τέλος add. δὲ R || 26 σπεύδων add. Fischer.

5 Quand cet acte fut connu, les exilés firent corps contre lui et tous les autres lui furent hostiles : tout d'abord on lui retira la stratégie, puis, peu après, on tenta de le lapider. C'est pourquoi, effrayé par la colère populaire, il s'enfuit de nuit et s'embarqua en cachette pour la Laconie. **6** Après son départ, les Tarentins, qui avaient envoyé leurs bateaux en Sicile, les rappelèrent et les habitants d'Agrigente, de Géla et de Messine mirent un terme à la guerre contre Agathocle, le Carthaginois Hamilcar servant de médiateur pour établir les traités. **7** En voici les points essentiels : parmi les cités grecques de Sicile, Héraclée, Sélinonte et Himère restaient comme auparavant sous l'autorité des Carthaginois, toutes les autres étant indépendantes sous l'hégémonie de Syracuse [1].

LXXII. **1** A la suite de cela, Agathocle, voyant la Sicile vide d'armées ennemies, entreprit en toute sécurité de placer les cités et les places fortes sous son autorité [2]. Comme il s'était rapidement rendu maître de plusieurs, il assit solidement son pouvoir : il se procura, en effet, une foule d'alliés, des revenus importants et une forte armée. **2** Outre les alliés et les Syracusains enrôlés dans l'armée, il disposait de mercenaires d'élite, dix mille fantassins et trois mille cinquante cavaliers. Il s'équipait également en armes défensives et offensives de toutes sortes, car il savait que les Carthaginois avaient blâmé Hamilcar au sujet des traités et qu'ils allaient bientôt lui faire la guerre [3].

1. Cf. Schmitt, *op. cit.* [p. 55, n. 1] n° 424. L'hégémonie désigne le commandement librement accepté.
2. Ces opérations ont peut-être également occupé l'année 313/312, pour laquelle nous n'avons aucun récit.
3. Justin, 22, 3, parle des plaintes des cités alliées à Carthage et seule la mort d'Hamilcar l'empêcha d'être mis en accusation à Carthage.

ἡγεμονίας. 5 Διαβοηθείσης δὲ τῆς πράξεως εὐθὺς οἵ τε φυγάδες συνέτρεχον ἐπ' αὐτὸν καὶ πάντες οἱ λοιποὶ διετέθησαν ἀλλοτρίως καὶ τὸ μὲν πρῶτον ἀπέστησαν αὐτὸν τῆς στρατηγίας, μετ' ὀλίγον δὲ καὶ βάλλειν τοῖς λίθοις ἐπεχείρησαν · διόπερ φοβηθεὶς τὴν τοῦ πλήθους ὁρμὴν νυκτὸς ἔφυγε καὶ λαθὼν διῆρεν εἰς τὴν Λακωνικήν. 6 Τούτου δ' ἀπαλλαγέντος Ταραντῖνοι μὲν ἀπεσταλκότες εἰς Σικελίαν τὸν στόλον μετεπέμψαντο, Ἀκραγαντῖνοι δὲ καὶ Γελῷοι καὶ Μεσσήνιοι κατέλυσαν τὸν πρὸς Ἀγαθοκλέα πόλεμον, μεσιτεύσαντος τὰς συνθήκας Ἀμίλκου τοῦ Καρχηδονίου. 7 Ἦσαν δὲ τὰ κεφάλαια τῶν συντεθέντων τοιάδε, τῶν Ἑλληνίδων πόλεων τῶν κατὰ Σικελίαν Ἡράκλειαν μὲν καὶ Σελινοῦντα καὶ πρὸς ταύταις Ἱμέραν ὑπὸ Καρχηδονίοις τετάχθαι, καθὰ καὶ προϋπῆρχον, τὰς δ' ἄλλας πάσας αὐτονόμους εἶναι, τὴν ἡγεμονίαν ἐχόντων Συρακοσίων.

LXXII. 1 Μετὰ δὲ ταῦτα Ἀγαθοκλῆς ὁρῶν ἔρημον οὖσαν τὴν Σικελίαν στρατοπέδων πολεμίων ἀδεῶς προσήγετο τὰς πόλεις καὶ τὰ χωρία. Ταχὺ δὲ πολλῶν ἐγκρατὴς γενόμενος ἰσχυρὰν κατεσκευάσατο τὴν δυναστείαν · καὶ γὰρ συμμάχων πλῆθος καὶ προσόδους ἁδρὰς καὶ στρατόπεδον ἀξιόλογον περιεποιήσατο. 2 Χωρὶς γὰρ τῶν συμμάχων καὶ τῶν ἐκ Συρακουσσῶν καταγραφέντων εἰς τὴν στρατείαν μισθοφόρους ἐπιλέκτους εἶχε πεζοὺς μὲν μυρίους, ἱππεῖς δὲ τρισχιλίους πεντήκοντα. Ἐποιήσατο δὲ καὶ παρασκευὴν ὅπλων καὶ βελῶν παντοδαπῶν, εἰδὼς τοὺς Καρχηδονίους ἐπιτετιμηκότας τῷ Ἀμίλκᾳ περὶ τῶν συνθηκῶν, συντόμως δὲ πρὸς αὐτὸν τὸν πόλεμον ἐξοίσοντας.

LXXI, 2-5 : Exc. Const. II 1, 172.

2 συνέτρεχον R : συντρέχοντες F ‖ 6 ἔφυγε R : διέφυγε F ‖ 12 συντεθέντων R : συνθηκῶν F ‖ Ἑλληνίδων R F[1] : Ἑλλήνων F ‖ 23 post καὶ add. τῶν ἄλλων F ‖ 24-25 πεζοὺς-τρισχιλίους R F[mg] : ἑξακισχιλίους F ‖ 28 συντόμως-ἐξοίσοντας om. F.

Telle était la situation en Sicile à cette époque.

3 En Italie, les Samnites, qui depuis un bon nombre d'années poursuivaient leur lutte contre les Romains pour l'hégémonie, assiégèrent victorieusement Plistica, qui avait une garnison romaine. Ils persuadèrent, d'autre part, les habitants de Sora d'assassiner les Romains qui se trouvaient chez eux et de conclure une alliance avec eux-mêmes. 4 Ensuite, tandis que les Romains assiégeaient Saticula *, ils apparurent avec une forte armée dans l'intention de faire lever le siège. Il y eut donc une violente bataille : les pertes furent lourdes, de part et d'autre, mais les Romains finirent par triompher. Après cette bataille, ils assiégèrent victorieusement la ville et purent s'avancer en toute tranquillité, ralliant à eux les bourgs et les places du voisinage. 5 Comme la lutte pour les cités d'Apulie * se poursuivait, les Samnites, après avoir enrôlé tous ceux qui étaient en âge de porter les armes, établirent leur camp près des ennemis, en vue d'une rencontre décisive. 6 A cette nouvelle le peuple romain, pris d'inquiétude pour la suite des événements, dépêcha une grande armée. Selon leur habitude de donner, en cas de graves dangers, les pleins pouvoirs pour la guerre * à l'un des citoyens de renom, ils désignèrent en cette occasion Quintus Fabius et avec lui Quintus Aulius comme maître de la cavalerie [1]. 7 Ceux-ci, après avoir pris le commandement des troupes, affrontèrent les Samnites en bataille rangée près du lieu dit Lautulae [2] et perdirent beaucoup d'hommes. La panique gagna toute l'armée, mais Aulius, jugeant honteux de fuir, fit, seul, face à la multitude des ennemis : il n'espérait pas l'emporter,

1, Cf. les Fastes Capitolins.

2. Si on identifie, ce qui paraît probable, Laustolae et Lautulae, « Les eaux thermales », dans Tite-Live, 9, 22, cette bataille a eu lieu près de Terracina.

Καὶ τὰ μὲν περὶ Σικελίαν ἐν τούτοις τοῖς χρόνοις τοιαύτην ἔσχε τὴν κατάστασιν.

3 Κατὰ δὲ τὴν Ἰταλίαν Σαμνῖται διαπολεμοῦντες Ῥωμαίοις ἔτη πλείονα περὶ τῆς ἡγεμονίας Πληστικὴν μὲν φρουρὰν ἔχουσαν Ῥωμαϊκὴν ἐξεπολιόρκησαν, Σωρανοὺς δ' ἔπεισαν κατασφάξαι μὲν τοὺς παρ' αὐτοῖς Ῥωμαίους, συμμαχίαν δὲ πρὸς Σαμνίτας συνθέσθαι. 4 Μετὰ δὲ ταῦτα Ῥωμαίων Σατικόλαν πολιορκούντων ἐπεφάνησαν μετὰ δυνάμεως ἁδρᾶς, σπεύδοντες λῦσαι τὴν πολιορκίαν· γενομένης οὖν μάχης ἰσχυρᾶς πολλοὶ μὲν παρ' ἀμφοτέρων ἀνῃρέθησαν, τέλος δὲ ἐπὶ τοῦ προτερήματος ἐγένοντο Ῥωμαῖοι. Μετὰ δὲ τὴν μάχην ἐκπολιορκήσαντες τὴν πόλιν ἐπῄεσαν ἀδεῶς τὰ πλησίον πολίσματα καὶ χωρία προσαγόμενοι. 5 Τοῦ δὲ πολέμου περὶ τὰς ἐν Ἀπουλίᾳ πόλεις συνεστῶτος οἱ μὲν Σαμνῖται πάντας τοὺς ἐν ἡλικίᾳ στρατείας ὄντας καταγράψαντες ἐστρατοπέδευσαν πλησίον τῶν πολεμίων, ὡς περὶ τῶν ὅλων κριθησόμενοι. 6 Ἃ δὴ πυθόμενος ὁ δῆμος τῶν Ῥωμαίων καὶ διαγωνιάσας περὶ τοῦ μέλλοντος δύναμιν προέπεμψε πολλήν. Εἰωθότες δ' ἐν τοῖς ἐπικινδύνοις καιροῖς αὐτοκράτορα τοῦ πολέμου καθιστᾶν τινὰ τῶν ἀξιολόγων ἀνδρῶν προεχειρίσαντο τότε Κόϊντον Φάβιον καὶ μετ' αὐτοῦ Κόϊντον Αὔλιον ἵππαρχον. 7 Οὗτοι δὲ τὰς δυνάμεις παραλαβόντες παρετάξαντο πρὸς τοὺς Σαμνίτας περὶ τὰς καλουμένας Λαυστόλας καὶ πολλοὺς τῶν στρατιωτῶν ἀπέβαλον. Τροπῆς δὲ γενομένης καθ' ἅπαν τὸ στρατόπεδον ὁ μὲν Αὔλιος καταισχυνθεὶς ἐπὶ τῇ φυγῇ μόνος ὑπέστη τῷ [τε] πλήθει τῶν πολεμίων, οὐ κρατήσειν

4 ἔτη πλείονα ante διαπολεμοῦντες transp. F ‖ Πληστικὴν R : Πλειστικὴν F ‖ **16** ἡλικίᾳ Hertlein : ἡλικίαις R F ‖ **19** διαγωνιάσας R : διαγωνισάμενος F ‖ **19-20** προέπεμψε R : προύπεμψε F ‖ **21** καθιστᾶν R : καθιστάναι F ‖ **22** προεχειρίσαντο τότε R : τότε μὲν προεχ. F ‖ **23** Αὔλιον R[2] : Ὤλιον R Αἴλιον F ‖ **27** Αὔλιος R[2] : Ὤλιος R Αἴλιος F ‖ **28** τε del. Rhod.

mais il voulait bien montrer que sa patrie, du moins en sa personne, n'était pas vaincue [1]. **8** Ainsi donc, cet homme, pour n'avoir pas partagé avec ses concitoyens la honte de la fuite, obtint, pour lui seul, une mort glorieuse. Les Romains, craignant de tout perdre en Apulie, envoyèrent une colonie à Luceria, la plus importante des villes de la région. Ils s'en servirent comme d'une base pour mener la guerre contre les Samnites, faisant là un bon calcul pour leur sécurité, **9** car non seulement cette ville leur procura la victoire lors de cette guerre, mais, même pendant les guerres postérieures, et jusqu'à notre époque, ils continuèrent à s'en servir comme d'une base contre les peuples voisins *.

a. 313-312 LXXIII. **1** Quand l'année se fut écoulée, Théophraste devint archonte à Athènes et les Romains portèrent au consulat Marcus Publius et Caius Sulpicius *. Pendant leur année de charge, les Callantiens, qui habitaient sur la rive gauche du Pont et avaient reçu une garnison de Lysimaque, chassèrent celle-ci et cherchèrent à assurer leur autonomie. **2** Après avoir libéré de la même façon la cité d'Istros et les autres cités du voisinage, ils conclurent une alliance avec elles pour faire ensemble la guerre au dynaste. Ils établirent également des relations d'amitié avec les Thraces * et les Scythes qui avaient des frontières communes avec eux, si bien que le tout formait une coalition non négligeable et capable de faire face à des forces importantes. **3** Lysimaque, quand il sut ce qui s'était passé, marcha rapidement avec son armée contre les rebelles. Il traversa la Thrace puis, après avoir franchi le mont Hémos, il établit son camp près d'Odessos qu'il entreprit d'assié-

1. Selon Tite-Live, 9, 22, Q. Aulius est mort devant Saticula et la bataille de Lautulae fut incertaine. Il indique cependant que certains parlent d'une défaite romaine. La mort d'Aulius n'est pas une *devotio*, comme en 21, nº 6.

ἐλπίζων, ἀλλ᾽ ἀήττητον τὴν πατρίδα τὸ καθ᾽ αὑτὸν μέρος ἀποδεικνύων. 8 Οὗτος μὲν οὖν οὐ μετασχὼν τοῖς πολίταις τῆς κατὰ τὴν φυγὴν αἰσχύνης ἰδίᾳ περιεποιήσατο θάνατον ἔνδοξον · οἱ δὲ Ῥωμαῖοι φοβηθέντες μὴ τὰ κατὰ τὴν Ἀπουλίαν πράγματα τελέως ἀποβάλωσιν, ἀποικίαν ἐξέπεμψαν εἰς Λουκερίαν πόλιν ἐπιφανεστάτην τῶν ἐν τοῖς τόποις. Ἐκ ταύτης δὲ ὁρμώμενοι διεπολέμουν τοῖς Σαμνίταις, οὐ κακῶς τῆς ἀσφαλείας προνοησάμενοι. 9 διὰ γὰρ ταύτην τὴν πόλιν οὐ μόνον ἐν τούτῳ τῷ πολέμῳ προετέρησαν, ἀλλὰ καὶ ⟨κατὰ⟩ τοὺς μετὰ ταῦτα γενομένους ἕως τῶν καθ᾽ ἡμᾶς χρόνων διετέλεσαν ὁρμητηρίῳ χρώμενοι κατὰ τῶν πλησίον ἐθνῶν.

LXXIII. 1 Τῶν δὲ κατὰ τοῦτον τὸν ἐνιαυτὸν πράξεων τέλος ἐχουσῶν Ἀθήνησι μὲν παρέλαβε τὴν ἀρχὴν Θεόφραστος, ἐν Ῥώμῃ δ᾽ ὕπατοι κατεστάθησαν Μάρκος Πόπλιος καὶ Γάϊος Σουλπίκιος. Ἐπὶ δὲ τούτων Καλλαντιανοὶ κατοικοῦντες ἐν τοῖς ἐν ἀριστερᾷ μέρεσι τοῦ Πόντου καὶ φρουρὰν ἔχοντες παρὰ Λυσιμάχου ταύτην ἐξέβαλον καὶ τῆς αὐτονομίας ἀντείχοντο. 2 Ὡσαύτως δὲ τήν τε τῶν Ἰστριανῶν πόλιν καὶ τὰς ἄλλας τὰς πλησιοχώρους ἐλευθερώσαντες συνέθεντο συμμαχίαν ὡς κοινῇ πολεμεῖν τῷ δυνάστῃ · προσελάβοντο δ᾽ εἰς τὴν φιλίαν τῶν τε Θρᾳκῶν καὶ Σκυθῶν τοὺς ὁμοροῦντας, ὥστε τὸ πᾶν εἶναι σύστημα βάρος ἔχον καὶ δυνάμενον ἁδραῖς δυνάμεσιν ἀντιτάττεσθαι. 3 Ὁ δὲ Λυσίμαχος πυθόμενος τὰ πεπραγμένα μετὰ τῆς δυνάμεως ὥρμησεν ἐπὶ τοὺς ἀφεστηκότας. Ποιούμενος δὲ τὴν πορείαν διὰ τῆς Θρᾴκης καὶ τὸν Αἶμον ὑπερβαλὼν κατεστρατοπέδευσε πλησίον τῆς Ὀδησσοῦ.

6 Λουκερίαν Steph. : Λοκρίαν R Λουκρίαν F ‖ 10 κατὰ add. Steph. ‖ 15 Μάρκος R : Μάρκιος F ‖ 16-17 Καλλαντιανοὶ R : Καλαντίνοι F jam non notatum Καλαντίανοι F[1] ‖ 17 ἐν ἀριστερᾷ R : ἀριστεροῖς F ‖ 20 πόλιν om. F ‖ 22 τὴν om. F ‖ 28 Ὀδησσοῦ R : Ὀδισσοῦ F.

ger ; il frappa bien vite les habitants de terreur et reçut la ville par capitulation. **4** Après avoir ensuite repris Istros, de la même façon, il marcha contre les Callantiens. C'est alors que les Scythes et les Thraces arrivèrent avec une grande armée pour défendre leurs alliés, selon leurs conventions. **5** Lysimaque vint à leur rencontre et, ayant engagé aussitôt le combat, il frappa les Thraces de terreur et les amena à changer de camp. Quant aux Scythes, après les avoir défaits en bataille rangée et en avoir tué un bon nombre, il poursuivit les survivants au-delà des frontières. Il investit ensuite la cité des Callantiens et entreprit de l'assiéger, car il voulait à tout prix châtier les responsables de la révolte. **6** Tandis qu'il était occupé à cela, on vint lui annoncer qu'Antigone avait envoyé au secours des Callantiens deux armées, l'une par terre et l'autre par mer, que le stratège Lycon se dirigeait avec la flotte vers le Pont et que Pausanias, avec des troupes nombreuses, campait près du lieu dit Hiéron [1]. **7** Ces nouvelles inquiétèrent Lysimaque qui laissa les soldats nécessaires pour le siège [2] et partit en hâte, avec la plus forte partie de l'armée, dans l'intention d'engager le combat avec les ennemis. **8** Au moment de franchir l'Hémos, il trouva les passes gardées par de nombreux soldats accompagnant Seuthès, le roi des Thraces [3], qui était passé du côté d'Antigone. **9** Il engagea un combat qui dura un bon moment et lui coûta beaucoup d'hommes, mais il tua une multitude d'ennemis et écrasa les Barbares. **10** Il

1. « Le lieu sacré », cf. Ptolémée, 5, 1, 2.
2. Cf. 20, 25, 1.
3. Les dynastes thraces semblent avoir été maintenus dans leurs fonctions sous l'autorité supérieure des Macédoniens, cf. Bengtson, *op. cit.* [n. compl. p. 20] I, p. 42-45.

Πολιορκίαν δὲ συστησάμενος ταχὺ τοὺς ἔνδον κατεπλήξατο καὶ δι' ὁμολογίας παρέλαβε τὴν πόλιν. 4 Μετὰ δὲ ταῦτα τῷ παραπλησίῳ τρόπῳ τοὺς 'Ιστριανοὺς ἀνακτησάμενος ἀνέζευξεν ἐπὶ Καλλαντιανούς. Καθ' ὃν δὴ χρόνον ἧκον οἵ τε Σκύθαι καὶ Θρᾷκες σὺν πολλῇ δυνάμει βοηθήσοντες τοῖς συμμάχοις κατὰ τὰς συνθήκας. 5 Οἷς ἀπαντήσας Λυσίμαχος καὶ συμβαλὼν ἐξ ἐφόδου τοὺς μὲν Θρᾷκας καταπληξάμενος ἔπεισε μεταθέσθαι, τοὺς δὲ Σκύθας ἐκ παρατάξεως νικήσας καὶ πολλοὺς ἀνελὼν τούτων μὲν τοὺς ὑπολειφθέντας ἐδίωξεν ἐκτὸς τῶν ὅρων, τὴν δὲ τῶν Καλλαντιανῶν πόλιν περιστρατοπεδεύσας συνεστήσατο πολιορκίαν, φιλοτιμούμενος ἐκ παντὸς τρόπου κολάσαι τοὺς αἰτίους τῆς ἀποστάσεως. 6 Περὶ ταῦτα δ' ὄντος αὐτοῦ παρῆσάν τινες ἀπαγγέλλοντες ὅτι δύο δυνάμεις ἀπέσταλκεν 'Αντίγονος ἐπὶ βοήθειαν τοῖς Καλλαντιανοῖς, τὴν μὲν πεζῇ, τὴν δὲ κατὰ θάλατταν, καὶ διότι τῷ μὲν στόλῳ Λύκων ὁ στρατηγὸς παραπέπλευκεν εἰς τὸν Πόντον, Παυσανίας δ' ἔχων οὐκ ὀλίγους στρατιώτας περὶ τὸ καλούμενον 'Ιερὸν κατεστρατοπέδευσεν. 7 'Εφ' οἷς ὁ Λυσίμαχος διαταραχθεὶς ἐπὶ μὲν τῆς πολιορκίας ἀπέλιπεν τοὺς ἱκανοὺς στρατιώτας, τὸ δὲ κράτιστον τῆς δυνάμεως ἀναλαβὼν αὐτὸς ἠπείγετο, σπεύδων συνάψαι τοῖς πολεμίοις. 8 Παραγενόμενος δὲ ἐπὶ τὴν κατὰ τὸν Αἷμον ὑπερβολὴν εὗρε Σεύθην τὸν βασιλέα τῶν Θρᾳκῶν ἀφεστηκότα πρὸς 'Αντίγονον μετὰ πολλῶν στρατιωτῶν φυλάττοντα τὰς παρόδους. 9 Συνάψας δ' αὐτῷ μάχην ἐφ' ἱκανὸν χρόνον τῶν τε ἰδίων ἀπέβαλεν οὐκ ὀλίγους καὶ τῶν πολεμίων ἀνελὼν παμπληθεῖς ἐβιάσατο τοὺς βαρβάρους. 10 'Επιφανεὶς

7 ante ἐξ add. ὡς F ‖ **9** καὶ πολλοὺς ἀνελὼν R : πολλοὺς ἀνεῖλε καὶ F ‖ **15** ἐπὶ βοήθειαν R : βοηθήσων F ‖ **17** διότι R : ὅτι F ‖ **20** μὲν R F[1] : om. F ‖ **21** ἀπέλιπεν R : κατέλιπε F ‖ **25** post 'Αντίγονον add. καὶ F ‖ **26** φυλάττοντα R : φυλαττόντων F ‖ **28-29** ἀνελὼν... ἐβιάσατο τοὺς βαρβάρους R : ἀνεῖλε... τοὺς βαρβάρους βιασάμενος F.

fondit également sur les hommes de Pausanias, qu'il trouva réfugiés dans des positions d'accès difficiles et les assiégea victorieusement. Pausanias fut tué ; quant aux soldats, Lysimaque délivra les uns contre rançon et répartit les autres dans ses propres corps de troupes. Telle était la situation de Lysimaque.

LXXIV. **1** Après l'échec de cette entreprise, Antigone envoya Télesphoros [1] dans le Péloponnèse, ainsi que cinquante navires et les soldats nécessaires, avec ordre de libérer les cités. En agissant ainsi, il espérait convaincre les Grecs de l'intérêt sincère, qu'il portait à leur autonomie, avec l'arrière-pensée de connaître les activités de Cassandre. **2** Dès qu'il eut atteint le Péloponnèse, Télesphoros marcha contre les cités qui avaient reçu une garnison d'Alexandre et les libéra toutes, à l'exception de Sicyone et de Corinthe, où séjournait Polyperchon [2] qui disposait de forces importantes, en lesquelles il avait toute confiance ainsi que dans la force de ces places. **3** Pendant ce temps, Philippe, le stratège envoyé par Cassandre pour faire la guerre aux Étoliens, dès qu'il fut en Acarnanie avec son armée, entreprit tout d'abord de ravager l'Étolie, puis, à la nouvelle qu'Éacide d'Épire était de retour dans son royaume et qu'il avait réuni une grande armée, il marcha précipitamment à sa rencontre, car il voulait l'affronter isolément avant sa jonction avec l'armée étolienne. **4** Il trouva les Épirotes prêts pour la bataille et engagea le combat sur le champ *. Il leur causa des pertes considérables et en fit prisonniers un grand nombre parmi lesquels se trouvèrent figurer les responsables du retour du roi, cinquante hommes environ, qu'il fit enchaîner et

1. On pense généralement qu'il s'agit d'un neveu d'Antigone, cf. Diog. Laerte, 5, 79 Τελεσφόρος ὁ ἀνεψιὸς τοῦ Δημητρίου, mais I. Kirchner, *Prosopographia attica*, Berlin, 1903, nº 13551, identifie Démétrios avec Démétrios de Phalère. Sur les opérations en Grèce, cf. Will, *op. cit.* [n. compl. p. 20] bibliogr. p. 52.

2. Polyperchon est resté indépendant, cf. 20, 20.

δὲ καὶ τοῖς περὶ τὸν Παυσανίαν καὶ καταλαβὼν αὐτοὺς εἰς δυσχωρίας συμπεφευγότας ταύτας τ' ἐξεπολιόρκησε καὶ Παυσανίαν ἀνελὼν τῶν στρατιωτῶν οὓς μὲν ἐλύτρωσεν, οὓς δὲ εἰς τὰς ἰδίας τάξεις διένειμεν. Τὰ μὲν οὖν περὶ Λυσίμαχον ἐν τούτοις ἦν.

LXXIV. 1 Ὁ δ' Ἀντίγονος ἀποτυχὼν ταύτης τῆς ἐπιβολῆς ἐξέπεμψε Τελεσφόρον εἰς Πελοπόννησον, δοὺς αὐτῷ πεντήκοντα ναῦς καὶ στρατιώτας τοὺς ἱκανούς, καὶ τὰς πόλεις ἐλευθεροῦν ἐνετείλατο· τοῦτο γὰρ πράξας ἤλπιζε πίστιν κατασκευάζειν παρὰ τοῖς Ἕλλησιν ὅτι πρὸς ἀλήθειαν φροντίζει τῆς αὐτονομίας αὐτῶν, καὶ ἅμα γινώσκειν ὑπέλαβε τὰ Κασάνδρου πράγματα. 2 Ὁ δὲ Τελεσφόρος ἐπειδὴ τάχιστα κατέπλευσεν εἰς τὴν Πελοπόννησον, ἐπῆλθε τὰς ὑπ' Ἀλεξάνδρου φρουρουμένας πόλεις καὶ πάσας ἠλευθέρωσε πλὴν Σικυῶνος καὶ Κορίνθου· ἐν ταύταις γὰρ Πολυπέρχων διέτριβεν δυνάμεις ἁδρὰς ἔχων καὶ πιστεύων ταύταις τε καὶ ταῖς τῶν τόπων ὀχυρότησιν. 3 Ἅμα δὲ τούτοις πραττομένοις Φίλιππος ὑπὸ Κασάνδρου πεμφθεὶς στρατηγὸς εἰς τὸν πρὸς Αἰτωλοὺς πόλεμον, ὡς τάχισθ' ἧκεν εἰς τὴν Ἀκαρνανίαν μετὰ τῆς δυνάμεως, τὸ μὲν πρῶτον ἐπεχείρει λεηλατεῖν τὴν Αἰτωλίαν, μετ' ὀλίγον δὲ πυθόμενος Αἰακίδην τὸν Ἠπειρώτην εἰς τὴν βασιλείαν κατεληλυθότα καὶ δύναμιν ἁδρὰν συνηθροικότα ταχέως ὥρμησεν ἐπ' αὐτόν· ἔσπευδε γὰρ κατ' ἰδίαν διαγωνίσασθαι πρὶν ἢ συμμῖξαι τὴν τῶν Αἰτωλῶν δύναμιν. 4 Εὑρὼν δὲ τοὺς Ἠπειρώτας ἑτοίμους εἰς μάχην ἐξ ἐφόδου συνῆψεν εἰς χεῖρας καὶ πολλοὺς μὲν ἀνεῖλεν, οὐκ ὀλίγους δ' ἐζώγρησεν, ἐν οἷς συνέβαινεν εἶναι καὶ τῶν αἰτίων τῆς τοῦ βασιλέως καθόδου περὶ πεντήκοντα τὸν ἀριθμόν, οὓς δήσας ἀπέσ-

1 alt. καὶ om. F ‖ **7** Τελεσφόρον post Πελοπόννησον transp. F ‖ **10** πίστιν κατασκευάζειν R : πιστὸν κατασκευάσειν [—άζειν F[1]] ἑαυτὸν F ‖ **15** πλὴν R : τὰς ἄλλας ἄνευ F ‖ **16-17** δυνάμεις ἁδρὰς R : δύναμιν ἁδρὰν F ‖ **23** κατεληλυθότα Reiske : διεληλυθότα R F ‖ **27** ἐφόδου R : ἑτοίμου F.

envoyer à Cassandre. **5** Comme Éacide et ses hommes s'étaient regroupés après leur fuite et qu'ils avaient fait leur jonction avec les Étoliens, Philippe marcha de nouveau contre eux et les vainquit. Il tua beaucoup d'hommes parmi lesquels le roi Éacide [1]. **6** Par de si grands succès remportés en peu de jours, il frappa de terreur un grand nombre d'Étoliens, au point de leur faire abandonner leurs cités non fortifiées et chercher refuge dans les régions montagneuses les plus difficiles d'accès, avec femmes et enfants. Telle fut l'issue des événements de Grèce.

LXXV. **1** En Asie, Asandros, qui tenait la Carie sous son autorité, sérieusement éprouvé par la guerre, conclut avec Antigone l'accord suivant [2] : il lui livrerait tous ses soldats, laisserait leur autonomie aux cités grecques et garderait, à titre de présent, sa satrapie, en maintenant une amitié inébranlable pour Antigone. **2** Il avait donné son frère Agathon comme otage pour garantir cet accord, mais, comme il regretta ces conventions quelques jours plus tard, il tira subrepticement son frère de cette situation d'otage et envoya des ambassadeurs à Ptolémée et à Cassandre pour les prier de le secourir au plus vite. **3** Antigone en fut très irrité et il envoya une armée pour libérer les cités, par terre et par mer ; il désigna Médios [3] comme navarque de la flotte et donna à Docimos [4] le commandement de l'armée. **4** Une fois parvenus à Milet, ceux-ci exhortèrent les citoyens à se libérer ; après avoir assiégé victorieusement la citadelle, tenue par une garnison, ils rétablirent l'autonomie de l'État [5]. **5** Tandis qu'ils étaient occupés à cela,

1. Cf. Plut., *Pyrr.* 3 et Justin, 17, 3, 16-19.
2. Cf. Schmitt, *op. cit.* [p. 55, n. 1] nº 425. Δωρεά indique une possession précaire, cf. Bengtson, *op. cit.* [n. compl. p. 20] I, p. 205-6.
3. Cf. 19, 69, 3.
4. Peut-être le même qu'en 19, 16.
5. Cf. A. Rehm, *Das Delphinion in Milet*, Berlin, 1914, nº 122, II, 100, p. 258/134.

τειλε πρὸς Κάσανδρον. 5 Τῶν δὲ περὶ τὸν Αἰακίδην ἀθροισθέντων ἐκ τῆς φυγῆς καὶ τοῖς Αἰτωλοῖς συμμιξάντων πάλιν ἐπελθὼν ὁ Φίλιππος μάχῃ ἐκράτησεν καὶ πολλοὺς ἀνεῖλεν, ἐν οἷς ἦν καὶ Αἰακίδης ὁ βασιλεύς. 6 Ἐν ὀλίγαις δ' ἡμέραις τηλικαῦτα ποιήσας προτερήματα κατεπλήξατο πολλοὺς τῶν Αἰτωλῶν ἐπὶ τοσοῦτον ὥστε τὰς ἀνοχύρους πόλεις ἐκλιπεῖν, εἰς δὲ τὰ δυσβατώτατα τῶν ὀρῶν συμφυγεῖν μετὰ τέκνων καὶ γυναικῶν. Καὶ τὰ μὲν περὶ τὴν Ἑλλάδα πραχθέντα τοιοῦτον ἔσχε τὸ τέλος.

LXXV. 1 Κατὰ δὲ τὴν Ἀσίαν Ἄσανδρος ὁ τῆς Καρίας κυριεύων πιεζούμενος τῷ πολέμῳ διελύσατο πρὸς Ἀντίγονον ἐφ' ᾧ τοὺς μὲν στρατιώτας παραδώσει πάντας Ἀντιγόνῳ, τὰς δ' Ἑλληνίδας πόλεις αὐτονόμους ἀφήσει, τὴν δὲ σατραπείαν ἣν πρότερον εἶχε δωρεὰν καθέξει, βέβαιος ὢν φίλος Ἀντιγόνῳ. 2 Δοὺς δὲ περὶ τούτων ὅμηρον Ἀγάθωνα τὸν ἀδελφὸν καὶ μετ' ὀλίγας ἡμέρας μεταμεληθεὶς ἐπὶ ταῖς συνθήκαις τὸν μὲν ἀδελφὸν ἐξέκλεψεν ἐκ τῆς ὁμηρίας, πρὸς δὲ Πτολεμαῖον καὶ Κάσανδρον διαπρεσβευσάμενος ἠξίου βοηθεῖν τὴν ταχίστην. 3 Ἐφ' οἷς Ἀντίγονος ἀναβοήσας δύναμιν ἀπέστειλεν ἐπὶ τὴν ἐλευθέρωσιν τῶν πόλεων καὶ κατὰ γῆν καὶ κατὰ θάλατταν, τοῦ μὲν στόλου ναύαρχον ἀποδείξας Μήδιον, τοῦ δὲ στρατοπέδου καταστήσας στρατηγὸν Δόκιμον. 4 Οὗτοι δὲ παραγενόμενοι πρὸς τὴν πόλιν τῶν Μιλησίων τούς τε πολίτας ἐκάλουν ἐπὶ τὴν ἐλευθερίαν καὶ τὴν φρουρουμένην ἄκραν ἐκπολιορκήσαντες εἰς αὐτονομίαν ἀποκατέστησαν τὸ πολίτευμα. 5 Περὶ ταῦτα δ' ὄντων τούτων

7 ἀνοχύρους F : ἀνωχύρους R ‖ **11** Ἄσανδρος Geer ex *IG* II^2, 450 : Κάσανδρος R F ‖ **12** πιεζούμενος R : πιεζόμενος F ‖ **13** παραδώσει R : παραδώσειν F ‖ **14** ἀφήσει R : ἀφήσειν F ‖ **15** τὴν δὲ σατραπείαν ἣν [τὰς δὲ σατραπείας ἃς F] πρότερον εἶχε δωρεὰν F[1] : τὰς δὲ σατραπείας δωρέας ἃς πρότερον εἶχε R ‖ καθέξει R : καθέξειν F ‖ **16** Ἀντιγόνῳ R : Ἀντιγόνου F ‖ δοὺς R : δέδωκε F ‖ **19** Κάσανδρον R F : Σέλευκον R[1] ‖ **21** ἀναβοήσας R : δεινοπαθήσας F.

Antigone assiégea victorieusement Tralles. Parvenu à Caunos [1] où il fit venir la flotte, il prit également cette ville à l'exception de la citadelle. Après avoir investi celle-ci, il lançait assaut sur assaut du côté où on pouvait l'attaquer. Polémaios, envoyé à Iasos avec une armée importante, la contraignit à se rallier à Antigone. **6** Ces cités de Carie passèrent donc ainsi sous la domination d'Antigone. Quelques jours plus tard, il reçut une ambassade des Étoliens et des Béotiens et conclut une alliance avec eux. Il entra d'autre part, près de l'Hellespont, en pourparlers avec Cassandre au sujet de la paix, mais revint sans avoir obtenu de résultat, car ils n'avaient pas du tout pu s'entendre [2]. C'est pourquoi Cassandre renonça à mettre un terme aux hostilités et décida de s'occuper de nouveau sérieusement des affaires en Grèce. **7** Il partit donc pour Oréos [3] avec trente navires et mit le siège devant cette cité. Il lançait ses assauts avec vigueur et la ville allait être prise de vive force, quand Télesphoros, parti du Péloponnèse avec vingt navires et mille soldats, vint au secours des Orites ainsi que Médios venu d'Asie avec cent navires. **8** Ils virent les navires de Cassandre mouillant devant le port et y mirent le feu. Ils en brûlèrent quatre et les détruisirent presque tous. Mais comme un secours était arrivé d'Athènes [4] pour les vaincus, les hommes de Cassandre attaquèrent les ennemis qui n'étaient pas sur leurs gardes. Au cours de l'engagement, ils coulèrent un vaisseau et en prirent trois avec leurs équi-

1. Cf. 20, 27, 2 et Ptolémée, 5, 2, 8.
2. Cf. la lettre d'Antigone aux Skepsiens dans Schmitt, *op. cit.* [p. 55, n. 1] n° 428, où cette entrevue est mentionnée.
3. Au nord de l'Eubée.
4. Cf., sans doute, *IG* II², 682.

Ἀντίγονος Τράλλεις ἐξεπολιόρκησεν · εἰς δὲ Καῦνον παρελθὼν καὶ τὸν στόλον μεταπεμψάμενος εἷλε καὶ ταύτην τὴν πόλιν πλὴν τῆς ἄκρας · ταύτην δὲ περιχαρακώσας, καθ' ὃ μέρος ἦν προσμάχεσθαι, συνεχεῖς προσβολὰς ἐποιεῖτο. Ἐπὶ δὲ τὴν Ἰασὸν πόλιν ἐκπεμφθεὶς Πολεμαῖος μετὰ δυνάμεως ἱκανῆς ἠνάγκασε προσθέσθαι τοῖς περὶ Ἀντίγονον. 6 Αὗται μὲν οὖν τῆς Καρίας οὖσαι τοῦτον τὸν τρόπον ὑπετάγησαν Ἀντιγόνῳ. Μετ' ὀλίγας δ' ἡμέρας ἐλθόντων πρὸς αὐτὸν πρεσβευτῶν παρ' Αἰτωλῶν καὶ Βοιωτῶν πρὸς μὲν τούτους συμμαχίαν συνέθετο, τῷ δὲ Κασάνδρῳ συνελθὼν εἰς λόγους ὑπὲρ εἰρήνης περὶ τὸν Ἑλλήσποντον ἀπῆλθεν ἄπρακτος, οὐ δυναμένων αὐτῶν οὐδαμῶς συμφωνῆσαι. Διόπερ ὁ Κάσανδρος ἀπογνοὺς τὰς διαλύσεις διέγνω τῶν κατὰ τὴν Ἑλλάδα πραγμάτων πάλιν ἀντέχεσθαι. 7 Ἀναζεύξας οὖν μετὰ τριάκοντα νεῶν εἰς Ὠρεὸν ἐπολιόρκει τὴν πόλιν. Ἐνεργῶς δ' αὐτοῦ ταῖς προσβολαῖς χρωμένου καὶ τοῦ πολίσματος ἤδη κατὰ κράτος ἁλισκομένου παρεγένετο βοηθήσων τοῖς Ὠρίταις Τελεσφόρος μὲν ἐκ Πελοποννήσου μετὰ νεῶν εἴκοσι καὶ στρατιωτῶν χιλίων, Μήδιος δ' ἐκ τῆς Ἀσίας ἔχων ναῦς ἑκατόν. 8 Οὗτοι δ' ὁρῶντες ἐφορμούσας τῷ λιμένι τὰς τοῦ Κασάνδρου ναῦς πῦρ ἐνῆκαν καὶ τέτταρας μὲν κατέκαυσαν, παρ' ὀλίγον δὲ καὶ πάσας διέφθειραν · τοῖς δ' ἐλαττουμένοις παραγενομένης βοηθείας ἐξ Ἀθηνῶν ἐπέπλευσαν οἱ περὶ Κάσανδρον καταφρονοῦσι τοῖς πολεμίοις. Συμβαλόντες δ' αὐτοῖς μίαν μὲν κατέδυσαν, τρεῖς δ' αὐτάνδρους ἔλαβον.

1 post Τράλλεις add. τε F || post ἐξεπολιόρκησεν add. καὶ F || δὲ Καῦνον R : Πεύκανον F || **5** Ἰασὸν R : τῶν Ἰασόνων F || **6** Πολεμαῖος ego ex *IG* II^2, 469 : Πτολεμαῖος R F || ἠνάγκασε Wess. : ἠναγκάσθη R F || **8** ὑπετάγησαν post οὖσαι transp. F || **11** συνελθὼν R : συνεισελθὼν F || **15** πάλιν post Ἑλλάδα transp. F || **16** Ὠρεὸν F : Ὠραιὸν R || **19** Ὠρίταις R : Ὠρείταις R^2 F || **22** ἐφορμούσας F : ἐφορμώσας R || **25** ἐπέπλευσαν R : ἔπλευσαν F || **26** καταφρονοῦσι τοῖς πολεμίοις R : καταφρονοῦντες τῶν πολεμίων F || **26-27** συμβαλόντες δ'αὐτοῖς F : καὶ R.

pages ; tels étaient les événements en Grèce et dans le Pont.

LXXVI. 1 En Italie[1], les Samnites s'avançaient avec des forces importantes, ravageant toutes les cités de l'Italie qui combattaient du côté de leurs adversaires, tandis que les consuls romains, arrivés avec une armée, tentaient de secourir ceux de leurs alliés qui étaient en danger. 2 Ils établirent leur camp en face des ennemis, près de la ville de Cinna *, et délivrèrent aussitôt celle-ci des menaces qui pesaient sur elle. Quelques jours plus tard, les deux armées, rangées en bataille, s'affrontèrent violemment, avec des pertes considérables de part et d'autre. Pour finir les Romains, culbutant les rangs ennemis, prirent le dessus, et, prolongeant longtemps la poursuite, ils tuèrent plus de dix mille hommes. 3 C'est alors que, ignorant encore cette bataille, les Campaniens, tenant les Romains pour quantité négligeable, abandonnèrent leur alliance. Le peuple romain envoya aussitôt contre eux des troupes en nombre suffisant, ainsi qu'un dictateur Caius Manius, accompagné, selon la coutume ancestrale, de Manius Fulvius comme maître de la cavalerie. 4 Quand ceux-ci eurent établi leur camp près de Capoue, les Campaniens tout d'abord tentèrent de combattre, puis, informés de la défaite des Samnites, ils pensèrent que toutes les troupes allaient marcher contre eux et ils mirent un terme aux hostilités avec les Romains *. 5 Ils livrèrent donc les responsables de l'agitation, qui, sans attendre le résultat du procès qui leur était intenté, se donnèrent la mort. Les cités obtinrent leur pardon et furent réintégrées dans l'alliance antérieure.

a. 312-311 LXXVII. 1 Quand cette année se fut écou-

1. « Italie » a paru suspect. Altheim, *op. cit.* [p. XIX, n. 3], estime que Diodore recopie une source dans laquelle Italie signifie encore les territoires au sud de Rome, v. p. 267-269.

Καὶ τὰ μὲν πραχθέντα περὶ τὴν Ἑλλάδα καὶ τὸν Πόντον τοιαῦτ' ἦν.

LXXVI. 1 Κατὰ δὲ τὴν Ἰταλίαν Σαμνῖται μὲν μετὰ πολλῆς δυνάμεως ἐπῄεσαν πορθοῦντες τῶν κατ' Ἰταλίαν πόλεων ὅσαι τοῖς ἐναντίοις συνηγωνίζοντο, οἱ δ' ὕπατοι τῶν Ῥωμαίων μετὰ στρατοπέδου παραγενόμενοι παραβοηθεῖν ἐπειρῶντο τοῖς κινδυνεύουσιν τῶν συμμάχων. 2 Ἀντεστρατοπεδεύσαντο δὲ τοῖς πολεμίοις περὶ Κίνναν πόλιν καὶ ταύτην μὲν εὐθὺς ἐρύσαντο τῶν ἐπικειμένων φόβων, μετ' ὀλίγας δ' ἡμέρας ἐκταξάντων ἀμφοτέρων τὰς δυνάμεις ἐγένετο μάχη καρτερὰ καὶ συχνοὶ παρ' ἀμφοτέροις ἔπεσον. Τὸ δὲ τέλος οἱ Ῥωμαῖοι βιασάμενοι κατὰ κράτος περιεγένοντο τῶν πολεμίων, ἐπὶ πολὺν δὲ χρόνον χρησάμενοι τῷ διωγμῷ πλείους τῶν μυρίων ἀνεῖλον. 3 Καὶ τῆς μάχης ἀγνοουμένης ἔτι Καμπανοὶ μὲν καταφρονήσαντες τῶν Ῥωμαίων ἀπέστησαν, ὁ δὲ δῆμος εὐθὺς δύναμίν τε τὴν ἱκανὴν ἐξέπεμψεν ἐπ' αὐτοὺς καὶ στρατηγὸν αὐτοκράτορα Γάϊον Μάνιον καὶ μετ' αὐτοῦ κατὰ τὸ πάτριον ἔθος Μάνιον Φούλβιον ⟨ἵππαρχον⟩. 4 Τούτων δὲ πλησίον τῆς Καπύης καταστρατοπεδευσάντων οἱ Καμπανοὶ τὸ μὲν πρῶτον ἐπεχείρουν ἀγωνίζεσθαι, μετὰ δὲ ταῦτα πυθόμενοι τὴν τῶν Σαμνιτῶν ἧτταν καὶ νομίσαντες πάσας τὰς δυνάμεις ἥξειν ἐπ' αὐτοὺς διελύσαντο πρὸς Ῥωμαίους. 5 Τοὺς γὰρ αἰτίους τῆς ταραχῆς ἐξέδωκαν, οἳ προτεθείσης κρίσεως οὐ περιμείναντες τὴν ἀπόφασιν αὑτοὺς ἀνεῖλαν. Αἱ δὲ πόλεις τυχοῦσαι συγγνώμης εἰς τὴν προϋπάρχουσαν συμμαχίαν ἀποκατέστησαν.

LXXVII. 1 Τοῦ δ' ἔτους τούτου διελθόντος Ἀθη-

1 περὶ R : κατὰ F ‖ 4 κατ' R : κατὰ τὴν F ‖ 7-8 ἀντεστρατοπεδεύσαντο R : ἀντιστρατοπεδεύσαντες F ‖ 8 Κίνναν R : Κίναν F ‖ 13 χρόνον R : τόπον F ‖ 15 post τῆς add. μὲν F ‖ 19 ἵππαρχον add. Steph. ‖ 20 post δὲ add. τὰ R ‖ 22-23 νομίσαντες R : νομίζοντες F ‖ 23 ἐπ' R : πρὸς F ‖ 26 ἀνεῖλαν R : ἀνεῖλον F.

lée, Polémon devint archonte à Athènes et à Rome Lucius Papirius fut consul pour la cinquième fois en compagnie de Caïus Junius [1]. On célébra, la même année, la cent-dix septième olympiade, au cours de laquelle Parménion de Mitylène remporta la course du stade. **2** Durant cette période, Antigone envoya en Grèce Polémaios comme stratège pour libérer les Grecs, en lui donnant cent cinquante vaisseaux de guerre, à la tête desquels il mit Médios, ainsi que cinq mille fantassins et cinq cents cavaliers. **3** Il fit également alliance avec les Rhodiens * et reçut d'eux en renfort, en vue de la libération des Grecs, dix navires complètement équipés pour la guerre. **4** Polémaios fit voile avec toute la flotte jusqu'au port de Béotie qu'on appelle Bathys [2] et reçut en renfort, de la ligue béotienne, deux mille deux cents fantassins et mille trois cents cavaliers. Il fit également venir les bateaux d'Oréos et après avoir fortifié Salganée [3], il y rassembla toute l'armée ; il espérait, en effet, rallier les Chalcidiens qui étaient les seuls en Eubée à avoir une garnison ennemie. **5** Mais Cassandre, inquiet pour Chalcis, leva le siège d'Oréos. Il gagna Chalcis et y fit venir ses troupes. Quand Antigone apprit que les deux armées étaient en Eubée à se surveiller l'une l'autre, il rappela Médios en Asie, avec la flotte. Lui-même partit sur-le-champ avec ses troupes et fit route en hâte vers l'Hellespont pour

1. 312/311 = (311) vulg. 313. Fastes Capitolins et Tite-Live, 9, 28, 2 : L. Papirius Cursor pour la cinquième fois et C. Junius Bulbucus Brutus pour la deuxième. Moretti, *op. cit.* [p. xi, n. 4] nº 482, donne Parménidès comme nom du vainqueur. Pour la chronologie, cf. p. xiii.

2. « Le Profond », baie au sud d'Aulis, dont elle était l'un des ports, cf. S. C. Bakhuizen, *Salganeus and the fortifications on its mountains*, Chalcidian Studies, II, Groningen, 1970, p. 152.

3. Il est question ici de la plaine située autour de Salganée, au nord de la Béotie, où subsistent encore des restes de ces fortifications, cf. Bakhuizen, *ibid.*, p. 107. Correction de J. Le Paulmier, cf. les notes de l'édition Wesseling.

νησι μὲν ἦρχε Πολέμων, ἐν Ῥώμῃ δ' ὑπῆρχον ὕπατοι Λεύκιος Παπείριος τὸ πέμπτον καὶ Γάϊος Ἰούνιος, ἤχθη δὲ καὶ Ὀλυμπιὰς κατὰ τοῦτον τὸν ἐνιαυτὸν ἑβδόμη πρὸς ταῖς ἑκατὸν καὶ δέκα, καθ' ἣν ἐνίκα στάδιον Παρμενίων Μιτυληναῖος. 2 Ἐπὶ δὲ τούτων τῶν χρόνων Ἀντίγονος ἀπέστειλεν εἰς τὴν Ἑλλάδα στρατηγὸν Πολεμαῖον τοὺς Ἕλληνας ἐλευθερώσοντα, συνέπεμψε δ' αὐτῷ ναῦς μὲν μακρὰς ἑκατὸν καὶ πεντήκοντα, Μήδιον ἐπιστήσας ναύαρχον, στρατιώτας δὲ πεζοὺς μὲν πεντακισχιλίους, ἱππεῖς δὲ πεντακοσίους. 3 Ἐποιήσατο δὲ καὶ πρὸς Ῥοδίους συμμαχίαν καὶ προσελάβετο παρ' αὐτῶν ναῦς ἐξηρτισμένας πρὸς τὸν πόλεμον δέκα πρὸς τὴν τῶν Ἑλλήνων ἐλευθέρωσιν. 4 Ὁ δὲ Πολεμαῖος μετὰ παντὸς τοῦ στόλου καταπλεύσας τῆς Βοιωτίας εἰς τὸν Βαθὺν καλούμενον λιμένα παρὰ μὲν τοῦ κοινοῦ τῶν Βοιωτῶν προσελάβετο στρατιώτας πεζοὺς μὲν δισχιλίους διακοσίους, ἱππεῖς δὲ χιλίους τριακοσίους. Μετεπέμψατο δὲ καὶ τὰς ἐξ Ὠρεοῦ ναῦς καὶ τειχίσας τὸν Σαλγανέα συνήγαγεν ἐνταῦθα πᾶσαν τὴν δύναμιν· ἤλπιζε γὰρ προσδέξασθαι τοὺς Χαλκιδεῖς, οἵπερ μόνοι τῶν Εὐβοέων ὑπὸ τῶν πολεμίων ἐφρουροῦντο. 5 Ὁ δὲ Κάσανδρος ἀγωνιῶν ὑπὲρ τῆς Χαλκίδος τὴν Ὠρεοῦ πολιορκίαν ἔλυσεν, εἰς δὲ τὴν Χαλκίδα παρῆλθεν καὶ τὰς δυνάμεις μετεπέμπετο. Ἀντίγονος δὲ πυθόμενος περὶ τὴν Εὔβοιαν ἐφεδρεύειν ἀλλήλοις τὰ στρατόπεδα, μετεπέμψατο τὸν Μήδιον εἰς τὴν Ἀσίαν μετὰ τοῦ στόλου, εὐθὺς δὲ καὶ τὰς δυνάμεις ἀναλαβὼν προῆγεν ἐφ' Ἑλλησπόντῳ

1 ὑπῆρχον R Fγρ : ἦρχον F ‖ **2** τὸ om. R ‖ ἤχθη R : ἦν F ‖ **5** τούτων τῶν χρόνων R : τοῦτον τὸν χρόνον F ‖ **7** Πολεμαῖον ego ex *IG* II^{2}, 469 : Πτολεμαῖον R^{2mg} Πολέμωνα R F ‖ **12** ἐξηρτισμένας R : ἐξηρτημένας F ‖ **13** Πολεμαῖος ego ex *IG* II^{2}, 469 : Πτολεμαῖος R F ‖ **17** διακοσίους R : τριακοσίους F ‖ **18** Ὠρεοῦ R^{2} F : Ὠροῦ R ‖ **19** Σαλγανέα Palmerius : Σαλγονέα R Σαλμονέαν F ‖ **22** Ὠρεοῦ R^{2} F : Ὠραιοῦ R ‖ **25** Εὔβοιαν R : Εὔοιαν F ‖ **27** Ἑλλησπόντῳ R : Ἑλλησπόντου F.

passer en Macédoine : ou bien Cassandre resterait en Eubée, et lui-même trouverait alors la Macédoine privée de défenseurs, ou bien il irait défendre son royaume et abandonnerait alors les affaires de Grèce. **6** Mais Cassandre comprit son plan : il laissa Pleïstarchos [1] à la tête de la garnison de Chalcis, tandis que lui-même partait avec toute l'armée. Il prit Oropos de vive force et fit entrer les Thébains dans son alliance. Après avoir conclu une trêve avec les autres Béotiens et avoir laissé Eupolémos comme stratège chargé de la Grèce, il revint en Macédoine, plein d'inquiétude au sujet du débarquement des ennemis. **7** Quand Antigone eut atteint la Propontide, il envoya une ambassade aux habitants de Byzance, pour leur demander de faire partie de ses alliés. Mais, comme des ambassadeurs de Lysimaque étaient aussi venus qui les priaient de ne rien faire, ni contre lui, ni contre Cassandre, les Byzantins jugèrent bon de rester neutres et de s'en tenir aux relations pacifiques et amicales avec les deux camps. Son échec, ainsi que la venue de la mauvaise saison [2] amenèrent Antigone à répartir dans les cités ses soldats pour les quartiers d'hiver.

LXXVIII. **1** Pendant ce temps, les Corcyréens, venus au secours des habitants d'Apollonie et d'Épidamne, laissèrent partir les soldats de Cassandre sous le couvert d'une convention. Quant aux cités, ils libérèrent Apollonie, mais remirent Épidamne à Glaucias, le roi des Illyriens [3]. **2** D'autre part, après le départ

1. Un frère de Cassandre, cf. Plut., *Dém.* 31, 5.
2. Hiver 312/311, cf. intr. p. XIII.
3. Cf. 19, 70, 7.

κατὰ τάχος, ὡς διαβησόμενος εἰς Μακεδονίαν, ὅπως ἢ μένοντος Κασάνδρου περὶ τὴν Εὔβοιαν αὐτὸς ἔρημον καταλάβῃ Μακεδονίαν τῶν ἀμυνομένων ἢ τῇ βασιλείᾳ βοηθῶν ἀποβάλῃ τὰ κατὰ τὴν Ἑλλάδα πράγματα. 6 Ὁ δὲ Κάσανδρος συνιδὼν τὴν ἐπίνοιαν αὐτοῦ Πλείσταρχον μὲν ἀπέλιπεν ἐπὶ τῆς ἐν Χαλκίδι φρουρᾶς, αὐτὸς δὲ μετὰ πάσης τῆς δυνάμεως ἀναζεύξας Ὠρωπὸν μὲν κατὰ κράτος εἷλε, Θηβαίους δ' εἰς τὴν αὑτοῦ συμμαχίαν κατέστησεν· πρὸς δὲ τοὺς ἄλλους Βοιωτοὺς ἀνοχὰς ποιησάμενος καὶ καταλιπὼν ἐπὶ τῆς Ἑλλάδος στρατηγὸν Εὐπόλεμον ἀπῆλθεν εἰς Μακεδονίαν, ἀγωνιῶν περὶ τῆς τῶν πολεμίων διαβάσεως. 7 Ὁ δ' Ἀντίγονος ἐπειδὴ κατήντησεν εἰς τὴν Προποντίδα, διεπρεσβεύσατο πρὸς Βυζαντίους ἀξιῶν μετέχειν τῆς συμμαχίας. Παραγενομένων δὲ καὶ παρὰ Λυσιμάχου πρεσβευτῶν καὶ παρακαλούντων μηδὲν ποιεῖν μήτε κατ' αὐτοῦ μήτε κατὰ Κασάνδρου τοῖς μὲν Βυζαντίοις ἔδοξε μένειν ἐφ' ἡσυχίας καὶ τηρεῖν τὴν πρὸς ἀμφοτέρους εἰρήνην ἅμα καὶ φιλίαν. Ὁ δ' Ἀντίγονος δυσχρηστούμενος ἐπὶ τούτοις, ἅμα δὲ καὶ τῆς χειμερινῆς ὥρας συγκλειούσης διέδωκε τοὺς στρατιώτας κατὰ πόλιν εἰς τὴν χειμασίαν.

LXXVIII. 1 Ἅμα δὲ τούτοις πραττομένοις Κορκυραῖοι μὲν βοηθήσαντες Ἀπολλωνιάταις καὶ τοῖς Ἐπιδαμνίοις τοὺς μὲν στρατιώτας Κασάνδρου ὑποσπόνδους ἀφῆκαν, τῶν δὲ πόλεων Ἀπολλωνίαν μὲν ἠλευθέρωσαν, Ἐπίδαμνον δὲ Γλαυκίᾳ τῷ τῶν Ἰλλυριῶν βασιλεῖ παρέδωκαν. 2 Ὁ δ' Ἀντιγόνου στρατηγὸς Πολεμαῖος

1-4 ὅπως-πράγματα R : ὅπως ἢ μένοντος Κασάνδρου περὶ τὴν Εὔβοιαν αὐτὸς ἔρημον καταλάβοι Μακεδονίαν τῶν ἀμυνομένων ἢ τῇ βασιλείᾳ βοηθῶν ὑπὲρ τῶν F[mg] ὑπὲρ τῶν οἰκείων ἀγωνίζεσθαι τὸν Κάσανδρον ἀφέντα τὰ κατὰ τὴν Ἑλλάδα πράγματα F ‖ **7** Ὠρωπὸν R F : Ὠρωπεὸν F[1] ‖ **14** post πρὸς add. τοὺς F ‖ **20-21** διέδωκε R : ἔδωκε F ‖ **22-23** Κορκυραῖοι R : Κερκυραῖοι F ‖ **24** Κασάνδρου post μὲν transp. F ‖ **25-26** ἠλευθέρωσαν R[1] F : ἠλευθέρωσεν R ‖ **26** Γλαυκίᾳ R : Γλαυκίαν F ‖ **27** Πολεμαῖος ego ex *IG* II², 469 : Πτολεμαῖος R F.

de Cassandre pour la Macédoine, Polémaios, le stratège d'Antigone, après avoir terrifié la garnison de Chalcis, reçut la soumission de cette ville ; il laissa les Chalcidiens sans garnison pour bien montrer qu'Antigone était sincère dans sa décision de libérer les Grecs. Cette cité offre, en effet, de grands avantages à ceux qui désirent une base d'opérations propre à une guerre menée en vue de la suprématie [1]. **3** Quoi qu'il en soit, Polémaios [2], après avoir assiégé victorieusement Oropos, la remit aux Béotiens et fit prisonniers les hommes de Cassandre. Après avoir reçu, ensuite, dans son alliance, Érétrie et Carystos, il conduisit son armée en Attique, où Démétrios de Phalère dirigeait les affaires de la cité. **4** Au début, les Athéniens tenaient secrètes leurs relations avec Antigone auquel ils demandaient de libérer la ville, mais lorsque Polémaios fut arrivé à proximité de celle-ci, ils s'enhardirent et forcèrent Démétrios à faire une trêve et à envoyer une ambassade à Antigone pour faire alliance avec lui. **5** Après avoir quitté l'Attique pour la Béotie, Polémaios prit la Cadmée et, après en avoir chassé la garnison, il libéra Thèbes. Il gagna ensuite la Phocide, se rallia la plupart des cités et chassa de partout les garnisons de Cassandre. Il arriva ensuite en Locride où il entreprit d'assiéger les Opontiens, favorables à Cassandre et lança des assauts répétés.

LXXIX. **1** Le même été, les habitants de Cyrène se révoltèrent contre Ptolémée et investirent la citadelle pour en chasser sans délai la garnison [3]. Des

1. Cf. Polybe, 18, 11.
2. Correction de J. Le Paulmier, cf. les notes de l'édition Wesseling.
3. Cf. A. Laronde, « Observations sur la politique d'Ophellas à Cyrène », *Rev. hist.*, 498, 1971, p. 296-306.

χωρισθέντος εἰς Μακεδονίαν Κασάνδρου καταπληξάμενος τοὺς φρουροῦντας τὴν Χαλκίδα παρέλαβε τὴν πόλιν καὶ τοὺς Χαλκιδεῖς ἀφῆκεν ἀφρουρήτους, ὥστε γενέσθαι φανερὸν ὡς πρὸς ἀλήθειαν Ἀντίγονος ἐλευθεροῦν προῄρηται τοὺς Ἕλληνας · ἐπίκαιρος γὰρ ἡ πόλις ἐστὶ τοῖς βουλομένοις ἔχειν ὁρμητήριον ⟨πρὸς τὸ⟩ διαπολεμεῖν περὶ τῶν ὅλων. **3** Ὁ δ' οὖν Πολεμαῖος ἐκπολιορκήσας Ὠρωπὸν παρέδωκε τοῖς Βοιωτοῖς καὶ τοὺς Κασάνδρου στρατιώτας ὑποχειρίους ἔλαβε. Μετὰ δὲ ταῦτα Ἐρετριεῖς καὶ Καρυστίους εἰς τὴν συμμαχίαν προσλαβόμενος ἐστράτευσεν εἰς τὴν Ἀττικήν, Δημητρίου τοῦ Φαληρέως ἐπιστατοῦντος τῆς πόλεως. **4** Οἱ δ' Ἀθηναῖοι τὸ μὲν πρῶτον λάθρᾳ διεπέμποντο πρὸς Ἀντίγονον ἀξιοῦντες ἐλευθερῶσαι τὴν πόλιν · τότε δὲ τοῦ Πολεμαίου παραγενηθέντος πλησίον τῆς πόλεως θαρρήσαντες ἠνάγκασαν τὸν Δημήτριον ἀνοχὰς ποιήσασθαι καὶ πρεσβείας ἀποστέλλειν πρὸς Ἀντίγονον περὶ συμμαχίας. **5** Ὁ δὲ Πολεμαῖος ἀναζεύξας ἐκ τῆς Ἀττικῆς εἰς τὴν Βοιωτίαν τήν τε Καδμείαν εἷλε καὶ τὴν φρουρὰν ἐκβαλὼν ἠλευθέρωσε τὰς Θήβας. Μετὰ δὲ ταῦτα πορευθεὶς εἰς τὴν Φωκίδα καὶ τὰς μὲν πλείους τῶν πόλεων προσαγόμενος ἐξέβαλε πανταχόθεν τὰς Κασάνδρου φρουράς · ἐπῆλθε δὲ καὶ τὴν Λοκρίδα καὶ τῶν Ὀπουντίων τὰ Κασάνδρου φρονούντων συνεστήσατο πολιορκίαν καὶ συνεχεῖς προσβολὰς ἐποιεῖτο.

LXXIX. **1** Τῆς δ' αὐτῆς θερίας Κυρηναῖοι μὲν ἀποστάντες Πτολεμαίου τὴν ἄκραν περιεστρατοπέδευσαν, ὡς αὐτίκα μάλα τὴν φρουρὰν ἐκβαλοῦντες, παραγενο-

1 χωρισθέντος R : χωρηθέντος F || **4** ὡς R : ὅτι F || **6** πρὸς τὸ add. Kallenberg || **7** Πολεμαῖος ego ex *IG* II², 469 et Palmerius : Πολέμων R F || **10** τὴν om. F || **14** Πολεμαίου ego ex *IG* II², 469 : Πτολεμαίου R F || **18** Πολεμαῖος ego ex *IG* II², 469 : Πτολεμαῖος R F || **21** καὶ om. F || πλείους F : πλείω R || **22** post τὰς add. πρὸς F || **23** post καὶ add. τὴν R || **23-24** τὰ-φρονούντων R : Κασάνδρου φρουρὰν ἐχόντων F.

ambassadeurs vinrent d'Alexandrie les inciter à cesser cette sédition [1]. Ils les mirent à mort et n'en assiégèrent la citadelle qu'avec plus d'énergie. **2** Fort irrité, Ptolémée envoya Agis, comme stratège, avec des troupes terrestres. Il fit également partir, comme force d'appui, une flotte à la tête de laquelle il plaça Épainétos. **3** Agis mena avec énergie les opérations contre les rebelles et prit la ville de vive force. Il fit enchaîner les responsables de la révolte et les envoya à Alexandrie. Il se saisit des armes des autres, régla les affaires de la cité à sa convenance, puis il revint en Égypte. **4** Ptolémée, comme les affaires de Cyrène avaient tourné à son gré, passa avec une armée de l'Égypte à Chypre pour attaquer les rois qui refusaient de se soumettre. Il trouva Pygmalion en train de négocier avec Antigone et le fit exécuter. Quant à Praxippos, le roi de Lapithia et au dynaste de Cerynia qu'il soupçonnait de lui être hostiles, il les fit arrêter... Stasioicos de Marion [2]; de plus, cette ville fut rasée, et les habitants furent déportés à Paphos. **5** Cela fait, il désigna Nicocréon comme stratège de Chypre en lui donnant les cités et les revenus des rois qu'il avait chassés. **6** Lui-même fit voile avec son armée vers la Syrie supérieure, comme on l'appelle, et après avoir assiégé victorieusement Poséidion [3] et Potamoi Karôn [4], il les mit à sac. Il partit aussitôt vers Malos en Cilicie, qu'il prit et dont il vendit les occupants. Il pilla également le territoire à l'entour et, après avoir gorgé l'armée de butin, il repartit pour

1. Sur cet emploi de φιλοτιμία, cf. 12, 25, 1 ; 57, 1.
2. Sur l'ethnique, cf. 19, 59, 1 ; 62, 6, et Masson, *op. cit.* [p. 83, n. 1] v. p. 184, la monnaie n° 171e Στασιοίκου/Μαριεύς. L'histoire de Chypre est trop mal connue pour qu'on puisse corriger davantage, cf. Hill, *op. cit.* [p. 83, n. 2] p. 160.
3. Sur Poseidion, au sud de l'embouchure de l'Oronte et au pied du mont Cassios, cf. L. Woolley, *Un royaume oublié*, trad. fr. Paris, 1964, p. 223.
4. Non connu autrement.

μένων δὲ πρεσβευτῶν ἐκ τῆς Ἀλεξανδρείας καὶ παρακαλούντων παύσασθαι τῆς φιλοτιμίας τούτους μὲν ἀπέκτειναν, τὴν δ' ἄκραν ἐνεργέστερον ἐπολιόρκουν. 2 Ἐφ' οἷς παροξυνθεὶς ὁ Πτολεμαῖος ἀπέστειλεν Ἄγιν στρατηγὸν μετὰ δυνάμεως πεζῆς, ἐξέπεμψε δὲ καὶ στόλον τὸν συλληψόμενον τοῦ πολέμου, ναύαρχον ἐπιστήσας Ἐπαινετόν. 3 Ὁ δὲ Ἄγις ἐνεργῶς διαπολεμήσας τοῖς ἀφεστηκόσιν ἐκυρίευσε κατὰ κράτος τῆς πόλεως καὶ τοὺς μὲν αἰτίους τῆς ἀποστάσεως δήσας ἀπέστειλεν εἰς τὴν Ἀλεξάνδρειαν καὶ τῶν ἄλλων τὰ ὅπλα παρελόμενος καὶ τὰ κατὰ τὴν πόλιν διοικήσας ὥς ποτ' ἔδοξεν αὐτῷ συμφέρειν ἐπανῆλθεν εἰς τὴν Αἴγυπτον. 4 Πτολεμαῖος δέ, τῶν περὶ Κυρήνην αὐτῷ κατὰ νοῦν ἀπηντηκότων, διῆρεν ἐκ τῆς Αἰγύπτου μετὰ δυνάμεως εἰς τὴν Κύπρον ἐπὶ τοὺς ἀπειθοῦντας τῶν βασιλέων. Πυγμαλίωνα δὲ εὑρὼν διαπρεσβευόμενον πρὸς Ἀντίγονον ἀνεῖλε, Πράξιππον δὲ τὸν τῆς Λαπιθίας βασιλέα καὶ τὸν τῆς Κερυνίας δυνάστην ὑποπτεύσας ἀλλοτρίως ἔχειν συνέλαβε... Στασιοίκου τοῦ Μαριέως καὶ τὴν μὲν πόλιν κατέσκαψε, τοὺς δ' ἐνοικοῦντας μετήγαγεν εἰς Πάφον. 5 Ταῦτα δὲ διαπραξάμενος τῆς μὲν Κύπρου κατέστησε στρατηγὸν Νικοκρέοντα, παραδοὺς τάς τε πόλεις καὶ τὰς προσόδους τῶν ἐκπεπτωκότων βασιλέων, 6 αὐτὸς δὲ μετὰ τῆς δυνάμεως ἐκπλεύσας ἐπὶ Συρίας τῆς ἄνω καλουμένης Ποσείδιον καὶ Ποταμοὺς Καρῶν ἐκπολιορκήσας διήρπασεν. Ἑτοίμως δὲ πλεύσας ἐπὶ Κιλικίας Μάλον εἷλε καὶ τοὺς ἐγκαταληφθέντας ἐλαφυροπώλησεν. Ἐπόρθησε δὲ καὶ τὴν ἐγγὺς χώραν καὶ τὸ στρατόπεδον ὠφελείας

2 φιλοτιμίας R : πολιορκίας F ‖ **5** καὶ om. R ‖ **11** ὥς ποτ' R F^mg : ὅτ' F ‖ **17-18** Κερυνίας R : Κεραυνίας F ‖ ἀλλοτρίως ἔχειν R F¹ : om. F ‖ **18** post. συνέλαβε lacunam indicaui ‖ **19** Στασιοίκου R : καὶ Στασίοικον τὸν F ‖ Μαριέως ego : Μαλιέως R F ‖ **20** ἐνοικοῦντας Dindorf : οἰκοῦντας R F ‖ **23-24** τῆς δυνάμεως R : τῶν δυνάμεων F ‖ **25** Ποσείδιον R : Ποσίδειον R² Ποσίδιον F ‖ Ποταμοὺς R F¹ : Ποταμὸν F ‖ **26** Κιλικίας R : Κιλικίαν F ‖ **27** ἐγκαταληφθέντας R¹ F : ἐγκαταλειφθέντας R.

Chypre. **7** Il se comportait par ailleurs comme il le fallait vis à vis de ses soldats, suscitant ainsi leur ardeur pour les combats à venir.

LXXX. **1** Démétrios, le fils d'Antigone, séjournait toujours en Coelé-Syrie *, d'où il surveillait les forces de Ptolémée. Quand il apprit la prise de ces villes, il laissa Pithon sur place, comme stratège, avec les éléphants et les troupes lourdement armées. Lui-même prit les cavaliers et les troupes légères et se porta en hâte vers la Cilicie pour porter secours à ceux qui étaient menacés. **2** Mais il manqua l'occasion et vit que les ennemis s'étaient rembarqués. Il retourna rapidement à son camp, crevant la plupart de ses chevaux durant la route. Il parcourut, en effet, depuis Malos vingt-quatre étapes [1] en six jours, si bien que, sous l'excès de la fatigue, aucun des valets d'armée ni des palefreniers ne put suivre le train.

3 Ptolémée, satisfait du tour des événements, partit alors pour l'Égypte, mais peu de temps après, sur les incitations de Séleucos, qui en voulait à Antigone, il décida de faire une expédition en Coelè-Syrie et de rencontrer Démétrios en bataille rangée. **4** Après avoir, donc, rappelé ses troupes de partout, il quitta Alexandrie pour Péluse avec dix-huit mille fantassins et quatre mille cavaliers. Il y avait là des Macédoniens, des mercenaires, et un grand nombre d'Égyptiens, les uns transportant des armes de jet et les autres équipements, les autres étant armés * et pouvant participer au combat. **5** Après avoir traversé le désert depuis Péluse, il établit son camp près des ennemis, aux environs de l'ancienne Gaza *, en Syrie. De la même façon Démétrios fit revenir de partout vers l'ancienne Gaza les soldats qui se trou-

1. La distance est impossible à évaluer puisqu'on ne sait pas d'où est parti Démétrios et que la valeur du *stathmos* est variable. Si l'on compte trois parasanges par *stathmos*, cela fait 430 km environ.

ἐμπλήσας ἀπέπλευσεν εἰς τὴν Κύπρον. 7 Ἐπολιτεύετο δὲ πρὸς τοὺς στρατιώτας, οὕτως ἐκκαλούμενος αὐτῶν τὰς προθυμίας εἰς τοὺς ἐπιφερομένους κινδύνους.

LXXX. 1 Δημήτριος δὲ ὁ Ἀντιγόνου διέτριβεν ἀεὶ περὶ Κοίλην Συρίαν, ἐφεδρεύων ταῖς τῶν Αἰγυπτίων δυνάμεσιν. Ὡς δ' ἤκουσε τὰς τῶν πόλεων ἁλώσεις Πίθωνα μὲν ἐπὶ τῶν τόπων κατέλιπε στρατηγόν, δοὺς αὐτῷ τοὺς ἐλέφαντας καὶ τὰ βαρέα τῶν ταγμάτων, αὐτὸς δ' ἀναλαβὼν τούς τε ἱππεῖς καὶ τὰ ψιλικὰ τάγματα προῆγεν ἐπὶ Κιλικίας συντόμως, βοηθήσων τοῖς κινδυνεύουσιν. 2 Ὑστερήσας δὲ τῶν καιρῶν καὶ καταλαβὼν ἀποπεπλευκότας τοὺς πολεμίους ἐπανῆλθε συντόμως ἐπὶ τὸ στρατόπεδον, ἀποβεβληκὼς τῶν ἵππων τοὺς πλείους κατὰ τὴν ὁδοιπορίαν · διέτεινε γὰρ ἓξ ἡμέραις ἀπὸ Μάλου σταθμοὺς εἴκοσι καὶ τέτταρας, ὥστε διὰ τὴν ὑπερβολὴν τῆς κακοπαθείας μήτε σκευοφόρον ἀκολουθῆσαι μηδένα μήτε τοὺς ἱπποκόμους.

3 Ὁ δὲ Πτολεμαῖος, κατὰ νοῦν αὐτῷ τῶν πραγμάτων ἀπηντηκότων, τότε μὲν ἀπῆρεν εἰς Αἴγυπτον, μετ' ὀλίγον δὲ χρόνον παροξυνόμενος ὑπὸ Σελεύκου διὰ τὴν πρὸς Ἀντίγονον ἀλλοτριότητα διέγνω στρατεύειν ἐπὶ Κοίλην Συρίαν καὶ παρατάττεσθαι τοῖς περὶ τὸν Δημήτριον. 4 Συναγαγὼν οὖν πανταχόθεν τὰς δυνάμεις ἀνέζευξεν ἀπὸ Ἀλεξανδρείας εἰς Πηλούσιον, ἔχων πεζοὺς μὲν μυρίους ὀκτακισχιλίους, ἱππεῖς δὲ τετρακισχιλίους, ὧν ἦσαν οἱ μὲν Μακεδόνες, οἱ δὲ μισθοφόροι, Αἰγυπτίων δὲ πλῆθος, τὸ μὲν κομίζον βέλη καὶ τὴν ἄλλην παρασκευήν, τὸ δὲ καθωπλισμένον καὶ πρὸς μάχην χρήσιμον. 5 Ἀπὸ δὲ Πηλουσίου διὰ τῆς ἐρήμου διελθὼν κατεστρατοπέδευσε πλησίον τῶν πολεμίων περὶ τὴν παλαιὰν Γάζαν τῆς Συρίας. Ὁμοίως δὲ καὶ Δημήτριος μεταπεμψάμενος

2 στρατιώτας, οὕτως distinxi : post οὕτως R F ‖ **11-12** ἀποπεπλευκότας R : ὑποπεπλευκότας F ‖ **14** ἡμέραις F[1] : ἡμέρας R F ‖ Μάλου R : Μάλλου F ‖ **20** post πρὸς add. τὸν F ‖ **21** post ἐπὶ add. τὴν F ‖ **26** alt. δὲ F : τε R.

vaient en quartiers d'hiver [1] et il attendit l'attaque des ennemis.

LXXXI. **1** Ses amis lui conseillaient de ne pas affronter en bataille rangée un si grand chef et une armée plus nombreuse, mais il ne les écoutait pas et se préparait avec assurance au combat, malgré sa grande jeunesse et la perspective de livrer, sans son père, une si grande bataille. **2** Il réunit une assemblée en armes et prit place sur une estrade, plein d'inquiétude et de trouble. La foule lui cria alors, d'une seule voix, de prendre confiance et, avant que le héraut eût demandé de cesser ce vacarme, tous avaient fait silence. **3** On n'avait, en effet, contre Démétrios, qui commandait depuis peu, aucun grief d'ordre militaire ou politique [2], comme c'est le cas habituellement avec les vieux chefs, pour qui, en toute occasion, tout grief recouvre de multiples motifs d'irritation, car la masse est toujours insatisfaite quand elle demeure sous l'autorité des mêmes personnes et tout être qui n'est pas comblé aime le changement. Comme le père était déjà âgé, l'attente de la royauté * valait à son héritier le commandement et le dévouement du peuple. **4** Il était, de plus, d'une beauté et d'une taille remarquables et, quand il était paré des armes royales, il surpassait tous les autres et produisait une grande impression, ce qui faisait naître de grands espoirs dans le peuple. Enfin, il y avait en lui une certaine douceur, comme il sied à un jeune roi, qui lui attirait tous les cœurs, si bien que même les non-combattants s'étaient réunis pour l'entendre, car ils éprouvaient, eux aussi, des craintes pour sa jeu-

1. Selon le *Marmor Parium*, *F. Gr. Hist.*, nº 239, cette bataille a eu lieu dans la deuxième moitié de 312, ce qui paraît le plus probable, cf. Smith, *op. cit.* [p. XI, n. 6] p. 288 et intr. p. XIII. Mais d'autres, comme Jacoby dans son commentaire, la placent au printemps 312.

2. Cf. dans Plut., *Pyrr.* 11, à propos de Pyrrhos... ἄνδρα δημοτικὸν καὶ φιλοστρατιώτην.

πανταχόθεν τοὺς ἐκ τῆς χειμασίας στρατιώτας εἰς τὴν παλαιὰν Γάζαν ὑπέμεινε τὴν τῶν ἐναντίων ἔφοδον.

LXXXI. **1** Τῶν δὲ φίλων αὐτῷ συμβουλευόντων μὴ παρατάττεσθαι πρὸς ἡγεμόνα τηλικοῦτον καὶ δύναμιν μείζω, τούτοις μὲν οὐ προσεῖχεν, εἰς δὲ τὸν κίνδυνον παρεσκευάζετο τεθαρρηκώς, καίπερ νέος ὢν παντελῶς καὶ τηλικαύτην μάχην μέλλων ἀγωνίζεσθαι χωρὶς τοῦ πατρός. **2** Συναγαγόντος δ' ἐν τοῖς ὅπλοις ἐκκλησίαν αὐτοῦ καὶ στάντος ἐπί τινος ἀναστήματος μετὰ ἀγωνίας καὶ διατροπῆς ὁ μὲν ὄχλος ἀνεβόησε μιᾷ φωνῇ θαρρεῖν καὶ πρὸ τοῦ τὸν κήρυκα καταπαῦσαι τοὺς θορυβοῦντας ἅπαντες σιωπὴν παρείχοντο. **3** Οὔτε γὰρ στρατιωτικὸν ἔγκλημα ὑπῆρχε περὶ αὐτὸν οὔτε πολιτικόν, ἅτε προσφάτως ἐφ' ἡγεμονίας τεταγμένον· ὅπερ εἴωθε γίνεσθαι τοῖς παλαιοῖς στρατηγοῖς ὅταν ἐκ πολλῶν προφάσεων ἓν ἔγκλημα πρὸς ἕνα καιρὸν ἀθροίζηται· τὸ γὰρ πλῆθος ἀεὶ δυσάρεστον ἐπὶ τῶν αὐτῶν μένον καὶ πᾶν τὸ μὴ πλεονάζον κεχαρισμένην ἔχει τὴν μεταβολήν· τοῦ τε πατρὸς ἤδη γεγηρακότος αἱ τῆς βασιλείας ἐλπίδες εἰς τὴν τούτου διαδοχὴν ἦγον ἅμα τὴν ἀρχὴν καὶ τὴν τῶν ὄχλων εὔνοιαν. **4** Ἦν δὲ καὶ τῷ κάλλει καὶ τῷ μεγέθει διάφορος, ἔτι δὲ κεκοσμημένος ὅπλοις βασιλικοῖς εἶχε πολλὴν ὑπεροχὴν καὶ κατάπληξιν, δι' ἧς εἰς ἐλπίδας ἁδρὰς ἦγε τοὺς πολλούς· πρὸς δὲ τούτοις πρᾳότης τις ἦν περὶ αὐτόν, ἁρμόζουσα νέῳ βασιλεῖ, δι' ἧς εἰς προθυμίαν ἐξεκαλεῖτο πάντας, ὥστε καὶ τοὺς ἐκτὸς τάξεως συνδραμεῖν ἐπὶ τὴν ἀκρόασιν, συναγωνιῶντας τῇ νεότητι καὶ τῇ μελλούσῃ γίνεσθαι κρίσει διὰ τῆς παρατά-

LXXXI, **3** : Exc. Const. IV, 221.
LXXXI, **3-4** : Exc. Const. II 1, 173.

5 μείζω R : μείζονα F || **6** καίπερ F : καὶ γὰρ R || **14** τεταγμένον R Exc. : τεταγμένος F || **17** ἀεὶ R Exc. : αἰεὶ F || **22** ἔτι δὲ [καὶ add. Exc.] κεκοσμημένος R Exc. : καὶ μᾶλλον ὅτε περιεβέβλητο F || **28** γίνεσθαι R Exc. : γενέσθαι F.

nesse et pour l'issue de la bataille. **5** Ce n'était pas seulement, en effet, contre une armée plus nombreuse qu'il allait avoir à combattre, mais contre des chefs, les plus grands ou presque, Ptolémée et Séleucos, qui, après avoir accompagné Alexandre dans toutes ses guerres et conduit souvent des armées pour leur propre compte, ignoraient jusqu'à ce jour la défaite. **6** Quand Démétrios eut encouragé ses hommes avec les paroles appropriées et qu'il eut promis de leur donner les récompenses que mériterait leur valeur et de leur abandonner le butin, il rangea son armée en bataille *.

LXXXII. **1** A l'aile gauche, où lui-même allait combattre, il rangea d'abord ses deux cents cavaliers d'élite. On y trouvait tous les amis et en particulier Pithon, qui avait fait campagne avec Alexandre et qu'Antigone avait nommé stratège aux côtés de son fils, en l'associant au commandement suprême [1]. **2** Il rangea comme avant-lignes trois escadrons de cavalerie, trois, également, pour protéger le flanc et, détachés de l'aile, trois escadrons de Tarentins [2], si bien qu'il avait cinq cents lanciers à cheval et cent Tarentins, groupés autour de sa personne. **3** Il plaça ensuite les cavaliers qu'on appelle Compagnons, au nombre de huit cents et, à leur suite, pas moins de mille cinq cents cavaliers de toute origine. Devant l'ensemble de l'aile, il mit trente éléphants et remplit les intervalles avec les corps de troupes légères, soit mille lanceurs de javelots et archers, ainsi que cinq cents frondeurs perses. **4** C'est avec cette aile gauche, ainsi disposée, qu'il comptait entamer [3] la bataille. A sa suite il plaça la phalange d'infanterie composée de onze mille hommes, qui comprenaient deux mille

1. Cf. 19, 56, 4.
2. Cf. p. 44, n. 4.
3. L'autre aile est en retrait et ne doit pas engager le combat, cf. 19, 82, 4. Même disposition en 19, 29, 7.

ξεως. 5 Οὐ μόνον γὰρ πρὸς πλείονας ἤμελλε διακινδυνεύειν, ἀλλὰ καὶ πρὸς ἡγεμόνας σχεδὸν μεγίστους, Πτολεμαῖον καὶ Σέλευκον· οὗτοι γὰρ πάντας τοὺς πολέμους Ἀλεξάνδρῳ συστρατευσάμενοι καὶ πολλάκις καθ' αὑτοὺς δυνάμεων ἡγησάμενοι μέχρι τῶν καιρῶν τούτων ὑπῆρχον ἀνίκητοι. 6 Ὁ δ' οὖν Δημήτριος παρακαλέσας τὰ πλήθη τοῖς οἰκείοις λόγοις καὶ δωρεάς τε δώσειν κατὰ τὴν ἀξίαν καὶ τὰ λάφυρα συγχωρήσειν ἐπαγγειλάμενος ἐξέταξε τὴν δύναμιν εἰς τὴν μάχην.

LXXXII. 1 Ἐπὶ μὲν οὖν τὸ λαιὸν κέρας ἔταξε, καθ' ὃ τὸν κίνδυνον αὐτὸς ἤμελλε ποιεῖσθαι, πρώτους μὲν τοὺς περὶ αὐτὸν ἱππεῖς ἐπιλέκτους διακοσίους, ἐν οἷς ἦσαν οἵ τε ἄλλοι φίλοι πάντες καὶ Πίθων ὁ συνεστρατευμένος μὲν Ἀλεξάνδρῳ, συγκαθιστάμενος δὲ ὑπ' Ἀντιγόνου στρατηγὸς καὶ τῶν ὅλων μέτοχος. 2 Πρόταγμα δὲ τρεῖς εἴλας ἱππέων ἔταξεν καὶ πλαγιοφυλάκους τὰς ἴσας καὶ χωρὶς ἔξω τοῦ κέρατος ἀπολελυμένας τρεῖς Ταραντίνων, ὥστ' εἶναι τοὺς περὶ τὸ σῶμα τεταγμένους ἱππεῖς ξυστοφόρους μὲν πεντακοσίους, Ταραντίνους δὲ ἑκατόν. 3 Ἑξῆς δ' ἔταξε τῶν ἱππέων τοὺς καλουμένους μὲν ἑταίρους, ὄντας δὲ τὸν ἀριθμὸν ὀκτακοσίους, μετὰ δὲ τούτους παντοδαποὺς ἱππεῖς οὐκ ἐλάττους τῶν χιλίων πεντακοσίων. Πρὸ παντὸς δὲ τοῦ κέρατος ἔστησε τῶν ἐλεφάντων τριάκοντα καὶ τὰ διαστήματα αὐτῶν ἐπλήρωσε τοῖς ψιλικοῖς τάγμασιν, ὧν ἦσαν ἀκοντισταὶ μὲν καὶ τοξόται χίλιοι, σφενδονῆται δὲ Πέρσαι πεντακόσιοι. 4 Τὸ μὲν οὖν εὐώνυμον κέρας οὕτω κατασκευάσας διενοεῖτο τούτῳ κινεῖν τὴν μάχην. Ἐχομένην δ' ἔστησε τὴν τῶν πεζῶν φάλαγγα, συνεστῶσαν ἐξ ἀνδρῶν μυρίων χιλίων· τούτων δὲ ἦσαν Μακεδόνες μὲν δισχίλιοι, Λύκιοι

3 πάντας F : πάντες R ‖ 10 ἔταξε Wess. : ἐξέταξε R F ‖ 11 ἤμελλε R : ἔμελλε F ‖ 13 Πίθων R : Πείθων F ‖ 16 πλαγιοφυλάκους R : πλαγιοφύλακας F ‖ 17 ἀπολελυμένας R F[1] : ἀπολελειμμένας ‖ 27-28 post διενοεῖτο add. οὕτω F ‖ 30 δισχίλιοι F : χιλίοι R.

Macédoniens, mille Lyciens et Pamphyliens et huit mille mercenaires. A l'aile droite, il rangea le reste de sa cavalerie, mille cinq cents hommes sous le commandement d'Andronicos, qui avait reçu l'ordre de se maintenir en formation oblique et d'éviter l'engagement, en observant ce qui se déciderait du côté de Démétrios. Il plaça les treize éléphants restants devant la phalange d'infanterie et leur adjoignit dans les [1] intervalles un nombre suffisant de fantassins légers. C'est ainsi, donc, que Démétrios disposa son armée.

LXXXIII. **1** Ptolémée et Séleucos avaient d'abord renforcé la partie gauche de leur armée, car ils ne connaissaient pas les intentions de l'adversaire. Sur les informations des espions, ils rangèrent rapidement l'armée de façon à ce que leur aile droite fût renforcée et dotée des troupes les plus fortes pour affronter Démétrios et ses hommes de l'aile gauche. Ils rangèrent à cette aile les trois mille cavaliers les meilleurs, avec lesquels ils avaient eux-mêmes l'intention de combattre. **2** Devant cette formation, ils placèrent des hommes qui transportaient une palissade garnie de fer et maintenue par des chaînes [2]. Ils l'avaient fait préparer comme défense contre l'attaque des éléphants, car, une fois celle-ci mise en place, il était facile d'empêcher la progression des bêtes. **3** Ils placèrent également devant cette aile les corps de troupes légères et donnèrent l'ordre aux lanceurs de javelots et aux archers de cribler de blessures les bêtes et ceux qui les montaient. Après avoir ainsi fortifié l'aile droite et rangé au mieux le reste de l'armée, ils s'avancèrent vers l'ennemi en hurlant. Leurs adversaires, firent également mouvement en avant. Il y

1. Τινα indiquerait que le dispositif des fantassins légers entre les éléphants serait discontinu, ce qui est inhabituel.
2. Cf. 18, 71, 2 et Armandi, *op. cit.* [n. compl. p. 42] p. 286-7, qui parle de chevaux de frise.

δὲ καὶ Παμφύλιοι χίλιοι, μισθοφόροι δ' ὀκτακισχίλιοι. Ἐπὶ δὲ τὸ δεξιὸν κέρας ἔταξε τοὺς λοιποὺς ἱππεῖς χιλίους πεντακοσίους, ὧν Ἀνδρόνικος ἡγεῖτο. Τούτῳ δ' ἦν συντεταγμένον λοξὴν φυλάττειν τὴν στάσιν καὶ φυγομαχεῖν, καραδοκοῦντα τὴν δι' αὐτοῦ γινομένην κρίσιν. Τοὺς δὲ λοιποὺς τῶν ἐλεφάντων τρεισκαίδεκα ἔστησε πρὸ τῆς τῶν πεζῶν φάλαγγος, μίξας εἰς τὰ διαστήματα τῶν ψιλῶν τοὺς ἱκανούς. Δημήτριος μὲν οὖν διεκόσμησε τὴν ἰδίαν δύναμιν τὸν τρόπον τοῦτον.

LXXXIII. 1 Οἱ δὲ περὶ τὸν Πτολεμαῖον καὶ Σέλευκον τὸ μὲν πρῶτον ἔταξαν ἰσχυρὰν τὴν εὐώνυμον τάξιν, ἀγνοοῦντες τῶν ἐναντίων τὴν ἐπιβολήν · μαθόντες δὲ παρὰ τῶν κατασκόπων τὸ γεγονὸς ταχέως ἐξέταξαν τὴν δύναμιν ὅπως τὸ δεξιὸν κέρας ἰσχὺν ἔχον καὶ δύναμιν τὴν κρατίστην διαγωνίσηται πρὸς τοὺς μετὰ Δημητρίου τεταγμένους ἐν τοῖς εὐωνύμοις μέρεσιν. Ἔταξαν δὲ ἐπὶ τοῦ κέρατος τούτου τῶν ἱππέων τοὺς κρατίστους τρισχιλίους, ἐν οἷς καὶ αὐτοὶ διεγνώκεισαν ἀγωνίσασθαι. 2 Προέταξαν δὲ τῆς στάσεως ταύτης τοὺς κομίζοντας χάρακα σεσιδηρωμένον καὶ δεδεμένον ἁλύσεσιν, ὃν παρεσκευάσαντο πρὸς τὴν τῶν ἐλεφάντων ἔφοδον · ταθέντος γὰρ τούτου ῥᾴδιον ἦν εἴργειν τὰ θηρία τῆς εἰς τοὔμπροσθεν πορείας. 3 Προέταξαν δὲ τοῦ κέρατος τούτου καὶ τὰ ψιλικὰ τάγματα, παραγγείλαντες τοῖς τε ἀκοντισταῖς καὶ τοξόταις συνεχῶς κατατιτρώσκειν τὰ θηρία καὶ τοὺς ἐπ' αὐτοῖς ἀναβεβηκότας. Τοῦτον δὲ τὸν τρόπον ὀχυρωσάμενοι τὸ δεξιὸν κέρας καὶ τὴν ἄλλην δύναμιν ἐκτάξαντες ἐνδεχομένως ἐπῆγον τοῖς πολεμίοις μετὰ πολλῆς κραυγῆς. Ἀντεπαγόντων δὲ καὶ τῶν ἐναντίων τὸ μὲν

6 τρεισκαίδεκα R : δεκατρεῖς F || **7** τὰ Dindorf : τινα R F || **12** τὴν ante τῶν transp. F || **14** ἔχον R[1] F : om. R || **16** ἔταξαν F : ἔταξε R || **17** τούτου R[1] : τοῦ R F || **20** καὶ δεδεμένον R F[mg] : om. F || **23** προέταξαν R : προέταξε F || **24** παραγγείλαντες R : παραγγείλας F || **25** post pr. καὶ add. τοῖς F || **26-27** ὀχυρωσάμενοι R F[1] : ὠχυρωμένοι F.

eut, tout d'abord une bataille de cavalerie, à l'extrémité des ailes, entre les cavaliers des lignes avancées, au net avantage des hommes de Démétrios. **4** Mais, peu après, Ptolémée et Séleucos contournèrent l'aile et firent attaquer leurs escadrons formés en colonnes [1] avec une très grande [2] violence. Ce fut alors une rude bataille, à cause de l'ardeur des deux camps. **5** Ainsi, lors de la première charge où ils combattirent à la lance, ils en brisèrent la plupart et de nombreux combattants furent blessés. Quand ils se furent groupés une deuxième fois, ils s'élancèrent pour se battre avec l'épée et les engagements furent meurtriers de part et d'autre. Les chefs, en se battant eux-mêmes au premier rang, incitaient leurs hommes à affronter vigoureusement le danger, et les cavaliers des ailes, tous choisis pour leur valeur, rivalisaient entre eux, puisqu'ils avaient pour témoins de leur courage leurs chefs qui luttaient à leurs côtés.

LXXXIV. **1** Tandis que la bataille de cavalerie se prolongeait sans résultat, les éléphants, poussés au combat par les cornacs indiens [3], s'avançaient sur une certaine distance en semant la terreur, comme si rien ne pouvait leur résister. Mais quand ils atteignirent la palissade garnie de fer, la foule des lanceurs de javelots et des archers, en décochant trait sur trait, blessèrent les bêtes et ceux qui les montaient. **2** Et comme les cornacs indiens cherchaient à se frayer de force un passage et aiguillonnaient les bêtes, certaines s'empalèrent sur la palissade ingénieusement conçue. Rendues folles de douleur par leurs blessures et par le harcèlement de ceux qui les blessaient, elles mettaient le désordre dans les rangs. **3** Il faut dire que nul ne peut résister de front à la vigueur de cet animal sur

1. Cf. Kromayer-Veith, pr. *op. cit.* [p. 42, n. 1] p. 139.
2. Sur cet emploi du comparatif, cf. p. XXIII, n. 1.
3. Ce mot désigne soit l'ethnique, soit la fonction, cf. A. Bernand, *Le Paneïon d'El Kanaïs*, Leyde, 1972, n° 38.

πρῶτον ἐπ' ἄκρων τῶν κεράτων ἱππομαχία συνέστη τῶν προτεταγμένων ἱππέων, ἐν οἷς πολὺ προετέρουν οἱ περὶ τὸν Δημήτριον. **4** Μετ' ὀλίγον δὲ τῶν περὶ Πτολεμαῖον καὶ Σέλευκον περιιππευσάντων τὸ κέρας καὶ βιαιότερον ἐπενεχθέντων ὀρθίαις ταῖς εἴλαις συνέστη καρτερὰ μάχη διὰ τὰς ἑκατέρων προθυμίας. **5** Κατὰ μὲν οὖν τὴν πρώτην ἔφοδον τοῖς ξυστοῖς ἀγωνισάμενοι τούτων τε τὰ πλεῖστα συνέτριψαν καὶ τῶν ἀγωνιζομένων οὐκ ὀλίγους κατετραυμάτισαν · κατὰ δὲ τὴν δευτέραν ἀναστροφὴν εἰς τὴν ἀπὸ τοῦ ξίφους μάχην ὥρμησαν καὶ συμπλεκόμενοι πολλοὺς ἀλλήλων ἀνῄρουν, οἵ τε ἡγεμόνες αὐτοὶ πρὸ πάντων κινδυνεύοντες προετρέποντο τοὺς ὑποτεταγμένους εὐρώστως ὑπομένειν τὸ δεινόν, οἵ τ' ἐπὶ τῶν κεράτων ἱππεῖς, ἅπαντες ἐπιλελεγμένοι κατ' ἀρετήν, ἡμιλλῶντο πρὸς ἀλλήλους, θεατὰς ἔχοντες τῆς ἀνδρείας τοὺς συναγωνιζομένους στρατηγούς.

LXXXIV. **1** Ἐπὶ πολὺν δὲ χρόνον τῆς ἱππομαχίας οὔσης ἐφαμίλλου τὰ θηρία διὰ τῶν Ἰνδῶν εἰς τὸν ἀγῶνα παρορμηθέντα μέχρι μέν τινος προῆγεν καταπληκτικῶς, ὡς οὐδενὸς ὑποστησομένου · ὡς δ' ἐπὶ τὸν σεσιδηρωμένον χάρακα κατήντησε, τὸ μὲν πλῆθος τῶν ἀκοντιστῶν καὶ τοξοτῶν συνεχῶς βαλλόντων κατετίτρωσκε τὰ σώματα τῶν ἐλεφάντων καὶ τοὺς ἐπ' αὐτοῖς ἀναβεβηκότας · **2** βιαζομένων δὲ τῶν Ἰνδῶν καὶ κολαζόντων τὰ θηρία τινὰ μὲν αὐτῶν περιεπείροντο τῷ φιλοτεχνηθέντι χάρακι, καὶ ταῖς πληγαῖς καὶ πυκνότησι τῶν τιτρωσκόντων περιώδυνα γινόμενα ἐποίει θόρυβον. **3** Τὸ γὰρ γένος τοῦτο κατὰ μὲν τοὺς ὁμαλοὺς καὶ μαλακοὺς τόπους

4 βιαιότερον R F[1] : βίαιον F ‖ **5** ἐπενεχθέντων R : ἐπανεχθέντων F ‖ ὀρθίαις Veith, Kromayer : ὀρθαῖς R F ‖ εἴλαις Obsop. : ἴλλαις R ἴλαις F ‖ **11** πολλοὺς ἀλλήλων R : πολλοὶ ἀλλήλους F ‖ **12** προετρέποντο R : προετρέψαντο F ‖ ante τοὺς add. τοὺς πολεμίους F ‖ **26** ταῖς πληγαῖς... πυκνότησι R : τὰς πληγάς... πυκνότητας F ‖ **28** ὁμαλοὺς R F[1] : ὁμαλεῖς F.

un sol plat et meuble, mais qu'en terrain raboteux et difficile il ne sert absolument plus à rien, car il a le dessous des pattes délicat. **4** C'est pourquoi, en cette occasion, comme Ptolémée avait astucieusement prévu les conséquences de l'installation de cette palissade, celle-ci rendit leur force inutile. Et finalement, quand la plupart des cornacs eurent été abattus par les javelots, tous les éléphants furent capturés. **5** Cet événement provoqua la terreur de la plupart des cavaliers de Démétrios qui prirent la fuite précipitamment et celui-ci se trouva abandonné avec quelques hommes ; il demandait à chacun de rester et de ne pas l'abandonner, mais, comme personne ne l'écoutait, il fut contraint de faire retraite avec les autres. **6** Jusqu'à Gaza, la plupart des cavaliers qui l'accompagnaient demeurèrent disciplinés et maintinrent leurs rangs. Aussi aucun de ceux qui les poursuivaient en désordre ne prit le risque d'une attaque inconsidérée, car la largeur de la plaine et l'égalité du terrain servaient ceux qui voulaient faire retraite en maintenant les rangs. **7** Suivaient aussi ceux des fantassins qui avaient préféré abandonner leurs rangs et, allégés de leurs armes, assurer leur salut par leur liberté de mouvements. Mais quand, vers le coucher du soleil, il dépassa Gaza, certains cavaliers l'abandonnèrent et entrèrent dans la ville, dans l'intention d'emporter leur bagage. **8** Les portes furent donc ouvertes et il y eut un énorme rassemblement de bêtes de somme. Comme, de plus, chacun voulait faire sortir son équipage avant les autres, il en résulta un tel désordre aux portes, qu'à l'arrivée des hommes de Ptolémée, on ne put fermer à temps. Aussi les ennemis pénétrèrent-ils dans les murs et la ville fut-elle prise par Ptolémée.

LXXXV. **1** Après que la bataille eut ainsi pris

ἀνυπόστατον παρέχεται κατὰ στόμα τὴν ῥώμην, ἐν δὲ τοῖς τραχέσι καὶ δυσβάτοις τελέως ἄπρακτον ἔχει τὴν ἀλκὴν διὰ τὴν τῶν ποδῶν μαλακότητα. 4 Διὸ καὶ τότε, τῶν περὶ Πτολεμαῖον συνετῶς προεωραμένων τὸ μέλλον ἐκ τοῦ χάρακος τῆς πήξεως, ἄπρακτον ἐποίει τὴν βίαν αὐτῶν. Τέλος δὲ τῶν πλείστων Ἰνδῶν κατακοντισθέντων ὑποχειρίους συνέβη γενέσθαι πάντας τοὺς ἐλέφαντας. 5 Οὗ τελεσθέντος οἱ πολλοὶ τῶν περὶ τὸν Δημήτριον ἱππέων καταπλαγέντες πρὸς φυγὴν ὥρμησαν· αὐτὸς δὲ μετ' ὀλίγων ἀπολειφθεὶς καὶ δεόμενος ἑκάστου στῆναι καὶ μὴ καταλιπεῖν αὐτόν, ὡς οὐδεὶς προσεῖχε, συναποχωρεῖν ἠναγκάζετο. 6 Μέχρι μὲν οὖν Γάζης οἱ πολλοὶ τῶν ἱππέων συνακολουθοῦντες ὑπήκουον καὶ κατέστησαν εἰς τάξεις, ὥστε μηδένα ῥᾳδίως τολμᾶν προσάγειν τῶν εἰκῇ διωκόντων· τὸ γὰρ πεδίον εὐρύχωρον ὂν καὶ μαλακὸν συνήργει τοῖς βουλομένοις ἐν τάξει ποιεῖσθαι τὴν ἀποχώρησιν. 7 Συνείποντο δὲ καὶ πεζῶν οἱ βουληθέντες λιπεῖν τὰς τάξεις καὶ χωρὶς τῶν ὅπλων διασώζειν ἑαυτοὺς ἐλαφρούς. Παραλλάττοντος δὲ αὐτοῦ Γάζαν περὶ ἡλίου δύσιν ἀπολιπόντες τῶν ἱππέων τινὲς παρῆλθον εἰς τὴν πόλιν, ἐκκομίσαι βουλόμενοι τὰς ἀποσκευάς. 8 Ἀνοιχθεισῶν οὖν τῶν πυλῶν καὶ πλήθους ὑποζυγίων ἀθροισθέντος, ἔτι δ' ἑκάστου πρώτου σπεύδοντος ἐξαγαγεῖν τὰ σκευοφόρα τοσοῦτον θόρυβον γενέσθαι συνέβη περὶ τὰς πύλας ὥστε τῶν περὶ Πτολεμαῖον ἐπιόντων μηδένα δύνασθαι φθάσαι συγκλείσαντα. Διόπερ εἰσπεσόντων τῶν πολεμίων ἐντὸς τοῦ τείχους ἡ πόλις ὑποχείριος ἐγένετο τοῖς περὶ Πτολεμαῖον.

LXXXV. 1 Τῆς δὲ μάχης τοιοῦτο τὸ τέλος λαβούσης

1 κατὰ στόμα R Fγρ : κατ' αὐτοὺς F ‖ **5** τῆς πήξεως om. R ‖ **12** μέχρι R : μέχρις F ‖ **15-16** πεδίον εὐρύχωρον ὂν R : τοῦ χωρίου εὐρύχωρον F ‖ **25** γενέσθαι συνέβη R : συνέβη γενέσθαι F ‖ **26** post φθάσαι add. τὰς πύλας F ‖ **29** τοιοῦτο τὸ R : τοιοῦτον F.

fin, Démétrios atteignit Azotos vers le milieu de la nuit après avoir parcouru deux cent soixante-dix stades [1]. Là, il envoya un héraut pour traiter de la levée des morts, car il désirait, à tout prix, honorer les victimes par les funérailles qui leur étaient dues. **2** La plupart des amis, en effet, avaient trouvé la mort, parmi lesquels les plus illustres étaient Pithon, qui exerçait le commandement à égalité avec lui [2], et Béotos, qui avait longtemps vécu aux côtés de son père, Antigone, et qui était associé à tous les secrets d'État [3]. **3** Au cours de la bataille, il y avait eu plus de cinq cents morts [4], pour la plupart des cavaliers de rang élevé et plus de huit mille prisonniers. Ptolémée et Séleucos lui permirent de relever les morts et lui renvoyèrent, sans rançon [5], le bagage royal qui avait été pris et ceux des prisonniers qui vivaient habituellement à la cour. Ce n'était pas, affirmaient-ils, pour ce genre de motif qu'ils étaient en conflit avec Antigone, mais parce que, alors que la guerre avait été faite en commun, d'abord contre Perdiccas, ensuite contre Eumène, il n'avait pas remis à ses amis leur part des territoires conquis et, alors qu'il avait pris des engagements inverses [6], il avait, au contraire, contre toute justice, enlevé à Séleucos la satrapie de Babylonie. **4** Ptolémée envoya en Égypte les soldats capturés avec ordre de les répartir dans les commandements maritimes *. Lui-même, après avoir fait de somptueuses funérailles à tous les morts de son armée, marcha avec ses troupes contre les cités de Phénicie, assiégeant les unes et se

1. 49 km environ.
2. Cf. 19, 56, 4.
3. Cf. Tite-Live, 35, 18, 1 : « *Alexander... in eum gradum amicitiae regis ut consiliis quoque arcanis interesset, acceptus erat.* »
4. 5.000 dans Plut., *Dém.* 5, 2.
5. Sur cette conception chevaleresque de la guerre, cf. P. Lévêque, « La guerre à l'époque hellénistique », dans *Problèmes de la guerre en Grèce ancienne*, sous la direction de J. P. Vernant, Paris, 1968, p. 260-287, v. p. 286.
6. Il est évidemment très tentant de corriger πάλιν en φιλίαν, mais la leçon des manuscrits est traduisible, d'autant plus que Diodore ne craint pas les redondances, cf. 12, 1, 3 παρὰ τὴν προσδοκίαν... παράδοξον.

Δημήτριος μὲν διέτεινεν εἰς Ἄζωτον περὶ μέσας νύκτας, διελθὼν σταδίους ἑβδομήκοντα καὶ διακοσίους. Ἐντεῦθεν δὲ κήρυκα περὶ τῆς τῶν νεκρῶν ἀναιρέσεως ἐξέπεμψεν, σπεύδων ἐκ παντὸς τρόπου τῆς ἐπιβαλλούσης κηδείας ἀξιῶσαι τοὺς τετελευτηκότας· **2** ἐτύγχανον γὰρ οἱ πλεῖστοι τῶν φίλων πεπτωκότες, ὧν ἦσαν ἐπιφανέστατοι Πίθων τε ὁ μετέχων τῆς στρατηγίας ἐπ' ἴσης αὐτῷ καὶ Βοιωτὸς πολὺν χρόνον συνεζηκὼς Ἀντιγόνῳ τῷ πατρὶ καὶ μετεσχηκὼς παντὸς ἀπορρήτου · **3** κατὰ δὲ τὴν παράταξιν ἔπεσον μὲν πλείους τῶν πεντακοσίων, ὧν ἦσαν οἱ πλείους ἱππεῖς τῶν ἐπιφανῶν ἀνδρῶν, ἑάλωσαν δ' ὑπὲρ ὀκτακισχιλίους. Οἱ δὲ περὶ Πτολεμαῖον καὶ Σέλευκον δόντες τὴν ἀναίρεσιν τῶν νεκρῶν τήν τε ἁλοῦσαν βασιλικὴν ἀποσκευὴν καὶ τῶν αἰχμαλώτων τοὺς περὶ τὴν αὐλὴν εἰωθότας διατρίβειν χωρὶς λύτρων ἀπέστειλαν πρὸς Δημήτριον · οὐ γὰρ περὶ τούτων ἔφασαν διαφέρεσθαι πρὸς Ἀντίγονον, ἀλλ' ὅτι τοῦ πολέμου γενομένου κοινοῦ πρότερον μὲν πρὸς Περδίκκαν, ὕστερον δὲ πρὸς Εὐμενῆ τὰ μέρη τῆς δορικτήτου χώρας οὐκ ἀποδοίη τοῖς φίλοις καὶ συνθέμενος πάλιν πρὸς αὐτὸν τοὐναντίον ἀφέλοιτο τὴν σατραπείαν τῆς Βαβυλωνίας Σελεύκου παρὰ πάντα τὰ δίκαια. **4** Ὁ δὲ Πτολεμαῖος τοὺς μὲν ἁλόντας στρατιώτας ἀποστείλας εἰς Αἴγυπτον προσέταξεν ἐπὶ τὰς ναυαρχίας διελεῖν, αὐτὸς δὲ θάψας τῶν ἰδίων τοὺς ἐν τῇ μάχῃ τελευτήσαντας ἅπαντας μεγαλοπρεπῶς μετὰ τῆς δυνάμεως ἐπῄει τῶν κατὰ Φοινίκην πόλεων τὰς μὲν πολιορκῶν, τὰς δὲ πειθοῖ προσαγόμενος.

1 διέτεινεν R : ὑπέτεινεν F || **4** ἐκ R : ἐπὶ F || τῆς ἐπιβαλλούσης κηδείας R F[2] : τὴν -σην κηδείαν F || **7** αὐτῷ om. R || **8** Βοιωτὸς R F[mg] : om. F || Ἀντιγόνῳ τῷ πατρὶ om. R || **10** τῶν om. F || **10-11** πεντακοσίων-πλείους R F[mg] : om. F || **12** post ὑπὲρ add. τοὺς F || **15** εἰωθότας post τούς transp. F || **17** γενομένου F : γινομένου R || **18** Περδίκκαν R : Περδίκαν F || **20** πάλιν R : om. F φιλίαν prop. Hertlein || **24** ναυαρχίας R F : νομαρχίας prop. Wess. || **26** τῶν R : τὴν F || **27** ante πόλεων add. τῶν F.

ralliant les autres par la persuasion. **5** Démétrios, dont l'armée était insuffisante, envoya à son père un courrier demandant un prompt secours. Lui-même gagna Tripolis, en Phénicie, où il fit venir les soldats de Cilicie et tous ceux qui gardaient des cités ou des fortins à bonne distance des ennemis.

LXXXVI. **1** Une fois maître de la campagne, Ptolémée rallia Sidon à son parti, puis, après avoir établi son camp près de Tyr, il invita Andronicos, le chef de la garnison, à livrer la cité contre la promesse de cadeaux et d'honneurs multiples. **2** Mais celui-ci déclara qu'il ne trahirait d'aucune manière la confiance qu'Antigone et Démétrios avaient mise en lui et il injuria grossièrement Ptolémée. Par la suite, chassé de Tyr par la révolte de ses soldats et devenu prisonnier de Ptolémée, il s'attendait à être châtié pour ses injures et son refus de livrer Tyr. Mais Ptolémée ne se montra pas rancunier ; au contraire, il le gratifia de présents et le garda auprès de lui après en avoir fait un ami et avoir accru ses honneurs [1] ; **3** il y avait, en effet, chez ce prince, une douceur et une indulgence extrêmes et, de plus, il était très généreux. C'est par cela même qu'il augmentait le plus son pouvoir et que beaucoup désiraient partager son amitié. **4** Ainsi, par exemple, il reçut avec chaleur Séleucos, chassé de Babylonie, et le fit profiter, ainsi que ses autres amis, de sa réussite. **5** Et c'est pourquoi, en cette occasion aussi, comme Séleucos le priait de lui donner des soldats pour remonter vers Babylone, il accepta avec empressement et

1. Conduite inverse de Démétrios en 20, 103, 5-6. Il serait abusif d'en conclure que dans ces passages Diodore utilise une autre source que Hiéronymos, qui, par ex. pour Seibert (*op. cit.*, p. XV, n. 4), ne peut dire que du bien des Antigonides et du mal des autres Diadoques, cf. intr. p. XV-XVI.

5 Δημήτριος δὲ δύναμιν οὐκ ἔχων ἀξιόχρεων πρὸς μὲν τὸν πατέρα βιβλιαφόρον ἀπέστειλεν, ἀξιῶν βοηθεῖν τὴν ταχίστην· αὐτὸς δὲ παρελθὼν εἰς Τρίπολιν τῆς Φοινίκης μετεπέμπετό τε τοὺς ἐκ Κιλικίας στρατιώτας καὶ τῶν ἄλλων ὅσοι παρεφύλαττον ἢ πόλεις ἢ φρούρια μακρὰν ἀφεστῶτα τῶν πολεμίων.

LXXXVI. 1 Πτολεμαῖος δὲ κρατῶν τῶν ὑπαίθρων Σιδῶνα μὲν προσηγάγετο, τῆς δὲ Τύρου πλησίον στρατοπεδεύσας παρεκάλεσεν Ἀνδρόνικον τὸν φρούραρχον παραδοῦναι τὴν πόλιν καὶ δωρεάς τε καὶ τιμὰς ἁδρὰς ἐπηγγείλατο δοῦναι. 2 Ὁ δὲ φήσας μηδενὶ τρόπῳ προδώσειν τὴν δεδομένην ὑπ' Ἀντιγόνου καὶ Δημητρίου πίστιν, ἐλοιδόρησε φορτικῶς τὸν Πτολεμαῖον. Ὕστερον δὲ στασιασάντων τῶν στρατιωτῶν ἐκπεσὼν ἐκ Τύρου καὶ γενόμενος ὑποχείριος προσεδόκα μὲν τιμωρίας τεύξεσθαι διά τε τὴν γενομένην λοιδορίαν καὶ διὰ τὸ μὴ βεβουλῆσθαι τὴν Τύρον παραδοῦναι· οὐ μὴν ὅ γε Πτολεμαῖος ἐμνησικάκησεν, ἀλλὰ τοὐναντίον δοὺς δωρεὰς εἶχε περὶ αὑτόν, ἕνα τῶν φίλων ποιησάμενος καὶ προάγων ἐντίμως. 3 Ἦν γὰρ ὁ δυνάστης οὗτος καθ' ὑπερβολὴν ἐπιεικὴς καὶ συγγνωμονικός, ἔτι δ' εὐεργετικός. Ὅπερ καὶ μάλιστ' αὐτὸν ηὔξησε καὶ πολλοὺς ἐποίησεν ἐπιθυμεῖν κοινωνῆσαι τῆς φιλίας. 4 Καὶ γὰρ τὸν Σέλευκον ἐκ τῆς Βαβυλωνίας ἐκπεσόντα φιλοτίμως ὑπεδέξατο καὶ κοινὴν παρείχετο τούτῳ τε καὶ τοῖς ἄλλοις φίλοις τὴν περὶ αὑτὸν εὐδαιμονίαν. 5 Διὸ καὶ τότε παρακαλοῦντος αὐτὸν Σελεύκου δοῦναι στρατιώτας τοὺς ἀναβησομένους εἰς Βαβυλῶνα προθύμως ὡμολόγησε καὶ προσεπηγγείλατο

LXXXVI, 1-3 : Exc. Const. II 1, 174.

4 τε om. F ‖ **8** Σιδῶνα R : Σιδόνα F ‖ **15** τευξέσθαι R Exc. : τεύξασθαι F ‖ **18** post δωρεὰς add. οὓς F ἃς Exc. ‖ **21** εὐεργετικός R F[1] : εὐεργετηκῶς F εὐεργέτης Exc. ‖ **22** post αὐτὸν add. ἠξίωσε μειζόνων F ‖ ηὔξησε R : ηὔξησέ τε F.

promit, en outre, toute l'aide nécessaire jusqu'à ce qu'il eût reconquis son ancienne satrapie. Telle était la situation en Asie.

LXXXVII. **1** En Europe, quand Télesphoros [1], le navarque d'Antigone qui séjournait près de Corinthe, vit que Polémaios avait reçu un poste plus important que le sien et qu'il était chargé de toutes les affaires de la Grèce, il en voulut à Antigone. Après avoir vendu les bateaux dont il disposait et pris avec lui les soldats qui voulaient s'associer à son entreprise, il monta des opérations pour son propre compte. **2** C'est ainsi qu'il fit son entrée à Élis, comme s'il était toujours l'ami d'Antigone ; il se retrancha dans l'acropole et asservit la cité. Il pilla également le sanctuaire d'Olympie et, après avoir rassemblé plus de cinquante talents d'argent, il enrôla des mercenaires. **3** Voilà donc comment, par jalousie pour la promotion de Polémaios, Télesphoros trahit l'amitié d'Antigone [2]. Quand Polémaios, le stratège chargé des affaires de la Grèce par Antigone, eut appris la révolte de Télesphoros, la prise d'Élis et le pillage des trésors d'Olympie, il partit en force vers le Péloponnèse. Une fois parvenu à Élis, il abattit les retranchements de l'acropole et rendit leur liberté aux Éléens. Il restitua aussi au dieu ses trésors. Ensuite, il convainquit Télesphoros de lui rendre Cyllène, à laquelle celui-ci avait donné une garnison, et il la restitua aux Éléens.

1. Cf. p. 104, n. 1.

2. Diodore ne fait aucune remarque sur le caractère sacrilège de l'action, alors que le pillage des trésors de Delphes par les Phocidiens est abondamment flétri dans le livre 16, cf. par ex. 16, 61. Sur ce qu'on peut éventuellement en tirer (mais l'importance de l'événement est évidemment différente) comme conclusions sur les méthodes de travail de Diodore, cf. p. XIV, n. 4.

πάντα συμπράξειν μέχρι ἀνακτήσαιτο τὴν προϋπάρχουσαν σατραπείαν. Καὶ τὰ μὲν κατὰ τὴν Ἀσίαν ἐν τούτοις ἦν.

LXXXVII. 1 Κατὰ δὲ τὴν Εὐρώπην Τελεσφόρος μὲν ὁ Ἀντιγόνου ναύαρχος διατρίβων περὶ Κόρινθον, ἐπειδὴ Πολεμαῖον ἑώρα μᾶλλον ἑαυτοῦ προαγόμενον καὶ τῶν κατὰ τὴν Ἑλλάδα πραγμάτων πιστευόμενον ἁπάντων, ἐγκαλέσας Ἀντιγόνῳ περὶ τούτων τὰς μὲν ναῦς ἃς εἶχεν ἀπέδοτο, τῶν δὲ στρατιωτῶν τοὺς βουλομένους κοινωνεῖν τῆς προαιρέσεως ἀναλαβὼν ἴδια πράγματα συνίστατο. 2 Παρελθὼν γὰρ εἰς Ἦλιν ὡς ἔτι φυλάττων τὴν πρὸς Ἀντίγονον φιλίαν, τὴν ἀκρόπολιν ἐνετείχισε καὶ τὴν πόλιν κατεδουλώσατο. Ἐσύλησεν δὲ καὶ τὸ ἱερὸν τὸ κατὰ τὴν Ὀλυμπίαν καὶ συναγαγὼν ἀργυρίου πλείω τῶν πεντήκοντα ταλάντων ξένους ἐμισθοῦτο. 3 Τελεσφόρος μὲν οὖν ζηλοτυπήσας τὴν προαγωγὴν Πολεμαίου τοῦτον τὸν τρόπον ἐγένετο προδότης τῆς πρὸς Ἀντίγονον φιλίας. Πολεμαῖος δ' ὁ Ἀντιγόνου στρατηγὸς ἦν μὲν τεταγμένος ἐπὶ τῶν κατὰ τὴν Ἑλλάδα πραγμάτων, πυθόμενος δὲ τὴν ἀπόστασιν τὴν Τελεσφόρου καὶ τὴν κατάληψιν τῆς Ἠλείων πόλεως, ἔτι δὲ τὴν σύλησιν τῶν κατὰ τὴν Ὀλυμπίαν χρημάτων παρῆλθεν εἰς Πελοπόννησον μετὰ δυνάμεως. Καταντήσας δ' εἰς Ἦλιν καὶ τὴν ἐντετειχισμένην ἀκρόπολιν κατασκάψας τήν τε ἐλευθερίαν ἀπέδωκε τοῖς Ἠλείοις καὶ τὰ χρήματα ἀποκατέστησεν τῷ θεῷ. Μετὰ δὲ ταῦτα τὸν Τελεσφόρον πείσας παρέλαβεν τὴν Κυλλήνην, φρουρουμένην ὑπ' αὐτοῦ, καὶ τοῖς Ἠλείοις ἀποκατέστησεν.

1 ἀνακτήσαιτο F Exc. : ἀνακτήσεται R || 1-2 προϋπάρχουσαν R : ὑπάρχουσαν F Exc. || 5 Πολεμαῖον ego ex *IG* II² 469 : Πτολεμαῖον R F || 6 ἁπάντων F : ἅπαντα R || 8 ἀπέδοτο R : ἀπέδωκε F || 10 Ἦλιν R : Ἠλείους F || 11-12 τὴν-καὶ R^mg F : om. R || 15 προαγωγὴν Πολεμαίου ego ex *IG* II², 469 : πρ. Πτολεμαίου R τοῦ Πτ. πρ. F || 17 Πολεμαῖος ego ex *IG* II², 469 : Πτολ. R F || 19 alt. τὴν R : τοῦ F || 22 Ἦλιν R : Ἠλείους F || 25 τὸν Τελεσφόρον πείσας R : π. τὸν Τ. F.

LXXXVIII. **1** Pendant ce temps, les Épirotes, après la mort du roi Éacide, donnèrent le trône à Alcétas [1], qui avait été exilé par son père Arrybilas [2] et qui était hostile à Cassandre. **2** C'est pourquoi Lyciscos *, le stratège chargé de l'Acarnanie par Cassandre, se dirigea en force vers l'Épire, dans l'espoir de faire perdre aisément le pouvoir à Alcétas, pendant que les affaires du royaume n'étaient pas encore organisées. **3** Quand il eut établi son camp près de la ville de Cassiopia [3], Alcétas envoya ses fils, Alexandre et Teucros, dans les cités, avec ordre de lever autant d'hommes que possible. Lui-même partit avec les troupes dont il disposait, et, arrivé à proximité des ennemis, il attendit la venue de ses fils. **4** Mais comme les hommes de Lyciscos marchaient sur eux et étaient bien supérieurs en nombre, les Épirotes, frappés de terreur, se rendirent aux ennemis et Alcétas, abandonné, s'enfuit vers Eurymènes [4], une cité d'Épire. **5** Tandis qu'il y était assiégé, Alexandre arriva au secours de son père. Il y eut donc une violente bataille, au cours de laquelle de nombreux soldats périrent ; dans le nombre se trouvaient des hommes de qualité et en particulier Micythos, le stratège, et Lysandros d'Athènes que Cassandre avait chargé de Leucade. **6** Le secours apporté ensuite par Deinias [5] aux vaincus provoqua une deuxième bataille où Alexandre et Teucros eurent le dessous et s'enfuirent avec leur père dans une place forte. Lyciscos, après avoir assiégé victorieusement Eurymènes et l'avoir mise à sac, la rasa.

LXXXIX. **1** A ce moment, Cassandre qui avait

1. Cf. Pausanias, 1, 11, 5. Il s'agit du frère aîné d'Eacide.
2. Autres formes de ce nom : Ἀρύβας dans Plut., *Pyrrhos*, 1, Ἀρρύβας dans Pausanias, 1, 11, 1.
3. Dans la Thesprotide.
4. Ville non connue par ailleurs.
5. Cf. 19, 35, 3.

LXXXVIII. 1 Ἅμα δὲ τούτοις πραττομένοις Ἠπειρῶται τελευτήσαντος Αἰακίδου τοῦ βασιλέως αὐτῶν Ἀλκέτᾳ τὴν βασιλείαν παρέδωκαν, ὃς ἦν πεφυγαδευμένος μὲν ὑπὸ Ἀρρυβίλου τοῦ πατρός, ἀλλοτρίως δὲ διακείμενος πρὸς Κάσανδρον. 2 Διὸ καὶ Λυκίσκος ὁ τεταγμένος ἐπὶ τῆς Ἀκαρνανίας στρατηγὸς ὑπὸ Κασάνδρου παρῆλθε μετὰ δυνάμεως εἰς τὴν Ἤπειρον, ἐλπίδας ἔχων ῥᾳδίως τὸν Ἀλκέταν ἀποστήσειν τῆς ἀρχῆς ἀσυντάκτων ἔτι τῶν κατὰ τὴν βασιλείαν ὄντων. 3 Καταστρατοπεδεύσαντος δ' αὐτοῦ περὶ Κασσωπίαν πόλιν Ἀλκέτας τοὺς μὲν υἱοὺς Ἀλέξανδρον καὶ Τεῦκρον ἀπέστειλεν ἐπὶ τὰς πόλεις, διακελευσάμενος στρατολογεῖν ὡς πλείστους, αὐτὸς δὲ μεθ' ἧς εἶχε δυνάμεως ἀναζεύξας, ἐπειδὴ πλησίον ἐγένετο τῶν πολεμίων, ἀνέμενε τὴν τῶν υἱῶν παρουσίαν. 4 Τῶν δὲ περὶ Λυκίσκον ἐπικειμένων καὶ πολὺ τοῖς πλήθεσιν ὑπερεχόντων οἱ μὲν Ἠπειρῶται καταπλαγέντες προσεχώρησαν τοῖς πολεμίοις, ὁ δ' Ἀλκέτας καταλειφθεὶς κατέφυγεν εἰς Εὐρυμενὰς πόλιν Ἠπειρωτικήν. 5 Ἐνταῦθα δ' αὐτοῦ πολιορκουμένου παρεγενήθησαν οἱ περὶ τὸν Ἀλέξανδρον βοήθειαν φέροντες τῷ πατρί. Γενομένης οὖν μάχης ἰσχυρᾶς ἀνῃρέθησαν πολλοὶ τῶν στρατιωτῶν, ἐν οἷς ἦσαν ἄλλοι τέ τινες τῶν ἀνδρῶν καὶ Μίκυθος ὁ στρατηγὸς καὶ Λύσανδρος Ἀθηναῖος ὁ κατασταθεὶς ἐπὶ τῆς Λευκάδος ὑπὸ Κασάνδρου. 6 Μετὰ δὲ ταῦτα Δεινίου βοηθήσαντος τοῖς ἐλαττουμένοις ἐγένετο δευτέρα μάχη, καθ' ἣν οἱ μὲν περὶ Ἀλέξανδρον καὶ Τεῦκρον ἡττηθέντες ἔφυγον εἴς τι χωρίον ἐρυμνὸν μετὰ τοῦ πατρός, ὁ δὲ Λυκίσκος Εὐρυμενὰς ἐκπολιορκήσας καὶ διαρπάσας κατέσκαψε.

LXXXIX. 1 Καθ' ὃν δὴ χρόνον Κάσανδρος ἀκηκοὼς

4 Ἀρρυβίλου R : Ἀριβήλου F ‖ 5 πρὸς Κάσανδρον R F^1 : ὑπὸ Κασσάνδρου F ‖ 5-6 ὁ τεταγμένος om. R ‖ 10 Κασσωπίαν F : Κασωπίαν R ‖ Ἀλκέτας R F^1 : om. F ‖ 20 φέροντες F : ἔχοντες R ‖ 22 post τῶν add. vol. ἀξιολόγων Fischer ‖ 23 Μίκυθος R F^1 : Μίκυλος F.

appris la défaite des siens et ignorait leur victoire postérieure, vint en hâte en Épire pour porter secours à Lyciscos. L'ayant trouvé victorieux, il cessa les hostilités avec Alcétas et établit des relations d'amitié avec lui. Il prit ensuite une partie de l'armée et partit en direction de l'Adriatique, pour assiéger les habitants d'Apollonie qui avaient chassé sa garnison et s'étaient ralliés aux Illyriens [1]. **2** Mais les habitants de cette cité ne prirent pas peur : au contraire, après avoir fait venir du secours de chez leurs autres alliés, ils se rangèrent en bataille devant les murs. Après un long et violent affrontement, les habitants d'Apollonie, bien supérieurs en nombre, forcèrent leurs adversaires à fuir. Cassandre, qui avait perdu beaucoup de soldats et dont les troupes étaient insuffisantes, voyant, d'autre part, que la mauvaise saison [2] arrivait, retourna en Macédoine. **3** Après son départ, les habitants de Leucade, avec le secours des Corcyréens, chassèrent la garnison de Cassandre. Quant aux Épirotes, ils gardèrent quelque temps Alcétas comme roi, mais, comme il était trop dur avec le peuple, ils l'assassinèrent avec deux de ses fils, Esioneus et Nisos, qui étaient encore des enfants.

XC. **1** En Asie, Séleucos, après la défaite de Démétrios à Gaza, en Syrie, reçut de Ptolémée moins de huit cents fantassins et environ deux cents cavaliers [3] avec lesquels il prit la route de Babylone [4]. Il était si transporté d'espoir que, même sans troupes du tout, il serait parti vers les régions supérieures avec ses amis et ses pages. Il pensait, en effet, que les Babylo-

1. Cf. 19, 78, 1.
2. L'hiver 312/311, cf. intr. p. XIII.
3. Appien, *Syr.* 9, 54, parle de mille fantassins et de trois cents cavaliers.
4. Sur la date, cf. le *Marmor Parium*, *F. Gr. Hist.* n° 239, qui place cette expédition au printemps 311.

μὲν τὴν τῶν ἰδίων ἧτταν, ἀγνοῶν δὲ τὸ μετὰ ταῦτα γεγονὸς εὐτύχημα κατὰ σπουδὴν ἧκεν εἰς τὴν Ἤπειρον βοηθήσων τοῖς περὶ Λυκίσκον. Καταλαβὼν δ' αὐτοὺς ἐπὶ τοῦ προτερήματος γεγονότας πρὸς μὲν Ἀλκέταν διαλυσάμενος φιλίαν συνέθετο, τῆς δὲ δυνάμεως μέρος ἀναλαβὼν ἀνέζευξεν εἰς τὸν Ἀδρίαν πολιορκήσων Ἀπολλωνιάτας, ὅτι τὴν φρουρὰν ἐκβαλόντες τὴν αὐτοῦ προσέθεντο τοῖς Ἰλλυριοῖς. **2** Οὐ μὴν οἵ γε ἐν τῇ πόλει κατεπλάγησαν, ἀλλὰ βοήθειαν μεταπεμψάμενοι παρὰ τῶν ἄλλων συμμάχων πρὸ τῶν τειχῶν παρετάξαντο. Γενομένης δὲ καρτερᾶς μάχης ἐπὶ πολὺν χρόνον οἱ μὲν Ἀπολλωνιᾶται τοῖς πλήθεσιν ὑπερέχοντες τοὺς ἀντιτεταγμένους φυγεῖν ἠνάγκασαν, ὁ δὲ Κάσανδρος πολλοὺς στρατιώτας ἀποβαλὼν καὶ δύναμιν μὲν οὐκ ἔχων περὶ αὑτὸν ἀξιόχρεω, τὴν δὲ χειμερινὴν ὥραν θεωρῶν ἐπανῆλθεν εἰς Μακεδονίαν. **3** Τούτου δὲ χωρισθέντος Λευκάδιοι προσλαβόμενοι βοήθειαν παρὰ Κορκυραίων ἐξέβαλον τὴν φρουρὰν τοῦ Κασάνδρου. Οἱ δ' Ἠπειρῶται χρόνον μέν τινα διέμενον ὑπ' Ἀλκέτου βασιλευόμενοι, χρωμένου δ' αὐτοῦ χαλεπώτερον τοῖς πλήθεσιν αὐτόν τε κατέσφαξαν καὶ δύο τῶν υἱῶν παῖδας ὄντας τὴν ἡλικίαν Ἡσιονέα καὶ Νίσον.

XC. **1** Κατὰ δὲ τὴν Ἀσίαν Σέλευκος μετὰ τὴν γενομένην ἧτταν Δημητρίῳ περὶ Γάζαν τῆς Συρίας ἀναλαβὼν παρὰ Πτολεμαίου πεζοὺς μὲν οὐ πλείους τῶν ὀκτακοσίων, ἱππεῖς δὲ περὶ διακοσίους ἀνέζευξεν ἐπὶ Βαβυλῶνος, ἐπὶ τοσοῦτον μεμετεωρισμένος ταῖς ἐλπίσιν ὥστ' εἰ καὶ μηδεμίαν εἶχε δύναμιν τὸ παράπαν, μετὰ τῶν φίλων καὶ τῶν ἰδίων παίδων τὴν εἰς τοὺς ἄνω τόπους

3 αὐτοὺς post προτερήματος transp. F ‖ **9** παρὰ R : παρά γε F ‖ **15** ἀξιόχρεω R : ἀξιόχρεων F ‖ **17** Κορκυραίων R : Κερκυραίων F ‖ **18** Ἠπειρῶται R : ὑπηρέται F ‖ **21** Ἡσιονέα R : Ἡσιονέαν F ‖ 22 Νίσον R F : Νήσον F[1] ‖ **24** Δημητρίῳ R : Δημητρίου F ‖ **27** μεμετεωρισμένος R F[1] : μετεωρισμένος F ‖ **28** εἶχε R : ἔχει F ἔχοι F[1] ‖ **28** ante τῶν add. αὐτῶν F.

niens, qui lui avaient été très dévoués auparavant, se rallieraient à lui avec empressement et qu'Antigone, en se retirant loin de là avec son armée, lui avait fourni une occasion favorable pour ses propres entreprises. **2** Alors qu'il était animé par un tel élan, les amis qui l'accompagnaient, voyant le très petit nombre d'hommes de troupe qui les suivaient alors que les ennemis contre lesquels ils marchaient avaient à leur disposition de nombreuses armées, des ressources imposantes et une foule d'alliés, étaient pleins de découragement. **3** Voyant leur effroi, Séleucos cherchait à leur redonner courage : des hommes qui avaient fait campagne avec Alexandre et qui avaient reçu de lui une promotion pour leur valeur, se devaient, expliquait-il, de s'attacher à une entreprise, sans aucunement placer leur confiance dans la force des armes et dans l'argent, mais seulement dans l'expérience et dans l'intelligence, qui avaient permis à Alexandre lui-même d'accomplir ses exploits admirés de tous. Il fallait aussi croire que, selon les prédictions des dieux [1], l'issue de l'expédition serait digne de l'entreprise : **4** quand il avait consulté l'oracle des Branchides, le dieu ne l'avait-il pas appelé « roi Séleucos » ? Sans compter que, lors d'un songe, Alexandre, debout à son chevet, avait donné un signe manifeste qu'il allait, avec le temps, obtenir le pouvoir. **5** Il montrait, en outre, que c'est par la peine et le combat que s'accomplissent tous les exploits admirés des hommes. Il agissait aussi comme il le fallait vis à vis de ses hommes et se faisait l'égal de tous, si bien que chacun se comportait comme il le devait et affrontait de plein gré les risques de ce coup d'audace.

XCI. **1** Quand sa marche l'eut conduit en Méso-

1. Cf. R. A. Hadley, « Hieronymus of Cardia and early Seleucid Mythology », *Historia*, 18, 1969, p. 142-152.

ἀνάβασιν ποιεῖσθαι· ὑπελάμβανε γὰρ τοὺς μὲν Βαβυλωνίους διὰ τὴν προϋπάρχουσαν εὔνοιαν ἑτοίμως αὐτῷ προσθήσεσθαι, τοὺς δὲ περὶ Ἀντίγονον μετὰ τῆς δυνάμεως μακρὰν ἀπεσπασμένους παραδεδωκέναι καιρὸν οἰκεῖον ταῖς ἰδίαις ἐπιβολαῖς. 2 Τοιαύτης δ' οὔσης τῆς περὶ αὐτὸν ὁρμῆς οἱ συνόντες φίλοι θεωροῦντες ὅτι μετ' αὐτῶν μέν εἰσι παντελῶς ὀλίγοι συστρατεύοντες, τοῖς δὲ πολεμίοις ἐφ' οὓς προάγουσι καὶ δυνάμεις ὑπάρχουσιν ἕτοιμοι μεγάλαι καὶ χορηγίαι λαμπραὶ καὶ συμμάχων πλῆθος, οὐ μετρίως ἠθύμουν. 3 Οὓς ὁρῶν καταπεπληγμένους ὁ Σέλευκος παρεκάλει, διδάσκων ὅτι τοὺς Ἀλεξάνδρῳ συνεστρατευκότας καὶ δι' ἀρετὴν ὑπ' ἐκείνου προηγμένους προσήκει μὴ πάντως δυνάμει καὶ χρήμασι πεποιθότας ἀντέχεσθαι πραγμάτων, ἀλλ' ἐμπειρίᾳ καὶ συνέσει, δι' ὧν κἀκεῖνος τὰ μεγάλα καὶ παρὰ πᾶσι θαυμαζόμενα κατειργάσατο. Πιστεύειν δὲ δεῖν καὶ ταῖς τῶν θεῶν προρρήσεσι τὸ τέλος ἔσεσθαι τῆς στρατείας ἄξιον τῆς ἐπιβολῆς· 4 ἐν μὲν γὰρ Βραγχίδαις αὐτοῦ χρηστηριαζομένου τὸν θεὸν προσαγορεῦσαι Σέλευκον βασιλέα, τὸν δὲ Ἀλέξανδρον καθ' ὕπνον ἐπιστάντα φανερῶς διασημᾶναι περὶ τῆς ἐσομένης ἡγεμονίας, ἧς δεῖ τυχεῖν αὐτὸν προϊόντος τοῦ χρόνου. 5 Πρὸς δὲ τούτοις ἀπεφαίνετο διότι πάντα γίνεται τὰ καλὰ καὶ παρ' ἀνθρώποις θαυμαζόμενα διὰ πόνων καὶ κινδύνων. Ἐπολιτεύετο δὲ καὶ πρὸς τοὺς συστρατεύοντας καὶ κατεσκεύαζεν αὑτὸν ἴσον ἅπασιν, ὥσθ' ἕκαστον αἰδεῖσθαι καὶ τὸ παράβολον τῆς τόλμης ἑκουσίως ὑπομένειν.

XCI. 1 Ἐπεὶ δὲ προάγων κατήντησεν εἰς Μεσοπο-

XC, 2-5 : Exc. Const. IV, 222.

3 τῆς om. F || 7 μὲν om. F Exc. || παντελῶς om. F || post ὀλίγοι add. φίλοι F || 9 ἕτοιμοι R : ἕτοιμαι F om. Exc || 14 ante πραγμάτων add. τῶν F || 16 δεῖν R Exc. : δεῖ F || 18 Βραγχίδαις R : Βραγχίδες F || 19 προσαγορεῦσαι R[1] : προαγορεῦσαι R F || 21 διασημᾶναι R : διασημῆναι F.

potamie, il persuada ou contraignit les colons macédoniens de Carrhes [1] à prendre part à l'expédition. Quand il pénétra en Babylonie, la plupart des hommes du pays vinrent à sa rencontre et se rallièrent à lui, en affirmant qu'ils l'aideraient, quoi qu'il demandât. **2** En effet, pendant les quatre ans où il avait été le satrape de ce pays, il s'était bien conduit envers tous, provoquant ainsi le dévouement du peuple et s'assurant à l'avance des partisans, si jamais l'occasion lui venait de revendiquer le pouvoir suprême. **3** Il fut également rejoint par Polyarchos, le responsable d'un district administratif [2], avec plus de mille soldats. Ceux qui restaient du côté d'Antigone, voyant qu'on ne pouvait réfréner l'élan populaire, se réfugièrent dans la citadelle dont Diphilos avait la garde. **4** Séleucos entama le siège et, après avoir pris la citadelle de vive force, il tira de captivité ses amis et ses pages [3] qu'Antigone avait fait emprisonner après son départ de Babylone pour l'Égypte. **5** Cela fait, il rassembla des soldats et, après avoir acheté des chevaux, il les distribua à ceux qui savaient s'en servir. Comme il traitait tout le monde avec bonté et qu'il faisait naître d'heureuses espérances, il disposait d'hommes prêts à affronter, avec enthousiasme, n'importe quelle situation. C'est ainsi que Séleucos recouvra la Babylonie.

XCII. **1** Quand Nicanor, stratège pour la région de la Médie *, eut réuni plus de dix mille fantassins et environ sept mille cavaliers venus de Médie, de Perse et des autres pays à l'entour, Séleucos se précipita à la rencontre des ennemis **2** avec, en tout,

1. Sans doute différent de 19, 12, 1. Près du cours supérieur de l'Euphrate.
2. Cf. Bengtson, *op. cit.* [n. compl. p. 20] I, p. 187, n. 2. Le mot désigne habituellement l'administration des finances.
3. Cf. p. 43, n. 5.

ταμίαν, τῶν ἐν Κάρραις κατῳκισμένων Μακεδόνων οὓς μὲν ἔπεισεν, οὓς δ' ἐβιάσατο συστρατεύειν αὐτῷ. Ὡς δ' εἰς τὴν Βαβυλωνίαν ἐνέβαλεν, οἱ πλείους τῶν ἐγχωρίων ἀπήντων καὶ προστιθέμενοι πᾶν ἔφασαν αὐτῷ τὸ δοκοῦν συμπράξειν · 2 τετραετῆ γὰρ χρόνον γεγονὼς σατράπης τῆς χώρας ταύτης πᾶσι προσενήνεκτο καλῶς, ἐκκαλούμενος τὴν εὔνοιαν τοῦ πλήθους καὶ πόρρωθεν προπαρασκευαζόμενος τοὺς συμπράξοντας, ἐὰν αὐτῷ δοθῇ καιρὸς ἀμφισβητεῖν ἡγεμονίας. 3 Προσεχώρησε δ' αὐτῷ καὶ Πολύαρχος, τεταγμένος ἐπί τινος διοικήσεως, μετὰ στρατιωτῶν πλειόνων ἢ χιλίων. Οἱ δὲ διαφυλάττοντες τὴν πρὸς Ἀντίγονον φιλίαν, ὁρῶντες ἀκατάσχετον οὖσαν τὴν τοῦ πλήθους ὁρμήν, συνέφευγον εἰς τὴν ἄκραν, ἧς φύλαξ ἀπεδέδεικτο Δίφιλος. 4 Ὁ δὲ Σέλευκος συστησάμενος πολιορκίαν καὶ κατὰ κράτος ἑλὼν τὴν ἄκραν ἐκομίσατο τὰ φυλαττόμενα σώματα τῶν φίλων καὶ τῶν παίδων, ὅσοι παρεδόθησαν εἰς φυλακὴν παρ' Ἀντιγόνου μετὰ τὴν ἐκ Βαβυλῶνος εἰς Αἴγυπτον ἀποχώρησιν. 5 Ἀπὸ δὲ τούτων γενόμενος στρατιώτας συνήγαγεν καὶ συναγοράσας ἵππους ἀνεδίδου τοῖς δυναμένοις χρᾶσθαι. Πᾶσι δὲ φιλανθρώπως ὁμιλῶν καὶ καθιστὰς εἰς ἀγαθὰς ἐλπίδας ἑτοίμους εἶχε καὶ προθύμους ἐν πάσῃ περιστάσει τοὺς συγκινδυνεύοντας. Σέλευκος μὲν οὖν τοῦτον τὸν τρόπον ἀνεκτήσατο τὴν Βαβυλωνίαν.

XCII. 1 Νικάνορος δὲ τοῦ περὶ Μηδίαν στρατηγοῦ συναγαγόντος ἐπ' αὐτὸν ἔκ τε Μηδίας καὶ Περσίδος καὶ τῶν σύνεγγυς τόπων στρατιώτας πεζοὺς μὲν πλείους τῶν μυρίων, ἱππεῖς δὲ περὶ ἑπτακισχιλίους ὥρμησεν κατὰ σπουδὴν ἀπαντήσων τοῖς πολεμίοις. 2 Εἶχε δὲ τοὺς

1 Κάρραις R : Κάραις F ‖ **3** ἐνέβαλεν F : ἐνέβαλον R ‖ **4-5** αὐτῷ post δοκοῦν transp. F ‖ **6** προσενήνεκτο R : προσανηνέγκετο F ‖ **9** δοθῇ R : δώσῃ F ‖ **13** συνέφευγον R : συνέφυγον F ‖ **16-17** φίλων... παίδων R : παίδων... φίλων F ‖ **21** χρᾶσθαι R : χρῆσθαι F ‖ **23-24** τοῦτον post τρόπον transp. F ‖ **25** Μηδίαν R : Μηδείαν F ‖ **28** τῶν om. F ‖ ἱππεῖς R : ἱππέας F.

plus de trois mille fantassins et quatre cents cavaliers [1]. Après avoir traversé le Tigre, à l'annonce que les ennemis étaient à quelques jours de là, il cacha ses soldats dans les marais voisins pour attaquer par surprise. **3** Parvenu au Tigre, Nicanor ne trouva pas les ennemis ; il établit son camp près d'une station royale en pensant qu'ils avaient fui plus loin. La nuit venue, comme les hommes de Nicanor n'étaient pas sur le qui-vive et montaient la garde avec négligence, l'attaque soudaine de Séleucos provoqua beaucoup de confusion et de frayeur. **4** Comme les Perses avaient engagé le combat, il arriva que leur satrape Évagros tomba avec quelques autres chefs. Après cela, la plupart des soldats, soit épouvantés par le danger, soit mécontents des ordres d'Antigone, passèrent du côté de Séleucos. **5** Nicanor fut abandonné avec quelques hommes ; craignant d'être livré aux ennemis, il s'enfuit avec ses amis à travers le désert. Maître d'une armée importante, Séleucos, par sa conduite généreuse envers tous, se rallia aisément la Susiane, la Médie et certains des pays environnants. Il écrivit à Ptolémée et à ses autres amis, au sujet des mesures qu'il avait prises, ayant désormais une position qui était celle d'un roi et une gloire digne du pouvoir suprême [2].

XCIII. **1** Pendant ce temps, Ptolémée séjournait en Coelé-Syrie, après avoir vaincu Démétrios, fils d'Antigone, au cours d'une grande bataille [3]. Quand il apprit que celui-ci était revenu de Cilicie et qu'il avait établi un campement en Syrie supérieure, il

1. Cf. Appien, *Syr.* 55.
2. Cf. *souda*, s. v. Βασιλεία, nº 2. « Ce ne sont ni la nature, ni les institutions qui donnent aux hommes le pouvoir royal, mais la capacité de conduire une armée et de savoir mener les affaires de l'État : tel fut le cas de Philippe et des Diadoques. »
3. Cf. 19, 83-84.

σύμπαντας πεζοὺς μὲν πλείους τῶν τρισχιλίων, ἱππεῖς δὲ τετρακοσίους. Διαβὰς δὲ τὸν Τίγριν ποταμὸν καὶ πυνθανόμενος ὀλίγων ἡμερῶν ὁδὸν ἀπέχειν τοὺς πολεμίους, ἔκρυψε τοὺς στρατιώτας ἐν τοῖς πλησίον ἕλεσι, διανοούμενος ἀπροσδόκητον ποιήσασθαι τὴν ἐπίθεσιν. 3 Ὁ δὲ Νικάνωρ ἐπειδὴ παραγενηθεὶς ἐπὶ τὸν Τίγριν ποταμὸν οὐχ ηὕρισκε τοὺς πολεμίους, κατεστρατοπέδευσε πρός τινι βασιλικῷ σταθμῷ, νομίζων αὐτοὺς πεφευγέναι μακρότερον. Ἐπιγενομένης δὲ νυκτὸς καὶ τῶν περὶ Νικάνορα καταπεφρονηκότων καὶ ῥᾳθύμως ἐχόντων τὰ περὶ τὰς φυλακὰς ἐπιπεσὼν ὁ Σέλευκος ἄφνω πολλὴν ταραχὴν καὶ κατάπληξιν κατεσκεύασε· 4 συναψάντων γὰρ μάχην τῶν Περσῶν συνέβη τόν τε σατράπην αὐτῶν Εὔαγρον πεσεῖν καί τινας τῶν ἄλλων ἡγεμόνων. Οὗ συμβάντος οἱ πλείους τῶν στρατιωτῶν τὰ μὲν τὸν κίνδυνον καταπεπληγμένοι, τὰ δὲ προσκόπτοντες τοῖς ὑπ' Ἀντιγόνου προστατтομένοις μετεβάλοντο πρὸς Σέλευκον. 5 Ὁ δὲ Νικάνωρ μετ' ὀλίγων ἀπολειφθεὶς καὶ δεδιὼς μὴ παραδοθῇ τοῖς πολεμίοις, ἔφυγε μετὰ τῶν φίλων διὰ τῆς ἐρήμου. Σέλευκος δὲ δυνάμεως ἁδρᾶς κυριεύσας καὶ φιλανθρώπως πᾶσι προσφερόμενος ῥᾳδίως προσηγάγετο τήν τε Σουσιανὴν καὶ Μηδίαν καί τινας τῶν σύνεγγυς τόπων · περί τε τῶν διῳκημένων ἔγραψε πρὸς Πτολεμαῖον καὶ τοὺς ἄλλους φίλους, ἔχων ἤδη βασιλικὸν ἀνάστημα καὶ δόξαν ἀξίαν ἡγεμονίας.

XCIII. 1 Ἅμα δὲ τούτοις πραττομένοις Πτολεμαῖος μὲν διέτριβε περὶ Κοίλην Συρίαν, νενικηκὼς Δημήτριον τὸν Ἀντιγόνου παρατάξει μεγάλῃ. Ὃν πυνθανόμενος ἐκ Κιλικίας ἀνεστραφέναι καὶ στρατοπεδεύειν περὶ τὴν ἄνω Συρίαν, προεχειρίσατο τῶν περὶ αὐτὸν φίλων Κίλλην τὸν

5 ποιήσασθαι R : ποιήσεσθαι F ‖ 7 ηὕρισκε R : εὕρισκε F ‖ 12 κατεσκεύασε R F[1] : παρεσκεύασε F ‖ 17 προστατтομένοις R : προστεταγμένοις F ‖ 27 ante Κοίλην add. τὴν F.

choisit parmi ses amis Cillès, le Macédonien. **2** Il lui donna une troupe importante avec ordre de chasser définitivement Démétrios de Syrie ou de l'écraser, après l'avoir encerclé. Cillès se mit en route. Démétrios apprit alors, par ses guetteurs, que Cillès campait sans se tenir sur ses gardes, aux environs de Myonte [1]. Il laissa le bagage et, ayant fait armer ses soldats à la légère, il effectua, de nuit, une marche rapide. Il tomba, par surprise, sur les ennemis pendant la garde de l'aube, se rendit maître des troupes sans combat et fit prisonnier le stratège lui-même [2]. Un tel succès compensait sa défaite, estimait-il ; **3** néanmoins, comme il supposait que Ptolémée allait arriver avec toute son armée, il établit son camp en se servant de marais et d'étangs pour protéger le retranchement. Il écrivit également à son père pour lui dire comment il avait redressé la situation et lui demanda, soit de lui envoyer des troupes au plus vite, soit de gagner lui-même la Syrie. **4** Antigone se trouvait à Célaenes, en Phrygie. Quand il reçut cette lettre, il fut transporté de joie, car son fils, malgré sa jeunesse, semblait capable de redresser une situation par ses propres moyens et était manifestement digne de régner [3]. Il prit l'armée avec lui, quitta la Phrygie et, après avoir franchi le Taurus, il rejoignit Démétrios au bout de quelques jours. **5** Informé de la venue d'Antigone, Ptolémée, après avoir rassemblé ses généraux et ses amis, délibérait pour savoir s'il était de son intérêt de rester et de livrer un combat décisif en Syrie, ou de se rendre en Égypte et, de là, faire la guerre, comme auparavant contre Perdic-

1. Site inconnu.
2. Cf. Plut., *Dém.* 6, 3 et Pausanias, 1, 6, 5.
3. Sur le thème de la victoire royale, cf. Lévêque, *op. cit.* [p. 118, n. 5] p. 276-9.

Μακεδόνα· 2 τούτῳ δὲ δοὺς δύναμιν ἱκανὴν προσέταξεν ἐκδιῶξαι τὸν Δημήτριον τὸ παράπαν ἐκ τῆς Συρίας ἢ περικαταλαβόντα συντρῖψαι. Τούτου δ' ὄντος κατὰ πορείαν Δημήτριος διὰ τῶν σκοπῶν ἀκούσας τὸν Κίλλην στρατοπεδεύειν καταπεφρονηκότως περὶ Μυοῦντα, τὴν μὲν ἀποσκευὴν ἀπέλιπε, τοὺς δὲ στρατιώτας εὐζώνους παραλαβὼν νυκτὸς πορείαν σύντομον ἐποιήσατο, προσπεσὼν δὲ τοῖς πολεμίοις ἑωθινῆς φυλακῆς ἄφνω τῆς τε δυνάμεως ἄνευ μάχης ἐκυρίευσεν καὶ αὐτὸν τὸν στρατηγὸν ἐζώγρησε. Τηλικούτου δ' εὐτυχήματος γεγενημένου τὴν ἧτταν ἀναμαχήσασθαι διειλήφει. 3 Οὐ μὴν ἀλλὰ τὸν Πτολεμαῖον ὑπολαμβάνων ἥξειν ἐπ' αὐτὸν μετὰ πάσης τῆς δυνάμεως, ἐστρατοπέδευσε προβλήματα τῆς παρεμβολῆς ποιησάμενος ἕλη καὶ λίμνας. Ἔγραψε δὲ καὶ πρὸς τὸν πατέρα περὶ τοῦ γενομένου κατορθώματος, [καὶ] παρακαλῶν αὐτὸν ἢ δύναμιν ἀποστεῖλαι τὴν ταχίστην ἢ καὶ αὐτὸν παραβαλεῖν εἰς τὴν Συρίαν. 4 Ὁ δ' Ἀντίγονος ἐτύγχανε μὲν ὢν ἐν Κελαιναῖς τῆς Φρυγίας, κομισάμενος δὲ τὴν ἐπιστολὴν ἐχάρη διαφερόντως ἐπὶ τῷ δοκεῖν τὸν υἱὸν νέον ὄντα κατωρθωκέναι δι' αὑτοῦ καὶ φαίνεσθαι βασιλείας ἄξιον. Αὐτὸς δὲ τὴν δύναμιν ἀναλαβὼν ἀνέζευξεν ἐκ τῆς Φρυγίας καὶ τὸν Ταῦρον ὑπερβαλὼν ὀλίγαις ἡμέραις συνέμιξε τοῖς περὶ τὸν Δημήτριον. 5 Πτολεμαῖος δὲ πυθόμενος τὴν Ἀντιγόνου παρουσίαν καὶ συναγαγὼν τοὺς ἡγεμόνας καὶ φίλους ἐβουλεύετο πότερον συμφέρει μένειν καὶ ἀγωνίζεσθαι περὶ τῶν ὅλων κατὰ Συρίαν ἢ προάγειν εἰς Αἴγυπτον καὶ πολεμεῖν ἐκεῖθεν, καθά-

1 post δύναμιν add. τὴν F ‖ **6** ἀποσκευὴν F¹ : κατασκευὴν R F ‖ **9** post αὐτὸν add. τὸν Κίλλην F ‖ **9-10** τὸν στρατηγὸν post ἐζώγρησε transp. F ‖ **10** γεγενημένου R : γενομένου F ‖ **11** ἀναμαχήσασθαι R F¹ : ἀναμεμηχανῆσθαι F ‖ **16** καὶ del. Dindorf. ‖ **17** παραβαλεῖν εἰς F : παραλαβεῖν R ‖ **18** ὢν om. F ‖ **19** τῷ R F¹ : τὸ F ‖ **20** κατωρθωκέναι δι' αὑτοῦ R : καὶ δι' ἑαυτοῦ κ. F ‖ **23** συνέμιξε F : συνέζευξε R ‖ **25** καὶ φίλους om. F.

cas [1]. **6** Tous lui conseillèrent alors de ne pas tout risquer contre des forces plus nombreuses, un grand nombre d'éléphants et un général invaincu. Il serait bien plus profitable de mener les hostilités en Égypte, où l'on disposait de plus de ressources et où l'on pouvait se fier aux possibilités défensives des lieux. C'est pourquoi, une fois la décision prise de quitter la Syrie, il rasa les plus considérables des cités qu'il avait conquises, Acè dans la Syrie phénicienne, Joppè, Samarie et Gaza en Syrie. Lui-même revint en Égypte avec l'armée et toutes les richesses qu'il était possible de convoyer.

XCIV. **1** Antigone, après avoir recouvré sans lutte toute la Syrie et la Phénicie, projeta une expédition contre le territoire des Arabes qu'on appelle Nabatéens [2]. Puisque ce peuple, jugeait-il, était hostile à ses intérêts, il choisit parmi ses amis Athénaios, auquel il donna quatre mille fantassins légers et six cents cavaliers capables de se déplacer très rapidement, avec ordre d'attaquer les barbares par surprise et de razzier tout le petit bétail [3].

2 Pour ceux qui les ignorent, il est utile de rapporter les usages de ces Arabes, grâce auxquels, semble-t-il, ils sauvegardent leur liberté. Ils vivent en plein air et appellent patrie ce territoire sans habitations, qui n'a ni rivières ni sources abondantes pouvant ravitailler en eau une armée ennemie. **3** Ils ont pour coutume de ne pas semer de grains, de ne pas planter d'arbres fruitiers, de ne pas boire de vin et de ne pas construire de maisons [4]. Si quelqu'un est pris à agir

1. Cf. 18, 33-35.
2. Cf. P. C. Hammond, *The Nabataeans*, Göteborg, 1973.
3. Cf. Will, *op. cit.* [n. compl. p. 20] p. 53-54, et Wehrli, *ibid.*, p. 51.
4. Cf. Strabon, 16, 4, et Diod. 2, 48.

περ καὶ πρότερον Περδίκκᾳ. 6 Πάντες οὖν συνεβούλευον μὴ διακινδυνεύειν πρὸς δύναμιν πολλαπλασίονα καὶ θηρίων πλῆθος, ἔτι δὲ στρατηγὸν ἀήττητον · εὐχερέστερον γὰρ πολλῷ διαγωνιεῖσθαι κατὰ τὴν Αἴγυπτον, ταῖς τε χορηγίαις ὑπερέχοντα καὶ τόπων ὀχυρότητι πιστεύοντα. 7 Διὸ καὶ κρίνας ἐκλιπεῖν τὴν Συρίαν κατέσκαψε τὰς ἀξιολογωτάτας τῶν κεκρατημένων πόλεων, Ἄκην μὲν τῆς Φοινίκης Συρίας, Ἰόππην δὲ καὶ Σαμάρειαν καὶ Γάζαν τῆς Συρίας, αὐτὸς δὲ τὴν δύναμιν ἀναλαβὼν καὶ τῶν χρημάτων ὅσα δυνατὸν ἦν ἄγειν ἢ φέρειν ἐπανῆλθεν εἰς Αἴγυπτον.

XCIV. 1 Ἀντίγονος δ' ἀκινδύνως ἀνακτησάμενος τήν τε Συρίαν πᾶσαν καὶ Φοινίκην ἐπεβάλετο στρατεύειν ἐπὶ τὴν χώραν τῶν Ἀράβων τῶν καλουμένων Ναβαταίων. Κρίνας γὰρ τὸ ἔθνος τοῦτο τῶν ἑαυτοῦ πραγμάτων ἀλλότριον εἶναι, προεχειρίσατο τῶν αὑτοῦ φίλων Ἀθήναιον, δοὺς ⟨δ'⟩ αὐτῷ πεζοὺς μὲν εὐζώνους τετρακισχιλίους, ἱππεῖς δὲ τοὺς ἐπιτηδείους εἰς δρόμον ἑξακοσίους συνέταξεν ἐπιθέσθαι τοῖς βαρβάροις ἄφνω καὶ τὴν λείαν πᾶσαν ἀποτεμέσθαι.

2 Χρήσιμον δ' ἐστὶ τῶν ἀγνοούντων ἕνεκα διελθεῖν τὰ νόμιμα τῶν Ἀράβων τούτων, οἷς χρώμενοι δοκοῦσι τὴν ἐλευθερίαν διαφυλάττειν. Ἔχουσι τοίνυν τὸν βίον ὑπαίθριον, πατρίδα καλοῦντες τὴν ἀοίκητον τὴν μήτε ποταμοὺς ἔχουσαν μήτε κρήνας δαψιλεῖς ἐξ ὧν δυνατὸν στρατόπεδον πολέμιον ὑδρεύσασθαι. 3 Νόμος δ' ἐστὶν αὐτοῖς μήτε σῖτον σπείρειν μήτε φυτεύειν μηδὲν φυτὸν καρποφόρον μήτε οἴνῳ χρῆσθαι μήτε οἰκίαν κατασκευάζειν · ὃς δ' ἂν παρὰ ταῦτα ποιῶν εὑρίσκηται, θάνατον

1 Περδίκκᾳ R : πρὸς Περδίκκαν F ‖ **3** ante ἀήττητον add. ὄντα F ‖ **6** ἐκλιπεῖν R : ἔτι λιπεῖν F ‖ **8** Ἰόππην R : Ἰόπην F ‖ **14** Ἀράβων R : Ἀρράβων F semper ‖ Ναβαταίων R Fγρ : Νομάδων F ‖ **16** αὑτοῦ R : ὑπ' αὐτοῦ F ‖ Ἀθήναιον R : Ἀθηναῖον F fere semper ‖ **17** δ' add. Dindorf ‖ αὐτῷ om. R ‖ **20** ἀποτεμέσθαι R : ἀποτέμνεσθαι F ‖ **21** δ'ἐστὶ R : δὲ F.

autrement, le châtiment est la mort. **4** Ils suivent cette coutume parce qu'ils croient que, pour pouvoir en jouir, les possesseurs de ces biens se laisseront aisément contraindre par les puissants à exécuter leurs ordres. Certains élèvent des chameaux, d'autres du petit bétail qu'ils font paître dans le désert. Des nombreuses tribus arabes qui font paître leurs bêtes dans le désert, ceux-ci sont de loin les plus riches, quoique leur nombre ne dépasse guère dix mille. **5** Un grand nombre d'entre eux a, en effet, pour coutume de transporter jusqu'à la mer l'encens, la myrrhe et les plus précieux des aromates que leur remettent ceux qui les acheminent depuis l'Arabie dite « heureuse »[1]. **6** Ils aiment passionnément la liberté, et lorsqu'une forte troupe ennemie s'avance, ils s'enfuient dans le désert qui leur sert de forteresse : le manque d'eau le rend inaccessible aux autres, mais, pour eux seuls qui ont creusé dans la terre des réservoirs revêtus d'un enduit de chaux, il est un asile sûr. **7** Le sol y étant tantôt argileux, tantôt constitué d'une roche tendre, ils y creusent de grands trous ; ils leur donnent un orifice minuscule mais ils l'élargissent au fur et à mesure qu'ils creusent, si bien qu'à la fin, la dimension obtenue est celle d'un plèthre[2] de chaque côté. **8** Après avoir rempli ces réservoirs d'eau de pluie, ils en bouchent les ouvertures et égalisent le sol tout autour tout en laissant des signes connus d'eux, mais imperceptibles pour les autres. **9** Ils ne donnent à boire au petit bétail que tous les trois jours pour qu'il n'ait pas sans cesse besoin d'eau en cas de fuite dans le désert. Eux-mêmes se nourris-

1. Le sud-ouest de l'Arabie.
2. 30 m environ.

αὐτῷ πρόστιμον εἶναι. **4** Χρῶνται δὲ τῷ νόμῳ τούτῳ διαλαμβάνοντες τοὺς ταῦτα κτωμένους ἀναγκασθήσεσθαι ῥᾳδίως ὑπὸ τῶν δυνατῶν ἕνεκα τῆς τούτων χρείας ποιεῖν τὸ προσταττόμενον. Τρέφουσι δ' αὐτῶν οἱ μὲν καμήλους, οἱ δὲ πρόβατα, τὴν ἔρημον ἐπινέμοντες. Οὐκ ὀλίγων δ' ὄντων Ἀραβικῶν ἐθνῶν τῶν τὴν ἔρημον ἐπινεμόντων οὗτοι πολὺ τῶν ἄλλων προέχουσι ταῖς εὐπορίαις, τὸν ἀριθμὸν ὄντες οὐ πολὺ πλείους τῶν μυρίων · **5** εἰώθασι γὰρ αὐτῶν οὐκ ὀλίγοι κατάγειν ἐπὶ θάλατταν λιβανωτόν τε καὶ σμύρναν καὶ τὰ πολυτελέστατα τῶν ἀρωμάτων, διαδεχόμενοι παρὰ τῶν κομιζόντων ἐκ τῆς Εὐδαίμονος καλουμένης Ἀραβίας. **6** Φιλελεύθεροι δέ εἰσι διαφερόντως καὶ ὅταν πολεμίων δύναμις ἁδρὰ προσίῃ, φεύγουσιν εἰς τὴν ἔρημον, ταύτῃ χρώμενοι ὀχυρώματι · ἄνυδρος γὰρ οὖσα τοῖς μὲν ἄλλοις ἀνεπίβατός ἐστι, τούτοις δὲ κατεσκευακόσιν ἀγγεῖα κατὰ γῆς ὀρυκτὰ κεκονιαμένα μόνοις παρέχεται τὴν ἀσφάλειαν. **7** Τῆς γὰρ γῆς οὔσης τῆς μὲν ἀργιλλώδους, τῆς δὲ πέτραν ἐχούσης μαλακὴν ὀρύγματα μεγάλα ποιοῦσιν ἐν αὐτῇ, ὧν τὰ μὲν στόμια μικρὰ παντελῶς κατασκευάζουσι, κατὰ βάθους δ' ἀεὶ μᾶλλον εὐρυχωρῆ ποιοῦντες τὸ τελευταῖον τηλικοῦτ' ἀποτελοῦσι τὸ μέγεθος ὥστε γίνεσθαι πλευρὰν ἑκάστην πλέθρου. **8** Ταῦτα δὲ τὰ ἀγγεῖα πληροῦντες ὕδατος ὀμβρίου τὰ στόματ' ἐμφράττουσι καὶ ποιοῦντες ἰσόπεδον τῇ λοιπῇ χώρᾳ σημεῖα καταλείπουσιν ἑαυτοῖς μὲν γινωσκόμενα, τοῖς δ' ἄλλοις ἀνεπινόητα. **9** Ποτίζουσι δὲ καὶ τὴν λείαν δι' ἡμερῶν τριῶν, ὅπως ἐν ταῖς ἀνυδρίαις καὶ φυγαῖς μὴ προσδέωνται συνεχῶν ὑδάτων. Αὐτοὶ δὲ χρῶνται τροφῇ κρέασι καὶ

6 Ἀραβικῶν R : Ἀρραβικῶν F ut semper || **7** πολὺ R : πολλοὶ F || **9** κατάγειν ἐπὶ R F[1] : κατὰ F || **14** προσίῃ R : προσήῃ F || **17** κεκονιαμένα R F[1] : om. F || μόνοις R : ἃ μόνοις F || **17-18** ἀσφάλειαν R : τὴν ἀσφάλειαν F[1] τῆς ἀσφαλείας F || **21** εὐρυχωρῆ R F : εὐρυχωρίαν F[1] || **22** τηλικοῦτ' R : τηλικοῦτον F || alt. τὸ om. R.

sent de viande et de lait et des plantes sauvages comestibles. **10** Leur pays produit, en effet, du poivre et du miel en abondance, celui qu'on appelle sauvage et qui coule des arbres [1] ; mêlé d'eau, il leur sert de boisson. Il y a d'autres tribus arabes dont certaines, même, cultivent le sol, mêlées aux populations qui payent tribut [2], et vivent exactement comme les Syriens, mais n'habitent pas dans des maisons.

XCV. **1** Voilà donc les mœurs des Arabes. Comme approchait le moment d'une réunion générale à laquelle les gens d'alentour ont coutume de se rencontrer, les uns pour vendre des marchandises, les autres pour acheter ce qui leur sera utile, ils partirent pour celle-ci en laissant sur un tertre rocheux [3] leurs biens et les personnes âgées, sans compter les enfants et les femmes. **2** Cette place était extrêmement forte bien que sans murailles et se trouvait à deux jours de marche du pays habité. Athénaios, qui avait guetté cette occasion, se dirigea en hâte vers le rocher, avec ses troupes équipées à la légère. Après avoir parcouru deux mille deux cents stades * depuis l'éparchie * d'Idumée en trois jours et autant de nuits, ils n'attirèrent pas l'attention des Arabes et se rendirent maîtres du tertre rocheux, au milieu de la nuit. **3** Sans perdre de temps, ils tuèrent ou capturèrent les occupants, laissant sur place quelques blessés, et ils rassemblèrent la plus grande partie de l'encens et de la myrrhe ainsi qu'environ cinq cents talents d'argent. Ils n'y passèrent que le temps d'une garde, puis repartirent en hâte, car ils pensaient être poursuivis par les Barbares. Après avoir parcouru deux cents stades *, ils établirent leur camp ; ils étaient exténués

1. Pour la correction, cf. Hérod. 7, 31. Il s'agit sans doute du tamaris mannifère, qui fournit une matière sucrée, dite manne du paradis.

2. Cf. Bickerman, *op. cit.* [p. 20, n. 5] p. 106.

3. Peut-être à l'emplacement même de la future capitale de l'Arabie Pétrée.

γάλακτι καὶ τῶν ἐκ τῆς γῆς φυομένων τοῖς ἐπιτηδείοις · 10 φύεται γὰρ παρ' αὐτοῖς τὸ πέπερι καὶ ἀπὸ τῶν δένδρων μέλι πολὺ τὸ καλούμενον ἄγριον, ᾧ χρῶνται ποτῷ μεθ' ὕδατος. Ἔστι δὲ καὶ ἄλλα γένη τῶν Ἀράβων, ὧν ἔνια καὶ γεωργεῖ μιγνύμενα τοῖς φορολογουμένοις καὶ μετέχει τῶν αὐτῶν τοῖς Σύροις πλὴν τοῦ κατασκηνοῦν ἐν οἰκίαις.

XCV. 1 Τὰ μὲν οὖν νόμιμα τῶν Ἀράβων τοιαῦτ' εἶναι συμβέβηκεν. Ὑπογύου δ' αὐτοῖς οὔσης πανηγύρεως, εἰς ἣν εἰώθασιν οἱ περίοικοι καταντᾶν οἱ μὲν ἀποδωσόμενοι τῶν φορτίων, οἱ δ' ἀγοράσοντές τι τῶν αὐτοῖς χρησίμων, εἰς ταύτην ἐπορεύθησαν, ἀπολιπόντες ἐπί τινος πέτρας τὰς κτήσεις καὶ τοὺς πρεσβυτάτους, ἔτι δὲ τέκνα καὶ γυναῖκας. 2 Τὸ δὲ χωρίον ὑπῆρχεν ὀχυρὸν μὲν καθ' ὑπερβολήν, ἀτείχιστον δέ καὶ τῆς οἰκουμένης ἀπέχον δυεῖν ἡμερῶν ὁδόν. Οἱ δὲ περὶ τὸν Ἀθήναιον παρατηρήσαντες τοῦτον τὸν καιρὸν ὥρμησαν ἐπὶ τὴν πέτραν εὔζωνον ἔχοντες τὴν δύναμιν · διανύσαντες δ' ἀπὸ τῆς Ἰδουμαίας ἐπαρχίας ἐν ἡμέραις τρισὶ καὶ νυξὶ ταῖς ἴσαις σταδίους δισχιλίους καὶ διακοσίους ἔλαθον τοὺς Ἄραβας περὶ μέσας νύκτας καταλαβόμενοι τὴν πέτραν. 3 Εὐθὺς δὲ τῶν ἐγκατειλημμένων οὓς μὲν ἀνῄρουν, οὓς δ' ἐζώγρουν, ἐνίους δὲ τραυματίας ἀπέλιπον καὶ τοῦ μὲν λιβανωτοῦ καὶ τῆς σμύρνης συνεσκευάσαντο τὸ πλεῖον μέρος, ἀργυρίου δὲ περὶ πεντακόσια τάλαντα. Ἐνδιατρίψαντες δ' οὐ πλείω χρόνον φυλακῆς εὐθὺς ἀνέστρεψαν κατὰ σπουδήν, διαλαμβάνοντες ὑπὸ τῶν βαρβάρων διωχθήσεσθαι. Διατείναντες δὲ σταδίους διακοσίους κατεστρατοπέδευσαν, ὄντες κατάκοποι καὶ

2 καὶ transp. Wess. : post δένδρων hab. R F ‖ **10** εἰώθασιν R : εἰώθεισαν F ‖ **11** ἀγοράσοντες R : ἀγοράσαντες F ‖ **16** δυεῖν R : δυοῖν F ‖ **24-25** συνεσκευάσαντο R : ἀνεσκευάσαντο F ‖ **25** πλεῖον F : πλείω R ‖ **26** post φυλακῆς add. vol. ἑωθινῆς Kallenberg.

et assurèrent négligemment les gardes comme s'ils pensaient que l'ennemi ne pourrait venir avant deux ou trois jours. **4** Mais les Arabes, prévenus par ceux qui avaient vu l'armée, se regroupèrent sur-le-champ et, abandonnant la réunion, ils arrivèrent au tertre rocheux. Informés par les blessés de ce qui s'était passé, ils se précipitèrent à la poursuite des Grecs. **5** Athénaios et les siens avaient établi leur camp sans précautions et dormaient, assommés par la fatigue ; aussi quelques prisonniers s'enfuirent-ils à leur insu. Ils renseignèrent les Nabatéens sur la situation des ennemis et ceux-ci attaquèrent le camp vers la troisième garde au nombre de huit mille, au moins. La plupart des hommes d'Athénaios, qui étaient encore couchés, furent égorgés, les autres, qui s'éveillaient et couraient aux armes, furent abattus à coups de javelots. Finalement, tous les fantassins furent tués et, parmi les cavaliers, cinquante environ se sauvèrent, blessés pour la plupart. **6** Voilà donc comment Athénaios et ses hommes, après un premier succès, connurent ainsi ensuite l'échec par leur propre imprudence, car le manque d'application et de précaution suit toujours le succès. **7** C'est pourquoi certains pensent avec raison qu'il est plus facile de se comporter de façon avisée en cas de malheur qu'avec sagesse en cas de très grande réussite. L'un, en effet, vous force à être vigilant, par peur de l'avenir, tandis que l'autre, à cause de la bonne fortune précédente, pousse à ne prendre aucune précaution [1].

XCVI. **1** Après avoir châtié les ennemis, comme il sied à des hommes, les Nabatéens revinrent au tertre

1. Lieu commun, cf. 9, n° 28.

ῥᾳθύμως ἔχοντες τὰ περὶ τὰς φυλακάς, ὡς ἂν νομίζοντες μὴ πρότερον δύνασθαι τοὺς πολεμίους ἐλθεῖν δυεῖν ἢ τριῶν ἡμερῶν. **4** Οἱ δ' Ἄραβες πυθόμενοι παρὰ τῶν ἑωρακότων τὸ στρατόπεδον παραχρῆμα ἠθροίσθησαν καὶ τὴν πανήγυριν ἀπολιπόντες ἧκον ἐπὶ τὴν πέτραν · παρὰ δὲ τῶν τραυματιῶν μαθόντες τὰ γεγονότα κατὰ σπουδὴν ἐδίωκον τοὺς Ἕλληνας. **5** Τῶν δὲ περὶ τὸν Ἀθήναιον στρατοπεδευσάντων καταπεφρονηκότως καὶ διὰ τὸν κόπον ἐν ὕπνῳ καθεστώτων ἔλαθόν τινες τῶν αἰχμαλώτων διαδράντες, παρ' ὧν οἱ Ναβαταῖοι μαθόντες τὰ κατὰ τοὺς πολεμίους ἐπέθεντο τῇ στρατοπεδείᾳ περὶ τρίτην φυλακήν, ὄντες οὐκ ἐλάττω ὀκτακισχιλίων. Καὶ τοὺς πλείους μὲν ἐν ταῖς κοίταις ὄντας ἔτι κατέσφαξαν, τοὺς δὲ διεγειρομένους καὶ χωροῦντας εἰς ὅπλα κατηκόντιζον · καὶ πέρας οἱ μὲν πεζοὶ πάντες ἀνῃρέθησαν, τῶν δὲ ἱππέων διεσώθησαν εἰς πεντήκοντα καὶ τούτων οἱ πλείους τραυματίαι. **6** Οἱ μὲν οὖν περὶ τὸν Ἀθήναιον ἐν ἀρχῇ κατορθώσαντες ἐξ ὑστέρου διὰ τὴν ἑαυτῶν ἀβουλίαν τοῦτον τὸν τρόπον ἐσφάλησαν · ταῖς γὰρ εὐτυχίαις εἴωθεν ὡς ἐπίπαν ἀκολουθεῖν ῥᾳθυμία καὶ καταφρόνησις. **7** Διόπερ ἔνιοι προσηκόντως ὑπολαμβάνουσιν εὐχερέστερον ὑπάρχειν συμφορὰς ἐνεγκεῖν ἐπιδεξίως ἢ τὰς εὐμεγέθεις εὐημερίας ἐμφρόνως · αἱ μὲν γὰρ διὰ τὸν περὶ τοῦ μέλλοντος φόβον ἐπαναγκάζουσιν ἐπιμελεῖσθαι, αἱ δὲ διὰ τὸ προγεγονὸς εὐτύχημα προτρέπονται καταφρονεῖν πάντων.

XCVI. **1** Οἱ δὲ Ναβαταῖοι τοὺς πολεμίους κολάσαντες ἀνδρωδῶς αὐτοὶ μὲν ἐπανῆλθον εἰς τὴν πέτραν τὰ σφέτερα

XCV, **6-7** : Exc. Const. IV, 223.

2 δυεῖν R : δυοῖν F ‖ **3** post ἡμερῶν add. διάστημα F ‖ **8** στρατοπεδευσάντων R : στρατοπεδευόντων F ‖ **10** Ναβαταῖοι F Fγρ : νομάδες F ‖ **12** ἐλάττω R : ἐλάττους F ‖ **20** post ῥᾳθυμία add. τε F ‖ **24** ἐπαναγκάζουσιν R : συναναγκάζουσιν F Exc. ‖ **25** προγεγονὸς R Exc. : παραγεγονὸς F ‖ **27** Ναβαταῖοι R F[1] : νομάδες F ‖ ante τοὺς add. οἱ F.

rocheux après avoir récupéré leurs biens. Ils envoyèrent à Antigone une lettre écrite en caractères syriens [1] où ils accusaient Athénaios et plaidaient leur cause. **2** Antigone, leur répondit en certifiant qu'ils avaient eu raison de se défendre ; il faisait porter la faute sur Athénaios, affirmant qu'il avait mené l'attaque contre ses instructions. Il agissait ainsi, en dissimulant son dessein, dans le désir d'amener les Arabes à relâcher leur vigilance pour réussir son entreprise par une attaque inopinée : il n'était pas facile, en effet, sans ruser, de prendre le meilleur sur des hommes, qui n'aimaient que la vie nomade et qui trouvaient dans le désert un refuge inaccessible. **3** Les Arabes étaient très heureux d'être, semblait-il, délivrés de grands périls ; ils n'ajoutaient pas cependant une foi absolue aux propos d'Antigone et, comme ils ne savaient pas exactement ce qui les attendait, ils placèrent des guetteurs sur les collines d'où l'on pouvait facilement voir les passages vers l'Arabie. Après avoir pris les précautions convenables, ils attendaient la suite des événements. **4** Antigone traita quelque temps les Barbares en amis. Quand il pensa que ceux-ci, dupés, lui avaient fourni l'occasion d'agir contre eux, il sélectionna dans toute l'armée quatre mille fantassins armés à la légère et capables de se déplacer rapidement et plus de quatre mille cavaliers auxquels il enjoignit d'emporter pour plusieurs jours de vivres ne nécessitant pas de cuisson. Il en remit le commandement à son fils Démétrios et les fit partir à la première veille avec ordre de châtier les Arabes par tous les moyens.

XCVII. **1** Démétrios donc marcha trois jours en dehors de toute route pour échapper à l'attention des Barbares, mais les guetteurs s'aperçurent de l'incur-

1. Cf. p. 37, n. 3.

κεκομισμένοι, πρὸς δ' Ἀντίγονον ἐπιστολὴν γράψαντες Συρίοις γράμμασι τῶν μὲν περὶ Ἀθήναιον κατηγόρουν, ὑπὲρ ἑαυτῶν δὲ ἀπελογοῦντο. 2 Ὁ δ' Ἀντίγονος ἀντέγραψεν αὐτοῖς, προσμαρτυρῶν ὡς δικαίως μὲν ἠμύναντο, τῶν δὲ περὶ Ἀθήναιον κατήγορει, φάσκων παρὰ τὰς δεδομένας ἐντολὰς ὑπ' αὐτοῦ πεποιῆσθαι τὴν ἐπίθεσιν. Τοῦτο δ' ἔπραττε κρύπτων τὴν ἑαυτοῦ προαίρεσιν καὶ βουλόμενος ὑπαγαγέσθαι τοὺς βαρβάρους εἰς ῥᾳθυμίαν, ὅπως ἀνελπίστως ἐπιθέμενος κρατήσῃ τῆς ἐπιβολῆς · οὐ γὰρ ῥᾴδιον ἦν ἄνευ δόλου τινὸς ἀνδρῶν περιγενέσθαι νομάδα βίον ἐζηλωκότων καὶ καταφυγὴν ἀπρόσιτον ἐχόντων τὴν ἔρημον. 3 Οἱ δ' Ἄραβες περιχαρεῖς μὲν ἦσαν ἐπὶ τῷ δοκεῖν ἀπολελύσθαι μεγάλων φόβων, οὐ μὴν παντελῶς ἐπίστευόν γε τοῖς Ἀντιγόνου λόγοις, ἀλλὰ τὰς ἐλπίδας ἔχοντες ἀμφιδοξουμένας σκοποὺς μὲν κατέστησαν ἐπὶ τῶν λόφων, ἀφ' ὧν ἦν ῥᾴδιον συνορᾶν πόρρωθεν τὰς εἰς τὴν Ἀραβίαν ἐμβολάς, αὐτοὶ δὲ συνταξάμενοι τὰ περὶ ἑαυτοὺς προσηκόντως ἐκαραδόκουν τὸ ἀποβησόμενον. 4 Ὁ δ' Ἀντίγονος φιλοποιησάμενος χρόνον τινὰ τοὺς βαρβάρους καὶ νομίσας αὐτοὺς ἐξηπατημένους παραδεδωκέναι τὸν καθ' αὑτῶν καιρόν, ἐξέλεξεν ἐξ ἁπάσης τῆς δυνάμεως πεζοὺς μὲν ψιλοὺς καὶ πρὸς δρόμον εὖ πεφυκότας τετρακισχιλίους, ἱππεῖς δὲ πλείους τῶν τετρακισχιλίων καὶ τούτοις μὲν παρήγγειλε φέρειν ἄπυρα σῖτα πλειόνων ἡμερῶν, Δημήτριον δὲ τὸν υἱὸν καταστήσας ἡγεμόνα πρώτης φυλακῆς ἐξέπεμψε, προστάξας κολάσαι τοὺς Ἄραβας καθ' ὃν ἂν δύνηται τρόπον.

XCVII. 1 Οὗτος μὲν οὖν ἐφ' ἡμέρας τρεῖς ἀνοδίᾳ πορευόμενος ἔσπευδε λαθεῖν τοὺς βαρβάρους, οἱ δὲ σκοποὶ κατανοήσαντες πολεμίαν δύναμιν εἰσβεβληκυῖαν

6 πεποιῆσθαι R : ποιεῖσθαι F ‖ 10 ἐπιβολῆς R F : ἐπιβουλῆς F[1] ‖ 12 τὴν om. R ‖ 31 εἰσβεβληκυῖαν Dindorf : εἰσβεβηκυῖαν R F.

sion d'une troupe ennemie et le firent savoir aux Nabatéens par des signaux de feu préparés à l'avance. C'est pourquoi les Barbares, pensant que les Grecs seraient bientôt là, placèrent leurs biens sur le tertre rocheux et postèrent ce qu'il fallait de guerriers pour garder le seul accès taillé à main d'homme. Ils partagèrent le petit bétail et le poussèrent dans le désert, chacun dans des directions opposées. **2** Parvenu au rocher, Démétrios constata l'absence de bétail et commença à lancer des assauts continus contre la place. Ceux de l'intérieur se défendaient vigoureusement et prenaient facilement le dessus grâce à la supériorité de leur position ; aussi, après avoir combattu ce jour-là jusqu'au soir, il rappela ses soldats par une sonnerie de trompette. **3** Le lendemain, comme il marchait contre le tertre rocheux, l'un des Barbares lui cria : « Roi Démétrios, dans quelle intention ou sous quelle contrainte nous combats-tu, nous qui habitons dans le désert, dans des lieux sans eau, sans grains, sans vin, sans rien, en un mot, qui touche aux nécessités de la vie, chez vous ? **4** C'est parce que nous ne voulons être esclaves en aucune manière que nous nous sommes réfugiés dans un territoire qui manque de tout ce qui est ailleurs en usage chez les autres peuples et que nous avons choisi un mode de vie solitaire et tout à fait sauvage, sans vous porter aucun tort. Nous vous demandons donc, à toi et à ton père, de ne pas agir injustement envers nous, mais de recevoir de nous des présents, puis de retirer ton armée et de considérer les Nabatéens comme des amis à l'avenir. **5** Tu ne peux, même si tu le veux, rester ici bien longtemps par manque d'eau et de toutes les autres provisions, pas plus que nous forcer à mener une autre vie : cela te donnerait quelques prisonniers de guerre, esclaves apathiques, qui refuseraient de vivre avec d'autres

ἐσήμηναν τοῖς Ναβαταίοις διὰ τῶν συγκειμένων πυρσῶν· διόπερ οἱ βάρβαροι νομίσαντες συντόμως ἥκειν τοὺς Ἕλληνας εἰς μὲν τὴν πέτραν ἀπέθεντο τὰς ἀποσκευὰς καὶ φυλακὴν τὴν ἱκανὴν ἐπέστησαν, οὔσης μιᾶς ἀναβάσεως χειροποιήτου, αὐτοὶ δὲ διελόμενοι τὴν λείαν ἄλλοι κατ' ἄλλους τόπους ἀπήλαυνον εἰς τὴν ἔρημον. **2** Δημήτριος δὲ παραγενόμενος εἰς τὴν πέτραν καὶ τὴν λείαν καταλαβὼν ἀπηλλαγμένην προσβολὰς συνεχεῖς ἐποιεῖτο τῷ χωρίῳ. Ἀμυνομένων δὲ τῶν ἔνδον εὐρώστως καὶ περιγινομένων ῥᾳδίως διὰ τὴν ὑπεροχὴν τῶν τόπων τότε μὲν μέχρι δείλης ἀγωνισάμενος ἀνεκαλέσατο τῇ σάλπιγγι τοὺς στρατιώτας. **3** Τῇ δ' ὑστεραίᾳ προσαγαγόντος αὐτοῦ τῇ πέτρᾳ τῶν βαρβάρων τις ἀνεβόησεν· « Βασιλεῦ Δημήτριε, τί βουλόμενος ἢ τίνος ἀναγκάζοντος πολεμεῖς ἡμᾶς, οἰκοῦντας ἐν ἐρημίᾳ καὶ τόποις οὔθ' ὕδωρ ἔχουσιν οὔτε σῖτον οὔτε οἶνον οὔτ' ἄλλο τι ἁπλῶς οὐδὲν τῶν παρ' ὑμῖν εἰς τὴν χρείαν ἀνηκόντων ; **4** Ἡμεῖς γὰρ οὐδενὶ τρόπῳ προσιέμενοι δουλεύειν συμπεφεύγαμεν εἰς χώραν σπανίζουσαν πάντων τῶν τοῖς ἄλλοις χρησίμων καὶ βίον εἱλόμεθα ζῆν ἔρημον καὶ θηριώδη παντελῶς, οὐδὲν ὑμᾶς βλάπτοντες. Ἀξιοῦμεν οὖν καὶ σὲ καὶ τὸν πατέρα μὴ ἀδικεῖν ἡμᾶς, ἀλλὰ λαβόντας δωρεὰς παρ' ἡμῶν ἀπαγαγεῖν τὸ στρατόπεδον καὶ φίλους νομίζειν Ναβαταίους εἰς τὸν λοιπὸν χρόνον. **5** Οὔτε γὰρ βουλόμενος δύνασαι μένειν ἐνταῦθα πλείους ἡμέρας, ἀπορούμενος ὕδατος καὶ τῶν ἄλλων ἐπιτηδείων ἁπάντων, οὔθ' ἡμᾶς δύνασαι συναναγκάσαι βίον ζῆν ἕτερον, ἀλλά τινας αἰχμαλώτους ἕξεις δούλους ἀθύμους καὶ ζῆν οὐκ ἂν

1 Ναβαταίοις R Fγρ : νομάσι F ‖ **14** post ἢ add. ὑπὸ F ‖ ἀναγκάζοντος R : ἀναγκαζόμενος F ‖ **16** τι om. R ‖ **17** ὑμῖν R : ἡμῖν F ‖ **18** προσιέμενοι R : βουλόμενοι F ‖ **22** λαβόντας R : λαβόντες F ‖ **23** ἀπαγαγεῖν R : ἀπάγειν F ‖ **23-24** Ναβαταίους R : νομάδας F Νυβαταίους F^mg ‖ **24** χρόνον om. F ‖ **27** βίον ζῆν R : ζῆν βίον F ‖ **28** ἕξεις δούλους R : δούλους ἕξεις F.

coutumes » *. **6** Après ce discours, Démétrios fit retirer l'armée et ordonna qu'on lui envoie des ambassadeurs pour traiter de cette affaire. Les Arabes envoyèrent les plus âgés d'entre eux qui, après avoir exposé à peu près les mêmes idées, le persuadèrent de recevoir en présent ce qu'ils avaient de plus précieux et de cesser les hostilités [1].

XCVIII. **1** Démétrios donc, après avoir reçu des otages et les présents convenus, s'éloigna du tertre rocheux. Il parcourut trois cents stades [2], puis établit son camp près du lac Asphaltite *, sur la nature duquel nous ne pouvons passer sans faire de remarques. Il s'étend au milieu de la satrapie d'Idumée [3] et il a une longueur de cinq cents stades environ pour soixante de large [4]. **2** Son eau est amère et d'une puanteur épouvantable si bien que ne peuvent y vivre ni poisson, ni autre créature aquatique [5] ; bien que des affluents remarquables par la douceur de leur eau s'y jettent, sa puanteur l'emporte et, en son milieu, chaque année, il fait jaillir une masse d'asphalte solide dont la surface tantôt dépasse trois plèthres, tantôt est légèrement inférieure à un plèthre [6]. De ce fait [7], les Barbares d'alentour appellent habituellement la masse la plus importante un taureau, et la moins importante un veau. Comme cet asphalte flotte au milieu de l'eau, l'endroit où il se trouve ressemble à une île pour ceux qui regardent à distance. **3** Il se trouve que l'éruption est clairement annoncée vingt jours [8] à l'avance. Sur plu-

1. Cf. Plut., *Dém.* 7, 1 et Schmitt, *op. cit.* [p. 55, n. 1] nº 427.
2. 54 km environ.
3. Cf. n. compl. p. 129.
4. 90 km de long et 11 km de large environ.
5. Correction d'après 2, 48, 7.
6. 90 m et un peu moins de 30 m environ.
7. Cf. 2, 48, 7 : ἐφ' ᾧ.
8. Cf. 2, 48, 7 : εἴκοσι δύο.

ὑπομείναντας ἐν ἄλλοις νομίμοις. » 6 Ῥηθέντων δὲ τοιούτων λόγων Δημήτριος μὲν ἀπαγαγὼν τὴν στρατιὰν ἐκέλευσεν αὐτοὺς πρέσβεις ἀποστέλλειν περὶ τούτων · οἱ δὲ Ἄραβες ἐξέπεμψαν τοὺς πρεσβυτάτους, οἳ παραπλήσια τοῖς προειρημένοις διελθόντες ἔπεισαν δεξάμενον δῶρα ⟨τὰ⟩ πολυτελέστατα τῶν παρ' αὐτοῖς διαλύσασθαι.

XCVIII. 1 Ὁ μὲν οὖν Δημήτριος λαβὼν ὁμήρους καὶ τὰς ὁμολογηθείσας δωρεὰς ἀνέζευξεν ἀπὸ τῆς πέτρας · διατείνας δὲ σταδίους τριακοσίους κατεστρατοπέδευσε πλησίον τῆς Ἀσφαλτίτιδος λίμνης, ἧς τὴν φύσιν οὐκ ἄξιον παραδραμεῖν ἀνεπισήμαντον. Κεῖται γὰρ κατὰ μέσην τὴν σατραπείαν τῆς Ἰδουμαίας, τῷ μὲν μήκει παρεκτείνουσα σταδίους μάλιστά πως πεντακοσίους, τῷ δὲ πλάτει περὶ ἑξήκοντα. 2 Τὸ δ' ὕδωρ ἔχει διάπικρον καὶ καθ' ὑπερβολὴν δυσῶδες, ὥστε μήτ' ἰχθὺν δύνασθαι τρέφειν μήτ' ἄλλο τῶν καθ' ὕδατος εἰωθότων ζῴων ⟨εἶναι⟩, ἐμβαλλόντων δ' εἰς αὐτὴν ποταμῶν μεγάλων τῇ γλυκύτητι διαφόρων τούτων μὲν περιγίνεται κατὰ τὴν δυσωδίαν, ἐξ αὐτῆς δὲ μέσης ἐκφυσᾷ κατ' ἐνιαυτὸν ἀσφάλτου στερεᾶς μέγεθος ποτὲ μὲν μεῖζον ἢ τρίπλεθρον, ἔστι δ' ὅτ' οὐ πολὺ λειπόμενον πλέθρου · ἐφ' ὧν δὴ συνήθως οἱ περιοικοῦντες βάρβαροι τὸ μὲν μεῖζον καλοῦσι ταῦρον, τὸ δὲ ἔλαττον μόσχον. Ἐπιπλεούσης δὲ τῆς ἀσφάλτου πελαγίας ὁ τόπος φαίνεται τοῖς ἐξ ἀποστήματος θεωροῦσιν οἱονεί τις νῆσος. 3 Τὴν δ' ἔκπτωσιν φανερὰν συμβαίνει γίνεσθαι πρὸ ἡμερῶν εἴκοσι · κύκλῳ γὰρ τῆς

6 τὰ add. Hertlein ‖ 12 ἄξιον R : ἀνάξιον F ‖ 13 τῆς Ἰδουμαίας om. R ‖ 14 πως R : ὡς F ‖ 17 εἶναι add. Steph. ‖ 18 ἐμβαλλόντων R : ἐμβαλόντων F ‖ 25 ἐξ ἀποστήματος R : ἐκ διαστήματος F ‖ 26 φανερὰν post γίνεσθαι transp. F.

sieurs stades à l'entour du lac, l'odeur de l'asphalte se répand avec une exhalaison malsaine et tout l'argent, l'or et le bronze de la région perdent leur couleur propre ; celle-ci revient quand tout l'asphalte a été projeté à la surface. Du fait de la chaleur et de la puanteur du pays d'alentour, les riverains sont maladifs et vivent très peu. **4** Les palmiers y poussent bien, cependant, là où il est traversé par des rivières utilisables ou par des sources pouvant servir à l'irrigation. C'est dans cette région, à l'intérieur d'une vallée, que pousse également ce qu'on appelle le baume *, une grosse source de revenus, car on ne trouve cette plante nulle part dans le reste du monde, alors que les médecins l'utilisent énormément comme remède.

XCIX. **1** L'asphalte une fois jailli, ceux qui habitent des deux côtés du lac s'en disputent la possession, car ils vivent en état de guerre les uns avec les autres. Ils l'enlèvent sans bateaux, d'une manière qui leur est propre : ils fabriquent de grands radeaux [1] avec des roseaux et les jettent dans le lac. Trois hommes au plus y montent : deux manient les avirons qu'on y a fixés, le troisième porte un arc pour repousser ceux qui, de la rive opposée, viendraient sur eux et oseraient les attaquer. **2** Une fois près de l'asphalte, ils prennent pied dessus, une hache à la main, et, comme s'il s'agissait d'une roche tendre, ils en détachent des blocs qu'ils chargent sur le radeau, avant de regagner la rive. Si le radeau se défait, provoquant la chute de l'un d'entre eux qui ne sait pas nager, celui-ci ne s'enfonce pas comme dans les autres eaux ; il se maintient à la surface, comme ceux qui savent nager, **3** car la nature de cette eau fait que tout corps lourd,

1. M à m. : « des bottes de roseaux ». Cf. dans Deshayes, *op. cit.* [p. 37, n. 3], l'illustration n° 116, qui représente les Assyriens utilisant des radeaux faits de roseaux liés et recourbés.

λίμνης ἐπὶ πολλοὺς σταδίους ὀσμὴ τῆς ἀσφάλτου προσπίπτει ⟨μετὰ⟩ πνεύματος μοχθηροῦ καὶ πᾶς ὁ περὶ τὸν τόπον ἄργυρος καὶ χρυσὸς καὶ χαλκὸς ἀποβάλλει τὴν ἰδιότητα τοῦ χρώματος. Ἀλλ' αὕτη μὲν ἀποκαθίσταται πάλιν ἐπειδὰν ἀναφυσηθῆναι συμβῇ πᾶσαν τὴν ἄσφαλτον · ὁ δὲ πλησίον τόπος ἔμπυρος ὢν καὶ δυσώδης ποιεῖ τὰ σώματα τῶν περιοικούντων ἐπίνοσα καὶ παντελῶς ὀλιγοχρόνια. 4 Ἀγαθὴ δ' ἐστὶ φοινικόφυτος ὅσην αὐτῆς συμβαίνει διειλῆφθαι ποταμοῖς χρησίμοις ἢ πηγαῖς δυναμέναις ἀρδεύειν. Γίνεται δὲ περὶ τοὺς τόπους τούτους ἐν αὐλῶνί τινι καὶ τὸ καλούμενον βάλσαμον, ἐξ οὗ πρόσοδον ἁδρὰν εἶναι συμβαίνει, οὐδαμοῦ μὲν τῆς ἄλλης οἰκουμένης εὑρισκομένου τοῦ φυτοῦ, τῆς δ' ἐξ αὐτοῦ χρείας εἰς φάρμακα τοῖς ἰατροῖς καθ' ὑπερβολὴν εὐθετούσης.

XCIX. 1 Τὴν δ' ἐκπίπτουσαν ἄσφαλτον οἱ περιοικοῦντες ἐξ ἀμφοτέρων τῶν μερῶν τὴν λίμνην διαρπάζουσι πολεμικῶς διακείμενοι πρὸς ἀλλήλους, ἄνευ πλοίων ἰδιαζόντως τὴν κομιδὴν ποιούμενοι. Παρασκευασάμενοι γὰρ δέσμας καλάμων εὐμεγέθεις ἐμβάλλουσιν εἰς τὴν λίμνην · ἐπὶ δὲ τούτων ἐπικάθηνται οὐ πλείω τριῶν, δύο μὲν ἔχοντες προσδεδεμένας πλάτας κωπηλατοῦσιν, εἷς δὲ φορῶν τόξα τοὺς προσπλέοντας ἐκ τοῦ πέραν ἢ βιάζεσθαι τολμῶντας ἀμύνεται. 2 Ὅταν δὲ πλησίον γένωνται τῆς ἀσφάλτου, πελέκεις ἔχοντες ἐπιπηδῶσι καὶ καθάπερ μαλακῆς πέτρας ἀποκόπτοντες γεμίζουσι τὴν δέσμην, εἶτα ἀποπλέουσιν εἰς τοὐπίσω. Ἂν δέ τις αὐτῶν ἀποπέσῃ τῆς δέσμης διαλυθείσης μὴ δυνάμενος νεῖν, οὐ καταδύεται καθάπερ ἐν τοῖς ἄλλοις ὕδασιν, ἀλλὰ ἐπινήχεται τοῖς ἐπισταμένοις ὁμοίως. 3 Φύσει γὰρ τοῦτο

2 μετὰ add. Wess. ‖ μοχθηροῦ om. R ‖ **4** αὕτη R : αὐτὴ F ‖ **8** αὐτῆς F : αὐτὴν R ‖ **13** εὑρισκομένου R : εὑρισκόμενον F ‖ τοῦ φυτοῦ R : τὸν φυτὸν F ‖ **21** τριῶν R : τρεῖς F ‖ **22** προσδεδεμένας R : δεδεμένας F ‖ κωπηλατοῦσιν F : κωπελατοῦσιν R ‖ **23** φορῶν R : φέρων F.

susceptible de croître et de respirer, à l'exception des substances solides dont, semble-t-il, la densité est voisine de celle de l'argent, de l'or, du plomb et autres, y flotte ; et encore ces dernières s'enfoncent-elles plus lentement que lorsqu'on les jette dans les autres lacs. Les Barbares qui disposent de cette source de revenus emportent l'asphalte en Égypte et le vendent pour l'embaumement des morts, car, s'il n'est pas mélangé aux autres aromates, la conservation du corps ne peut durer longtemps.

C. **1** Antigone, après le retour de Démétrios et le compte-rendu détaillé de ses actions, le blâma pour l'accord passé avec les Nabatéens. Il avait rendu ces Barbares beaucoup plus hardis, disait-il, en les laissant impunis et ils croiraient devoir leur pardon non à la clémence, mais à l'incapacité de les vaincre. Il le félicita, par contre, d'avoir été reconnaître le lac et d'avoir apparemment trouvé une source de revenus pour le royaume. Il chargea de cette affaire Hiéronymos [1], l'historien, **2** et lui ordonna de préparer des embarcations, puis, après avoir recueilli tout l'asphalte, de le rassembler quelque part. Mais le résultat fut tout autre que ce qu'espérait Antigone. Six mille Arabes, environ, se réunirent ; ils vinrent sur leurs radeaux à la rencontre des embarcations et en tuèrent à peu près tous les occupants à coups de flèches. **3** Du coup, Antigone abandonna cette source de revenu à cause de l'échec subi et, aussi, parce qu'il avait l'esprit occupé par des problèmes plus importants. Un courrier venait d'arriver avec une lettre de Nicanor [2], le

1. Cf. n. compl. p. 64 et introd. p. XV-XVII.
2. Cf. n. compl. p. 124.

τὸ ὑγρὸν παραδέχεται βάρος ὃ συμβαίνει μετέχειν αὐξήσεως ἢ πνεύματος, ἔξω τῶν στερεῶν, ἃ τὴν πυκνότητα δοκεῖ παραπλησίαν ἔχειν ἀργύρῳ καὶ χρυσῷ καὶ μολύβδῳ καὶ τοῖς ὁμοίοις · καὶ ταῦτα μὲν πολὺ βραδύτερον καταφέρεται τῶν ἐν ταῖς ἄλλαις λίμναις ῥιπτουμένων. Ταύτην δ' ἔχοντες οἱ βάρβαροι πρόσοδον ἀπάγουσι τὴν ἄσφαλτον εἰς τὴν Αἴγυπτον καὶ πωλοῦσιν εἰς τὰς ταριχείας τῶν νεκρῶν · μὴ μιγνυμένης γὰρ ταύτης τοῖς λοιποῖς ἀρώμασιν οὐ δυνατὸν γενέσθαι τὴν τῶν σωμάτων φυλακὴν πολυχρόνιον.

C. 1 Ὁ δ' Ἀντίγονος, ἐπανελθόντος τοῦ Δημητρίου καὶ τὰ κατὰ μέρος τῶν πεπραγμένων ἀπαγγείλαντος, ἐπὶ μὲν τῇ συνθέσει τῇ πρὸς τοὺς Ναβαταίους ἐπετίμησεν αὐτῷ, λέγων ὅτι πολλῷ θρασυτέρους πεποίηκε τοὺς βαρβάρους ἐάσας ἀτιμωρήτους · δόξειν γὰρ αὐτοὺς τετευχέναι συγγνώμης οὐ δι' ἐπιείκειαν ἀλλὰ δι' ἀδυναμίαν τοῦ κρατῆσαι · ἐπὶ δὲ τῷ κατασκέψασθαι τὴν λίμνην καὶ δοκεῖν εὑρηκέναι τινὰ τῇ βασιλείᾳ πρόσοδον ἐπαινέσας ἐπὶ μὲν ταύτης ἐπιμελητὴν ἔταξεν Ἱερώνυμον τὸν τὰς ἱστορίας συγγράψαντα, 2 τούτῳ δὲ συνετέτακτο πλοῖα παρασκευάσασθαι καὶ πᾶσαν τὴν ἄσφαλτον ἀναλαβόντα συνάγειν εἴς τινα τόπον. Οὐ μὴν ἀπέβη γε καὶ τὸ τέλος κατὰ τὴν ἐλπίδα τοῖς περὶ τὸν Ἀντίγονον · οἱ γὰρ Ἄραβες συστραφέντες εἰς ἑξακισχιλίους, ἐπιπλεύσαντες ἐν ταῖς δέσμαις ἐπὶ τοὺς ἐν τοῖς πλοίοις, σχεδὸν ἅπαντας κατετόξευσαν. 3 Ἐξ οὗ δὴ συνέβη τὸν Ἀντίγονον ἀπογνῶναι τὰς προσόδους ταύτας διὰ τὸ γεγονὸς παράπτωμα καὶ διὰ τὸ τὸν νοῦν ἔχειν πρὸς ἑτέροις μείζοσι. Παρεγένετο γὰρ κατὰ τούτους τοὺς καιροὺς βιβλιαφόρος ἔχων ἐπιστολὴν παρὰ Νικάνορος τοῦ

2 ἢ om. F ‖ **3** μολύβδῳ R : μολίβδῳ F ‖ **9** τὴν τῶν om. F ‖ **12** Ναβαταίους R : νομάδας F ‖ **13** πολλῷ om. F ‖ **15** alt. δι' om. F ‖ **16** τῷ R F[1] : τὸ F ‖ **18** Ἱερώνυμον F : Ἀντίγονον R ‖ **21** ἀναλαβόντα F : ἀναλαβόντας R ‖ **22** τὸν om. F ‖ **24** ἐπιπλεύσαντες R : ἐπέπλευσαν οἱ F ‖ post πλοίοις add. καὶ F ‖ **26** ταύτας om. R.

stratège de Médie et des autres satrapies supérieures [1], dans laquelle il parlait du retour de Séleucos et de ses propres défaites [2]. **4** C'est pourquoi, inquiet pour les satrapies supérieures, Antigone envoya son fils Démétrios avec cinq mille Macédoniens et dix mille mercenaires comme fantassins et quatre mille cavaliers. Il lui ordonna de remonter jusqu'à Babylone, puis, après avoir recouvré la satrapie, de redescendre en hâte vers la mer [3].

5 Démétrios quitta donc rapidement Damas, en Syrie, et mit tout son zèle à exécuter l'ordre de son père. Quand Patroclès, nommé stratège de Babylonie par Séleucos, apprit que les ennemis étaient proches de la Mésopotamie, il n'osa pas attendre de pied ferme leur offensive en raison du petit nombre de ses soldats. Il ordonna à tout le reste de la population de quitter la cité, soit en traversant l'Euphrate et en fuyant dans le désert, soit en passant le Tigre et en partant en Susiane, auprès d'Eutélès, ou vers la mer Érythrée [4], **6** tandis que lui-même, avec les soldats dont il disposait, usait du cours des fleuves et des canaux comme d'un rempart et patrouillait dans la satrapie, en surveillant les ennemis. Il tenait, en même temps, Séleucos, en Médie, au courant du déroulement des événements et lui demandait de le secourir au plus vite. **7** Parvenu à Babylone, Démétrios trouva la ville abandonnée et entreprit d'assiéger les citadelles. Il en prit une qu'il donna à piller à ses soldats. Après avoir assiégé l'autre quelques jours, comme le temps lui

1. Pour la correction, cf. Bengtson, *op. cit* [n. compl. p. 20] I, p. 183-5.
2. Cf. 19, 90-92.
3. Cf. Plutarque, *Dém.* 7, 2-3, et la chronique babylonienne, *op. cit.* [n. compl. p. 23] p. 477.
4. C.-à-d. le golfe Persique.

στρατηγοῦ τῆς τε Μηδίας καὶ τῶν ἄλλων ⟨ἄνω⟩ σατραπειῶν · ἐν ταύτῃ δ' ἦν γεγραμμένον περί τε τῆς ἀναβάσεως τῆς Σελεύκου καὶ τῶν γεγονότων περὶ αὐτὸν ἀτυχημάτων. 4 Διόπερ ἀγωνιῶν ὁ Ἀντίγονος περὶ τῶν ἄνω σατραπειῶν ἐξέπεμψε Δημήτριον τὸν υἱὸν ἔχοντα πεζοὺς Μακεδόνας μὲν πεντακισχιλίους, μισθοφόρους δὲ μυρίους, ἱππεῖς δὲ τετρακισχιλίους · συνετέτακτο δ' αὐτῷ μέχρι Βαβυλῶνος ἀναβῆναι καὶ τὴν σατραπείαν ἀνακτησάμενον καταβαίνειν συντόμως ἐπὶ θάλατταν.

5 Ὁ μὲν οὖν Δημήτριος ὁρμήσας ἐκ Δαμασκοῦ τῆς Συρίας τὸ συνταχθὲν ὑπὸ τοῦ πατρὸς ἐπετέλει μετὰ σπουδῆς · ὁ δὲ καθεσταμένος ὑπὸ Σελεύκου τῆς Βαβυλωνίας στρατηγὸς Πατροκλῆς πυθόμενος περὶ Μεσοποταμίαν εἶναι τοὺς πολεμίους, ὑπομεῖναι μὲν τὴν ἔφοδον αὐτῶν οὐκ ἐτόλμησεν, ὀλίγους ἔχων περὶ αὐτόν, ἀλλὰ τοῖς μὲν ἄλλοις προσέταξεν ἐκλιπεῖν τὴν πόλιν καὶ τοὺς μὲν αὐτῶν διαβάντας τὸν Εὐφράτην φυγεῖν εἰς τὴν ἔρημον, τοὺς δὲ περάσαντας τὸν Τίγριν ἀπελθεῖν εἰς τὴν Σουσιανὴν πρὸς Εὐτελῆ καὶ τὴν Ἐρυθρὰν θάλατταν, 6 αὐτὸς δὲ μεθ' ὧν εἶχε στρατιωτῶν προβολαῖς χρώμενος ποταμοῖς καὶ διώρυξιν ἀνεστρέφετο περὶ τὴν σατραπείαν, ἅμα μὲν ἐφεδρεύων τοῖς πολεμίοις, ἅμα δὲ πέμπων πρὸς Σέλευκον εἰς Μηδίαν περὶ τῶν ἀεὶ συντελουμένων καὶ παρακαλῶν βοηθεῖν τὴν ταχίστην. 7 Ὁ δὲ Δημήτριος ἐπειδὴ παραγενόμενος εἰς Βαβυλῶνα τὴν πόλιν ἐκλελειμμένην εὗρεν, πολιορκεῖν ἐπεχείρει τὰς ἀκροπόλεις. Ὧν τὴν ἑτέραν ἑλὼν ἔδωκε τοῖς ἰδίοις στρατιώταις εἰς διαρπαγήν · τὴν δ' ἑτέραν πολιορκήσας ἡμέρας τινάς, ἐπειδὴ χρόνου προσεδεῖτο, Ἀρχέλαον μὲν ἕνα τῶν φίλων

1 ἄνω add. Bengtson ‖ 4 ἀτυχημάτων R : εὐτυχημάτων F ‖ post Ἀντίγονος add. καὶ R F del. R[1] ‖ 6 μὲν om. F ‖ 17 διαβάντας Rhod. : ἐκλιπόντας R F ‖ 18 ante τὸν add. εἰς R ‖ 19 πρὸς Εὐτελῆ om. F ‖ 20-21 ποταμοῖς Madvig : ποταμῶν R F ‖ 22 πρὸς R : εἰς F ‖ 23 εἰς R : πρὸς F ‖ 25-26 ἐκλελειμμένην R : ἐκλελυμένην F ‖ 29 post ἕνα add. τινα F.

manquait, il laissa Archélaos, un de ses amis, pour diriger le siège avec cinq mille fantassins et mille cavaliers. Lui-même, puisque le temps imparti pour l'offensive était écoulé, redescendit vers la mer avec le reste de l'armée.

CI. **1** Pendant ce temps, en Italie, les Romains poursuivaient leur guerre contre les Samnites. Ce n'était qu'incursions * dans le territoire de ceux-ci, villes assiégées et armées campant dans la campagne, car les plus belliqueux des peuples de l'Italie, dans leur rivalité pour l'hégémonie, s'affrontaient en des engagements de toutes sortes. **2** Les consuls romains, ayant pris avec eux une partie de l'armée, vinrent camper en face * des retranchements ennemis : ils y guettaient l'occasion favorable à une bataille, tout en procurant la sécurité aux villes alliées. **3** Avec le reste de l'armée, Quintus Fabius *, choisi comme dictateur, s'empara de la ville de Frégelles [1] et fit prisonniers les plus éminents des opposants à Rome. Ces hommes, plus de deux cents, furent emmenés à Rome ; là il les fit conduire au forum, battre de verges et décapiter selon la coutume ancestrale [2]. Quelque temps plus tard, après avoir attaqué le territoire ennemi, il assiégea victorieusement [3]... et la citadelle de Nola [4]. Il vendit une grande quantité de butin et partagea une bonne partie du territoire en lots pour ses soldats. Le peuple romain, comme les événements se déroulaient à son gré, envoya une colonie dans l'île appelée Pontia [5].

1. Correction d'après Tite-Live, 9, 28, 3. Il y a sans doute eu une faute d'onciale. Cette ville défend le débouché du Liris dans la plaine volsque.
2. D'autres exemples dans Tite-Live, 9, 25, 14-15.
3. Je ne corrige pas le texte, bien que Tite-Live donne Calatia en 9, 28, 6, car il peut s'agir plutôt de Caiatia, cf. Salmon, *op. cit.* [p. XIX, n. 2] p. 239, n. 1.
4. Au sud du Volturnus, comme Caiatia.
5. Une des îles situées à la hauteur de Cumes.

ἀπέλιπε στρατηγὸν ἐπὶ τῆς πολιορκίας, δοὺς αὐτῷ πεζοὺς μὲν πεντακισχιλίους, ἱππεῖς δὲ χιλίους, αὐτὸς δέ, τοῦ χρόνου συντρέχοντος ἐν ᾧ συντεταγμένον ἦν τὴν ἔφοδον αὐτῷ ποιήσασθαι, μετὰ τῆς λοιπῆς δυνάμεως τὴν ἐπὶ θάλατταν κατάβασιν ἐποιεῖτο.

CI. **1** Ἅμα δὲ τούτοις πραττομένοις κατὰ μὲν τὴν Ἰταλίαν Ῥωμαίων διαπολεμούντων τὸν πρὸς Σαμνίτας πόλεμον συνεχεῖς ἐγίνοντο εἰσβολαὶ τῆς χώρας καὶ πολιορκίαι πόλεων καὶ δυνάμεων ἐν ὑπαίθρῳ στρατοπεδεῖαι· τὰ γὰρ μαχιμώτατα τῶν κατὰ τὴν Ἰταλίαν ἐθνῶν περὶ ἡγεμονίας φιλοτιμούμενα παντοίους συνίσταντο κινδύνους. **2** Οἱ μὲν οὖν τῶν Ῥωμαίων ὕπατοι μέρος τῆς δυνάμεως ἀναλαβόντες ἀντεστρατοπέδευσαν ταῖς τῶν πολεμίων παρεμβολαῖς καὶ πρὸς μὲν μάχην καιρὸν ἐπετήρουν οἰκεῖον, ταῖς δὲ συμμαχίσι πόλεσι παρείχοντο τὴν ἀσφάλειαν. **3** Τὸ δὲ λοιπὸν στρατόπεδον ἀναλαβὼν Κόϊντος Φάβιος, ὃς ἦν αὐτοκράτωρ ᾑρημένος, τήν τε Φρεγελλανῶν πόλιν εἷλε καὶ τῶν ἀλλοτρίως διακειμένων πρὸς τὴν Ῥώμην τοὺς ἐπιφανεστάτους ἐζώγρησεν. Τούτους δὲ τὸν ἀριθμὸν ὄντας πλείους τῶν διακοσίων ἀπήγαγεν εἰς Ῥώμην καὶ προαγαγὼν εἰς τὴν ἀγορὰν ῥαβδίσας ἐπελέκησε κατὰ τὸ πάτριον ἔθος. Μετ' ὀλίγον δὲ ἐμβαλὼν εἰς τὴν τῶν πολεμίων χώραν † καὶ λείαν † καὶ τὴν Νωλάνων ἀκρόπολιν ἐξεπολιόρκησεν καὶ λαφύρων μὲν πλῆθος ἀπέδοτο, τοῖς δὲ στρατιώταις πολλὴν τῆς χώρας κατεκληρούχησεν. Ὁ δὲ δῆμος, κατὰ νοῦν τῶν πραγμάτων αὐτῷ προχωρούντων, ἀποικίαν ἀπέστειλεν εἰς τὴν νῆσον τὴν Ποντίαν καλουμένην.

3-4 αὐτῷ post ἦν transp. F || ἔφοδον R F : ἄφοδον prop. Wess. || **5** ἐποιεῖτο R : ἐποίει F || **8** εἰσβολαὶ ego : προσβολαὶ R F προνομαὶ prop. Reiske || **9-10** στρατοπεδεῖαι F : στρατοπεδεία R || **13** ἀντεστρατοπέδευσαν Dindorf : κατεστρατοπέδευσαν R κατεστρατοπέδευον F || **14** πολεμίων Rhod. : Ῥωμαίων R F || **18** Φρεγελλανῶν Wess. : Φρετομανῶν R F[sl] Φρετεμανῶν F || **23** καὶ λείαν R : κελίαν F locus corruptus necdum sanatus || **28** Ποντίαν F : Ποτίδαιαν [-αι- exp. R[1]] R.

CII. **1** En Sicile, comme la paix venait d'être faite entre Agathocle et les Siciliens, à l'exception des habitants de Messine [1], les exilés syracusains se rassemblèrent à Messine, qu'ils voyaient rester seule des cités opposées au dynaste à continuer de l'être. **2** Agathocle, désireux de détruire le groupe qu'ils formaient, envoya une armée contre Messine avec, comme stratège, Pasiphilos, muni d'instructions secrètes. **3** Celui-ci se jeta à l'improviste sur le territoire de Messine : il fit de nombreux prisonniers sans compter le butin. Il demanda alors aux Messiniens de consentir librement à des relations d'amitié et de ne pas se voir contraints, à cause de ses pires ennemis, de demander la paix. **4** Les Messiniens, dans l'espoir d'être délivrés de la guerre sans combats, expulsèrent les exilés syracusains et accueillirent Agathocle, arrivé avec une armée. **5** Celui-ci, tout d'abord, les traita bien et les persuada de recevoir dans leur cité les exilés qui combattaient dans ses rangs et qui avaient été expulsés dans les formes légales. **6** Puis, après avoir fait venir ceux qui, à Tauromenion [2] ou à Messine, s'étaient opposés auparavant à son autorité, il les fit tous exécuter, soit six cents personnes au moins, **7** car, à cause de son projet de porter la guerre chez les Carthaginois [3], il cherchait à se débarrasser de toute opposition en Sicile. Les habitants de Messine, qui avaient expulsé de leur cité les étrangers qui leur étaient le plus dévoués et qui étaient capabless de les protéger du tyran, qui voyaient exécuter leurs concitoyens opposés au dynaste et qui, en outre, avaient été contraints de recevoir dans leur cité des

1. Cf. 19, 71, 6, où Diodore affirme le contraire, cf. intr. p. XVIII.
2. C'est une des dates possibles de l'exil de Timée.
3. Cf. Justin, 22, 3.

CII. 1 Ἐν δὲ τῇ Σικελίᾳ τῆς εἰρήνης ἄρτι γεγενημένης Ἀγαθοκλεῖ πρὸς τοὺς Σικελιώτας πλὴν Μεσσηνίων οἱ μὲν φυγάδες τῶν Συρακοσίων ἠθροίσθησαν εἰς τὴν Μεσσήνην, ταύτην ὁρῶντες λοιπὴν οὖσαν τῶν ἀλλοτρίως ἐχουσῶν πρὸς τὸν δυνάστην, 2 ὁ δ' Ἀγαθοκλῆς σπεύδων αὐτῶν καταλῦσαι τὸ σύστημα Πασίφιλον στρατηγὸν ἐξαπέστειλε μετὰ δυνάμεως εἰς Μεσσήνην, ἐντειλάμενος ἐν ἀπορρήτοις ἃ χρὴ πράττειν. 3 Οὗτος δὲ ἀπροσδοκήτως ἐμβαλὼν εἰς τὴν χώραν καὶ πολλῶν αἰχμαλώτων καὶ τῆς ἄλλης λείας ἐγκρατὴς γενόμενος ἠξίου τοὺς Μεσσηνίους βούλεσθαι τὴν φιλίαν καὶ μὴ συναναγκάζεσθαι τοῖς πολεμιωτάτοις αὐτοῦ διαλύεσθαι. 4 Οἱ δὲ Μεσσήνιοι λαβόντες ἐλπίδας τοῦ χωρὶς κινδύνων ἀπολυθήσεσθαι τοῦ πολέμου τούς τε φυγάδας τοὺς ἐκ Συρακουσσῶν ἐξέβαλον καὶ τὸν Ἀγαθοκλέα παραγενόμενον μετὰ δυνάμεως προσεδέξαντο. 5 Ὁ δὲ τὸ μὲν πρῶτον φιλανθρώπως αὐτοῖς προσεφέρετο καὶ τοὺς φυγάδας ἔπεισεν καταδέξασθαι τοὺς συστρατευομένους μὲν αὐτῷ, πεφυγαδευμένους δὲ νόμῳ ὑπὸ τῶν Μεσσηνίων. 6 Μετὰ δὲ ταῦτα τοὺς ἐναντιουμένους ἐν τοῖς ἔμπροσθεν χρόνοις τῇ δυναστείᾳ μεταπεμψάμενος ἔκ τε Ταυρομενίου καὶ τῆς Μεσσήνης ἅπαντας ἀπέσφαξεν, οὐκ ἐλάττους ὄντας ἑξακοσίων · 7 διανοούμενος γὰρ πόλεμον ἐκφέρειν τοῖς Καρχηδονίοις πᾶν τὸ διακείμενον ἀλλοτρίως κατὰ τὴν Σικελίαν ἐκ ποδῶν ἐποιεῖτο. Οἱ δὲ Μεσσήνιοι τῶν ξένων τοὺς εὐνουστάτους αὐτοῖς καὶ δυναμένους ἀμύνασθαι τὸν τύραννον ἐκβεβληκότες ἐκ τῆς πόλεως καὶ τῶν πολιτῶν τοὺς ἀλλοτρίως ἔχοντας πρὸς τὸν δυνάστην ὁρῶντες ἀνῃρημένους, ἔτι δὲ τοὺς

CII, 6 : Exc. Const. II 1, 175.

5 δυνάστην R : δεσπότην F ‖ 7 ἐξαπέστειλε R : ἀπέστειλε F ‖ 8 ἃ R : F τι ‖ οὗτος R F[1] : οὕτως F ‖ 18 συστρατευομένους Dindorf : στρατευομένους R F ‖ 21 post τῇ add. ἑαυτοῦ F ‖ 22 ἀπέσφαξεν R Exc. : κατέσφαξεν F.

hommes qu'ils avaient condamnés pour agissements criminels, regrettaient leur conduite, mais ils étaient forcés d'endurer leur mal en silence : leurs maîtres étaient trop forts et les terrifiaient. **8** Agathocle, tout d'abord, se dirigea vers Agrigente, dans l'idée de placer également cette cité sous son autorité. Mais, comme les Carthaginois avaient fait une expédition navale avec soixante navires, il renonça à ce projet ; il gagna le territoire soumis aux Carthaginois et le ravagea. Il prit de vive force certains fortins et en acquit d'autres par capitulation.

CIII. **1** Pendant ce temps, Deinocratès [1], le chef des exilés syracusains, s'était mis en relations avec les Carthaginois pour leur demander du secours avant qu'Agathocle ne se fût soumis toute la Sicile. **2** De son côté après avoir recueilli les exilés expulsés de Messine, comme il disposait d'une armée importante, il envoya un de ses amis, Nymphodoros, attaquer la cité de Centoripes [2] avec une partie des troupes. **3** Comme Agathocle y avait établi une garnison, certains citoyens avaient promis de livrer la ville, en échange de l'indépendance politique. Il fit irruption de nuit dans la ville, mais les chefs de la garnison se rendirent compte de son action ; ils tuèrent Nymphodoros ainsi que ceux qui s'étaient introduits à l'intérieur de la muraille. **4** Agathocle saisit cette occasion pour mettre en accusation les habitants de Centoripes et fit exécuter tous les responsables présumés de la sédition. Tandis que le dynaste était pris par cette affaire, les Carthaginois avaient envoyé une

1. Cf. 19, 8, 6.
2. A l'ouest de l'Etna.

ἐπὶ κακουργίᾳ καταδεδικασμένους ἠναγκασμένοι καταδέξασθαι μετεμέλοντο μὲν ἐπὶ τοῖς πεπραγμένοις, ἠναγκάζοντο δὲ καρτερεῖν, καταπεπληγμένοι τὴν ὑπεροχὴν τῶν κρατούντων. 8 Ὁ δ' Ἀγαθοκλῆς τὸ μὲν πρῶτον ἀνέζευξεν ἐπ' Ἀκράγαντος, διανοούμενος καὶ ταύτην τὴν πόλιν συσκευάσασθαι · τῶν δὲ Καρχηδονίων καταπλευσάντων ναυσὶν ἑξήκοντα ταύτης μὲν τῆς προθέσεως ἀπέστη, τὴν δὲ χώραν τὴν ὑπὸ Καρχηδονίους ἐπιὼν ἐλεηλάτει καὶ τῶν φρουρίων ἃ μὲν ᾕρει κατὰ κράτος, ἃ δὲ δι' ὁμολογίας προσήγετο.

CIII. 1 Ἅμα δὲ τούτοις πραττομένοις Δεινοκράτης ὁ τῶν Συρακοσίων φυγάδων ἡγούμενος πρὸς μὲν τοὺς Καρχηδονίους διεπέμπετο, βοηθεῖν ἀξιῶν πρὶν ἢ τὸν Ἀγαθοκλέα πᾶσαν ὑφ' ἑαυτὸν ποιήσασθαι Σικελίαν, 2 αὐτὸς δὲ προσδεξάμενος τοὺς ἐκ Μεσσήνης ἐκβεβλημένους φυγάδας, ἔχων ἁδρὰν δύναμιν, ἀπέστειλέν τινα τῶν περὶ αὐτὸν Νυμφόδωρον, δοὺς μέρος τῶν στρατιωτῶν, ἐπὶ τὴν Κεντοριπίνων πόλιν · 3 ταύτην γὰρ φρουρουμένην ὑπ' Ἀγαθοκλέους τῶν πολιτικῶν τινες ἐπηγγείλαντο παραδώσειν, ἐφ' ὅτῳ τὴν αὐτονομίαν δοθῆναι τῷ δήμῳ. Παρεισπεσόντος δ' εἰς τὴν πόλιν αὐτοῦ νυκτὸς οἱ προεστῶτες τῆς φρουρᾶς αἰσθόμενοι τὸ γεγονὸς αὐτόν τε τὸν Νυμφόδωρον ἀνεῖλον καὶ τοὺς βιαζομένους ἐντὸς τοῦ τείχους. 4 Ταύτης δὲ τῆς ἀφορμῆς λαβόμενος Ἀγαθοκλῆς ἐνεκάλεσέ τε τοῖς Κεντοριπίνοις καὶ τοὺς δόξαντας αἰτίους γεγονέναι τοῦ νεωτερισμοῦ πάντας ἀπέσφαξε. Περὶ ταῦτα δ' ὄντος τοῦ δυνάστου Καρχηδόνιοι καταπλεύσαντες εἰς τὸν μέγαν λιμένα τῶν Συρακοσίων πεντή-

CIII, 4 : ; Exc. Const. II 1, 176.

4 τῶν κρατούντων R : τοῦ κρατοῦντος F ‖ 8 ὑπὸ Καρχηδονίους R F[1] : ἐπὶ Καρχηδονίοις F ‖ 9 ᾕρει R : ᾕρηκε F ‖ 10 προσήγετο R : προσηγάγετο F ‖ 13 βοηθεῖν R F[1] : βοήθειαν F ‖ 14 post Σικελίαν add. μὴ περιιδεῖν F ‖ 18 Κεντοριπίνων R F[1] : Κερτοριπίνων F ‖ 20 ὅτῳ R : ᾧ F ‖ 23 βιαζομένους R : βιασαμένους F ‖ 23-24 τοῦ τείχους R : τῶν τείχων F.

expédition de cinquante navires contre le grand port de Syracuse [1], mais ils ne purent rien faire, sinon attaquer deux bateaux marchands, couler un des bâtiments qui était athénien et couper les mains des membres de l'équipage. **5** C'était là, visiblement, un acte de cruauté envers des innocents et la divinité le leur fit voir bien vite *. Aussitôt quelques navires se trouvèrent séparés du reste de la flotte et furent capturés dans la région du Bruttium par les stratèges d'Agathocle. Les Phéniciens prisonniers subirent un traitement identique à celui qu'ils avaient infligé à leurs captifs.

CIV. **1** Les exilés de l'entourage de Deinocratès occupèrent avec plus de trois mille fantassins et au moins deux mille cavaliers le lieu dit Galeria *, les citoyens les y ayant volontairement appelés. Ils en chassèrent les hommes d'Agathocle et établirent leur camp devant la cité. **2** Agathocle envoya aussitôt contre eux Pasiphilos et Démophilos avec cinq mille soldats ; ceux-ci livrèrent bataille aux exilés, que commandaient Deinocratès et Philonidès, chacun à une aile. Pendant un bon moment le combat resta indécis, car les deux armées combattaient avec ardeur, mais quand l'un des généraux, Philonidès, eut été tué et la partie de l'armée où il se trouvait mise en déroute, Deinocratès fut, lui aussi, contraint de fuir. Les hommes de Pasiphilos tuèrent un bon nombre de leurs ennemis au cours de la déroute, puis, une fois rentrés en possession de Galeria ils châtièrent les responsables de la défection. **3** Agathocle, apprenant que les Carthaginois avaient occupé la colline dite Ecnomos [2] sur le territoire de Géla, décida de livrer bataille avec

1. Le port sud.
2. C.-à-d. « monstrueuse ». Pour l'emplacement exact à l'embouchure de l'Himéra, cf. Dolce, *op. cit.* [p. xvii, n. 4] p. 134, n. 37.

κοντα σκάφεσιν ἄλλο μὲν οὐδὲν ἠδυνήθησαν πρᾶξαι, δυσὶ δὲ περιπεσόντες φορτηγοῖς πλοίοις † τὴν μὲν ἐξ Ἀθηνῶν † κατέδυσαν, τῶν δ' ἐπιπλεόντων τὰς χεῖρας ἀπέκοψαν. 5 Δοξάντων δ' αὐτῶν ὠμῶς κεχρῆσθαι μηδ' ὁτιοῦν ἀδικοῦσι ταχὺ τὸ δαιμόνιον αὐτοῖς ἐπεσήμαινεν· εὐθὺ γὰρ τοῦ στόλου τινὲς νῆες ἀποσχισθεῖσαι περὶ τὴν Βρεττίαν ἑάλωσαν ὑπὸ τῶν Ἀγαθοκλέους στρατηγῶν καὶ τὸ παραπλήσιον οἱ ζωγρηθέντες τῶν Φοινίκων ἔπαθον οἷς ἔπραξαν εἰς τοὺς ἁλόντας.

CIV. 1 Οἱ δὲ περὶ τὸν Δεινοκράτην φυγάδες, ἔχοντες πεζοὺς μὲν ὑπὲρ τοὺς τρισχιλίους, ἱππεῖς δὲ οὐκ ἐλάττους δισχιλίων, τὴν καλουμένην Γαλερίαν κατελάβοντο, τῶν πολιτῶν ἑκουσίως ἐπικαλεσαμένων, καὶ τοὺς μὲν Ἀγαθοκλέους ἐξέβαλον, αὐτοὶ δὲ πρὸ τῆς πόλεως ἐστρατοπέδευσαν. 2 Ἀγαθοκλέους δὲ ταχέως ἀποστείλαντος ἐπ' αὐτοὺς Πασίφιλον καὶ Δημόφιλον μετὰ στρατιωτῶν πεντακισχιλίων ἐγένετο μάχη πρὸς τοὺς φυγάδας, ὧν ἡγεῖτο Δεινοκράτης καὶ Φιλωνίδης, τὰ κέρατα διειληφότες. Ἐφ' ἱκανὸν μὲν οὖν χρόνον ἰσόρροπος ἦν ὁ κίνδυνος, φιλοτίμως ἀμφοτέρων τῶν στρατοπέδων ἀγωνιζομένων· τοῦ δ' ἑτέρου τῶν στρατηγῶν Φιλωνίδου πεσόντος καὶ τοῦ κατὰ τοῦτον μέρους τραπέντος ἠναγκάσθη καὶ Δεινοκράτης ἀποχωρῆσαι. Οἱ δὲ περὶ τὸν Πασίφιλον τούτων τε πολλοὺς κατὰ τὴν φυγὴν ἀνεῖλον καὶ τὴν Γαλερίαν ἀνακτησάμενοι τοὺς αἰτίους τῆς ἀποστάσεως ἐκόλασαν. 3 Ἀγαθοκλῆς δὲ πυνθανόμενος τοὺς Καρχηδονίους τὸν Ἔκνομον καλούμενον λόφον ἐν τῇ Γελῴᾳ κατειληφέναι, διέγνω πάσῃ τῇ δυνάμει διαγωνίσασθαι.

CIII, 4 : Exc. Const. II 1, 176.

1 οὐδὲν R Exc. : οὐκ F ‖ 2 τὴν R F Exc. : τὸ prop. Reiske τὰ prop. Geer locus corruptus necdum sanatus. ‖ 5 ἐπεσήμαινεν R : ἐπεσήμηνεν F Exc. ‖ 6 νῆες F Exc. : ναῦς R ‖ 7 Βρεττίαν F : Βρεττανίαν R Exc. ‖ 8 post ζωγρηθέντες add. τε F ‖ 9 οἷς Hertlein : οἷα R F ‖ 10 τὸν om. F ‖ 11 τοὺς om. F ‖ 12 Γαλερίαν Fischer : Γαλαρίαν R Γαλαβρίαν F ‖ 13 πολιτῶν R : πολιτικῶν F ‖ 25 Γαλερίαν R F[1] : Γαλαυρίαν F.

toute son armée. Il marcha rapidement sur les Carthaginois et, parvenu à proximité, il les provoqua au combat, exalté qu'il était par sa précédente victoire. 4 Comme les Barbares n'osaient l'affronter en bataille rangée, il pensa s'être rendu maître sans coup férir de la campagne. Il revint alors à Syracuse, où il orna les plus célèbres des temples avec les dépouilles des ennemis.

Voilà ce qui se passa cette année-là, pour autant que nous avons pu le savoir.

a. 311-310 CV. 1 Sous l'archontat à Athènes de Simonidès, les Romains désignèrent comme consuls Marcus Valerius et Publius Décius *. Pendant leur année de charge, Cassandre, Ptolémée et Lysimaque mirent un terme à la guerre contre Antigone et conclurent un traité : Cassandre était stratège d'Europe, jusqu'à ce qu'Alexandre, le fils de Roxane, eût l'âge convenable ; Lysimaque régnait sur la Thrace, Ptolémée sur l'Égypte et les cités limitrophes du côté de la Libye et de l'Arabie et Antigone commandait à toute l'Asie ; les Grecs étaient autonomes [1]. Cependant, ils ne respectèrent pas ces conventions. Chacun, au contraire, en soulevant d'habiles prétextes, essaya d'augmenter sa puissance. 2 Cassandre, voyant qu'Alexandre, fils de Roxane, grandissait et que certains répandaient en Macédoine des propos selon lesquels il fallait libérer l'enfant et lui remettre le royaume de son père, prit peur pour lui-même et ordonna à Glaucias, le chef de ceux qui gardaient l'enfant, d'assassiner Roxane et le roi et de cacher les corps, sans en souffler mot à aucun des autres [2]. 3 L'ordre exécuté, Cassandre, Lysimaque, Ptolémée et Antigone furent

1. Cf. essentiellement Will, *op. cit.* [n. compl. p. 20] p. 54-57 et Schmitt, *op. cit.* [p. 55, n. 1] n° 428. Le principal problème est de savoir si le sort de Séleucos était, ou non, réglé par ce traité.

2. Cf. Justin, 15, 2, 5 et Pausanias, 9, 7, 2.

Ὁρμήσας δ' ἐπ' αὐτοὺς καὶ πλησίον γενόμενος προεκαλεῖτο εἰς μάχην, ἐπηρμένος τῇ προγεγενημένῃ νίκῃ. 4 Οὐ τολμώντων δὲ τῶν βαρβάρων παρατάξασθαι νομίσας ἀκονιτὶ κρατεῖν τῶν ὑπαίθρων ἐπανῆλθεν εἰς τὰς Συρακούσσας καὶ τῶν ναῶν τοὺς ἐπιφανεστάτους τοῖς σκύλοις ἐκόσμησεν.

Ταῦτα μὲν οὖν ἐπράχθη κατὰ τοῦτον τὸν ἐνιαυτὸν ὧν ἡμεῖς ἐδυνήθημεν ἐφικέσθαι.

CV. 1 Ἐπ' ἄρχοντος δ' Ἀθήνησι Σιμωνίδου Ῥωμαῖοι μὲν ὑπάτους κατέστησαν Μάρκον Οὐαλλέριον καὶ Πόπλιον Δέκιον. Ἐπὶ δὲ τούτων οἱ περὶ Κάσανδρον καὶ Πτολεμαῖον καὶ Λυσίμαχον διαλύσεις ἐποιήσαντο πρὸς Ἀντίγονον καὶ συνθήκας ἔγραψαν. Ἐν δὲ ταύταις ἦν Κάσανδρον μὲν εἶναι στρατηγὸν τῆς Εὐρώπης μέχρι ἂν Ἀλέξανδρος ὁ ἐκ Ῥωξάνης εἰς ἡλικίαν ἔλθῃ, καὶ Λυσίμαχον μὲν τῆς Θρᾴκης κυριεύειν, Πτολεμαῖον δὲ τῆς Αἰγύπτου καὶ τῶν συνοριζουσῶν ταύτῃ πόλεων κατά τε τὴν Λιβύην καὶ τὴν Ἀραβίαν, Ἀντίγονον δὲ ἀφηγεῖσθαι τῆς Ἀσίας πάσης, τοὺς δὲ Ἕλληνας αὐτονόμους εἶναι. Οὐ μὴν ἐνέμεινάν γε ταῖς ὁμολογίαις ταύταις, ἀλλ' ἕκαστος αὐτῶν προφάσεις εὐλόγους ποριζόμενος πλεονεκτεῖν ἐπειρᾶτο. 2 Κάσανδρος δὲ ὁρῶν Ἀλέξανδρον τὸν ἐκ Ῥωξάνης αὐξόμενον καὶ κατὰ τὴν Μακεδονίαν λόγους ὑπό τινων διαδιδομένους ὅτι καθήκει προάγειν ἐκ τῆς φυλακῆς τὸν παῖδα καὶ τὴν πατρῴαν βασιλείαν παραδοῦναι, φοβηθεὶς ὑπὲρ ἑαυτοῦ προσέταξε Γλαυκίᾳ τῷ προεστηκότι τῆς τοῦ παιδὸς φυλακῆς τὴν μὲν Ῥωξάνην καὶ τὸν βασιλέα κατασφάξαι καὶ κρύψαι τὰ σώματα, τὸ δὲ γεγονὸς μηδενὶ τῶν ἄλλων ἀπαγγεῖλαι. 3 Ποιήσαντος δ' αὐτοῦ τὸ προσταχθὲν οἱ περὶ Κάσαν-

1 αὐτοὺς R : αὐτοῖς F ‖ 4 τὰς om. F ‖ 5 ναῶν R : νεῶν F ‖ 5-6 τοῖς σκύλοις ἐκόσμησεν R : κατεκόσμησε τ. σκ. F ‖ 8 ἐδυνήθημεν R : ἠδυνήθημεν F ‖ 9 δ' om. F ‖ 10 Οὐαλλέριον R : Οὐαλέριον F ‖ 24 διαδιδομένους F : διδομένους R ‖ 26 παραδοῦναι R : παραδιδόναι F.

débarrassés des craintes que le roi leur inspirait pour l'avenir. 4 Puisqu'il n'y avait plus d'héritier au trône, désormais chacun pouvait envisager de devenir roi des peuples et des cités qu'il dominait et le territoire placé sous leur autorité était pour eux comme un royaume conquis par la lance *.

Voilà donc quelle était la situation en Asie, en Europe, en Grèce et en Macédoine.

5 En Italie, les Romains avec d'importantes forces d'infanterie et de cavalerie lancèrent une expédition contre Pollitium, une ville des Marruciniens [1]. Ils envoyèrent également des citoyens fonder une colonie qu'ils établirent au lieu dit Interamna [2].

CVI. 1 En Sicile, Agathocle ne cessait d'accroître sa puissance et d'augmenter le nombre de ses soldats. Quand les Carthaginois surent que le dynaste organisait les cités de l'île sous sa domination et que ses troupes étaient plus fortes que leurs propres soldats, ils décidèrent de se consacrer à la guerre avec plus d'énergie. 2 Ils équipèrent donc, sur le champ, cent trente trières et choisirent comme général le plus éminent d'entre eux, Hamilcar [3]. Ils lui donnèrent comme soldats deux mille citoyens, dont beaucoup, même, appartenaient à de grandes familles, dix mille Libyens, mille mercenaires tyrrhéniens et deux cents zeughippes *, sans compter mille frondeurs des Baléares. Il avait également de l'argent en quantité et était bien équipé en armes de jet, en approvisionnements et en tout ce qui pouvait être encore utile à la guerre. 3 Quand toute la flotte eut quitté Carthage

1. Pollitium n'est pas autrement connu. Les Marruciniens habitaient au sud de l'Aternus.

2. « Entre deux fleuves ». Sur le Liris, au sud de Frégelles. Cf. Tite-Live, 9, 28, 8.

3. Hamilcar, fils de Giscon, cf. Justin, 22, 3.

δρον καὶ Λυσίμαχον καὶ Πτολεμαῖον, ἔτι δ' Ἀντίγονον ἀπηλλάγησαν τῶν ἀπὸ τοῦ βασιλέως προσδοκωμένων φόβων· **4** οὐκέτι γὰρ ὄντος οὐδενὸς τοῦ διαδεξομένου τὴν ἀρχὴν τὸ λοιπὸν ἕκαστος τῶν κρατούντων ἐθνῶν ἢ πόλεων βασιλικὰς εἶχεν ἐλπίδας καὶ τὴν ὑφ' ἑαυτὸν τεταγμένην χώραν εἶχεν ὡσανεί τινα βασιλείαν δορίκτητον.

Τὰ μὲν οὖν κατὰ τὴν Ἀσίαν καὶ τὴν Εὐρώπην καὶ τὰ περὶ τὴν Ἑλλάδα καὶ Μακεδονίαν ἐν τούτοις ἦν.

5 Κατὰ δὲ τὴν Ἰταλίαν Ῥωμαῖοι δυνάμεσιν ἁδραῖς πεζῶν τε καὶ ἱππέων ἐστράτευσαν ἐπὶ Πολλίτιον, Μαρρουκίνων οὖσαν πόλιν. Ἀπέστειλαν δὲ καὶ τῶν πολιτῶν εἰς ἀποικίαν καὶ κατῴκισαν τὴν προσαγορευομένην Ἰντέραμναν.

CVI. **1** Κατὰ δὲ τὴν Σικελίαν ἀεὶ μᾶλλον αὐξομένου Ἀγαθοκλέους καὶ δυνάμεις ἁδροτέρας ἀθροίζοντος Καρχηδόνιοι πυνθανόμενοι τὸν δυνάστην συσκευαζόμενον τὰς ἐν τῇ νήσῳ πόλεις, ταῖς δὲ δυνάμεσιν ὑπερέχοντα τῶν σφετέρων στρατιωτῶν ἔδοξαν ἐνεργέστερον ἅψασθαι τοῦ πολέμου. **2** Εὐθὺς οὖν τριήρεις μὲν κατήρτησαν τριάκοντα πρὸς ταῖς ἑκατόν, στρατηγὸν δὲ προχειρισάμενοι τῶν παρ' αὐτοῖς ἐπιφανεστάτων Ἀμίλκαν ἔδωκαν αὐτῷ τῶν μὲν πολιτικῶν στρατιωτῶν δισχιλίους, ἐν οἷς ἦσαν πολλοὶ καὶ τῶν ἐπιφανῶν, τῶν δ' ἀπὸ Λιβύης μυρίους, ἐκ δὲ τῆς Τυρρηνίας μισθοφόρους χιλίους καὶ ζευγίππας διακοσίους, ἔτι δὲ Βαλιάρας σφενδονήτας χιλίους, ὁμοίως δὲ χρημάτων πλῆθος καὶ βελῶν καὶ σίτου καὶ τῶν ἄλλων τῶν εἰς πόλεμον χρησίμων τὴν καθήκουσαν παρασκευήν. **3** Ἀναχθέντος δ' ἐκ τῆς Καρχηδόνος τοῦ στόλου παντὸς

1 Λυσίμαχον καὶ Πτολεμαῖον R : Πτ. καὶ Λυσ. F || **2** ἀπὸ R : ὑπὸ F || **5** ἑαυτὸν R : ἑαυτῶν F || **6** εἶχεν F : εἶχον R || **11** τε om. F || Πολλίτιον R : Πολίτιον F || **11-12** Μαρρουκίνων R : Μαρουκίνων F || **14** Ἰντέραμναν R : Ἰντέραμνον F || **19** στρατιωτῶν R Fγρ : στρατηγῶν F || **20** μὲν R : οὖν F || **21** δὲ om. F || **24** μυρίους R : μυρίων F || **28** post εἰς add. τὸν F

et gagné le large, elle fut prise dans une brusque tempête : soixante trières coulèrent et deux cents navires qui transportaient des vivres furent détruits. Le reste de la flotte rencontra de fortes tempêtes et réussit avec peine à gagner la Sicile. **4** Il y avait eu de lourdes pertes, même parmi les Carthaginois de grande famille, ce qui provoqua l'instauration d'un deuil public [1] : quand un très grand malheur [2] frappe la cité, les Carthaginois ont coutume de voiler les murailles avec des étoffes noires. **5** Hamilcar, le général, après avoir regroupé les rescapés de la tempête, fit venir des mercenaires et leva parmi les alliés siciliens les hommes qui convenaient. Il prit également avec lui les troupes déjà sur place et, après avoir pris toutes les mesures convenables pour la guerre, il réunit en rase campagne ses troupes, environ quarante mille fantassins et près de cinq mille cavaliers. Comme il avait promptement réparé le malheur subi et qu'il était visiblement un homme de valeur, il ranima les courages défaillants de ses alliés et provoqua une grande alarme chez ses ennemis.

CVII. **1** Agathocle, qui voyait les troupes carthaginoises supérieures aux siennes, comprit que de nombreux fortins et toutes les cités qu'il avait mécontentées allaient passer du côté des Phéniciens. **2** Géla le préoccupait particulièrement, car c'était sur son territoire, avait-il appris, que toutes les troupes ennemies se trouvaient. Sa flotte subit également, à cette époque, une défaite importante : vingt des navires croisant dans le détroit tombèrent aux mains des Carthaginois avec leur équipage. **3** Il n'en décida pas

1. Cf. Plut., *Timol.* 28, 10.
2. Cf. p. XXIII, n. 1 pour cet emploi du comparatif.

καὶ γενομένου πελαγίου χειμὼν ἐξαίφνης ἐπιπεσὼν ἑξήκοντα μὲν τριήρεις ἠφάνισε, διακόσια δὲ τῶν σιτηγῶν πλοίων διέφθειρεν · ὁ δὲ λοιπὸς στόλος μεγάλοις περιπεσὼν χειμῶσι μόλις διεσώθη πρὸς τὴν Σικελίαν. **4** Ἀπώλοντο δὲ καὶ τῶν ἐπιφανῶν Καρχηδονίων οὐκ ὀλίγοι, δι' οὓς συνέβη τὴν πόλιν δημόσιον ἄρασθαι πένθος · εἰώθασι γάρ, ἐπειδὰν μείζων τις ἀτυχία γένηται περὶ τὴν πόλιν, μέλασι σακκίοις κατακαλύπτειν τὰ τείχη. **5** Ἀμίλκας δ' ὁ στρατηγὸς ἀναλαβὼν τοὺς διασωθέντας ἐκ τοῦ χειμῶνος μισθοφόρους συνῆγε καὶ τῶν κατὰ Σικελίαν συμμάχων ἐστρατολόγει τοὺς εὐθέτους. Παρέλαβε δὲ καὶ τὰς προϋπαρχούσας δυνάμεις καὶ πάντων τῶν εἰς πόλεμον εὐθέτων ἐπιμέλειαν ποιησάμενος ἐν ὑπαίθρῳ συνεῖχε τὰ στρατόπεδα, πεζοὺς μὲν ἔχων περὶ τοὺς τετρακισμυρίους, ἱππεῖς δὲ σχεδὸν πεντακισχιλίους. Ταχὺ δὲ τὴν γεγενημένην ἀτυχίαν διορθωσάμενος καὶ δόξας ἀγαθὸς εἶναι τῶν μὲν συμμάχων τὰς ψυχὰς προκαταπεπληγμένας ἀνεκτήσατο, τοῖς δὲ πολεμίοις οὐ τὴν τυχοῦσαν ἀγωνίαν ἐπέστησεν.

CVII. **1** Ἀγαθοκλῆς δὲ τὰς τῶν Καρχηδονίων δυνάμεις ὁρῶν ὑπερεχούσας τῶν ἑαυτοῦ διέλαβε τῶν τε φρουρίων οὐκ ὀλίγα μεταθήσεσθαι πρὸς τοὺς Φοίνικας καὶ τῶν πόλεων ὅσαι προσέκοπτον αὐτῷ. **2** Μάλιστα δ' εὐλαβεῖτο περὶ τῆς τῶν Γελῴων, πυνθανόμενος ἐν τῇ τούτων χώρᾳ πάσας εἶναι τὰς τῶν πολεμίων δυνάμεις. Ἐγένετο δ' αὐτῷ περὶ τοῦτον τὸν χρόνον καὶ περὶ τὸν στόλον οὐ μικρὸν ἐλάττωμα · τῶν γὰρ νεῶν εἴκοσιν ἐπὶ τὸν πορθμὸν ὑποχείριοι τοῖς Καρχηδονίοις κατέστησαν σὺν αὐτοῖς ἀνδράσιν. **3** Οὐ μὴν ἀλλὰ κρίνας τὴν τῶν

4 μόλις R : μόγις F ‖ **7** εἰώθασι R : εἰώθεσαν F ‖ **8** σακκίοις R : ῥακίοις F ‖ **12** δυνάμεις om. F ‖ **13** post εἰς add. τὸν F ‖ **13-16** ἐν—διορθωσάμενος om. F ‖ **17-18** προκαταπεπληγμένας R : καταπεπληγμένας F ‖ **21** τῶν ἑαυτοῦ om. F ‖ **27** εἴκοσιν post πορθμὸν transp. F ‖ **28** ὑποχείριοι R : ὑποχείρια F.

moins de s'assurer de Géla grâce à une garnison, mais il n'osait y amener ouvertement des troupes : si les Géléens, qui ne cherchaient qu'un prétexte, allaient le prendre de vitesse et lui faire perdre une cité qui lui offrait de grandes ressources ! **4** Il envoya donc ses soldats, petit à petit, comme pour répondre à certains besoins, jusqu'à ce qu'ils fussent plus nombreux que ceux de la cité. Lui-même arriva peu après et accusa les Géléens de trahison et de désertion. Peut-être cela avait-il été réellement leur intention, peut-être avait-il cru à des calomnies d'exilés, ou bien avait-il voulu s'enrichir de leurs biens : en tout cas, il fit exécuter plus de quatre mille Géléens et confisqua leur fortune. Il ordonna également à tous les autres Géléens d'apporter leurs pièces de monnaie, ainsi que leur argent et leur or non monnayés, sous peine de châtiment pour les récalcitrants. **5** Effrayés, ils s'exécutèrent tous à la hâte et il amassa une grande quantité de richesses tout en inspirant une terreur panique à tous ceux qui lui étaient soumis. Après avoir visiblement traité trop cruellement les Géléens, il fit ensevelir les corps de ceux qui avaient été exécutés dans les fossés en dehors des murailles. Après avoir laissé dans la cité la garnison nécessaire, il établit son camp en face des ennemis.

CVIII. **1** Les Carthaginois occupaient la colline Ecnomos [1], qui fut, à ce qu'on raconte, un fortin de Phalaris. C'est là, dit-on, que le tyran avait installé le fameux taureau d'airain qui servait à torturer les suppliciés grâce au feu qui brûlait sous l'installation. [2] Et c'est cette conduite impie vis à vis des victimes qui avait valu à cette colline le nom d'Ecnomos. **2** De l'autre côté, Agathocle occupait un autre fortin de

1. Cf. p. 140, n. 2.
2. Timée niait l'existence de ce taureau, cf. 13, 90 et Polybe, 12, 25. C'est un argument contre l'utilisation directe de cet auteur par Diodore.

Γελῴων πόλιν ἀσφαλίσασθαι φρουρᾷ, φανερῶς οὐκ ἐτόλμα δύναμιν εἰσαγαγεῖν, ἵνα μὴ φθάσαι συμβῇ τοὺς Γελῴους προφάσεως δεομένους καὶ τὴν πόλιν ἀποβάλῃ μεγάλας ἀφορμὰς αὐτῷ παρεχομένην. **4** Ἀπέστειλεν οὖν κατ' ὀλίγους τῶν στρατιωτῶν ὡς ἐπί τινας χρείας, ἕως ὅτου συνέβη τῷ πλήθει πολὺ προτερῆσαι τῶν πολιτικῶν. Μετ' ὀλίγον δὲ καὶ αὐτὸς παραγενόμενος προδοσίαν ἐνεκάλεσε καὶ μετάθεσιν τοῖς Γελῴοις, εἴτε καὶ κατ' ἀλήθειαν αὐτῶν διανοηθέντων τι πρᾶξαι τοιοῦτον, εἴτε καὶ ψευδέσι διαβολαῖς φυγάδων πεισθεὶς ἢ καὶ χρημάτων βουλόμενος εὐπορῆσαι, ⟨καὶ⟩ ἀπέσφαξε τῶν Γελῴων πλείους τῶν τετρακισχιλίων καὶ τὰς οὐσίας αὐτῶν ἀνέλαβε. Προσέταξε δὲ καὶ τοῖς ἄλλοις Γελῴοις πᾶσι τά τε νομίσματα καὶ τὸν ἄσημον ἄργυρόν τε καὶ χρυσὸν ἀνενεγκεῖν, διαπειλησάμενος τιμωρήσασθαι τοὺς ἀπειθήσαντας. **5** Ταχὺ δὲ πάντων πραξάντων τὸ προσταχθὲν διὰ τὸν φόβον χρημάτων τε πλῆθος ἤθροισε καὶ πᾶσι τοῖς ταττομένοις ὑφ' ἑαυτὸν δεινὴν ἐνεποίησε κατάπληξιν. Δόξας δ' ὠμότερον κεχρῆσθαι τοῦ καθήκοντος τοῖς Γελῴοις τοὺς μὲν ἀποσφαγέντας εἰς τὰς ἐκτὸς τῶν τειχῶν τάφρους συνέχωσεν, ἐν δὲ τῇ πόλει τὴν ἱκανὴν φρουρὰν ἀπολιπὼν ἀντεστρατοπέδευσε τοῖς πολεμίοις.

CVIII. **1** Κατεῖχον δὲ Καρχηδόνιοι μὲν τὸν Ἔκνομον λόφον, ὅν φασι φρούριον γεγενῆσθαι Φαλάριδος. Ἐν τούτῳ δὲ λέγεται κατεσκευακέναι τὸν τύραννον ταῦρον χαλκοῦν τὸν διαβεβοημένον, πρὸς τὰς τῶν βεβασανισμένων τιμωρίας ὑποκαομένου τοῦ κατασκευάσματος· διὸ καὶ τὸν τόπον Ἔκνομον ἀπὸ τῆς εἰς τοὺς ἀτυχοῦντας ἀσεβείας προσηγορεῦσθαι. **2** Ἐκ δὲ θατέρου μέρους Ἀγαθοκλῆς ἕτερον τῶν Φαλάριδος γεγενημένων φρου-

1 φρουρᾷ R : φρουραῖς F ‖ **2** τοὺς Γελῴους R : τοῖς Γελῴοις F ‖ **9** αὐτῶν R : αὐτῷ F ‖ **10** post καὶ add. νὴ Δία F ‖ **11** καὶ add. Bekker ‖ **16** ἀπειθήσαντας R : ἀπαιτήσοντας F ‖ **19** τοῦ καθήκοντος R : τοὺς καθήκοντας F ‖ **27** ὑποκαομένου R : ὑποκαιομένου F.

Phalaris, le Phalarion, qui portait son nom. Et, entre les deux camps, il y avait un fleuve qui servait à chacun des ennemis de rempart contre l'autre. De vieilles rumeurs couraient selon lesquelles ce lieu devait voir périr une multitude d'hommes, lors d'une bataille. Qui devait être vaincu, on l'ignorait ; aussi les troupes, prises d'une crainte superstitieuse, répugnaient-elles à combattre. **3** C'est pourquoi, pendant longtemps, aucune des armées n'osa franchir le fleuve en force, jusqu'à ce qu'une cause inattendue provoquât l'engagement général. Les Libyens faisaient des incursions dans le territoire ennemi et cela incita Agathocle à agir de même. Tandis que les Grecs conduisaient du petit bétail et quelques bêtes de somme qu'ils avaient fait sortir du camp, ceux qui étaient chargés de leur donner la chasse s'élancèrent hors du retranchement carthaginois. **4** Agathocle, devinant ce qui allait se produire, plaça, en embuscade près du fleuve, des hommes d'élite. Quand les Carthaginois, poursuivant ceux qui conduisaient le petit bétail, eurent franchi le fleuve, ces hommes surgirent soudain de leur embuscade. L'attaque surprit les Carthaginois en désordre et ils furent facilement mis en déroute. **5** Tandis que les Barbares se faisaient tuer ou fuyaient vers leur camp, Agathocle, jugeant le moment venu de livrer vraiment bataille, conduisit toute l'armée contre le camp ennemi. Son attaque les prit à l'improviste ; il combla rapidement une partie du fossé, arracha la palissade et se fraya un passage jusque dans le camp. **6** Les Carthaginois, saisis de stupeur et incapables d'exécuter les mouvements nécessaires pour former les lignes, affrontaient les ennemis que le hasard plaçait devant eux. Le long du fossé, le combat était

ρίων κατεῖχε, τὸ προσαγορευθὲν ἀπ' ἐκείνου Φαλάριον. Καὶ διὰ μέσων μὲν τῶν παρεμβολῶν ἦν ποταμός, ὃν ἀμφότεροι πρόβλημα τῶν πολεμίων ἐπεποίηντο, φῆμαι δὲ κατεῖχον ἐπὶ τῶν προτέρων χρόνων ὅτι δεῖ περὶ τὸν τόπον τοῦτον πλῆθος ἀνθρώπων ἐν μάχῃ διαφθαρῆναι. Οὐκ ὄντος δὲ φανεροῦ παρ' ὁποτέροις γενήσεται τὸ ἀτύχημα, συνέβαινε δεισιδαιμονεῖν τὰ στρατόπεδα καὶ πρὸς μάχην ὀκνηρῶς ἔχειν. **3** Διόπερ ἐπὶ πολὺν χρόνον οὐδέτεροι τὸν ποταμὸν ἐτόλμων διαβαίνειν ἀθρόοις στρατιώταις ἕως ὅτου παράλογός τις αἰτία προεκαλέσατο αὐτοὺς εἰς τὸν ὁλοσχερῆ κίνδυνον. Τῶν γὰρ Λιβύων κατατρεχόντων τὴν πολεμίαν Ἀγαθοκλῆς παρωξύνθη τὸ παραπλήσιον ποιῆσαι. Ἀγόντων δὲ λείαν τῶν Ἑλλήνων καί τινα τῶν ἀπὸ τῆς παρεμβολῆς ὑποζυγίων ἀπαγαγόντων ἐπεξῆλθον ἐκ τοῦ Καρχηδονίων χάρακος οἱ τούτους διώξοντες. **4** Ὁ δ' Ἀγαθοκλῆς προϊδόμενος τὸ μέλλον ἔσεσθαι παρὰ τὸν ποταμὸν ἔθηκεν ἐνέδραν ἀνδρῶν ἐπιλέκτων ταῖς ἀρεταῖς. Οὗτοι δέ, τῶν Καρχηδονίων τοὺς τὴν λείαν ἄγοντας ἐπιδιωκόντων καὶ διαβάντων τὸν ποταμόν, ἐξανέστησαν ἐκ τῆς ἐνέδρας ἄφνω καὶ προσπεσόντες ἀτάκτοις ῥᾳδίως ἐτρέψαντο. **5** Φονευομένων δὲ τῶν βαρβάρων καὶ πρὸς τὴν ἰδίαν παρεμβολὴν φευγόντων Ἀγαθοκλῆς, νομίσας ἥκειν τὸν καιρὸν τοῦ διαγωνίσασθαι, πᾶσαν ἤγαγε τὴν δύναμιν ἐπὶ τὴν τῶν πολεμίων στρατοπεδείαν. Προσπεσὼν δ' αὐτοῖς ἀπροσδοκήτως καὶ ταχὺ μέρος τῆς τάφρου χώσας ἀνέσπασε τὸν χάρακα καὶ βιαζόμενος εἰς τὴν παρεμβολὴν παρεισέπεσεν. **6** Οἱ δὲ Καρχηδόνιοι διά τε τὸ παράδοξον καταπεπληγμένοι καὶ πρὸς ἔκταξιν οὐ δυνάμενοι λαβεῖν ἀναστροφήν, ὡς ἔτυχε τοῖς πολεμίοις ἀπήντων καὶ ἠγωνίζοντο. Περὶ δὲ τὴν τάφρον ἀμφοτέρων ἐρρω-

2 διὰ μέσων R : διαμέσον F ‖ ὃν R : ᾧ F ‖ **3** πρόβλημα R : προβλήματα F ‖ **9** ἐτόλμων R² F : ἐτόλμουν R ‖ **15** ante Καρχηδονίων add. τῶν F ‖ **17** ἔθηκεν R : ἐνέθηκεν F ‖ **24** τοῦ om. F.

acharné de part et d'autre et, bien vite, toute la place environnante fut jonchée de morts. En effet, les plus distingués des Carthaginois, voyant que le camp allait être pris, étaient venus à la rescousse, tandis que les hommes d'Agathocle, enhardie par leur avantage et pensant régler toute la guerre par une seule bataille, pressaient vivement les Barbares.

CIX. **1** Hamilcar, voyant que les siens avaient le dessous et que les Grecs étaient toujours plus nombreux à faire irruption dans le camp, fit intervenir les frondeurs des îles Baléares, mille hommes au moins. **2** Ceux-ci, par leurs jets incessants de grosses pierres, causèrent de multiples blessures, ainsi que de nombreuses pertes chez les assaillants et brisèrent les armes protectrices de la plupart de ceux-ci. Ces hommes, qui ont l'habitude de lancer des pierres d'une mine [1], contribuent en effet grandement à la victoire dans les combats, car, chez eux, ils s'exercent dès l'enfance au maniement de la fronde. **3** C'est ainsi qu'ils rejetèrent les Grecs hors du camp et prirent l'avantage sur eux. Mais les hommes d'Agathocle lançaient de nouvelles attaques sur d'autres points et, sans nul doute, le camp allait être pris de vive force, quand un contingent de Libye vint par le fleuve rejoindre les Carthaginois qui ne l'attendaient pas. **4** C'est pourquoi, reprenant courage, ceux du camp soutinrent le combat de front, tandis que les renforts encerclaient les Grecs. Ces coups inattendus transformèrent rapidement la figure du combat. Certains Grecs s'enfuirent dans la direction de l'Himéras, les autres dans la direction du camp. Pour se replier ils avaient à parcourir quarante stades [2], et ceci presque uniquement sur terrain plat, et au moins cinq mille cavaliers barbares leur donnaient la chasse ; aussi, le

1. Un peu moins d'une livre.
2. 7 km environ.

μένως κινδυνευόντων ταχὺ πᾶς ὁ πλησίον τόπος νεκρῶν κατεστρώθη · οἵ τε γὰρ τῶν Καρχηδονίων ἐπιφανέστατοι τὴν παρεμβολὴν ὁρῶντες ἁλισκομένην ἐβοήθουν, οἵ τε περὶ τὸν Ἀγαθοκλέα τῷ προτερήματι τεθαρρηκότες καὶ νομίζοντες ἑνὶ κινδύνῳ καταλύσειν πάντα τὸν πόλεμον ἐνέκειντο τοῖς βαρβάροις.

CIX. 1 Ὁ δ' Ἀμιλκας ὁρῶν κατισχυομένους τοὺς ἑαυτοῦ καὶ τῶν Ἑλλήνων ἀεὶ πλείους παρεισπίπτοντας εἰς τὴν παρεμβολὴν ἐπέστησε τοὺς σφενδονήτας τοὺς ἐκ τῶν Βαλιαρίδων νήσων, ὄντας οὐκ ἐλάττους τῶν χιλίων. 2 Οὗτοι δὲ συνεχεῖς καὶ μεγάλους λίθους ἀφιέντες πολλοὺς μὲν ἐτραυμάτιζον, οὐκ ὀλίγους δὲ καὶ τῶν βιαζομένων ἀπέκτεινον, τῶν δὲ πλείστων τὰ σκεπάζοντα τῶν ὅπλων συνέτριβον · οἱ γὰρ ἄνδρες οὗτοι μναιαίους λίθους βάλλειν εἰωθότες μεγάλα συμβάλλονται πρὸς νίκην ἐν τοῖς κινδύνοις, ὡς ἂν ἐκ παίδων παρ' αὐτοῖς τῆς ἐν ταῖς σφενδόναις γυμνασίας διαπονουμένης. 3 Τούτῳ δὲ τῷ τρόπῳ τοὺς Ἕλληνας ἐκ τῆς παρεμβολῆς ἐκβαλόντες ἐκράτησαν. Πάλιν δὲ οἱ περὶ τὸν Ἀγαθοκλέα κατ' ἄλλους τόπους προσβολὰς ἐποιοῦντο καὶ δὴ τῆς παρεμβολῆς ἤδη κατὰ κράτος ἁλισκομένης κατέπλευσε τοῖς Καρχηδονίοις δύναμις ἐκ Λιβύης ἀνέλπιστος. 4 Διὸ καὶ ταῖς ψυχαῖς πάλιν θαρρήσαντες οἱ μὲν ἐκ τῆς παρεμβολῆς κατὰ στόμα ἐκινδύνευον, οἱ δὲ παρόντες ἐπὶ τὴν βοήθειαν κύκλῳ περιίσταντο τοὺς Ἕλληνας. Ὧν τιτρωσκομένων παραδόξως ἡ μὲν μάχη ταχὺ παλίντροπος ἐγένετο, ἔφευγον δ' οἱ μὲν εἰς τὸν Ἱμέραν ποταμόν, οἱ δ' εἰς τὴν παρεμβολήν. Τετταράκοντα σταδίους ⟨δ'⟩ ἐχούσης τῆς ἀποχωρήσεως καὶ ταῦτα σχεδὸν πάσης πεδινῆς οὔσης ἐπεδίωκον οἱ τῶν βαρβάρων ἱππεῖς, οὐκ ἔλαττον ὄντες πεντακισχιλίων. Διὸ καὶ συνέβη τὸν μεταξὺ τόπον νεκρῶν

10 Βαλιαρίδων Rhod. : Βαλαρίδων R Βαλλιαρίδων F || 14 μναιαίους R : μναaίους F || 28 δ' add. Dindorf || 30 ἔλαττον R : ἐλάττονες F.

terrain derrière les Grecs fut-il jonché de morts. Le fleuve contribua, lui aussi, pour une bonne part à la perte des Grecs : **5** c'était la période de la canicule [1] et, comme la poursuite avait lieu au milieu de la journée, la plupart des fuyards, altérés par la chaleur et la fatigue de la fuite, buvaient immodérément, et ceci alors que le flot était salé. C'est pourquoi on retrouva le long du fleuve autant de morts sans blessures que d'hommes tués au cours de la poursuite. Dans cette bataille, les pertes des Barbares furent de cinq cents hommes environ et celles des Grecs de sept mille hommes au moins.

CX. **1** Après avoir subi un pareil désastre, Agathocle regroupa les survivants de la déroute. Il fit brûler le camp et se retira dans Géla. Il avait fait courir le bruit qu'il voulait se replier en hâte sur Syracuse : trois cents cavaliers libyens tombèrent dans la campagne, sur quelques soldats d'Agathocle, qui leur dirent que celui-ci était parti pour Syracuse. Ils entrèrent donc dans Géla comme dans une cité amie, mais trompés dans leur attente, ils furent abattus. **2** Agathocle s'enferma dans Géla ; il aurait très bien pu se réfugier à Syracuse, mais il voulait occuper les ennemis avec le siège de Géla, afin de permettre aux Syracusains de rentrer leurs récoltes en toute tranquillité, comme le demandait la saison. **3** Hamilcar entreprit tout d'abord d'assiéger Géla, mais, quand il sut que cette ville avait des troupes pour la défendre et qu'Agathocle ne manquait de rien, il renonça à son projet. Il fit le tour des fortins et des cités qu'il rallia à son parti ; il usait de bienveillance envers tous, car il voulait susciter le dévouement des Siciliens. Et, sur le champ, les habitants de Camarine

1. Fin juin 310 ou peut-être 311, cf. Van Campernolle, *op. cit.* [n. compl. p. 15] p. 413, n. 2.

πληρωθῆναι, πολλὰ συμβαλλομένου καὶ τοῦ ποταμοῦ πρὸς τὴν τῶν Ἑλλήνων ἀπώλειαν · 5 ὑπὸ κύνα γὰρ οὔσης τῆς ὥρας καὶ τοῦ διωγμοῦ περὶ μέσον ἡμέρας γινομένου οἱ πολλοὶ τῶν φευγόντων διά τε τὸ καῦμα καὶ τὴν ἐκ τῆς φυγῆς κακοπάθειαν ἔκδιψοι γινόμενοι λάβρως ἔπινον, καὶ ταῦθ' ἁλυκοῦ τοῦ ῥεύματος ὄντος. Διόπερ οὐκ ἐλάττους τῶν ἐν τῷ διωγμῷ σφαγέντων εὑρέθησαν παρὰ τὸν ποταμὸν τετελευτηκότες ἄτρωτοι. Ἔπεσον δ' ἐν τῇ μάχῃ τῶν ταύτῃ μὲν βαρβάρων περὶ πεντακοσίους, τῶν δ' Ἑλλήνων οὐκ ἐλάττους ἑπτακισχιλίων.

CX. 1 Ἀγαθοκλῆς δὲ τηλικαύτῃ συμφορᾷ περιπεσὼν τοὺς ἐκ τῆς τροπῆς διασωθέντας ἀνέλαβεν καὶ τὴν παρεμβολὴν ἐμπρήσας εἰς Γέλαν ἀπεχώρησε. Διαδόντος δ' αὐτοῦ λόγον ὡς κατὰ σπουδὴν εἰς Συρακούσσας ἀναζευγνύειν διέγνωκε, τριακόσιοι τῶν ἐκ Λιβύης ἱππέων κατὰ τὴν χώραν περιέπεσόν τισι τῶν Ἀγαθοκλέους στρατιωτῶν. Ὧν εἰπόντων ὡς Ἀγαθοκλῆς εἰς Συρακούσσας ἀποκεχώρηκεν, εἰσῆλθον εἰς Γέλαν ὡς φίλοι καὶ διαψευσθέντες τῆς ἐλπίδος κατηκοντίσθησαν. 2 Ὁ δ' Ἀγαθοκλῆς συνέκλεισεν αὑτὸν εἰς τὴν Γέλαν, οὐκ ἀδυνατῶν εἰς Συρακούσσας διασωθῆναι, βουλόμενος δὲ περισπάσαι τοὺς Καρχηδονίους πρὸς τὴν πολιορκίαν τῆς Γέλας, ἵν' οἱ Συρακόσιοι πολλὴν ἄδειαν σχῶσι συγκομίσαι τοὺς καρπούς, ἀναγκάζοντος τοῦ καιροῦ. 3 Ὁ δ' Ἀμίλκας τὸ μὲν πρῶτον ἐπεχείρει πολιορκεῖν τὴν Γέλαν, πυνθανόμενος δὲ ἐν ταύτῃ καὶ δύναμιν εἶναι τὴν ἀμυνομένην καὶ πάντων εὐπορεῖν τὸν Ἀγαθοκλέα ταύτης μὲν ἀπέστη τῆς ἐπιβολῆς, τὰ δὲ φρούρια καὶ τὰς πόλεις ἐπιπορευόμενος προσήγετο καὶ πᾶσιν ἐχρῆτο φιλανθρώπως, ἐκκαλούμενος τοὺς Σικελιώτας πρὸς εὔνοιαν.

4 οἱ om. F ‖ **6** λάβρως R : λαύρως F ‖ **7** ὄντος R : ὄντες F ‖ **13** ante τοὺς add. καὶ F ‖ **16** ἀναζευγνύειν διέγνωκε F : ἀναζευγνύει R ‖ **22** διασωθῆναι R : ἀποσωθῆναι F.

et de Léontini, ceux de Catane et de Tauromenion envoyèrent des ambassadeurs et se rallièrent aux Carthaginois. **4** Quelques jours plus tard, les habitants de Messine et d'Abacène [1], ainsi que ceux d'un grand nombre de cités, rivalisèrent de hâte en abandonnant Agathocle pour Hamilcar : si fort fut l'élan que suscita la haine du tyran dans les populations après sa défaite. **5** Agathocle, après avoir ramené le reste de ses troupes à Syracuse, s'occupa à remettre en état les parties ruinées des murs et à faire rentrer le blé de la campagne. Son intention était de laisser la garnison nécessaire dans la ville, tandis qu'il ferait passer en Libye la plus grande partie de l'armée, transportant la guerre de l'île sur le continent.

Comme nous l'avions indiqué au départ, nous commencerons notre prochain livre avec le passage d'Agathocle en Libye.

1. Correction de P. Cluverius, *Sicilia antiqua*, 1659.

Καὶ Καμαριναῖοι μὲν καὶ Λεοντῖνοι, πρὸς δὲ τούτοις Καταναῖοι καὶ Ταυρομενῖται παραχρῆμα πρέσβεις ἐκπέμψαντες προσέθεντο Καρχηδονίοις · **4** μετ' ὀλίγας δ' ἡμέρας οἵ τε Μεσσήνιοι καὶ 'Αβακαινῖνοι καὶ συχναὶ τῶν πόλεων ἀλλήλας φθάνουσαι πρὸς 'Αμίλκαν ἀφίατοντο · τοσαύτη τοῖς ὄχλοις ἐνέπεσεν ὁρμὴ μετὰ τὴν ἧτταν διὰ τὸ πρὸς τὸν τύραννον μῖσος. **5** 'Ο δ' 'Αγαθοκλῆς ἀπαγαγὼν τὴν ὑπολελειμμένην δύναμιν εἰς Συρακούσσας τὰ πεπονηκότα τῶν τειχῶν ἐπεσκεύαζε καὶ τὸν ἀπὸ τῆς χώρας σῖτον ἀπεκόμιζε, διανοούμενος τῆς μὲν πόλεως τὴν ἱκανὴν ἀπολιπεῖν φυλακήν, τῆς δὲ δυνάμεως τὴν κρατίστην μετάγειν εἰς Λιβύην καὶ μετατιθέναι τὸν πόλεμον εἰς τὴν ἤπειρον ἐκ τῆς νήσου.

'Ημεῖς δὲ κατὰ τὴν ἐν ἀρχῇ πρόθεσιν τὴν εἰς Λιβύην 'Αγαθοκλέους διάβασιν ἀρχὴν ποιησόμεθα τῆς ἐπομένης βίβλου.

2 Ταυρομενίται R : Ταυρομενῆται R[2sl] Ταυρομενόται F || **4** 'Αβακαινῖνοι Cluverius : 'Αβακήνινοι R Βακίνειοι F || **5** ἀλλήλας φθάνουσαι R : ἀλλήλαις φθονοῦσαι F || **7-8** ἀπαγαγὼν R[2mg] : ἀπολιπὼν R F || **12** μετατιθέναι R : μεταθεῖναι F.

NOTES COMPLÉMENTAIRES

Page 6 : Chap. 1.1

On pourrait également comprendre « les plus influents de leurs concitoyens » ; cf., sur ce sens de πολιτευύεθαι : « jouir des droits politiques », L. Robert, *Hellenica*, I, Paris, 1940, p. 38-39.

Page 6 : Chap. 1.3

Cf. 11.54-55 ; 11.87.1-2. A. E. Raubitschek, « Theophrastos on ostracism », *Classica et Mediaevalia*, 19, 1958, p. 72-109, attribue ce passage à Timée, qui suivrait l'interprétation d'Aristote, *Pol.* 5, 1284.

Page 6 : Chap. 1.4

Formule courante, cf. 19, 11, 9 et Polybe, 29, 6c, 4.

Page 8 : Chap. 1.10

Le mot *dynasteia* désigne un régime autoritaire, oligarchique ou monarchique, cf. R. Weil, *L'archéologie de Platon*, Paris, 1959, p. 68-69. Sur l'emploi des mots δυνάστης,, τύραννος, βασιλεύς pour désigner le détenteur du pouvoir, cf. U. von Wilamowitz-Moellendorff, « Hieron und Pindaros », *Sitzungber. Berlin*, 35, 1901, p. 1270-1318.

Page 9 : Chap. 2.5

D'après les indications de 21, n° 16, 5, Agathocle serait né en 361. Sur le thème de l'enfant sauvé, par ex. Cypsélos dans Hérod. 5, 92, on consultera J.-P. Vernant, p. 116 de J.-P. Vernant et P. Vidal-Naquet, *Mythe et tragédie en Grèce ancienne*, Paris, 1972.

Page 9 : Chap. 2.6

Selon Justin, 22, 1, 2-6. Agathocle fit commerce de sa beauté. Polybe, 12, 15, 12, impute cette accusation à la malveillance de Timée.

Page 9 : Chap. 2.7

Selon Polybe, 12, 15, 6, Agathocle avait alors dix-huit ans. Justin, 22, 1, 11-12, le fait participer à la campagne contre les Etnéens, mentionnée par Diodore en 16, 82, 4. Sur son métier de potier, cf. 20, 63, 4-5.

Page 10 : Chap. 2.9

Sur ce symbole de royauté, cf. H. Berve, *Die Herrschaft des Agathokles*, Sitzungber. München, 1952, fasc. 5, publ. 1953, v. p. 21.

Page 10 : Chap. 3.1

Cf. Justin, 22, 1, 12-13 et Polybe, 12, 15, 2.

Page 10 : Chap. 3.3

Cf. E. Ciaceri, *Storia della Magna Grecia*, Milano, 1932, p. 17.

Page 11 : Chap. 4.3

L'interprétation de E. Manni, p. 145-146 de « Agatocle e la politica estera di Siracusa », *Kokalos*, 12, 1966, p. 144-162, selon laquelle les Six-Cents ont formé un conseil du temps de Sosistratos, semble la meilleure. Pour M. Sordi, *op. cit.* [p. xi, n. 5] p. 79, il s'agirait des membres d'un *synedrion* créé par Timoléon, auquel seul ce texte ferait allusion. De toute façon, il ne s'agit plus dans notre texte que d'un groupe politique et non d'un organe officiel, cf. 19.5.6 ; 19.6.4.

Page 13 : Chap. 5.1

On trouve en 319/318 dans le *Marmor Parium*, *F.Gr.Hist.* n° 239, une première mention d'Agathocle : Ἀγαθοκλῆν Συρακόσιοι εἵλοντο ἐπὶ τῶν ἐρυμάτων τῶν ἐν Σικελίᾳ αὐτοκράτορα στρατηγόν. « Les Syracusains désignèrent Agathocle comme stratège avec pleins pouvoirs pour les retranchements de Sicile. » E. Manni, *op. cit.* [n. compl. p. 11] p. 148-150, pense que ce sont ces fonctions qui ont inquiété Acestoridès. Berve, *op. cit.* [n. compl. p. 10] p. 29-31, identifie ce titre à celui de stratège et de protecteur de la paix (cf. 19, 5, 5) donné à Agathocle sans doute en 317. Cette hypothèse se heurte à une grosse difficulté de vocabulaire. Le décalage chronologique qu'elle implique est moins grave, puisque, par exemple, le *Marmor Parium* place en 312 l'éclipse de soleil qui, en août 310, a précédé le départ d'Agathocle pour l'Afrique.

Page 13 : Chap. 5.3

Dans Polyen, 8, 5, 7, Arsinoé, veuve de Lysimaque, se sauve par un stratagème identique.

Page 13 : Chap. 5.4

Justin, 22, 2, 1-10, parle de la médiation d'un Hamilcar, peut-être celui dont il est question dans Plutarque, *Timol.* 25.

Page 13 : Chap. 5.5

M. Scheele, ΣΤΡΑΤΗΓΟΣ ΑΥΤΟΚΡΑΤΩΡ, Leipzig, 1932, p. 52, pense qu'Agathocle avait dès lors reçu les pleins pouvoirs. Le texte de Diodore ne permet pas d'aller si loin. Sur l'hypothèse de Berve, cf. *supra*, n. compl. à 5.1.

Page 14 : Chap. 5.6

Ce mot a pris très tôt un caractère politique, cf. F. Sartori, *Le eterie nella vita politica ateniese del VI° e V° sec. a.C.*, Roma, 1957, p. 28.

Page 15 : Chap. 6.4

Gymnase bâti près du tombeau de Timoléon, cf. Plut., *Timol.* 39, 4, dans le quartier de l'Achradina, cf. Drögemüller, *op. cit.* [p. 13, n. 2] p. 111, n. 59. — Selon Diodore, le coup d'État a lieu en 317/316, selon Justin, 22, 5, 3 et le *Marmor Parium* (*F.Gr.Hist.* n° 239) en 316/315. Discussion dans R. van Compernolle, « La clause territoriale du traité de 306-305 », *Rev. belge philolog. hist.*, 32, 1954, p. 395-421, v. p. 406, n. 3.

Page 18 : Chap. 9.4

Berve, *op. cit.* [n. compl. p. 10] p. 33-41, considère d'après ce passage qu'Agathocle a reçu les pouvoirs civils d'un épimélète et que sa tyrannie est parfaitement légale. En fait le texte ne dit rien de tel et l'on trouve une expression similaire à propos de Denys en 13, 96, 2.

Page 19 : Chap. 9.7

Cf. 20, 54. Le diadème ne semble pas avoir été spécialement utilisé comme symbole du pouvoir royal avant Alexandre, cf. H. W. Ritter, *Diadem und Königsherrschaft. Untersuchungen zu Zeremonien und Rechtsgrundlagen des Herrschaftantritts bei den Persen, bei Alexander dem Grossen und im Hellenismus*, Diss. Mainz, 1961 = *Vestigia*, 7, 1965, p. 1-186.

Page 19 : Chap. 9.7

Cf., par ex., l'attitude de Pausanias, après la victoire de Platées dans Thuc., 1, 130. Autre passage favorable à Agathocle en 20, 63.

Page 19 : Chap. 10.1

Le récit des affaires romaines, interrompu dans les livres 17 et 18, reprend ici, au milieu de la deuxième guerre samnite.

Commentaire abondant dans Salmon, *op. cit.* [p. XIX, n. 2], v. p. 231 pour ce passage. Cf. également M. Sordi, *Roma e Sannite nel IV° secolo a.C.*, Bologna, 1969. — F a la graphie grecque Σαυνῖται, qui est également attestée dans R en 16.45.8 ; 19.10.1 ; 20.35.2 ; 20.64.2, mais dans ce manuscrit la graphie latinisée Σαμνῖται est la plus fréquente.

Page 20 : Chap. 11.1

En Macédoine Eurydice, l'épouse ambitieuse et énergique du faible d'esprit Philippe Arrhidée, a démis Polyperchon de ses fonctions de régent au profit de Cassandre, fils d'Antipatros, le précédent régent. Après de nombreux revers en Grèce, Polyperchon recherche l'appui d'Olympias. — Principales études pour les affaires de Grèce et d'Asie : E. Will, *Histoire politique du monde hellénistique*, I, Nancy, 1966, qui donne une bibliographie abondante ; H. Bengtson, *Die Strategie in der hellenistischen Zeit. Ein Beitrag zum antiken Staatsrecht*, Münchener Beiträge zur Papyrusforschung und antiken Rechtsgeschichte, fasc. 26, 1937 et 32, 1944, qui étudie tous les problèmes institutionnels et juridiques. Sont également utiles : M. Fontana, *op. cit.*, p. XV, n. 2, jusqu'en 315 ; Seibert, *op. cit.*, p. XV, n. 4, à partir de 315, ainsi que C. Wehrli, *Antigone et Démétrios*. Genève, 1968 et E. Manni, *Demetrio Poliorcete*, Rome, 1951. L'étude ancienne, mais détaillée, de J. C. Droysen, *Histoire de l'Hellénisme*, trad. fr. A. Bouché-Leclerq, t. II, Paris, 1884, reste intéressante, ainsi que B. Niese, *Geschichte der griechischen und makedonischen Staaten seit der Schlacht bei Chäronea*, I, Gotha, 1893. Sur la carrière antérieure de la plupart des protagonistes, cf. H. Berve, *Das Alexanderreich auf prosopographischer Grundlage*, II, Leipzig, 1926.

Page 22 : Chap. 11.9

En fait les épouses ou les parentes des hauts personnages macédoniens ont toujours joué un rôle important, cf. G. H. Marcudy, *Hellenistic Queens. A study of woman power in Macedonia, Seleucid Syria and Ptolemaic Egypt*, The J. Hopkins Univ. stud. in archeol., Baltimore, 1932.

Page 22 : Chap. 12.1

En Asie, Eumène a été nommé stratège avec pleins pouvoirs par Polyperchon à la place d'Antigone, mais ce dernier, maintenu dans ses fonctions par Eurydice, a conclu une alliance avec Ptolémée et Cassandre.

Page 22 : Chap. 12.2

Eumène a été condamné pour l'aide apportée à Perdiccas et sa responsabilité dans la mort de Cratère. Pour les pouvoirs judiciaires des Macédoniens, cf. A. Aymard, « Sur l'assemblée macédonienne », *Rev. ét. anc.*, 52, 1950, p. 115-137 (= *Et. d'Hist. anc.*, Paris, 1967, p. 143-163).

Page 23 : Chap. 13.2

Même épisode en 18, 73, 4, cf. intr. p. xii. Il y est peut-être fait allusion dans une chronique babylonienne, cf. A. Momigliano, « La cronaca sui Diadochi, commento storico », *Riv. di Filologia e Ist. cl.*, n.s. 10, 1932, p. 462-484, v. p. 475-476. Mais la date, automne 318, convient mal et on y parle de la prise de l'acropole de Babylone, ce qu'on ne trouve pas dans Diodore.

Page 24 : Chap. 13.7

Ἡγεμών est employé de façon très générale dans ce livre et on ne peut en particulier pas l'opposer à στρατηγός, cf. 19, 83, 5. Ces deux termes s'appliquent à un commandement militaire, à la différence de « satrape » qui implique le gouvernement d'un territoire. Sur des différences d'emploi entre ces deux mots dans d'autres textes, cf. Holleaux, *op. cit.* [p. 12, n. 1] III, p. 3 et Bickerman, *op. cit.* [p. 20, n. 5] p. 64-65.

Page 25 : Chap. 14.4

Sans doute a-t-il été élu par l'ensemble des Macédoniens présents, c.-à-d. les chefs et leur *agèma*. Κοινὸν δόγμα est employé pour désigner une décision officielle, cf. *SIG*, 3e éd., 1023, 40 et A. Mauersberger, *Polybios Lexicon*, Berlin, 1966, *s.v.* κοινός, col. 1409-10.

Page 25 : Chap. 14.4

Il n'y a pas de *cursus honorum* régulier dans l'armée macédonienue et c'est uniquement le degré d'intimité avec le roi qui compte, cf. P. Briant, *Antigone le Borgne. Les débuts de sa carrière et les problèmes de l'assemblée macédonienne*, Paris, 1973, p. 40. Sur l'importance, à la période des Diadoques, de la position obtenue auprès d'Alexandre, cf. Seibert, *op. cit.* [p. xv, n. 4] p. 152-156. Pour le mot *somatophylax*, cf. Kalleris, *op. cit.* [p. 22, n. 2] p. 264-266. — Pour la carrière antérieure de tous les personnages cf. Berve, *op. cit.* [n. compl. p. 20].

Page 25 : Chap. 14.5

Depuis 324. Sur l'expression ἔτη πλείονα. cf. L. Robert, *Bull. Epigr.*, 1966, n° 189.

Page 25 : Chap. 14.5

Diodore n'emploie jamais dans ce livre le mot « Barbare » pour parler des peuples de l'ancien Empire Perse, à la différence de Plutarque, *Eum.* 16, 3. Cf. introd. p. xvii, n. 1.

Page 26 : Chap. 14.6

Les Paropanisades sont des peuplades montagnardes habitant aux confins de l'Arie et de la Bactriane.

Page 26 : Chap. 14.8

Cf. Plut., *Eum.* 13, 4. Ces chiffres ne coïncident pas avec le total des chiffres donnés dans le détail, 18.500 fantassins et 4.210 cavaliers. Mais il faut noter qu'un passage (14, 6) est corrompu et qu'il n'est pas fait mention ici d'Amphimachos de Mésopotamie, cf. 27, 4.

Page 26 : Chap. 15.1

Cette expression est employée quand une assemblée est composée d'éléments divers, cf. 18, 39, 2 ; 4. Elle est amenée ici par le présence de Macédoniens appartenant à des armées différentes, cf. 18, 39, 4 ; 19, 61, 1, et, sans doute, en 19, 51, 1. Elle désigne aussi l'assemblée d'un état fédéral, cf. 19, 67, 4.

Page 27 : Chap. 15.4

Eumène, en tant que stratège de l'Asie, devrait normalement commander l'armée, assisté d'un conseil dont il choisirait les membres. Mais, comme étranger, il a jugé plus prudent de renoncer apparemment à l'autorité suprême au profit du défunt Alexandre, cf. 18, 60-61 et Plut., *Eum.* 13. Il reprend ici le même expédient, tout en donnant à l'ensemble des soldats macédoniens la satisfaction d'élire le conseil, tout comme ils peuvent élire le roi, cf. l'élection de Babylone en 323. — Le texte correspondant de Plutarque, *Eum.* 13, donne l'impression d'une anarchie à peu près complète pendant un certain temps dans l'armée, mais ce texte est tellement influencé par les idées grecques sur la tyrannie, sur le goût du luxe et le despotisme qui règnent en Orient, avant ou après la conquête d'Alexandre (cf. par ex. Isocrate, *Philip.* 24, *Panégyr.* 151 et Plutarque, *Agis*, 3) qu'il en devient suspect. Il faut d'ailleurs noter qu'en général on trouve dans *La vie d'Eumène* un goût du pathétique, du sensationnel, du moralisant, qui est absent du récit de Diodore. Il se peut que Plutarque se soit inspiré de Douris, cf. p. xv, n. 5. — Sur l'aspect religieux de l'expédient d'Eumène, cf. Ch. Picard, « Le trône vide d'Alexandre dans la cérémonie de Cyinda et le culte du trône vide à travers le monde gréco-romain », *Cah. arch.*, 7, 1954, p. 1-7.

Page 29 : Chap. 16.4

Sur Stratonice, cf. Plut., *Dém.* 2. Pour les responsabilités assumées par les femmes macédoniennes, cf. 1° n. compl. p. 22.

Page 29 : Chap. 16.4

La construction est maladroite, car ταύτης devrait se rapporter au féminin le plus proche, c.-à-d. Stratonice. Laqueur, *op. cit.* [p. ix, n. 1], utilise ce passage pour appuyer sa thèse,

cf. p. 265-6. R. H. Simpson, « A possible case of misrepresentation in Diodorus XIX », *Historia*, 6, 1957, p. 504-505, pense que Docimos lui-même a fourni à Hiéronymos, cette version, arrangée, des faits.

Page 29 : Chap. 17.2

K. Rosen, « Die Bündnisformen der Diadochen und der Zerfall des Alexanderreiches », *Acta Class.* (South Afr.), 11, 1968, p. 182-210, fait remarquer que les Diadoques ont tout d'abord conclu des *koinopragiai*, accords privés, puis des *symmachiai*, alliances internationales, quand ils sont devenus totalement indépendants.

Page 30 : Chap. 17.3

Il s'agit, bien entendu, du Pasitigre, cf. 19, 18, 3 ; 4. Les indications de Diodore ne correspondent pas parfaitement à la description la plus courante donnée par les écrivains de l'Antiquité, selon laquelle le Pasitigre s'unit au Copratès (19, 18, 3) pour former l'Eulaios (19, 19, 1) qui se jette dans la mer Érythrée, cf. H. Treidler, *Kl. Pauly*, *s. v. Eulaios*. Ce réseau hydrographique est assez différent actuellement de celui de l'Antiquité, cf. G. Contenau, *La civilisation d'Assur et de Babylone*, Paris, 1951, p. 11-12.

Page 31 : Chap. 18.1

Il agit en tant que stratège d'Asie, cf. Will, *op. cit.* [n. compl. p. 20] p. 37, 46.

Page 32 : Chap. 19.1

L'emplacement de cette ville est inconnu. B. Niese, *op. cit.* [n. compl. p. 20] p. 262, n. 3, propose d'y voir la ville de Σολόκη, cf. Strabon, 16, 1, 18. Sur l'Eulaios, cf. n. compl. p. 30.

Page 35 : Chap. 21.3

En 3, 68, 6, συνάγκια signifie « enchevêtrement ».

Page 36 : Chap. 22.1

Sur le culte de Philippe et d'Alexandre, cf. D. Cerfaux et J. Tondriau, *Un concurrent du christianisme : le culte des souverains dans la civilisation gréco-romaine*, Tournai, 1957, p. 123-169.

Page 36 : Chap. 22.2

Cf. *IG* II², 466, fr. b, l. 34-35, ... ὅταν πρῶτον δικασ[τήρ] ια πληρῶσι κτλ.

Page 36 : Chap. 22.2

Mot à mot, « à l'intérieur les uns des autres, le plus grand entourant les autres ». Ὁμόκεντρος, cf. Strabon, 2, 5, 2, appartient au vocabulaire scientifique. Les cercles ont respectivement 1,7 km, 1,4 km, 710 m et 350 m environ de diamètre.

Page 36 : Chap. 22.2

Il s'agit des soldats non macédoniens. Sur ce terme, qui signifie uniquement « qui combat avec » sans préjuger de la nature des rapports, cf. E. Bickerman, « Le droit des gens dans la Grèce classique », *Rev. int. droits Ant.*, 3, 1950, p. 99-127, v. p. 99-101.

Page 36 : Chap. 22.2

Le terme « amis » est utilisé par Diodore pour désigner l'entourage de hauts personnages macédoniens (19, 91, 4) et, en particulier, des personnes royales (19, 35, 5). Dans certains cas, comme le dernier cité, il doit correspondre à un titre officiel, mais, comme il est souvent difficile de savoir exactement ce qu'il en est, il a paru préférable d'écrire systématiquement « amis » et non « Amis », cf. Briant, *op. cit.* [n. compl. p. 25] p. 256, 258.

Page 36 : Chap. 22.2

La politique d'Alexandre, relativement favorable aux indigènes, ne semble pas avoir été aussi brutalement interrompue que certains l'ont écrit, cf. W. W. Tarn, *Alexander the Great*, Cambridge, 1950, II, p. 434 : désignation de satrapes indigènes : 19, 46, 5 ; 55, 1 ; politique favorable aux autochtones, 19, 14, 5 ; 48, 1 ; 91, 2-3, cf. P. Briant, « D'Alexandre le Grand aux Diadoques : le cas d'Eumène de Cardia », *Rev. ét. anc.*, 74, 1972, p. 32-73.

Page 38 : Chap. 23.4

Sur les pouvoirs judiciaires de l'assemblée macédonienne, cf. Aymard, *op. cit.* [n. compl. p. 20]. Une autre traduction est possible : « Il aurait été mis à mort par la foule ». Cela dépend du sens donné à τὸ πλῆθος « la foule » ou « le peuple », cf. H. Francotte, *La polis grecque*, Paris, 1897, p. 16.

Page 39 : Chap. 25.1

C'est probablement à cette bataille manquée qu'il faut rapporter l'anecdote de Plutarque montrant les soldats d'Antigone, rendus d'abord confiants par la maladie d'Eumène, refuser d'aller au combat, quand ils le voient inspecter le front des troupes dans une litière. Sur le goût du pittoresque dans *La vie d'Eumène*, cf. n. compl. p. 27.

Page 42 : Chap. 26.9

Sur l'importance des stratagèmes, cf. Xén., *Cyr.* 1, 6.

Page 42 : Chap. 26.9

'Αντέχουσι donne plus de force à l'expression : « tenir en main », « maîtriser ».

Page 42 : Chap. 27.2

Pour l'orthographe, cf. 19.14.1 ; 19.30.3 ; 19.30.9.

Page 42 : Chap. 27.2

Cf. Kalleris, *op. cit.* [p. 22, n. 2] p. 80-1.

Page 42 : Chap. 27.2

Il s'agit d'un dispositif extrêmement renforcé. On trouve ordinairement dans l'infanterie huit hommes en profondeur dans les armées grecques, au moins au ve s., seize chez les Macédoniens et vingt-quatre chez les Perses, cf. P. Armandi, *Histoire militaire des éléphants depuis les temps les plus reculés jusqu'à l'introduction des armes à feu*, Paris, 1843, p. 155.

Page 43 : Chap. 27.6

Μισθοφόροι et ξένοι sont utilisés indifféremment par Diodore dans ce livre. Sur des différences d'emploi dans un autre contexte, cf. Bickerman, *op. cit.* [p. 20, n. 5] p. 69.

Page 43 : Chap. 28.1

Corps d'infanterie d'élite, confondu souvent avec les *pezetairoi*, cf. Kalleris, *op. cit.* [p. 22, n. 2] p. 271-2.

Page 43 : Chap. 28.3

La cavalerie noble macédonienne.

Page 45 : Chap. 29.2

Ni la leçon de R ni celle de F ne sont attestées ailleurs et il est difficile de leur donner un sens satisfaisant. Du point de vue paléographique, en écriture minuscule, la meilleure correction est ἄμφιπποι, cf. Élien, *Tact.* 2, 4, c.-à-d. des cavaliers disposant de deux chevaux et sautant de l'un sur l'autre chaque fois que nécessaire.

Page 45 : Chap. 29.3

En 321, cf. Will, *op. cit.* [n. compl. p. 20] p. 35-37. Le terme *épimélète*, « commissaire », « fondé de pouvoir », est assez vague et sa signification dépend du contexte, cf. W. A. Ferguson, *Hellenistic Athens*, Londres, 1911, p. 47, n. 3. Il s'agit ici de la régence.

Page 45 : Chap. 29.6

Περὶ s'explique très bien si la ligne des éléphants se replie de façon défensive du côté des troupes d'Antigone.

Page 46 : Chap. 30.4

La correction de Wesseling implique un mouvement latéral de toute l'armée, mais on devrait alors trouver le préfixe παρα-, cf. 19, 42, 7 ἐξῆγεν... παρελθὼν et, pour indiquer une direction différente, 16, 64, 3 προεκπηδῆσαι. L'adjectif ὀλίγην s'explique, car Eumène n'a pas dû vouloir trop dégarnir l'aile d'Eudamos, face à Antigone, et il fallait seulement entraver la totale liberté d'action de la cavalerie de Pithon.

Page 47 : Chap. 30.7

Tarn, *op. cit.* [p. 42, n. 1] p. 30, 34-37, note que, depuis Alexandre, les généraux ne se contentent plus de mener au combat la partie des troupes avec laquelle ils se trouvent, mais qu'ils dirigent l'ensemble des opérations durant la bataille.

Page 49 : Chap. 32.1

Selon Polyen, 4, 6, 10, il s'agit d'une ruse destinée à cacher aux ennemis l'importance des pertes.

Page 50 : Chap. 33.4

On trouve la même explication du *sâti* en 15, 1, 62 et dans Strabon, 15, 1, 30. Il y a dans ce texte un mélange d'informations exactes, le libre choix des jeunes gens, la mort de la veuve, et de complète incompréhension en ce qui concerne les motifs religieux, cf. P. Masson-Oursel, H. de Willman-Grabowska, P. Stern, *L'Inde antique et la civilisation indienne*, Paris, 1933, p. 84.

Page 54 : Chap. 36.1

Sur les sièges, cf. Y. Garlan, *Recherches de poliorcétique grecque*, Paris, 1974.

Page 54 : Chap. 36.4

Sur le royaume épirote, cf. Lévêque, *op. cit.* [p. 20 n. 3] et J. A. O. Larsen, *Greek federal States*, Oxford, 1968, p. 273-281.

Page 55 : Chap. 37.1

Cf. 19, 32, 2.

Page 55 : Chap. 37.1

Nous avons d'autres exemples de dispersion des troupes et les problèmes de ravitaillement suffisent à l'expliquer, cf. 19, 44, 4 ; 19, 68, 5. En revanche Plutarque, *Eum.* 15, et C. Nepos, *Eum.* 8, l'attribuent expressément à l'indiscipline des troupes, cf. n. compl. p. 27. Plut., *Eum.* 16, fait d'ailleurs également mention d'un complot contre Eumène.

Page 57 : Chap. 38.6

Sur le plateau iranien les zones fertiles sont peu étendues et entourées de steppes subdésertiques. Les troupes progressent sans doute en deux colonnes de chaque côté de la bande cultivée.

Page 60 : Chap. 41.2

Certains pensent que ces indications sont fausses et ont été empruntées par Diodore à une autre source que Hiéronymos de Cardia, *Le Roman d'Alexandre*, cf. Simpson, *op. cit.* [p. XVII, n. 1] p. 376. C'est peu probable si l'on compare avec 17, 27 et Justin, 11, 6.

Page 63 : Chap. 43.8

La facilité avec laquelle les troupes passent d'un chef à l'autre est un des traits caractéristiques de l'époque. Les soldats, surtout les Macédoniens et les mercenaires, sont trop précieux pour être tués, cf. Tarn, *op. cit.* [p. 42, n. 1] p. 24.

Page 64 : Chap. 44.3

Hiéronymos de Cardia, la source de Diodore, cf. l'introduction. Il est également mentionné en 18, 42, 1 ; 18, 50, 4 ; 19, 100, 2.

Page 64 : Chap. 44.4

Ce terme est peu précis, cf. Bengtson, *op. cit.* [n. compl. p. 20] II, p. 27, 35-36. Il désigne de façon générale une division territoriale, ici une subdivision de la satrapie de Médie.

Page 64 : Chap. 44.4

« Les failles », cf. Strabon 11, 9, 1 et 1, 3, 19, où il utilise Douris. Les quelques ressemblances que l'on trouve entre ce dernier texte et celui de Diodore ne permettent pas de conclure que Diodore a utilisé Douris.

Page 65 : Chap. 45.3

Cf. Y. Garlan, « Addendum aux obeliskoi des murailles thasienne et rhodienne », *Bull. cor. hell.* 91, 1967, p. 272-3 et L. Robert, *Bull. épigr.*, 1967, nº 455.

Page 66 : Chap. 45.7

Encore à cette époque beaucoup de maisons étaient faites de briques crues, avec généralement un soubassement de pierre, cf. R. Martin, *Manuel d'architecture grecque*, Paris, 1965, I, p. 46-53.

Page 67 : Chap. 46.4

Polyen, 4, 6, 14, indique que Pithon a été jugé par l'assemblée des Macédoniens, ἐς τὸ κοινὸν τῶν Μακεδόνων, ce qui n'aurait rien d'extraordinaire, cf. n. compl. p. 22. Cependant nous avons des exemples de condamnations prononcées par le roi et son conseil, cf. Briant, *op. cit.* [n. compl. p. 25] p. 155, pour, semble-t-il, des affaires considérées comme étant d'ordre administratif et non de haute trahison. En fait, la procédure semble dépendre avant tout de la décision et du pouvoir du roi ou de son homologue. Antigone a pu ne pas vouloir faire comparaître devant les Macédoniens un chef très populaire, cf. 19, 46, 2.

Page 68 : Chap. 48.1

Cf. Bengtson, *op. cit.* [n. compl. p. 20] I, p. 25.

Page 68 : Chap. 48.2

Le précédent satrape était Stasandros, partisan d'Eumène, cf. 19, 14, 7.

Page 68 : Chap. 48.3

Cf. Polyen, 4, 6, 15 et Plutarque, *Eum.* 19, où le ton est plus moralisateur. Sur Sibyrtios, cf. 19, 23, 4.

Page 69 : Chap. 48.5

On lit Πευκέσται à la l. 13 du traité entre Eupolémos et Théangela, cf. Schmitt, *op. cit.* [p. 55, n. 1] n° 429. Il est d'autre part mentionné parmi les amis de Démétrios par Phylarque, *F.Gr.Hist.*, n° 81, 12.

Page 72 : Chap. 50.7

La Bisaltie se trouve à l'ouest du Strymon inférieur. Quant à la ville, son nom n'est pas sûr et son emplacement inconnu.

Page 73 : Chap. 51.2

Cet imparfait inhabituel (cf. 18.37.2 ; 19.12.2 ; 19.46.4) ne peut s'expliquer par une répétition comme en 19, 1, 8. Le procès n'est donc pas achevé. Olympias, n'ayant pas encore présenté sa défense, n'a pu être légalement condamnée, cf. Quinte-Curce, 6, 11, à propos du procès de Philôtas.

Page 73 : Chap. 51.4

La formule employée indique que ce serait devant la même assemblée que comparaîtrait Olympias ; *contra* Briant, *op. cit.* [n. compl. p. 25] p. 298-9.

Page 74 : Chap. 52.1

Cf. Justin, 14, 6, 3 et Pausanias, 9, 7, 3.

Page 74 : Chap. 52.2

Cf. Strabon, 7, fr. 25 et Tite-Live, 44, 11, 2. La Pallène est le plus à l'ouest des promontoires de la Chalcidique. Olynthe avait été détruite par Philippe II en 348. Donner son nom à une ville est un privilège régalien. Sur Cassandreia, cf. J. A. Alexander, « Cassandreia during the Macedonian period ; an epigraphical commentary », 'Αρχαῖα Μακεδονία (*Ist intern. symposium Thessaloniki*), 1970, p. 127-146.

Page 74 : Chap. 52.5

Sur Cynna, ou Cynanè, fille de Philippe II et mère d'Eurydice, et son assassinat par Alcétas, frère de Perdiccas, cf. Briant, *op. cit.* [n. compl. p. 25] p. 258-263. Celui qui s'occupe des funérailles royales se qualifie par là-même pour la succession, cf. Briant, *ibid.*, p. 318-319. Tradition un peu différente dans Diyllos, *F.Gr.Hist.* n° 73, 1.

Page 75 : Chap. 52.6

Azoros, au nord de la Thessalie,e st mentionnée dans Strabon, 7, 7, 9 et Ptolémée, 3, 12, 39.

Page 75 : Chap. 53.2

Thèbes a été détruite par Alexandre en 335. Sur le projet de Cassandre, cf. Pausanias, 9, 7, 1-2. Nous possédons une illustration épigraphique de l'événement, cf. Holleaux, *op. cit.* [p. 12, n. 1] I, « Sur une inscription de Thèbes », (art. paru en 1938), p. 1-41.

Page 76 : Chap. 53.5

Il était l'époux de Niobé.

Page 76 : Chap. 53.6

Les descendants des sept guerriers argiens qui aidèrent Polynice.

Page 76 : Chap. 53.7

Au sud du lac Copaïs, cf. Strabon, 9, 2, 27, 35. Sur cet exil, cf. Diod. 4, 67, 1 et Hérod. 5, 61, qui le place chez les Enchéléens.

Page 76 : Chap. 53.7

Pour les auteurs de l'Antiquité, anciennes populations non grecques ayant occupé le nord du pays avant l'arrivée des Grecs.

Page 78 : Chap. 54.4

Chaîne montagneuse entre Mégare et Corinthe. Le génitif est un génitif de détermination.

Page 78 : Chap. 55.1

315/314 = (314) vulg. 316. Tite-Live, 9, 21, 1, Spurius Nautius et Marcus Popilius. Fastes Capitolins, Sp. Nautius Rutilus et M. Popillius Laenas. Nous sommes, en fait, toujours en 316, cf. intr. p. XII.

Page 78 : Chap. 55.5

Cf. 18.33.3 ; 18.36.6.

Page 79 : Chap. 55.7

Ces Chaldéens sont des prêtres babyloniens. Sur la divination, cf. l'article de J. Nougayrol, dans *La divination, études* recueillies par A. Caquot et M. Leibovici, Paris, 1968, I, p. 25-81.

Page 80 : Chap. 56.5

Le copiste a sans doute été entraîné par la fréquence de l'expression χωρὶς δὲ τούτων en tête de phrase. La forme ἐκπίπτειν s'explique soit par le ἐκ qui suit, soit par une confusion entre ἔτι et ἐκ, cf. 19, 93, 7 ἐκλιπεῖν R : ἔτι λιπεῖν F. La première solution paraît préférable, même si Diodore ne recule pas devant le pléonasme, cf. p. 118, n. 6.

Page 83 : Chap. 59.3

Cf. S. Moscati, *L'épopée des Phéniciens*, trad. fr. 1965, p. 90-91. La « vieille » Tyr se trouve sur le continent, la « nouvelle » sur une île.

Page 85 : Chap. 60.3

Chalcédoine est située en face de Byzance et Astacos un peu plus au sud.

Page 85 : Chap. 61.1

Cf. 3e n. compl. p. 26.

Page 85 : Chap. 61.1

C.-à-d. ceux qui sont venus avec Alexandre, v. p. 843 n. 2 dans U. Köhler, « Das asiatische Reich des Antigonos », *Sitzungber. Berlin*, 34, 1898, p. 824-843, traduction qui paraît le mieux convenir au sens de παρεπιδημεῖν, ce verbe étant employé dans les inscriptions pour désigner des personnes de passage, en particulier des étrangers faisant un court séjour dans une cité, cf. Dittenberger, *SIG*³, n° 640, 5 et 714, 30. Le sens de ce passage est très controversé, cf. résumé de la discussion dans Briant, *op. cit.* [n. compl. p. 25] p. 300. Selon

lui, « Eu égard... à l'opposition manifeste que traduit le texte de Diodore avec le terme univoque de *stratiôtai*, il ne fait guère de doute qu'il s'agit là de civils. Le contexte militaire dans lequel le mot est employé ici laisse même supposer qu'il s'applique aux marchands et autres civils qui formaient eux aussi une sorte de population flottante autour des armées hellénistiques. » Mais dans les expressions employées pour désigner cette population flottante (cf. 14, 80, 2, ἀγοραῖος ὄχλος ; 19, 42, 3, ὄχλου πρὸς μάχην ἀχρήστου ; 19, 82, 4, τοὺς ἐκτὸς τάξεως) c'est toujours sur l'idée d'une masse inorganisée, non combattante, qu'on insiste et non sur la notion d'une présence temporaire. Quoi qu'il en soit, le reste du texte 19, 82, 4, ἐπιψηφισαμένων δὲ τῶν στρατιωτῶν, et 62, 3, τὰ δεδογμένα τοῖς μετ' Ἀντιγόνου Μακεδόσι, marque bien que seule la présence des Macédoniens est prise en considération pour la valeur officielle du décret.

Page 85 : Chap. 61.3

Cf. Bengtson, *op. cit.* [n. compl. p. 20] I, p. 115.

Page 88 : Chap. 62.8

Il y a soit une erreur, soit une lacune. Ce passage est commenté par L. Casson, *Ships and seamanship in the ancient world*, Princeton, 1971, p. 137. Selon lui, un « dix rangs » est un navire avec dix hommes sur la même rame.

Page 89 : Chap. 63.5

En Arcadie.

Page 92 : Chap. 65.5

Sans doute le traité avec Timoléon, cf. 16, 82, 3.

Page 92 : Chap. 66.2

Cf. Larsen, *op. cit.* [n. compl. p. 54] p. 195-215.

Page 92 : Chap. 66.2

Ville côtière de l'Élide, cf. J. Servais, « Recherches sur le port de Cyllène », *Bull. corr. hell.*, 85, 1961, p. 123-161.

Page 94 : Chap. 67.4

Le contenu de la phrase suivante, ainsi que la comparaison avec Thucydide, 1, 5, 3 et 3, 94, 4, pour ce qui concerne le ve s., rendent la correction préférable.

Page 95 : Chap. 67.4

Agrinion et Stratos se trouvent à l'intérieur du pays, Oiniadai, près de la côte. On ne sait à peu près rien des Dériens, cf. V.

Constanzi, « Note critiche », *Riv. di Filol.*, 48, 1920, p. 343-353.

Page 96 : Chap. 68.5

Peut-être le signataire du traité avec Théangéla, cf. Schmitt, *op. cit.* [p. 55 n. 1] n° 429.

Page 96 : Chap. 68.5

Site inconnu.

Page 97 : Chap. 69.3

Sur Médios, *hétairos* d'Alexandre, puis partisan de Perdiccas, cf., en dernier lieu, B. Helly, *Gonnoi*, II, Amsterdam, 1973, n° 1.

Page 97 : Chap. 69.3

Cette indication a paru suspecte, cependant Cassandre disposait d'une flotte (19, 35) et intervenait souvent en Asie (19, 68, 5).

Page 101 : Chap. 72.4

Cf. Tite-Live, 9, 22-23. Diodore, qui n'a donné aucun récit en 316/315 bloque en un an les opérations dans le même secteur, qui occupent deux ans chez Tite-Live, rattrapant ainsi son retard.

Page 101 : Chap. 72.5

Le terme d'Apulie est gênant puisqu'aucune des opérations mentionnées ne s'y déroule. Deux explications sont possibles : le mot recouvre de manière générale l'Apulie et le Samnium (sur d'autres exemples d'imprécisions, cf. Salmon, *op. cit.* [p. XIX, n. 2] p. 24), ou bien les Romains craignent qu'une défaite sur un front n'ait de fâcheuses conséquences sur un autre.

Page 101 : Chap. 72.6

C'est la traduction de la formule latine « *dictator belli gerendi causa* », cf. Tite-Live 8, 40, 2.

Page 102 : Chap. 72.9

Luceria, selon Tite-Live, 9, 26, ne devint colonie que l'année suivante. Comme elle a joué un rôle dans presque toutes les guerres qui se sont déroulées en Italie, cf. éd. Loeb, intr. vol. 9, p. IX, ce passage ne peut nous aider à dater la source de Diodore.

Page 102 : Chap. 73.1

313/312 = (312) vulg. 314. Fastes Capitolins : M. Poetelius Libo et C. Sulpicius Longus pour la troisième fois. Tite-Live, 9, 24, 1 : Marcus Poetelius et Caius Sulpicius.

Page 102 : Chap. 73.2

Cf. G. Mihaïlov, « La Thrace et la Macédoine jusqu'à l'invasion des Celtes », dans *op. cit.* [2ᵉ n. compl. p. 74] p. 76-85.

Page 104 : Chap. 74.4

Cf. Pausanias, 1, 11, 4.

Page 107 : Chap. 76.2

Non autrement connu. Altheim, *op. cit.* [p. XIX, n. 3] p. 269, pense qu'il s'agit d'une transcription de Pinna, qui est située dans le pays des Vestini. On a aussi proposé Terracinna, cf. Salmon, *op. cit.* [p. XIX, n. 2] p. 237, n. 1.

Page 107 : Chap. 76.4

Cf. Tite-Live, 9, 25-26.

Page 108 : Chap. 77.3

Cf. Schmitt, *op. cit.* [p. 55, n. 1] nº 426.

Page 112 : Chap. 80.1

Cf. 19, 69. On appelle ainsi l'arrière-pays, des sources de l'Oronte jusqu'à la Mer morte.

Page 112 : Chap. 80.4

Il n'y a plus eu ensuite de soldats égyptiens dans les armées lagides jusqu'en 217, cf. Briant, *op. cit.* [6ᵉ n. compl. p. 36] p. 61.

Page 112 : Chap. 80.5

Peut-être s'agit-il de l'emplacement de la ville détruite par Alexandre, cf. Strabon, 16, 2, 30, ou d'un site plus ancien.

Page 113 : Chap. 81.1

Sur l'emploi du vocabulaire de la royauté, cf. p. 68, n. 1.

Page 114 : Chap. 81.5

Cf. Justin 15, 1, 6-9 et Plut., *Eum.* 5 On se reportera à la bibliographie donnée p. 42, n. 1 et aux notes p. 42-47.

Page 118 : Chap. 85.4

Wesseling a proposé de corriger ναυαρχίας en νομαρχίας et cette correction a été régulièrement adoptée depuis, cf., par ex., C. Préaux, *L'économie royale des Lagides*, Bruxelles, 1939, p. 306, n. 3. Mais elle ne paraît pas indispensable : des hommes non entraînés ont pu être employés dans la flotte en raison de l'augmentation du nombre des rameurs sur chaque rame, cf. Casson, *op. cit.* [n. compl. p. 88] p. 104.

Page 121 : Chap. 88.2

Cf. 19.36.5 ; 19.67.5 ; 19.74.3.

Page 124 : Chap. 92.1

Peut-être faudrait-il traduire « de la Médie et des pays voisins » ? La formule est inhabituelle, on trouve plus généralement στρατηγός accompagné du génitif et surtout στρατηγὸς ἐπί + gén. cf. 19, 100, 3 et 19, 88, 2. En 100, 3 on trouve ... Νικάνορος τοῦ σρτατηγοῦ τῆς τε Μηδίας καὶ τῶν ἄλλων ἄνω (add. Bengtson) σατραπειῶν.

Page 129 : Chap. 95.3

Cette distance, 396 km, paraît trop importante, surtout si l'on compare à 19, 98, 1.

Page 129 : Chap. 95.3

Cf. n. compl. p. 64. Bengtson, *op. cit.* [n. compl. p. 20] II, p. 35-36, pense que le terme officiel devrait être ὑπαρχία, c.-à-d. la subdivision d'une satrapie. Il considère, d'autre part, que, si l'on trouve τὴν σατραπείαν τῆς Ἰδουμαίας en 19, 98, 1, il faut plutôt y voir une glose de F que l'indice de l'existence de deux sources, dont l'une serait très postérieure, l'Idumée n'étant devenue une satrapie qu'en 198 a.*C.*

Page 129 : Chap. 95.3

35 km environ.

Page 133 : Chap. 97.5

Le thème du bon sauvage (cf. T. W. Africa, *Phylarchus and the Spartan revolution*, Berkeley, 1961, p. 13), qui fait la leçon aux conquérants insatiables (cf. Quinte-Curce, 7, 8, discours des Scythes à Alexandre) est un *topos*.

Page 133 : Chap. 98.1

La Mer Morte. Cf. 2, 48, 6-9 et Strabon, 16, 2, 42. En 2, 48, 6-9, la description est quasi identique. Deux explications sont possibles : ou bien Diod. a recopié ce qu'il avait déjà écrit, avec sans doute comme source Agatharchidos de Cnide, ou

Hiéronymos a servi de source à ces deux auteurs, cf. Fontana, *op. cit.* [p. xv, n. 2] p. 266. — Pour le commentaire technique, cf. R. J. Forbes, *Studies in ancient technology*, I, Leiden, 1955, p. 27-30.

Page 134 : Chap. 98.4

Cf. Wagler, *RE*, II, 1896, s.v. Balsambaum, col. 2836-39.

Page 137 : Chap. 101.1

Dans tout le livre 19 le terme προσβολή est uniquement employé pour parler d'assauts contre les places fortes. Expression presque identique à notre correction en 12, 42, 6, διὰ τὴν τῆς χώρας καταδρομήν.

Page 137 : Chap. 101.2

Pour la correction cf. 19, 107, 5.

Page 137 : Chap. 101.3

Selon Tite-Live et les Fastes Capitolins le dictateur fut Caius Poetelius. Mais si Tite-Live, 9, 28, 2, lui attribue les victoires de Frégelles et de Nola, en 9, 28, 7 il mentionne une autre source, selon laquelle il n'aurait été désigné que *clavi figendi causa*, à la suite d'une épidémie. Discussion dans Salmon, *op. cit.* [p. xix, n. 2] p. 236, n. 1 et p. 238, n. 4.

Page 140 : Chap. 103.5

La description de la cruauté des Carthaginois est un lieu commun, cf. 13, 57, de même que l'intervention des divinités. Le mot τὸ δαιμόνιον n'a pas de valeur particulière à cette époque, cf. G. François, *Le polythéisme et l'emploi au singulier des mots* ΘΕΟΣ ΔΑΙΜΩΝ, Paris, 1957, p. 314-315.

Page 140 : Chap. 104.1

On trouve cette orthographe dans tous les manuscrits en 16, 67, 3 et dans R et F[se] en 19, 104, 2. Ce lieu-dit porte, sans doute, le nom d'une fleur, mal identifiée, cf. P. Chantraine, *Dict. étymol. de la langue grecque*, Paris, 1968, s.v. γάλιον. La localisation n'est pas sûre, quelque part à l'ouest d'Erbita, cf. Dolce, *op. cit.* [p. xvii, n. 4] p. 133, n. 34.

Page 141 : Chap. 105.1

311/310 = (310)vulg. 312. Fastes Capitolins : M. Valerius Maximus et P. Decius Mus. Tite-Live, 9, 28, 8 : P. Decius et M. Valerius.

Page 142 : Chap. 105.4

Sur la royauté fondée sur le droit de conquête, cf. Bickerman, *op. cit.* [p. 20, n. 5] p. 15. — On a beaucoup débattu pour savoir quelle sorte de titre royal ont pris les Diadoques, cf. l'état de la question dans Will, *op. cit.* [n. compl. p. 20] p. 64-65. Ce texte donne l'impression qu'aucun des Diadoques ne s'est proclamé roi pour l'ensemble de l'empire d'Alexandre.

Page 142 : Chap. 106.2

C'est un hapax. Reiske a pensé à une mauvaise lecture de *zeugites.* Le sens proposé par Bailly, « qui combat sur un char attelé de deux chevaux », est intéressant dans la mesure où il est question de chars de combat dans des expéditions carthaginoises antérieures, ex. Plut., *Timol.* 25, 1 τέθριππα, 27, 10 τῶν ἁρμάτων.

CORRIGENDA

P. VIII, ligne 14 et p. IX, ligne 25, au lieu de « Volquarsden », écrire « Volquardsen ».
P. XXXVI, ligne 8, au lieu de « Whykeham », écrire « Wykeham ».
P. 27, ligne 17, après « troupes », une virgule à supprimer.
P. 34, note 3, ligne 2, au lieu de « cent-vingt », écrire « cent vingt ».
P. 41, ligne 30, au lieu de « élirent », écrire « élurent ».
P. 45, ligne 9, au lieu de « quans », écrire « quand ».
P. 75, côté grec, surtitre : au lieu de « LIII 3 », écrire « LIII 4 ».
P. 78, note 1, ligne 4, au lieu de « côtés », écrire « côté ».
P. 80, ligne 3, au lieu de « à » écrire « en ».
P. 82, côté grec, surtitre : au lieu de « LIX 2 », écrire « LIX 1 ».
P. 86, ligne 6, au lieu de « de », écrire « des ».
P. 86, ligne 11, au lieu de « lus », écrire « plus ».
P. 94, droite + gauche, surtitre : au lieu de « LVIII 6 », écrire « LXVIII 6 ».
P. 98, côté grec, surtitre : au lieu de « LXXII 2 », écrire « LXXII 3 ».
P. 99, ligne 15, au lieu de « vaisseaus », écrire « vaisseaux ».
P. 99, ligne 18, au lieu de « ballotés », écrire « ballottés ».
P. 104, ligne 14, au lieu de « propice », écrire « propices ».
P. 118, ligne 17, au lieu de « relachèrent », écrire « relâchèrent ».
P. 132, ligne 16, au lieu de « comme », écrire « contre ».
P. 133, ligne 1, au lieu « cernés », écrire « cernée ».
P. 149, ligne 18, au lieu de « ils », écrire « il ».
P. 194, ligne 11, au lieu de « ἐπι », écrire « ἐπὶ ».
P. 195, ligne 6, au lieu de « ait », écrire « rait ».
P. 222, colonne 2, ligne 2, après « 13, 7 ; », ajouter « 23, 1 ; ».
P. 222, colonne 2, ligne 4, supprimer « Lacédémonie 23, 1 ».

TABLE DES MATIÈRES

Ce volume,
de la Collection des Universités de France,
publié aux Éditions Les Belles Lettres,
a été achevé d'imprimer
en novembre 2002
sur presse rotative numérique
de Jouve
11, bd de Sébastopol, 75001 Paris

N° d'édition : 4476
Dépôt légal : décembre 2002

Imprimé en France